国内外经典教材辅导系列·经济类

平新乔《微观经济学十八讲》

课后习题和强化习题详解

（第3版）

主编：圣才考研网

www.100xuexi.com

中国石化出版社

HTTP://WWW.SINOPEC-PRESS.COM

内 容 提 要

平新乔所著的《微观经济学十八讲》是国内最优秀的中高级微观经济学教材之一，本书是该教材的学习辅导书。本书遵循原书的章目编排，共分18讲，每讲由两部分组成：第一部分是课（章）后习题详解，对所有习题都进行了详细的分析和解答；第二部分为强化习题详解，参考国内外的大量相关资料补充了部分难题，以巩固和强化本章的知识难点。

圣才考研网（www.100xuexi.com）提供平新乔《微观经济学十八讲》网授精讲班【教材精讲+经典考题串讲】、电子书、题库。购书即可免费享受一年大礼包增值服务【本书电子书+全国名校经济学考研试卷分析及真题详解电子书+考研专业课咨询服务】。手机扫码（本书封面的二维码），免费领取本书大礼包。

图书在版编目(CIP)数据

平新乔《微观经济学十八讲》课后习题和强化习题详解/圣才考研网主编.—3版.—北京:中国石化出版社,2017.10
国内外经典教材辅导系列
ISBN 978-7-5114-4717-3

Ⅰ.①平… Ⅱ.①圣… Ⅲ.①微观经济学-高等学校-题解 Ⅳ.①F016-44

中国版本图书馆CIP数据核字(2017)第264637号

中国石化出版社出版发行
地址:北京市朝阳区吉市口路9号
邮编:100020 电话:(010)59964500
发行部电话:(010)59964526
http://www.sinopec-press.com
E-mail:press@sinopec.com
武汉市新华印刷有限责任公司印刷
全国各地新华书店经销

*

787×1092毫米 16开本 16.75印张 421千字
2018年4月第3版 2018年4月第1次印刷
定价:58.00元

序　言

我国各大院校一般都把国内外通用的权威教科书作为本科生和研究生学习专业课程的参考教材，这些教材甚至被很多考试(特别是硕士和博士入学考试)和培训项目作为指定参考书。为了帮助读者更好地学习专业课，我们有针对性地编著了一套与国内外教材配套的复习资料，整理了各章的笔记，并提供配套的名师讲堂和题库。

平新乔的《微观经济学十八讲》是国内最优秀的中高级微观经济学教材之一，被国内部分院校(主要是北京大学等名校)指定为考研考博参考书。作为该教材的学习辅导书，本书具有以下几个方面的特点：

1. 详解课后习题，分析相关要点。本书参考了北京大学部分院系的老师讲授《微观经济学十八讲》习题和作业的答案及相关资料，对每章的所有习题进行了详细的分析和解答。由于《微观经济学十八讲》参考了大量国外经济学方面的英文教材和专业论文，其教材讲解和习题较多地涉及数理方面的知识，因此，对每章的一些重要知识点和习题的解答，我们在不违背原书原意的基础上结合其他相关经典教材进行了必要的整理和分析。

2. 补充难点习题，强化知识考点。为了进一步巩固和强化本章知识难点的复习，每章参考了国内外的相关试题、作业和习题，精选了部分难题，并对相关重要知识点进行了延伸和归纳。

与本书相配套，圣才考研网提供平新乔《微观经济学十八讲》网授精讲班【教材精讲 + 经典考题串讲】、电子书、题库。

要深深牢记：考研不同一般考试，概念题(名词解释)要当作简答题来回答，简答题要当作论述题来解答，而论述题的答案要像是论文，多答不扣分。有的论述题的答案简直就是一份优秀的论文(其实很多考研真题就是选自一篇专题论文)，完全需要当作论文来回答!

购书即可免费享受一年大礼包增值服务：手机扫码(本书封面的二维码)免费领取本书大礼包。具体包括：①本书电子书(手机版，电脑版)；②全国名校经济学考研试卷分析及真题详解电子书；③考研专业课咨询服务。

圣才学习网编辑部

目录

第1讲　偏好、效用与消费者的基本问题

1.1　课后习题详解

1. 根据下面的描述，画出消费者的无差异曲线。对于(2)和(3)题，写出效用函数。

(1)王力喜欢喝汽水 x，但是厌恶吃冰棍 y。

(2)李楠既喜欢喝汽水 x，又喜欢吃冰棍 y，但她认为三杯汽水和两根冰棍是无差异的。

(3)萧峰有个习惯，他每喝一杯汽水 x 就要吃两根冰棍 y，当然汽水和冰棍对他而言是多多益善。

(4)杨琳对于有无汽水 x 喝毫不在意，但她喜欢吃冰棍 y。

答：(1)根据题意，对王力而言，冰棒是厌恶品，相应的无差异曲线如图1－1所示(图中箭头表示更高的效用方向)。

(2)根据题意，对李楠而言，汽水和冰棒是完全替代品，其效用函数为 $u(x,\ y)=2x+3y$，相应的无差异曲线如图1－2所示。

(3)消费者对这两种商品的效用函数为 $u(x,\ y)=\min\left\{x,\ \dfrac{y}{2}\right\}$，相应的无差异曲线如图1－3所示。

(4)如图1－4所示，其中 x 为中性品。

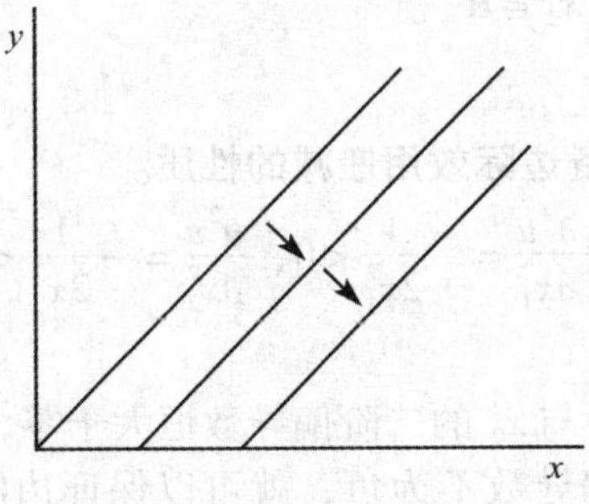

图1－1　喜欢喝汽水厌恶吃冰棍

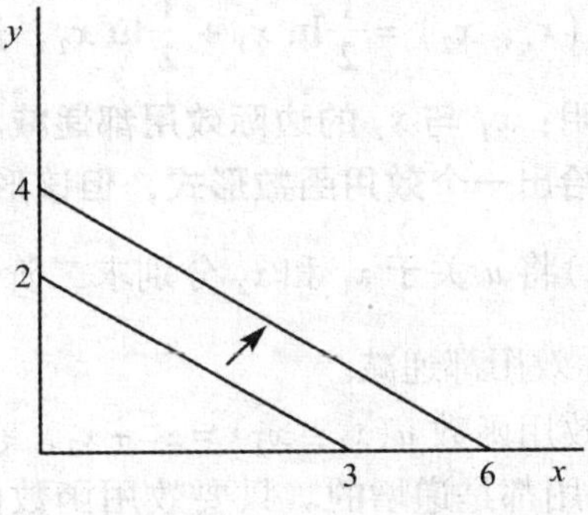

图1－2　既喜欢喝汽水又喜欢吃冰棍

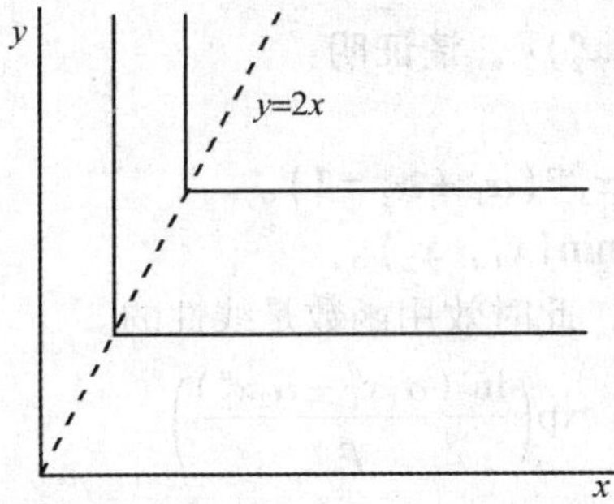

图1－3　喝一杯汽水就要吃两根冰棍

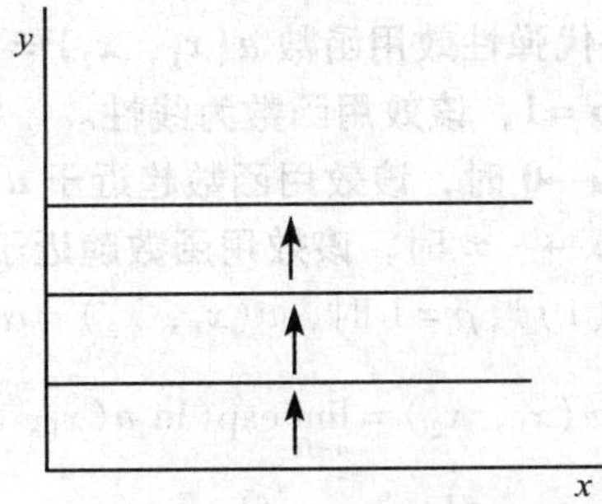

图1－4　对于有无汽水喝毫不在意

2. 作图：如果一个人的效用函数为 $u(x_1, x_2) = \max\{x_1, x_2\}$

(1) 请画出三条无差异曲线。

(2) 如果 $p_1 = 1$，$p_2 = 2$，$y = 10$。请在图 1－5 上找出该消费者的最优消费组合。

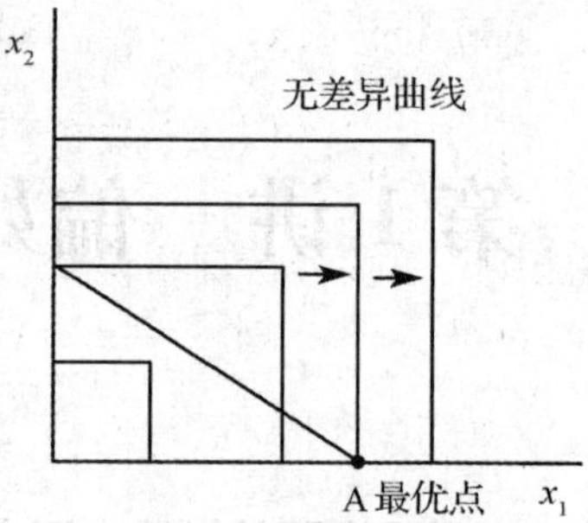

图 1－5 无差异曲线和最优点

答：(1) 由效用函数画出的三条无差异曲线如图 1－5 所示。

(2) 效用函数确定了消费者的最优选择必定是落在便宜的商品上，即他会将所有收入都用于购买相对便宜的商品，最优点如图 1－5 中的 A 点所示，在该点此人消费 10 个单位的 x_1，0 个单位的 x_2。

3. 下列说法对吗？为什么？

若某个消费者的偏好可以由效用函数 $u(x_1, x_2) = 10(x_1^2 + 2x_1x_2 + x_2^2) - 50$ 来描述，那么对此消费者而言，商品 1 和商品 2 是完全替代的。

答：此说法正确。理由如下：

方法一：由于效用函数的单调变换和原效用函数表示同一个偏好，所以对 u 进行如下单调变换 $f(u) = \left(\frac{u+50}{10}\right)^{1/2}$ 后，得到新的效用函数为 $u'(x_1, x_2) = x_1 + x_2$，这是完全替代偏好的效用函数，所以原效用函数所描述的偏好中，商品 1 与商品 2 也是完全替代的。

方法二：由题意知：$MU_1 = 20x_1 + 20x_2$，$MU_2 = 20x_1 + 20x_2$

边际替代率 $MRS_{12} = \frac{MU_1}{MU_2} = \frac{20x_1 + 20x_2}{20x_1 + 20x_2} = 1$（是一个常数）

由于 $MRS_{12} = 1$，是一个常数，所以商品 1 与商品 2 是以 1:1 的比率完全替代的。

4. 设 $u(x_1, x_2) = \frac{1}{2}\ln x_1 + \frac{1}{2}\ln x_2$，这里 $x_1, x_2 \in R_+$。

(1) 证明：x_1 与 x_2 的边际效用都递减。

(2) 请给出一个效用函数形式，但该形式不具备边际效用递减的性质。

答：(1) 将 u 关于 x_1 和 x_2 分别求二阶偏导数得 $\frac{\partial^2 u}{\partial x_1^2} = -\frac{1}{2x_1^2} < 0$，$\frac{\partial^2 u}{\partial x_2^2} = -\frac{1}{2x_2^2} < 0$，所以 x_1 与 x_2 的边际效用都递减。

(2) 如效用函数 $u(x_1, x_2) = x_1^2 + x_2^2$，它关于 x_1 与 x_2 的二阶偏导数恒大于零，所以 x_1 与 x_2 的边际效用都是递增的。只要效用函数的二阶偏导数不为负，就可以保证边际效用不是递减的。

5. 常替代弹性效用函数 $u(x_1, x_2) = (\alpha_1 x_1^\rho + \alpha_2 x_2^\rho)^{\frac{1}{\rho}}$，请证明：

(1) 当 $\rho = 1$，该效用函数为线性。

(2) 当 $\rho \to 0$ 时，该效用函数趋近于 $u(x) = x_1^{\alpha_1} x_2^{\alpha_2} (\alpha_1 + \alpha_2 = 1)$。

(3) 当 $\rho \to -\infty$ 时，该效用函数趋近于 $u(x) = \min(x_1, x_2)$。

证明：(1) 当 $\rho = 1$ 时，$u(x_1, x_2) = \alpha_1 x_1 + \alpha_2 x_2$，此时效用函数是线性的。

(2) $\lim\limits_{\rho \to 0} u(x_1, x_2) = \lim\limits_{\rho \to 0} \exp(\ln u(x_1, x_2)) = \lim\limits_{\rho \to 0} \exp\left(\frac{\ln(\alpha_1 x_1^\rho + \alpha_2 x_2^\rho)}{\rho}\right)$

$= \exp\left\{\lim\limits_{\rho \to 0} \frac{\alpha_1 x_1^\rho \ln x_1 + \alpha_2 x_2^\rho \ln x_2}{\alpha_1 x_1^\rho + \alpha_2 x_2^\rho}\right\} = \exp\{\alpha_1 \ln x_1 + \alpha_2 \ln x_2\} = x_1^{\alpha_1} x_2^{\alpha_2} (\alpha_1 + \alpha_2 = 1)$

(3) $\lim\limits_{\rho\to-\infty} u(x_1, x_2) = \lim\limits_{\rho\to-\infty} \exp(\ln u(x_1, x_2)) =$

$\lim\limits_{\rho\to-\infty} \exp\left(\dfrac{\ln(\alpha_1 x_1^\rho + \alpha_2 x_2^\rho)}{\rho}\right) = \exp\left(\lim\limits_{\rho\to-\infty} \dfrac{\alpha_1 x_1^\rho \ln x_1 + \alpha_2 x_2^\rho \ln x_2}{\alpha_1 x_1^\rho + \alpha_2 x_2^\rho}\right)$，最后一个等号用到洛必达法则，下面分情况讨论：

①当 $x_1 > x_2$ 时：

$$\lim_{\rho\to-\infty} u(x_1, x_2) = \exp\left(\lim_{\rho\to-\infty} \frac{\alpha_1\left(\frac{x_1}{x_2}\right)^\rho \ln x_1 + \alpha_2 \ln x_2}{\alpha_1\left(\frac{x_1}{x_2}\right)^\rho + \alpha_2}\right) = \exp(\ln x_2) = x_2$$

上式中倒数第二个等号成立是因为当 $\dfrac{x_1}{x_2} > 1$ 时，$\lim\limits_{\rho\to-\infty}\left(\dfrac{x_1}{x_2}\right)^\rho = 0$。

②当 $x_1 < x_2$ 时：

$$\lim_{\rho\to-\infty} u(x_1, x_2) = \exp\left(\lim_{\rho\to-\infty} \frac{\alpha_2\left(\frac{x_2}{x_1}\right)^\rho \ln x_2 + \alpha_1 \ln x_1}{\alpha_2\left(\frac{x_2}{x_1}\right)^\rho + \alpha_1}\right) = \exp(\ln x_1) = x_1$$

③当 $x_1 = x_2$ 时，有 $u(x) = x_1 = x_2 = \min\{x_1, x_2\}$。

综上可知：

$$\lim_{\rho\to-\infty} u(x_1, x_2) = \min\{x_1, x_2\}$$

6. 茜茜总喜欢在每一杯咖啡里加两汤匙糖。如果每汤匙糖的价格是 p_1，每杯咖啡的价格是 p_2，消费者花费 M 元在咖啡和糖上，那么，她将打算购买多少咖啡和糖？如果价格变为 p_1' 和 p_2'，对她关于咖啡和糖的消费会发生什么影响？

答：(1) 由于茜茜总喜欢在每一杯咖啡里加两汤匙糖，所以咖啡和糖对茜茜而言是完全互补品，如果用 c 和 s 分别表示她消费的咖啡的数量(以杯为单位)和糖的数量(以汤匙为单位)，那么她的效用函数就可以表示为：

$$u(c, s) = \min\left\{c, \frac{1}{2}s\right\}$$

从而她的效用最大化问题可以表示为：

$$\max_{c,s} \min\left\{c, \frac{1}{2}s\right\}$$

$$s.t.\ p_1 s + p_2 c = M$$

对于最优选择，必有 $c = \dfrac{1}{2}s$。这是因为如果 $c > \dfrac{1}{2}s$，那么在保持预算约束不变的条件下，增加一些糖的消费，再减少一些咖啡的消费，就可以提高茜茜的效用，如图 1-6 的 A 点所示。所以对于最优选择，$c > \dfrac{1}{2}s$ 一定不成立；对于 $c < \dfrac{1}{2}s$ 也有类似的理由。

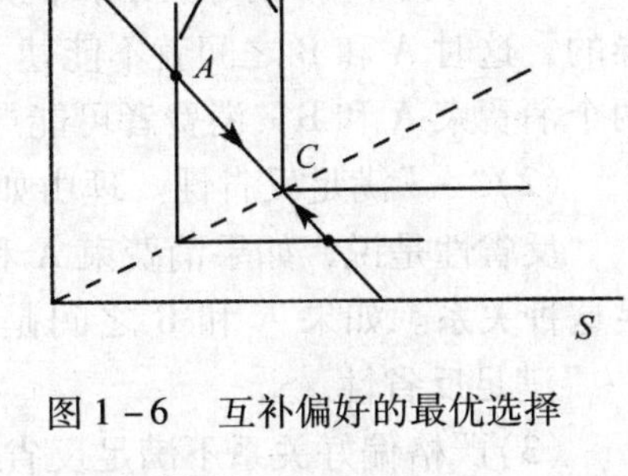

图 1-6　互补偏好的最优选择

再结合预算约束，就可以得到消费者对咖啡和糖的最优消费量为：

$$c=\frac{M}{2p_1+p_2},\ s=\frac{2M}{2p_1+p_2}$$

（2）当价格变为 p_1' 和 p_2' 时，茜茜对咖啡和糖的消费变为：

$$c=\frac{M}{2p_1'+p_2'},\ s=\frac{2M}{2p_1'+p_2'}$$

所以咖啡和糖两者之中任何一个价格上涨都会引起茜茜对它们的需求同时下降。

7. 令≿表示偏好关系，≻表示严格偏好关系，～表示无差异关系，证明下列关系：

（1）≿⊂≿

（2）～⊂≿

（3）≻∪～＝≿

（4）≻∩～＝φ

证明：（1）≿⊂≿的含义是：弱偏好本身是弱偏好的一个子集。

根据子集的定义，任何非空集合都是自己的一个子集。由于偏好关系是定义在选择集的二次幂集上的完备的序关系，又由选择集的非空性质得到选择集二次幂集的非空性，得到偏好关系的非空性质。

（2）～⊂≿的含义是：如果 A 和 B 之间无差异，那么 A 至少和 B 一样好，从而本结论成立。

（3）≻∪～＝≿的含义是：如果消费者对 A 的偏好超过了对 B 的偏好这一关系和消费者对 A 和 B 的偏好是无差异的这一关系中有一个成立，那么消费者对 A 的偏好至少和 B 一样好这一关系一定成立，反之亦然。根据≿关系的定义可知这个结论是成立的。

（4）≻∩～＝φ 的含义是：消费者对 A 的偏好超过了对 B 的偏好这一关系和消费者对 A 和 B 的偏好是无差异的这一关系不能同时成立。理由如下：如果 A≻B 和 A～B 同时成立，那么就有 A≻B～A，从而得到 A≻A，矛盾。

8. 证明下列结论（或用具说服力的说理证明）：

（1）"＜"与"～"都不具有"完备性"。

（2）"～"满足反省性。

（3）严格偏好关系不满足反省性。

（4）对于任何 X 中的 x^1 与 x^2，在下列关系中只能居其一：$x^1>x^2$，或 $x^1<x^2$，或 $x^1\sim x^2$。

证明：（1）"＜"与"～"都不具有完备性。理由如下：

如果一种偏好关系具有完备性，那么对消费集中任意两个消费束之间都可以建立这种关系。"＜"表示严格偏好关系，但是对任意的两个消费束 A 和 B，消费者对它们可能是无差异的，这时 A 和 B 之间就不能建立严格偏好的关系。"～"表示无差异关系，但是对任意的两个消费束 A 和 B，消费者可能严格偏好于 A，这时 A 和 B 之间就不能建立无差异的关系。

（2）"～"满足反省性。理由如下：

反省性是说，如果消费束 A 和消费束 B 之间满足某种二元关系，那么 B 和 A 之间也满足这种关系。如果 A 和 B 之间是无差异的，那么显然，B 和 A 之间也是无差异的，所以"～"满足反省性。

（3）严格偏好关系不满足反省性，理由如下：

如果消费者对 A 的偏好超过了对 B 的偏好，即 A＞B，那么根据反省性，消费者对 B 的偏好也超过了对 A 的偏好，即 B＞A。从而就有 A＞A，即消费者对 A 的偏好超过了他对 A 的偏好，这样就出现了矛盾。所以严格偏好关系不满足反省性。

(4)对于 X 中的任何 x^1 与 x^2，下列关系中只有一个能成立：

$x^1 > x^2$，或 $x^1 < x^2$，或 $x^1 \sim x^2$。

理由如下：

如果这三种关系中至少有两个同时成立，那么共有以下四种情况：

① $x^1 > x^2$ 且 $x^1 < x^2$，由此可以得到 $x^1 > x^2 > x^1$，即 $x^1 > x^1$，矛盾！

② $x^1 > x^2$ 且 $x^1 \sim x^2$，由此可以得到 $x^1 > x^2 \sim x^1$，即 $x^1 > x^1$，矛盾！

③ $x^1 < x^2$ 且 $x^1 \sim x^2$，由此可以得到 $x^1 < x^2 \sim x^1$，即 $x^1 < x^1$，矛盾！

④ $x^1 > x^2$，$x^1 < x^2$ 且 $x^1 \sim x^2$，由此可以得到 $x^1 < x^2 \sim x^1$，即 $x^1 < x^1$，矛盾！

综上可知这三种关系中只有一个能成立。

9. 一个只消费两类物品的消费者面临正的价格，其拥有正的收入，他的效用函数为

$$\boldsymbol{u(x_1,\ x_2) = x_1}$$

导出其马歇尔需求函数。

答：消费者的效用最大化问题为：

$$\max_{x_1,x_2} u(x_1,\ x_2) = x_1$$

$$s.t.\ \ p_1x_1 + p_2x_2 = y$$

由约束条件可知 $x_1 = \dfrac{y - p_2x_2}{p_1}$，从而当 $x_1 = \dfrac{y}{p_1}$、$x_2 = 0$ 时，消费者效用达到最大，因此该消费者的马歇尔需求函数为：

$$x_1 = \frac{y}{p_1},\ x_2 = 0$$

10. 一个人的效用函数为 $u(x_1,\ x_2) = Ax_1^{\alpha}x_2^{1-\alpha}$，这里 $0 < \alpha < 1$，$A > 0$。假定存在内点解，请推导其马歇尔需求函数。

答：该消费者的效用最大化问题为：

$$\max_{x_1,x_2} Ax_1^{\alpha}x_2^{1-\alpha}$$

$$s.t.\ p_1x_1 + p_2x_2 = y$$

该问题的拉格朗日函数为：

$$L(x_1,\ x_2,\ \lambda) = Ax_1^{\alpha}x_2^{1-\alpha} + \lambda(y - p_1x_1 - p_2x_2)$$

使 $L(\cdot)$ 最大化的 x_1、x_2、λ 满足一阶条件：

$$\frac{\partial L}{\partial x_1} = \alpha Ax_1^{\alpha-1}x_2^{1-\alpha} - \lambda p_1 = 0 \qquad ①$$

$$\frac{\partial L}{\partial x_2} = (1-\alpha)Ax_1^{\alpha}x_2^{-\alpha} - \lambda p_2 = 0 \qquad ②$$

$$\frac{\partial L}{\partial \lambda} = y - p_1x_1 - p_2x_2 = 0 \qquad ③$$

①式除以②式，得：

$$\frac{\alpha x_2}{(1-\alpha)x_1} = \frac{p_1}{p_2}$$

即：

$$x_2 = \frac{(1-\alpha)p_1x_1}{\alpha p_2} \quad ④$$

④式代入③式得：

$$x_1 = \frac{\alpha y}{p_1} \quad ⑤$$

⑤式代入④式得：

$$x_2 = \frac{(1-\alpha)y}{p_2} \quad ⑥$$

⑤、⑥两式即为 x_1 和 x_2 的马歇尔需求函数。

11. 在下列效用函数形式里，哪些是效用函数的单调变换？

(1) $u=2v-13$

(2) $u=-1/v^2$

(3) $u=1/v^2$

(4) $u=\ln v$

(5) $u=-e^{-v}$

(6) $u=v^2$

(7) $u=v^2$**，对于** $v>0$

(8) $u=v^2$**，对于** $v<0$

答：当 $u_1>u_2$ 意味着 $f(u_1)>f(u_2)$，则称 $f(u)$ 为原效用函数 $u(x)$ 的单调变换。本质上说，单调变换与一个单调函数是一回事。一个效用函数是原效用函数的单调变换，则该效用函数严格的单调递增。

(1)是单调变换，因为 $\frac{\partial u}{\partial v}=2>0$。

(2)在 $v>0$ 时是单调变换，$v<0$ 时不是单调变换。理由如下：

因为 $\frac{\partial u}{\partial v}=\frac{2}{v^3}$，所以当 $v>0$ 时，$\frac{\partial u}{\partial v}>0$；当 $v<0$ 时，$\frac{\partial u}{\partial v}<0$。从而只有当 $v>0$ 时，$u=-\frac{1}{v^2}$ 才是单调变换。

(3)在 $v>0$ 时不是单调变换，$v<0$ 时是单调变换。理由类似于(2)。

(4)在 $v>0$ 时是单调变换，$v<0$ 时不是单调变换。因为当 $v<0$ 时，函数 $\ln v$ 无意义。

(5)是单调变换。理由类似于(1)。

(6)在 $v>0$ 时是单调变换，$v<0$ 时不是单调变换。理由类似于(2)。

(7)是单调变换。理由类似于(1)。

(8)不是单调变换。因为当 $v<0$ 时，$\frac{\partial u}{\partial v}=2v<0$。

1.2 强化习题详解

1. 现在是年终，又到了行善的时候，请问受到洪涝灾害的人是希望得到现金还是同等价值的棉被？用代数式来证明答案，并配以图示。提示：用 x_1 代表棉被，x_2 代表其他用品，m 代表收入，c 表示得到的慈善现金的数额，g 表示分得的棉被的数量。假定没有商品禀

赋，得到的棉被不能买卖，并且灾区的商品价格和外面没有差异。

答：受到洪涝灾害的人希望得到现金。分析如下：

设棉被的价格为 p，其他用品的价格为1（这样的假设可以方便分析，但并不影响结果），因为现金和棉被等值，即 $c=pg$，则灾区人民的预算约束为：

当获得的捐赠为棉被时：$m+pg=x_2+px_1$，其中 $x_1 \geqslant g$

当获得的捐赠为现金时：$m+c=x_2+px_1$

若灾区人民获得的是棉被，则其最优化问题为：

$$\max_{x_1,x_2} U(x_1, x_2) \quad ①$$

$$s.t.\ m+p \cdot g=x_2+p \cdot x_1$$

$$x_1 \geqslant g$$

若灾区人民获得的是现金，则其最优化问题为：

$$\max_{x_1,x_2} U(x_1, x_2) \quad ②$$

$$s.t.\ m+c=x_2+p \cdot x_1$$

由于最优化问题①和②的目标函数式相同，但是①的预算集（即 x_1 和 x_2 的取值范围）却比②小，这就意味着优化问题②的目标函数式的值至少和①一样大，即灾区人民在获得现金的条件下，有可能得到更高的福利，因此他们希望得到现金。

如图1-7所示，若灾民得到的捐助是数量为 c 的现金，最优选择点是图中的C点，则给予棉被捐赠后，灾民的最优选择不变。但是若灾民得到现金捐助时的最优选择为A点，则一旦改为棉被捐赠，灾民的预算线的虚线部分变为图中粗黑线，其最优选择也只能变为B点，效用 U_2 明显小于 U_1，因此福利降低。所以总的来讲，灾民会更偏好于现金捐助。

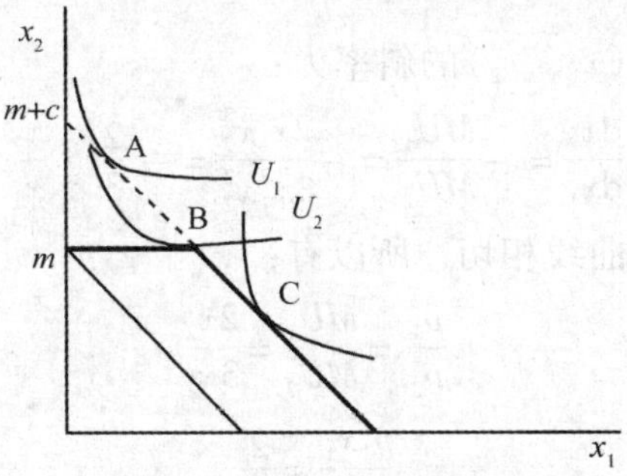

图1-7　不同的捐赠对消费者预算集的影响

2. 假设某消费者对于 X 和 Y 两种商品的效用函数为 $U=X^2Y^2$，其收入为500元，X 和 Y 的价格分别为2元和5元，求：

(1) 该消费者对于 X 和 Y 两种商品的最佳购买组合；

(2) 若有俱乐部愿意接纳该消费者为会员，会费为100元，但他可以以50%的折扣购买 X，那么他是否该加入该俱乐部？

解：(1) 消费者效用最大化的均衡条件可以用公式表示为：

$$P_1X_1+P_2X_2+\cdots+P_nX_n=I$$

$$\frac{MU_1}{P_1}=\frac{MU_2}{P_2}=\cdots=\frac{MU_n}{P_n}=\lambda$$

而从题中可得：

$$MU_X = 2XY^2、MU_Y = 2X^2Y、P_X = 2、P_Y = 5、I = 500$$

故代入上述公式可得：

$$X = 125, \ Y = 50$$

因此消费者的最佳购买组合为购买 125 单位 X 商品，购买 50 单位 Y 商品。

(2)若加入了俱乐部，则消费者可支配收入为 $500 - 100 = 400$，此时 X 商品的价格为 1。在此情况下：

$$P_X = 1、P_Y = 5、I = 400$$

故根据(1)中均衡条件计算出：$X = 200$，$Y = 40$。

此时消费者效用：$U = 200^2 \times 40^2 = 64000000$

而如果不加入俱乐部，消费者的效用为：

$$U = 125^2 \times 50^2 = 39062500$$

因为 $64000000 > 39062500$，所以应该加入俱乐部。

3. John's preferences are represented by the utility function $u(x_1, x_2) = x_1^2x_2^3$. The prices of x_1 and x_2 are p_1 and p_2.

(1) Compute the slope of John's indifference curve at the point (x_1, x_2).

(2) If John's budget line is tangent to his indifference curve at (x_1, x_2), then compute $\frac{p_1x_1}{p_2x_2}$. (*Hint*: Look at the equation that equates the slope of his indifference curve with the slope of his budget line.)

(3) When he is consuming the best bundle he can afford, what fraction of his income does John spend on x_1?

解：(1)无差异曲线在点(x_1, x_2)的斜率为：

$$\frac{dx_2}{dx_1} = -\frac{MU_1}{MU_2} = -\frac{2x_1x_2^3}{3x_1^2x_2^2} = -\frac{2}{3} \cdot \frac{x_2}{x_1}$$

(2)因为预算线和无差异曲线相切，所以有：

$$\frac{p_1}{p_2} = \frac{MU_1}{MU_2} = \frac{2x_2}{3x_1}$$

从而得到：

$$\frac{p_1x_1}{p_2x_2} = \frac{2}{3}$$

(3)由第(2)问可知，消费者在商品 1 和商品 2 上的支出比例为 2 比 3，又因为对于追求效用最大化的消费者而言，他总是花光自己的全部收入，所以他总收入的 40% 用来购买商品 1，总收入的 60% 用来购买商品 2。

4. 美国的食品券计划在 1990 年大约涉及 2000 万人，花费 140 亿美元。假设，如果某个家庭有资格购买食品券，那么它每月花费 80 美元就可获得价值 150 美元的食品。

(1)假设某家庭的现金收入为 250 美元，且没有购买食品券的资格。请在图 1-8 中画出该家庭的预算线(以横轴表示每月消费的食品量，纵轴表示每月消费的其他商品量)。

(2)假如该家庭享有购买食品券的资格，在同一图上画出它的预算线。

(3)试说明，如果该家庭获得的是 70 美元现金(而不是食品)，它能够达到更高的满足水平。

答：(1)若不能购买食品券，该家庭的预算线为图 1-8 中的 CD。在图中，OC 为家庭花费全部收入(250 美元)可获得的非食品类商品数量，OD 为花费全部收入可获得的食品数量。

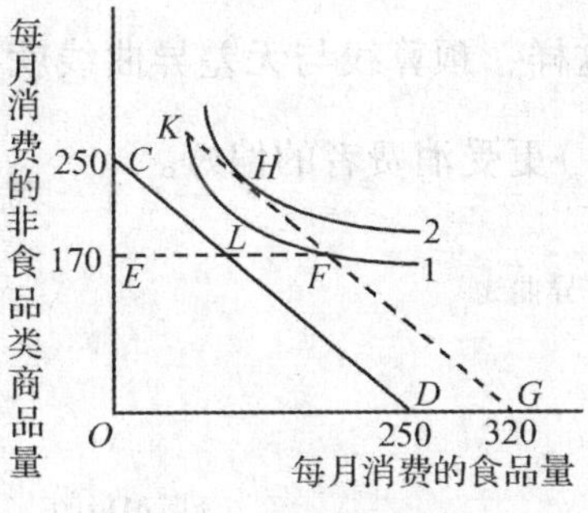

图 1 - 8　某家庭预算线

(2)若有资格购买食品券，假定一户家庭只能买一张食品券，该家庭的预算线为图 1 - 8 中的 $CLFG$。EC 为 80 美元可购得的其他非食品类商品量。如果该家庭购买了食品券，则 OE 为此时该家庭能获得的非食品类商品的最大数量，EF 为食品券可获得的价值 150 美元的食品，DG(等于 LF)为非食品类商品消费量不变时，用食品券可获得的价值 70 美元的食品(如果不用食品券，这些价值的食品将无法获得)。如果该家庭消费的非食品类商品数量超过了 OE，它就没有足够的钱去购买食品券，因而预算线与无食品券时的一样(即 CL)。如果家庭消费的非食品类商品数量不超过 OE，它就能通过购买食品券而消费额外的 DG 数量的食品，因而预算线为 FG。

(3)如果给予该家庭 70 美元现金(而非食品)，它的预算线将为图中的 GK。因为货币收入增加了 70 美元，所以预算线将高于原预算线 CD(但与 CD 平行)。该家庭就可以到达无差异曲线 2 上的 H 点，而对于预算线 $CLFG$，至多能达到无差异曲线 1 上的 F 点。由于无差异曲线 2 高于无差异曲线 1，所以，如果该家庭获得的是现金而非食品，它就可以达到更高的满足水平。当然，并非所有家庭的无差异曲线都像这里所说的那样，某些家庭的无差异曲线可能使他们无论接受现金还是食品，所获得的满足程度都是一样的。对于无差异曲线与预算线相切于 F 点与 G 点之间的家庭来说，情况就是如此。

5. 政府向消费者一次性征收等量消费税与所得税对消费者行为的影响是否相同？请以两种商品为例，用数理方法或画图加以说明。

答：政府向消费者一次性征收等量消费税与所得税对消费者行为的影响不相同。一般来说，在政府向消费者征收相同数量的税收的条件下，消费者在课征所得税时的境况好于他在课征从量税时的境况，从这个意义上说，所得税肯定优于从量税。

首先分析征收从量税。假定初始的预算约束为：$P_1x_1 + P_2x_2 = m$。按税率 t 对商品 1 的消费课税，商品 1 的价格上升了 t。因此，新的预算约束就是：$(P_1 + t)x_1 + P_2x_2 = m$。假定消费者在新的预算约束下的最优选择为$(x_1^*, x_2^*)$，则必满足：

$$(P_1 + t)x_1^* + P_2x_2^* = m$$

通过这种课税，政府收入增加的数量为 $R^* = tx_1^*$。

如果政府征收相同数量的所得税，此时的预算约束为：

$$P_1x_1 + P_2x_2 = m - R^* = m - tx_1^*$$

如图 1 - 9 所示，可以发现此预算线的斜率与不征税时的预算线斜率相同，并且此预算线经过点(x_1^*, x_2^*)。可以发现在(x_1^*, x_2^*)点上，边际替代率为$-\frac{(P_1+t)}{P_2}$，但是所得税却可以按$-\frac{P_1}{P_2}$的比率进行交换。这样，预算线与无差异曲线就在(x_1^*, x_2^*)相交，这意味着预算线上可能有一些点比(x_1^*, x_2^*)更受消费者的偏好。

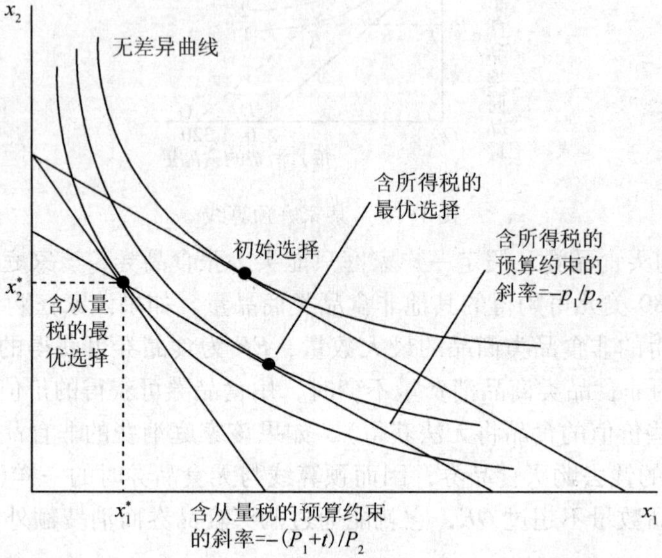

图1－9　所得税与从量税

第2讲　间接效用函数与支出函数

2.1　课后习题详解

1. 设一个消费者的直接效用函数为 $u=\alpha\ln q_1+q_2$。求该消费者的间接效用函数。并且运用罗尔恒等式去计算其关于两种物品的需求函数。并验证：这样得到的需求函数与从直接效用函数推得的需求函数是相同的。

解：(1)第一种情况：$y-\alpha p_2>0$ 时，

消费者的效用最大化问题为：

$$\max_{q_1,q_2}\alpha\ln q_1+q_2$$

$$s.t.\ p_1q_1+p_2q_2=y$$

构造该问题的拉格朗日函数：

$$L=\alpha\ln q_1+q_2+\lambda(y-p_1q_1-p_2q_2)$$

拉格朗日函数对 q_1、q_2 和 λ 分别求偏导得：

$$\frac{\partial L}{\partial q_1}=\frac{\alpha}{q_1}-\lambda p_1=0 \quad ①$$

$$\frac{\partial L}{\partial q_2}=1-\lambda p_2=0 \quad ②$$

$$\frac{\partial L}{\partial \lambda}=y-p_1q_1-p_2q_2=0 \quad ③$$

从①式和②式中消去 λ 后得：

$$q_1^*=\frac{\alpha p_2}{p_1} \quad ④$$

再把④式代入③式中得：

$$q_2^*=\frac{y-\alpha p_2}{p_2} \quad ⑤$$

从而解得马歇尔需求函数为：

$$q_1^*=\frac{\alpha p_2}{p_1}\qquad q_2^*=\frac{y-\alpha p_2}{p_2}$$

由⑤式可知：当 $y-\alpha p_2>0$ 时，$q_2^*>0$，消费者同时消费商品1和商品2。

将商品1和商品2的马歇尔需求函数代入效用函数中得到间接效用函数：

$$v(p_1,\ p_2,\ y)=u(q_1^*,\ q_2^*)=\alpha\ln\frac{\alpha p_2}{p_1}+\frac{y}{p_2}-\alpha$$

第二种情况：当 $y-\alpha p_2\leqslant 0$ 时，消费者只消费商品1，为角点解的情况。

从而解得马歇尔需求函数为：

$$q_1^*=\frac{y}{p_1}\qquad q_2^*=0$$

将商品1和商品2的马歇尔需求函数代入效用函数中得到间接效用函数：

$$v(p_1, p_2, y) = u(q_1^*, p_2^*) = \alpha \ln \frac{y}{p_1}$$

(2)第一种情况：$y - \alpha p_2 > 0$ 时，

让间接效用函数分别对 p_1、p_2 和 y 求偏导得：

$$\frac{\partial v}{\partial p_1} = -\frac{\alpha}{p_1} \qquad \frac{\partial v}{\partial p_2} = \frac{\alpha}{p_2} - \frac{y}{p_2^2} \qquad \frac{\partial v}{\partial y} = \frac{1}{p_2}$$

由罗尔恒等式，得到：

$$q_1^* = -\frac{\partial v / \partial p_1}{\partial v / \partial y} = \frac{\frac{\alpha}{p_1}}{\frac{1}{p_2}} = \frac{\alpha p_2}{p_1} \qquad q_2^* = -\frac{\partial v / \partial p_2}{\partial v / \partial y} = \frac{\frac{y}{p_2^2} - \frac{\alpha}{p_2}}{\frac{1}{p_2}} = \frac{y - \alpha p_2}{p_2}$$

第二种情况：当 $y - \alpha p_2 \leqslant 0$ 时，让间接效用函数分别对 p_1，p_2 和 y 求偏导得：

$$\frac{\partial v}{\partial p_1} = -\frac{\alpha}{p_1} \qquad \frac{\partial v}{\partial p_2} = 0 \qquad \frac{\partial v}{\partial y} = \frac{\alpha}{y}$$

由罗尔恒等式，得到：

$$q_1^* = -\frac{\partial v / \partial p_1}{\partial v / \partial y} = \frac{\frac{\alpha}{p_1}}{\frac{\alpha}{y}} = \frac{y}{p_1} \qquad q_2^* = -\frac{\partial v / \partial p_2}{\partial v / \partial y} = \frac{0}{\frac{\alpha}{y}} = 0$$

(3)比较可知，通过效用最大化的方法和罗尔恒等式的方法得出的需求函数相同。

2. 某个消费者的效用函数是 $u(x_1, x_2) = x_1^2 x_2$，商品 1 和 2 的价格分别是 p_1 和 p_2，此消费者的收入为 m，求马歇尔需求函数和支出函数。

解：(1)消费者的效用最大化问题为：

$$\max_{x_1, x_2} x_1^2 x_2$$

$$s.t.\ \ p_1 x_1 + p_2 x_2 = m$$

构造该问题的拉格朗日函数：

$$L = x_1^2 x_2 + \lambda(m - p_1 x_1 - p_2 x_2)$$

拉格朗日函数对 x_1、x_2 和 λ 分别求偏导得：

$$\frac{\partial L}{\partial x_1} = 2x_1 x_2 - \lambda p_1 = 0 \qquad ①$$

$$\frac{\partial L}{\partial x_2} = x_1^2 - \lambda p_2 = 0 \qquad ②$$

$$\frac{\partial L}{\partial \lambda} = m - p_1 x_1 - p_2 x_2 = 0 \qquad ③$$

从①式和②式中消去 λ 后得：

$$x_2 = \frac{p_1 x_1}{2p_2} \qquad ④$$

把④式代入③式中得：

$$x_1^*(p_1, p_2, m) = \frac{2m}{3p_1} \qquad ⑤$$

把⑤式代入④式中得：

$$x_2^*(p_1, p_2, m) = \frac{m}{3p_2} \qquad ⑥$$

⑤式和⑥式就是商品 1 和 2 的马歇尔需求函数。

将马歇尔需求函数代入直接效用函数中，可得间接效用函数：

$$v(p_1, p_2, m)=\frac{4m^2}{9p_1^2}\times\frac{m}{3p_2}=\frac{4m^3}{27p_1^2p_2}$$

由于支出函数与间接效用函数互为反函数，得支出函数为：

$$e(p_1, p_2, u)=\left(\frac{27p_1^2p_2u}{4}\right)^{\frac{1}{3}}=\frac{3}{2}\sqrt[3]{2p_1^2p_2u}$$

3. 试根据间接效用函数 $v(p_1, p_2, m)=\dfrac{m}{p_1+p_2}$ 求出相应的马歇尔需求函数，这里 m 表示收入。

解：由间接效用函数可得：$\dfrac{\partial v}{\partial p_1}=-\dfrac{m}{(p_1+p_2)^2}$，$\dfrac{\partial v}{\partial p_2}=-\dfrac{m}{(p_1+p_2)^2}$，$\dfrac{\partial v}{\partial m}=\dfrac{1}{p_1+p_2}$。

根据罗尔恒等式可知商品 1 和商品 2 的马歇尔需求函数分别为：

$$x_1=-\frac{\partial v/\partial p_1}{\partial v/\partial m}=-\frac{-\dfrac{m}{(p_1+p_2)^2}}{\dfrac{1}{p_1+p_2}}=\frac{m}{p_1+p_2}$$

$$x_2=-\frac{\partial v/\partial p_2}{\partial v/\partial m}=-\frac{-\dfrac{m}{(p_1+p_2)^2}}{\dfrac{1}{p_1+p_2}}=\frac{m}{p_1+p_2}$$

4. 考虑一退休老人，他有一份固定收入，想在北京、上海与广州三城市中选择居住地。假定他的选择决策只依赖于其效用函数 $u=x_1x_2$，这里 $(x_1, x_2)\in R_+^2$。已知北京的物价为 (p_1^a, p_2^a)，上海的物价为 (p_1^b, p_2^b)，并且 $p_1^ap_2^a=p_1^bp_2^b$，但 $p_1^a\neq p_1^b$，$p_2^a\neq p_2^b$。又知广州的物价为 $(p_1^c, p_2^c)=\left(\dfrac{1}{2}(p_1^a+p_1^b), \dfrac{1}{2}(p_2^a+p_2^b)\right)$。若该退休老人是理智的，他会选择哪个城市去生活？

解：老人的效用最大化问题为：

$$\max_{x_1,x_2} x_1x_2$$

$$s.t.\ p_1x_1+p_2x_2=m$$

构造该问题的拉格朗日函数：

$$L(x_1, x_2, \lambda)=x_1x_2+\lambda(m-p_1x_1-p_2x_2)$$

拉格朗日函数对 x_1、x_2 和 λ 分别求偏导得：

$$\frac{\partial L}{\partial x_1}=x_2-\lambda p_1=0 \quad ①$$

$$\frac{\partial L}{\partial x_2}=x_1-\lambda p_2=0 \quad ②$$

$$\frac{\partial L}{\partial \lambda}=m-p_1x_1-p_2x_2=0 \quad ③$$

从①式和②式中消去 λ 后得：

$$x_2=\frac{p_1x_1}{p_2} \quad ④$$

把④式代入③式中得到：

$$x_1(p_1,\ p_2,\ m)=\frac{m}{2p_1} \tag{⑤}$$

把⑤式代入④式中得到：

$$x_2(p_1,\ p_2,\ m)=\frac{m}{2p_2} \tag{⑥}$$

把⑤式和⑥式代入目标式中就得到了老人的间接效用函数：

$$v(p_1,\ p_2,\ m)=\frac{m^2}{4p_1p_2}$$

于是他在北京、上海、广州三地的效用分别为：

$$v_a=\frac{m^2}{4p_1^ap_2^a}\quad v_b=\frac{m^2}{4p_1^bp_2^b}\quad v_c=\frac{m^2}{4p_1^cp_2^c}$$

因为 $p_1^ap_2^a=p_1^bp_2^b$，所以 $v_a=v_b$。

又因为 $p_1^cp_2^c=\frac{p_1^a+p_1^b}{2}\cdot\frac{p_2^a+p_2^b}{2}\geqslant\sqrt{p_1^a}\cdot\sqrt{p_1^b}\cdot\sqrt{p_2^a}\cdot\sqrt{p_2^b}=p_1^ap_2^a=p_1^bp_2^b$，由于已知 $p_1^a\neq p_1^b$，$p_2^a\neq p_2^b$，所以该不等式的等号并不成立，则有 $v_c<v_a=v_b$。

综合上述分析可知：若该退休老人是理性的，则他会选择在北京或上海生活，但不会选择去广州生活。

5.（1）设 $u=x_1x_2$，这里 $(x_1,\ x_2)\in R_+^2$，求与该效用函数相对应的支出函数 $e(p_1,\ p_2,\ u)$。

（2）又设 $u'=\ln x_1+\ln x_2$，这里 $(x_1,\ x_2)\in R_+^2$，求与该效用函数相对应的支出函数 $e'(p_1,\ p_2,\ u')$。

（3）证明：$e'(p_1,\ p_2,\ u')=e(p_1,\ p_2,\ u)$，其中 $u'=\ln u$。

答：（1）消费者的支出最小化问题为：

$$\min_{x_1,x_2} p_1x_1+p_2x_2$$
$$s.t.\ x_1x_2=\bar{u}$$

构造该问题的拉格朗日函数：

$$L(x_1,\ x_2,\ \lambda)=p_1x_1+p_2x_2+\lambda(\bar{u}-x_1x_2)$$

拉格朗日函数对 x_1、x_2 和 λ 分别求偏导得：

$$\frac{\partial L}{\partial x_1}=p_1-\lambda x_2=0 \tag{①}$$

$$\frac{\partial L}{\partial x_2}=p_2-\lambda x_1=0 \tag{②}$$

$$\frac{\partial L}{\partial \lambda}=\bar{u}-x_1x_2=0 \tag{③}$$

从①式和②式中消去 λ 后得：

$$x_2=\frac{p_1}{p_2}x_1 \tag{④}$$

把④式代入③式中得到：

$$x_1=\left(\frac{\bar{u}p_2}{p_1}\right)^{1/2} \tag{⑤}$$

把⑤式代入④式中得到：

$$x_2=\left(\frac{\bar{u}p_1}{p_2}\right)^{1/2} \quad ⑥$$

把⑤⑥两式代入目标函数式中，就得到了消费者的支出函数：

$$e(p_1,\ p_2,\ u)=2(p_1p_2)^{1/2}\bar{u}^{1/2}=2\sqrt{p_1p_2\bar{u}}$$

(2)消费者的支出最小化问题为：

$$\min_{x_1,x_2} p_1x_1+p_2x_2$$

$$s.t.\ \ \ln x_1+\ln x_2=u'$$

构造该问题的拉格朗日函数：

$$L(x_1,\ x_2,\ \lambda)=p_1x_1+p_2x_2+\lambda(u'-\ln x_1-\ln x_2)$$

拉格朗日函数对 x_1、x_2 和 λ 分别求偏导得：

$$\frac{\partial L}{\partial x_1}=p_1-\frac{\lambda}{x_1}=0 \quad ①$$

$$\frac{\partial L}{\partial x_2}=p_2-\frac{\lambda}{x_2}=0 \quad ②$$

$$\frac{\partial L}{\partial \lambda}=u'-\ln x_1-\ln x_2=0 \quad ③$$

从①式和②式中消去 λ 后得：

$$x_2=\frac{p_1}{p_2}x_1 \quad ④$$

把④式代入③式中解得：

$$x_1=\left(\frac{p_2}{p_1}\right)^{1/2}e^{u'/2} \quad ⑤$$

把⑤式代入④式中得到：

$$x_2=\left(\frac{p_1}{p_2}\right)^{1/2}e^{u'/2} \quad ⑥$$

把⑤⑥两式代入目标函数式中，就得到了消费者的支出函数：

$$e'(p_1,\ p_2,\ u')=2(p_1p_2)^{1/2}e^{u'/2}=2\sqrt{p_1p_2e^{u'}}$$

(3)证明：

$$\left.\begin{array}{l} u=x_1x_2 \\ u'=\ln x_1+\ln x_2 \end{array}\right\}\Rightarrow u'=\ln u\Rightarrow 2\sqrt{p_1p_2e^{u'}}=2\sqrt{p_1p_2e^{\ln u}}=2\sqrt{p_1p_2u}$$

根据(1)与(2)的结果，可得：

$$e'(p_1,\ p_2,\ u')=e(p_1,\ p_2,\ u)$$

6. 设某消费者的间接效用函数为 $v(p_1,\ p_2,\ m)=m/p_1^{\alpha}p_2^{1-\alpha}$，这里 $0<\alpha<1$。什么是该消费者对物品 1 的希克斯需求函数？

答：根据间接效用函数与支出函数是反函数的关系，由于消费者的间接效用函数为 $v(p_1,\ p_2,\ m)=\frac{m}{p_1^{\alpha}p_2^{1-\alpha}}$，从中反解出 m 关于 p_1、p_2 和 v 的表达式，并用 u 替换 v，就得到了消费者的支出函数：

$$e(p,\ u)=up_1^{\alpha}p_2^{1-\alpha}$$

根据谢泼特引理，可知物品 1 的希克斯需求函数为：

$$h_1(p, u) = \frac{\partial e(p, u)}{\partial p_1} = \frac{\partial(up_1^{\alpha}p_2^{1-\alpha})}{\partial p_1} = \alpha u\left(\frac{p_2}{p_1}\right)^{1-\alpha}$$

7. 考虑含 n 种商品的 Cobb-Douglass 效用函数 $u(x) = A\prod_{i=1}^{n}x_i^{\alpha_i}$，这里 $A>0$，$\sum_{i=1}^{n}\alpha_i = 1$。

(1)求每种商品的马歇尔需求函数。

(2)求消费者的间接效用函数。

(3)计算消费者的支出函数。

(4)计算每种商品的希克斯需求函数。

解：(1)消费者的效用最大化问题为：

$$\max_{x_1,x_2\cdots,x_n} \quad u(x) = A\prod_{i=1}^{n}x_i^{\alpha_i}$$

$$s.t. \sum_{i=1}^{n}p_i x_i = y$$

构造该问题的拉格朗日函数：

$$L = A\prod_{i=1}^{n}x_i^{\alpha_i} + \lambda[y - \sum_{i=1}^{n}p_i x_i]$$

拉格朗日函数对 $x_i(i=1, 2, \cdots n)$ 和 λ 分别求偏导数得：

$$\frac{\partial L}{\partial x_i} = A\alpha_i x_i^{\alpha_i - 1}\prod_{j\neq i}x_j^{\alpha_j} - p_i\lambda = 0 \qquad i = 1,2,\cdots n$$

$$\frac{\partial L}{\partial \lambda} = y - \sum_{i=1}^{n}p_i x_i = 0 \qquad ①$$

从前 n 个等式可知，对任意的 i 和 j，都有如下关系成立：

$$\frac{\alpha_i x_j}{\alpha_j x_i} = \frac{p_i}{p_j} \quad i\neq j$$

从而得到，对任意的 $j\neq i$ 都有：

$$x_j = \frac{\alpha_j p_i x_i}{\alpha_i p_j}$$

把这 $n-1$ 个等式代入①式中，就有：

$$y - p_i x_i - \sum_{j\neq i}\frac{\alpha_j p_i x_i}{\alpha_i} = 0$$

即：

$$\left(p_i + \frac{p_i}{\alpha_i}\sum_{j\neq i}\alpha_j\right)x_i = \left[p_i + \frac{p_i}{\alpha_i}(1-\alpha_i)\right]x_i = y$$

从而解得商品的马歇尔需求函数为：

$$x_i = \frac{\alpha_i y}{p_i} \qquad i=1, 2, \cdots n$$

(2)把每个商品的马歇尔需求函数代入效用函数中，就得到了消费者的间接效用函数：

$$v(p,y) = u(x(p,y)) = A\prod_{i=1}^{n}\left(\frac{\alpha_i y}{p_i}\right)^{\alpha_i} = Ay\prod_{i=1}^{n}\left(\frac{\alpha_i}{p_i}\right)^{\alpha_i}$$

(3)从间接效用函数中反解出 y 关于 p_1、p_2 和 v 的表达式，并用 u 替换 v，就得到了消费者的支出函数：

$$e(p,u)=\left(\frac{u\cdot\prod_{i=1}^{n}\left(\frac{p_i}{\alpha_i}\right)^{\alpha_i}}{A}\right)$$

(4)把支出函数两边取对数，得：

$$\ln e=\{\ln u-\ln A+\sum_{i=1}^{n}\alpha_i[\ln p_i-\ln\alpha_i]\}$$

上式关于 p_i 求导得：

$$\frac{1}{e}\cdot\frac{\partial e}{\partial p_i}=\frac{\alpha_i}{p_i}$$

再根据谢泼特引理 $h_i(p,\ u)=\frac{\partial e(p,\ u(x))}{\partial p_i}$得到消费者对物品的希克斯需求函数为：

$$x_j^h=\frac{\partial e}{\partial p_j}=e(p,u)\frac{\alpha_j}{p_j}=\left(\frac{p_j}{\alpha_j}\right)^{\alpha_j-1}uA^{-1}\prod_{i\neq j}\left(\frac{p_i}{\alpha_i}\right)^{\alpha_i},j=1,2,3,\cdots,n$$

8. 以柯布—道格拉斯效用函数为例说明求解效用最大化问题和求解支出最小化问题可以得到同一需求函数。

答：(1)如果消费者的效用函数为柯布—道格拉斯效用函数，那么他的效用最大化问题可以描述为：

$$\max_{x_1,x_2}Ax_1^{\alpha}x_2^{1-\alpha}$$

$$s.t.\ p_1x_1+p_2x_2=m$$

构造该问题的拉格朗日函数：

$$\psi(x_1,\ x_2,\ \lambda)=Ax_1^{\alpha}x_2^{1-\alpha}+\lambda(m-p_1x_1-p_2x_2)$$

拉格朗日函数对 x_1、x_2 和 λ 分别求偏导得：

$$\frac{\partial\psi}{\partial x_1}=\alpha Ax_1^{\alpha-1}x_2^{1-\alpha}-\lambda p_1=0 \quad ①$$

$$\frac{\partial\psi}{\partial x_2}=(1-\alpha)Ax_1^{\alpha}x_2^{-\alpha}-\lambda p_2=0 \quad ②$$

$$\frac{\partial\psi}{\partial\lambda}=m-p_1x_1-p_2x_2=0 \quad ③$$

从①式和②式中消去 λ 后得：

$$x_2=\frac{(1-\alpha)p_1x_1}{\alpha p_2} \quad ④$$

把④式代入③式中解得：

$$x_1=\frac{\alpha m}{p_1} \quad ⑤$$

把⑤式代入④式中解得：

$$x_2=\frac{(1-\alpha)m}{p_2} \quad ⑥$$

⑤、⑥两式就是与柯布—道格拉斯效用函数相对应的马歇尔需求函数，把它们代入目标函数式中，就得到了间接效用函数：

$$v(p,\ m)=Am\left(\frac{\alpha}{p_1}\right)^{\alpha}\left(\frac{1-\alpha}{p_2}\right)^{1-\alpha}$$

(2)消费者的支出最小化问题为：

$$\min_{x_1,x_2} p_1x_1+p_2x_2$$
$$s.t.\ u(x)=Ax_1^{\alpha}x_2^{1-\alpha}$$

构造该问题的拉格朗日函数：

$$\psi(x_1,\ x_2,\ \lambda)=p_1x_1+p_2x_2+\lambda(u-Ax_1^{\alpha}x_2^{1-\alpha})$$

拉格朗日函数对 x_1、x_2 和 λ 分别求偏导得：

$$\frac{\partial\psi}{\partial x_1}=p_1-\lambda A\alpha x_1^{\alpha-1}x_2^{1-\alpha}=0 \quad ①$$

$$\frac{\partial\psi}{\partial x_2}=p_2-\lambda A(1-\alpha)x_1^{\alpha}x_2^{-\alpha}=0 \quad ②$$

$$\frac{\partial\psi}{\partial\lambda}=u-Ax_1^{\alpha}x_2^{1-\alpha}=0 \quad ③$$

从①式和②式中消去 λ 后得：

$$x_2=\frac{(1-\alpha)p_1x_1}{\alpha p_2} \quad ④$$

把④式代入③式中解得商品 1 的希克斯需求函数为：

$$h_1(p,\ u)=\frac{u}{A}\left[\frac{\alpha p_2}{(1-\alpha)p_1}\right]^{1-\alpha} \quad ⑤$$

把⑤式代入④式中解得商品 2 的希克斯需求函数为：

$$h_2(p,\ u)=\frac{u}{A}\left[\frac{(1-\alpha)p_1}{\alpha p_2}\right]^{\alpha} \quad ⑥$$

把⑤⑥两式代入目标函数式中，就得到了消费者的支出函数：

$$e(p,\ u)=\frac{u}{A}\left(\frac{1-\alpha}{\alpha}\right)^{\alpha}\frac{1}{1-\alpha}p_1^{\alpha}p_2^{1-\alpha}$$

(3)下面来验证问题的结论：对柯布—道格拉斯效用函数而言，求解效用最大化问题和求解支出最小化问题可以得到同一需求函数。

把间接效用函数的表达式代入商品 1 和 2 的希克斯需求函数中，就得到了它们的马歇尔需求函数：

$$x_1(p,\ m)=\frac{A}{A}m\left(\frac{\alpha}{p_1}\right)^{\alpha}\left(\frac{1-\alpha}{p_2}\right)^{1-\alpha}\left(\frac{\alpha}{1-\alpha}\right)^{1-\alpha}\left(\frac{p_2}{p_1}\right)^{1-\alpha}=\frac{\alpha m}{p_1}$$

$$x_2(p,\ m)=\frac{A}{A}m\left(\frac{\alpha}{p_1}\right)^{\alpha}\left(\frac{1-\alpha}{p_2}\right)^{1-\alpha}\left(\frac{1-\alpha}{\alpha}\right)^{\alpha}\left(\frac{p_1}{p_2}\right)^{\alpha}=\frac{(1-\alpha)m}{p_2}$$

把支出函数的表达式代入商品 1 和 2 的马歇尔需求函数中，就得到了它们的希克斯需求函数：

$$h_1(p,\ u)=\frac{\alpha}{p_1}\frac{u}{A}p_1^{\alpha}p_2^{1-\alpha}\left(\frac{1-\alpha}{\alpha}\right)^{\alpha}\frac{1}{1-\alpha}=\frac{u}{A}\left[\frac{\alpha p_2}{(1-\alpha)p_1}\right]^{1-\alpha}$$

$$h_2(p,\ u)=\frac{1-\alpha}{p_2}\frac{u}{A}p_1^{\alpha}p_2^{1-\alpha}\left(\frac{1-\alpha}{\alpha}\right)^{\alpha}\frac{1}{1-\alpha}=\frac{u}{A}\left[\frac{(1-\alpha)p_1}{\alpha p_2}\right]^{\alpha}$$

由此可知，对柯布—道格拉斯效用函数而言，求解效用最大化问题和求解支出最小化问题可以得到同一需求函数。

9. 下列说法对吗？为什么？

函数 $x^h(p_x, u)=(p_x+u)^{1/2}$ 可以作为某个消费者对某种商品的希克斯需求函数。

答： 函数 $x^h(p_x, u)=(p_x+u)^{1/2}$ 不能作为某个消费者对某种商品的希克斯需求函数。理由如下：

希克斯需求函数(用 $h_i(p, u)$ 表示，其中下标表示第 i 种商品)是指在消费者的效用保持不变的情况下，商品的价格和消费者对该商品的需求量之间的关系。特别地，希克斯需求函数具有以下性质：

(1) $h_i(p, u)$ 关于价格 p 是零次齐次的，即：对任意的 $t>0$，$h_i(p, u)=h_i(tp, tu)$。

(2) $h_i(p, u)$ 关于第 i 种商品的价格 p_i 单调递减，即：$\dfrac{\partial h_i(p, u)}{\partial p_i}<0$。

(3) 对任意的 i 和 j 两种商品，$\dfrac{\partial h_i(p, u)}{\partial p_j}=\dfrac{\partial h_j(p, u)}{\partial p_i}$ 总是成立。

对于函数 $x^h(p_x, u)=(p_x+u)^{1/2}$ 而言，由于不满足上述三条性质中的前两条，所以它不是希克斯需求函数。

10. 下列函数能成为一个马歇尔需求函数吗？为什么？

$$x(p_x, p_y, I)=\frac{2p_x \cdot I}{(p_x^2+p_y^2)}$$

这里，x 与 y 为两种商品，I 为收入。

答： 马歇尔需求函数是指在消费者的收入保持不变和消费者追求效用最大化的条件下，商品的价格和消费者对该商品的需求量之间的关系。马歇尔需求函数具有以下性质：

(1) 马歇尔需求函数关于价格 p 和收入 m 是零次齐次的，即：对任意的 $t>0$，都有 $x_i(p, m)=x_i(tp, tm)$。

(2) 如果一种商品是正常品，即 $\dfrac{\partial x_i(p, m)}{\partial m}>0$，那么该商品的马歇尔需求函数关于商品的价格单调递减，即 $\dfrac{\partial x_i(p, m)}{\partial p_i}<0$。

下面对函数 $x(p_x, p_y, I)=\dfrac{2p_x \cdot I}{(p_x^2+p_y^2)}$ 分别验证上述两条性质：

(1) $x(tp_x, tp_y, tI)=\dfrac{2t^2p_x \cdot I}{t^2(p_x^2+p_y^2)}=\dfrac{2p_x \cdot I}{(p_x^2+p_y^2)}=x(p_x, p_y, I)$；

(2) 由于 $\dfrac{\partial x(p_x, p_y, I)}{\partial I}=\dfrac{2p_x}{(p_x^2+p_y^2)}>0$，所以该商品是正常品。但是 $\dfrac{\partial x(p_x, p_y, I)}{\partial p_x}=\dfrac{2I(p_y^2-p_x^2)}{(p_x^2+p_y^2)^2}<0$ 只有在 $p_y<p_x$ 的条件下才能成立，否则商品的需求随着价格的上升而增加，这就和第二条性质相矛盾。

综合上述分析，可知该函数不是马歇尔需求函数。

附录：

本章所有的计算都是基于下表描述的关系：

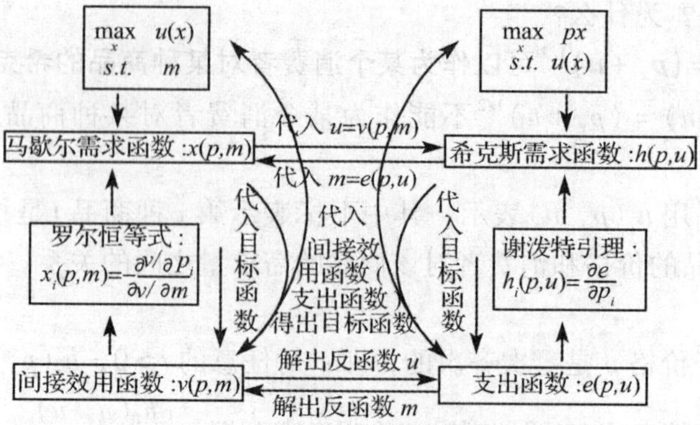

2.2 强化习题详解

1. 下列函数可以作为马歇尔需求函数吗？为什么？

$$x_i = \frac{p_i w}{(p_1)^2 + (p_2)^2 + (p_3)^2}, \quad i = 1, 2, 3$$

答：这个函数可以作为马歇尔需求函数，理由如下：

马歇尔需求函数需要满足下列性质：

(1)在(p, w)上具有零次齐次性：

$$x_i(\alpha p, \alpha w) = \frac{\alpha p_i \cdot \alpha w}{(\alpha p_1)^2 + (\alpha p_2)^2 + (\alpha p_3)^2} = \frac{p_i \cdot w}{(p_1)^2 + (p_2)^2 + (p_3)^2} = x_i(p, w)$$

(2)满足瓦尔拉斯法则：

$$p \cdot x = \sum_{i=1}^{3} p_i \cdot x_i = \sum_{i=1}^{3} \frac{p_i^2 \cdot w}{(p_1)^2 + (p_2)^2 + (p_3)^2} = w$$

(3)惟一性：给定(p, w)时显然满足。

综上可知，这些函数可以作为马歇尔需求函数。

2. 如果某消费者在三维商品世界($l = 1, 2, 3$)中的需求函数为：

$$x_1 = \frac{y}{2p_1 + p_3}$$

$$x_2 = \frac{p_3 y}{p_2(2p_1 + p_3)}$$

$$x_3 = \frac{p_1 y}{p_3(2p_1 + p_3)}$$

你能写出该消费者的效用函数$u(x_1, x_2, x_3)$吗？他对$x = (x_1, x_2, x_3) \in X_+^3$的偏好关系是属于什么类型的？

答：首先把题中的需求函数改写为：

$$x_1 = \frac{p_1}{2p_1 + p_3} \cdot \frac{y}{p_1}, \quad x_2 = \frac{p_3}{2p_1 + p_3} \cdot \frac{y}{p_2}, \quad x_3 = \frac{p_1}{2p_1 + p_3} \cdot \frac{y}{p_3}$$

$$\frac{p_1}{2p_1 + p_3} + \frac{p_3}{2p_1 + p_3} + \frac{p_1}{2p_1 + p_3} = 1$$

再令$\alpha_1 = \dfrac{p_1}{2p_1 + p_3}$，$\alpha_2 = \dfrac{p_3}{2p_1 + p_3}$，$\alpha_3 = \dfrac{p_1}{2p_1 + p_3}$，则$\alpha_1 + \alpha_2 + \alpha_3 = 1$，从而：

$$x_1 = \alpha_1 \frac{y}{p_1}，x_2 = \alpha_2 \frac{y}{p_2}，x_3 = \alpha_3 \frac{y}{p_3}$$

显然其效用函数应为 Cobb-Douglas 型：

$$u(x_1，x_2，x_3) = x_1{}^{\alpha_1} x_2{}^{\alpha_2} x_3{}^{\alpha_3} = x_1^{\frac{p_1}{2p_1+p_3}} x_2^{\frac{p_3}{2p_1+p_3}} x_3^{\frac{p_1}{2p_1+p_3}}$$

他对 $x=(x_1，x_2，x_3) \in X_+^3$ 的偏好关系也相应是属于 Cobb-Douglas 型的。

3. 假定消费者对商品 1、商品 2 以及商品 3 的间接效用函数（indirect utility function）为：

$$V(P，Y) = \frac{AY}{P_1^{a_1} P_2^{a_2} P_3^{a_3}}$$

其中 Y 为收入，P_1、P_2 和 P_3 分别为商品 1、商品 2 以及商品 3 的价格。

（1）请导出商品 2 的普通需求函数（ordinary demand functions）。

（2）请导出商品 2 的补偿需求函数（compensated demand functions）。

（3）假设商品 2 的价格上升 10%。请问该消费者用于商品 2 上的支出有何变化？

（4）假设商品 2 的价格上升 10%。请问该消费者的收入必须增加多少才能够弥补价格上升的影响？

解：（1）此消费者的效用最大化问题为：

$$\max V(P，Y) = \frac{AY}{P_1^{a_1} P_2^{a_2} P_3^{a_3}}$$

$$s.t.\ P_1X_1 + P_2X_2 + P_3X_3 = Y$$

构造拉格朗日辅助函数 $L = \frac{AY}{P_1^{a_1} P_2^{a_2} P_3^{a_3}} + \lambda(P_1X_1 + P_2X_2 + P_3X_3 - Y)$，效用最大化的一阶条件为：

$$\frac{\partial L}{\partial P_1} = AY(-a_1)P_1^{-a_1-1}P_2^{-a_2}P_3^{-a_3} + \lambda X_1 = 0 \Rightarrow a_1 \frac{AY}{P_1^{a_1}P_2^{a_2}P_3^{a_3}} = \lambda P_1X_1 \quad ①$$

$$\frac{\partial L}{\partial P_2} = AY(-a_2)P_1^{-a_1}P_2^{-a_2-1}P_3^{-a_3} + \lambda X_2 = 0 \Rightarrow a_2 \frac{AY}{P_1^{a_1}P_2^{a_2}P_3^{a_3}} = \lambda P_2X_2 \quad ②$$

$$\frac{\partial L}{\partial P_3} = AY(-a_3)P_1^{-a_1}P_2^{-a_2}P_3^{-a_3-1} + \lambda X_3 = 0 \Rightarrow a_3 \frac{AY}{P_1^{a_1}P_2^{a_2}P_3^{a_3}} = \lambda P_3X_3 \quad ③$$

$$\frac{\partial L}{\partial \lambda} = P_1X_1 + P_2X_2 + P_3X_3 - Y = 0 \Rightarrow Y = P_1X_1 + P_2X_2 + P_3X_3 \quad ④$$

①②③三式相加，得：

$$\lambda(P_1X_1 + P_2X_2 + P_3X_3) = \lambda Y = (a_1 + a_2 + a_3)\frac{AY}{P_1^{a_1}P_2^{a_2}P_3^{a_3}}$$

解得：$\lambda = (a_1 + a_2 + a_3)\frac{A}{P_1^{a_1}P_2^{a_2}P_3^{a_3}}$

推导可得：$X_2 = \frac{a_2 Y}{(a_1 + a_2 + a_3)P_2}$，此即为商品 2 的普通需求函数。

（2）补偿需求函数又称为希克斯需求函数，它是商品的价格 P_i 和效用水平 U 函数，一般用 $h(P_i，U)$ 来表示。

此消费者的支出最小化问题为：

$$\min P_1X_1 + P_2X_2 + P_3X_3$$

$$s.t.\ U=V(P,\ Y)=\frac{AY}{P_1^{a_1}P_2^{a_2}P_3^{a_3}}$$

构造拉格朗日辅助函数 $L=P_1X_1+P_2X_2+P_3X_3+\lambda\left(\frac{AY}{P_1^{a_1}P_2^{a_2}P_3^{a_3}}-U\right)$，支出最小化的一阶条件为：

$$\frac{\partial L}{\partial P_1}=AY(-a_1)\lambda P_1^{-a_1-1}P_2^{-a_2}P_3^{-a_3}+X_1=0\Rightarrow a_1\frac{\lambda AY}{P_1^{a_1}P_2^{a_2}P_3^{a_3}}=P_1X_1 \quad ①$$

$$\frac{\partial L}{\partial P_2}=AY(-a_2)\lambda P_1^{-a_1}P_2^{-a_2-1}P_3^{-a_3}+X_2=0\Rightarrow a_2\frac{\lambda AY}{P_1^{a_1}P_2^{a_2}P_3^{a_3}}=P_2X_2 \quad ②$$

$$\frac{\partial L}{\partial P_3}=AY(-a_3)\lambda P_1^{-a_1}P_2^{-a_2}P_3^{-a_3-1}+X_3=0\Rightarrow a_3\frac{\lambda AY}{P_1^{a_1}P_2^{a_2}P_3^{a_3}}=P_3X_3 \quad ③$$

$$\frac{\partial L}{\partial \lambda}=\frac{AY}{P_1^{a_1}P_2^{a_2}P_3^{a_3}}-U=0\Rightarrow U=\frac{AY}{P_1^{a_1}P_2^{a_2}P_3^{a_3}} \quad ④$$

①②③三式相加，得：

$$P_1X_1+P_2X_2+P_3X_3=Y=\lambda(a_1+a_2+a_3)\frac{AY}{P_1^{a_1}P_2^{a_2}P_3^{a_3}}$$

解得：$\lambda=\frac{P_1^{a_1}P_2^{a_2}P_3^{a_3}}{(a_1+a_2+a_3)A}$

推导可得：$X_2=\frac{a_2P_1^{a_1}P_2^{a_2-1}P_3^{a_3}U}{(a_1+a_2+a_3)A}$，此即为商品 2 的补偿需求函数。

(3)由(1)知 $P_2X_2=\frac{a_2Y}{(a_1+a_2+a_3)}$是一个常数，因此商品 2 价格的变化不会影响消费者用于商品 2 上的支出。

(4)为了使消费者的效用水平仍保留在价格上升前的效用水平，设此时消费者的收入为 Y_1，则应满足：

$$\frac{AY_1}{P_1^{a_1}[(1+10\%)P_2]^{a_2}P_3^{a_3}}=\frac{AY}{P_1^{a_1}P_2^{a_2}P_3^{a_3}}$$

解得：$Y_1=1.1^{a_2}Y$

因此，$\frac{Y_1-Y}{Y}=1.1^{a_2}-1$，此即为收入增加的百分比。

4. 假设一个消费者的效用函数为 $u=xy+y$，其中 x 和 y 分别表示两种商品。

(1)请问此效用函数是拟凹的吗?

(2)计算均衡需求函数和马歇尔需求函数。

(3)计算间接效用函数和支出函数。

解：(1)该效用函数是拟凹函数。分析如下：

由消费者的效用函数可得商品 x 和 y 的边际效用分别为：

$$MU_x=y,\ MU_y=x+1$$

因此，边际替代率为：

$$MRS=\frac{MU_x}{MU_y}=\frac{y}{x+1}$$

可以看出，边际替代率 MRS 随着 x 的增加而减少，因此该函数是拟凹函数。

(2)假设消费者的收入为 I，则消费者的效用最大化问题为：

$$\max u = xy + y$$
$$s.t.\ \ P_1 x + P_2 y = I$$

其中，P_1 和 P_2 分别为 x 和 y 的价格。构造拉格朗日辅助函数 $L = xy + y - \lambda(P_1 x + P_2 y - I)$，效用最大化的一阶条件为：

$$\frac{\partial L}{\partial x} = y - \lambda P_1 = 0$$
$$\frac{\partial L}{\partial y} = x + 1 - \lambda P_2 = 0$$
$$\frac{\partial L}{\partial \lambda} = I - P_1 x - P_2 y = 0$$

解得：$x = \frac{I}{2P_1} - \frac{1}{2}$，$y = \frac{I + P_1}{2P_2}$

(3)间接效用函数和支出函数

间接效用函数衡量的是在收入和价格一定的情况下，消费者选择最优消费束时的效用：

$$v(P, I) = u(x(P, I), y(P, I)) = xy + y = (x+1)y = \left(\frac{I}{2P_1} - \frac{1}{2} + 1\right)\left(\frac{I + P_1}{2P_2}\right) = \frac{(I + P_1)^2}{4P_1 P_2}$$

即间接效用函数为 $v(P, I) = \frac{(I + P_1)^2}{4P_1 P_2}$

支出函数：在一组特定的商品价格条件下，要达到某一既定的效用水平所必需的最小支出，与间接效用函数互为反函数。

间接效用函数：$v(P, I) = \frac{(I + P_1)^2}{4P_1 P_2}$

支出函数为：$e(P, U) = \sqrt{4P_1 P_2 U} - P_1$

5. 定义 S_{ij} 为 p_j 变化时对商品 i 的需求量的净替代效应，如在效用函数为 $U = x_1^{\alpha} x_2^{1-\alpha}$，请验证：$S_{11}p_1 + S_{12}p_2 = 0$。

证明：因为消费者的效用函数为柯布—道格拉斯型的，所以每种商品的马歇尔需求函数为：

$$x_1(p, y) = \frac{\alpha y}{p_1} \quad ①$$

$$x_2(p, y) = \frac{(1-\alpha)y}{p_2} \quad ②$$

①、②两式分别对相关变量求导，得到：

$$\frac{\partial x_1(p, y)}{\partial p_1} = -\frac{\alpha y}{p_1^2} \quad ③$$

$$\frac{\partial x_1(p, y)}{\partial p_2} = 0 \quad ④$$

$$\frac{\partial x_1(p, y)}{\partial y} = \frac{\alpha}{p_1} \quad ⑤$$

由斯拉茨基公式得：

$$S_{ij} = \frac{\partial x_i(p, y)}{\partial p_j} + x_j(p, y)\frac{\partial x_i(p, y)}{\partial y} \quad ⑥$$

利用③④⑤⑥式就有：

$$S_{11}p_1+S_{12}p_2=\left(-\frac{\alpha y}{p_1{}^2}+\frac{\alpha}{p_1}\cdot\frac{\alpha y}{p_1}\right)p_1+\frac{\alpha}{p_1}\cdot\frac{(1-\alpha)y}{p_2}p_2$$

$$=\frac{\alpha y}{p_1}(\alpha-1)+\frac{\alpha y}{p_1}(1-\alpha)=0$$

6．如果效用函数为 $u(x_1,x_2,x_3)=\sqrt[3]{x_1x_2x_3}$。设商品 x_1 和商品 x_2 必须搭配买，搭配比例为：$x_1+\left(\frac{p_2}{p_1}\right)x_2$，即买一单位的 x_1 必须搭配 $\frac{p_2}{p_1}$ 单位的 x_2。求解关于搭配后的商品组合 x_c 的马歇尔需求函数。

解：捆绑销售的方案为1单位 x_1 搭配 $\frac{p_2}{p_1}$ 单位 x_2，则组合商品的价格为：

$$p_c=p_1+\frac{p_2}{p_1}p_2=\frac{p_1{}^2+p_2{}^2}{p_1}$$

并且组合商品的数量 x_c 和商品1以及商品2的数量 x_1，x_2 有如下关系：

$$x_1=x_c \qquad ①$$

$$x_2=\frac{p_2}{p_1}x_c \qquad ②$$

从而消费者的最大化问题变为：

$$\max_{x_c,x_3} U=\sqrt[3]{x_c\cdot\frac{p_2}{p_1}x_c\cdot x_3}=\sqrt[3]{\frac{p_2}{p_1}}x_c^{\frac{2}{3}}x_3^{\frac{1}{3}}$$

$$s.t.\ p_cx_c+p_3x_3=y$$

由柯布-道格拉斯效用函数的性质可知

$$x_c=\frac{2y}{3p_c}=\frac{2p_1y}{3(p_1{}^2+p_2{}^2)},\ x_3=\frac{y}{3p_3}$$

再由①②两式得到：

$$x_1=\frac{2p_1y}{3(p_1{}^2+p_2{}^2)},\ x_2=\frac{2p_2y}{3(p_1{}^2+p_2{}^2)}$$

7．假设小明喜欢吃羊肉串（x）和啤酒（y），两者的价格分别为 p_x、p_y，收入为 I，其效用函数为 $u(x,y)=\min\left\{x,\frac{y}{2}\right\}$。

（1）如果羊肉串和啤酒的相对价格发生变动，是否会改变小明对这两种物品的消费组合？

（2）计算小明对羊肉串和啤酒这两种物品的需求函数。

（3）计算小明的间接效用函数和支出函数。

解：（1）即使羊肉串和啤酒的相对价格发生变动，也不会改变小明对这两种物品的消费组合，因为小明的效用函数为 $u(x,y)=\min\left\{x,\frac{y}{2}\right\}$，这表明对于小明，羊肉串和啤酒是两种互补的商品，使得小明效用最大化的消费比例满足 $x=\frac{y}{2}$。

（2）将 $x=\frac{y}{2}$ 代入小明的预算约束线 $p_xx+p_yy=I$，可得：小明对羊肉串的需求函数 $x=$

$\frac{I}{p_x+2p_y}$，对啤酒的需求函数为 $y=\frac{2I}{p_x+2p_y}$。

（3）因为 $u=x=y/2$，所以将 $x=\frac{I}{p_x+2p_y}$ 或 $y=\frac{2I}{p_x+2p_y}$ 代入效用函数中，得间接效用函数 $V(p_x, p_y, I)=\frac{I}{p_x+2p_y}$。

根据间接效用函数与支出函数的对偶性，得支出函数为：

$$E(p_x, p_y, u)=I=(p_x+2p_y)u$$

第3讲　价格变化对消费者的配置效应与福利效应

3.1 课后习题详解

1. 证明：如果一个消费者只消费两种商品，假设是 x_1 与 x_2，那么它们不可能都是劣等品。

证明：劣等品是指随着消费者收入的增加，其需求量减少的商品。如果假设 $x_i(p,\ m)$ 是第 i 种商品的马歇尔需求函数，那么商品 i 是劣等品就意味着 $\frac{\partial x_i(p,\ m)}{\partial m}<0$。对于消费两种商品的消费者，如下的预算约束恒成立：

$$p_1x_1(p_1,\ p_2,\ m)+p_2x_2(p_1,\ p_2,\ m)=m \quad ①$$

①式两边关于收入 m 求导，得到：

$$p_1\frac{\partial x_1(p_1,\ p_2,\ m)}{\partial m}+p_2\frac{\partial x_2(p_1,\ p_2,\ m)}{\partial m}=1 \quad ②$$

对于消费两种商品的消费者，等式②恒成立。

下面来证明本题的结论，假设商品1和2都是劣等品，那么就有 $\frac{\partial x_i(p,\ m)}{\partial m}<0$，$i=1$ 或2，从而②式左边恒小于零，等式②不成立，这与假设矛盾！所以如果一个消费者只消费两种商品，那么它们不可能都是劣等品。

2. 如果偏好是凹的，替代效应仍然为负吗？

答：如果偏好是凹的，替代效应不一定为负，但肯定是非正的。分析如下：

一种商品的替代效应是指价格变化引起商品需求量的总变化当中，仅仅因为该商品和其他商品之间的相对价格变化而引起的需求量的变化。替代效应包括希克斯替代效应和斯拉茨基替代效应。希克斯替代效应是指保持消费者的效用不变的情况下，价格变化引起的需求量的变化（如图3－1所示）；斯拉茨基替代效应是指保持消费者的购买能力不变的情况下，价格变化引起的需求量的变化（如图3－2所示）。

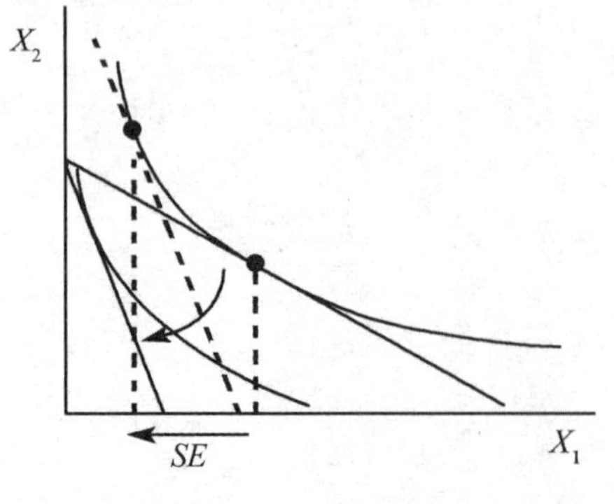

图3－1　希克斯替代

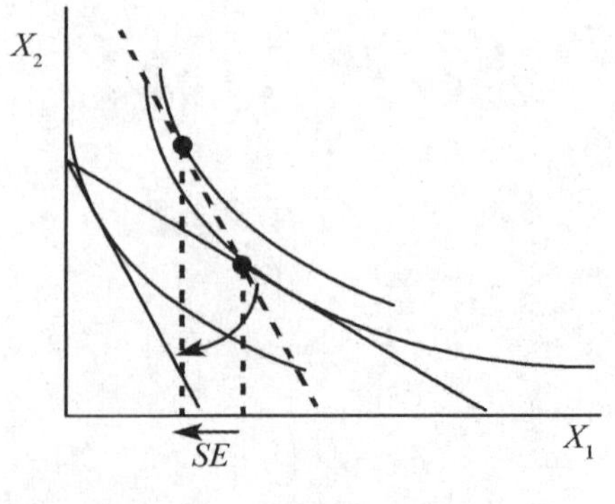

图3－2　斯拉茨基替代

当消费者的偏好为凹的时候，替代效应非正，即替代效应或者为零，或者为负，见图3－3（这里只考虑希克斯替代效应，斯拉茨基替代效应的分析也是类似的）：

①替代效应为零的情况

当商品1的价格上升引起预算线从AB转动到AC时，消费者对商品1的需求由B减少到C，如果保持消费者的效用不变，仅仅考虑相对价格的变化对商品1的需求的影响，那么由图中虚线BH的位置可以看出，商品1的需求不变，即价格变动的替代效应为零。

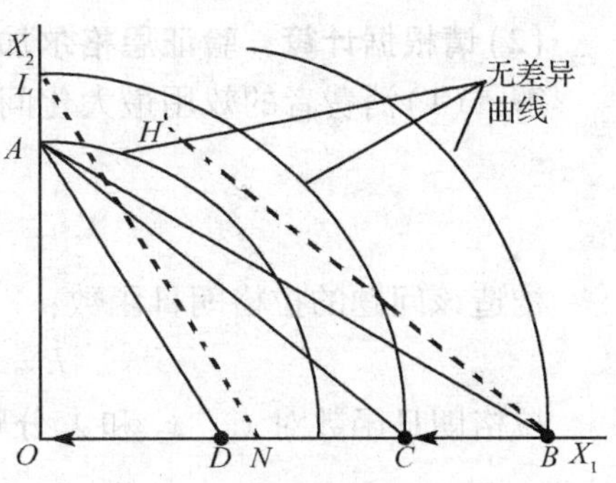

图3－3　凹偏好的替代效应

②替代效应为负的情况

当商品1的价格上升引起预算线从AC转动到AD时，消费者的最优消费点为A点。如果保持消费者的效用不变，仅仅考虑相对价格的变化对商品1的需求的影响，那么由图中虚线LN的位置可以看出，现在消费者转而消费商品2，即对商品1的消费下降为零，价格变动的替代效应就是商品1的消费从C点的位置下降到O点的位置。

3. 已知一个消费者对牛奶的需求函数为$x=10+\frac{y}{10p}$，这里x为一周内牛奶的消费量，$y=120$元为收入，$p=3$元/桶，现在假定牛奶价格从3元/桶降为2元/桶。问：

（1）该价格变化对该消费者的需求总效应是多少？（即其牛奶消费会变化多少？）

（2）请算出价格变化的斯拉茨基替代效应。

（提示：如该消费者维持原消费水平，降价会使他省出多少钱？现在他用多少钱就相当于原来的120元钱？）

（3）请算出价格变化的斯拉茨基收入效应。

解：（1）$p=3$元/桶时，$x(p,m)=10+\frac{120}{10\times3}=14$；$p=2$元/桶时，$x(p',m)=10+\frac{120}{10\times2}=16$。所以，总效应为：

$$\Delta x=x(p',m)-x(p,m)=16-14=2$$

（2）价格变化后，为了使消费者购买得起价格变化前的商品数量，需要把他的收入增加$\Delta p\cdot x=-1\times14=-14$，即他的收入要减少14元。这样在保持消费者的购买力不变的条件下，消费者对该商品的需求为：

$$x(p',m')=10+\frac{120-14}{10\times2}=15.3$$

从而替代效应为：

$$\Delta x^s=x(p',m')-x(p,m)=15.3-14=1.3$$

（3）收入效应等于总效应减去替代效应，即：

$$\Delta x^n=\Delta x-\Delta x^s=2-1.3=0.7$$

4. 某个消费者的效用函数为$u(x_1,x_2)=x_1^2x_2$。令p_1，p_2与m分别表示商品1的价格、商品2的价格和收入。

（1）如果$m=24$，$p_1=1$，$p_2=1$，现在p_1上升为2，求此消费者关于商品1的斯拉茨基替代效应和收入效应。

(2)请根据计算，验证恩格尔加总规则。

解：(1)消费者的效用最大化问题为：

$$\max_{x_1, x_2} x_1^2 x_2$$

$$s.t.\ p_1 x_1 + p_2 x_2 = m$$

构造该问题的拉格朗日函数：

$$L = x_1^2 x_2 + \lambda(m - p_1 x_1 - p_2 x_2)$$

拉格朗日函数对 x_1、x_2 和 λ 分别求偏导得：

$$\frac{\partial L}{\partial x_1} = 2x_1 x_2 - \lambda p_1 = 0 \quad ①$$

$$\frac{\partial L}{\partial x_2} = x_1^2 - \lambda p_2 = 0 \quad ②$$

$$\frac{\partial L}{\partial \lambda} = m - p_1 x_1 - p_2 x_2 = 0 \quad ③$$

从①式和②式中消去 λ 后得：

$$x_2 = \frac{p_1 x_1}{2p_2} \quad ④$$

把④式代入③式中得：

$$x_1(p_1, p_2, m) = \frac{2m}{3p_1} \quad ⑤$$

把⑤式代入④式中得：

$$x_2(p_1, p_2, m) = \frac{m}{3p_2} \quad ⑥$$

⑤式和⑥式就是商品 1 和商品 2 的马歇尔需求函数。把 $m = 24$、$p_1 = 1$、$p_2 = 1$ 代入⑤式中，得到：

$$x_1(p_1, p_2, m) = \frac{2 \times 24}{3 \times 1} = 16$$

当商品 1 的价格变为 $p_1' = 2$ 时，商品 1 的需求为：

$$x_1(p_1', p_2, m) = \frac{2 \times 24}{3 \times 2} = 8$$

价格上涨后，为了保证消费者的购买力不变，应当把他的收入增加 $\Delta p \cdot x = 1 \times 16 = 16$，这样在保持消费者的购买力不变的条件下，消费者对该商品的需求为：

$$x_1(p_1', p_2, m') = \frac{2 \times (24 + 16)}{3 \times 2} = \frac{40}{3}$$

从而消费者的替代效应为：

$$\Delta x^s = x(p', m') - x(p, m) = \frac{2 \times (24 + 16)}{3 \times 2} - \frac{2 \times 24}{3} = -\frac{8}{3}$$

消费者的收入效应为：

$$\Delta x^n = \Delta x - \Delta x^s = -\frac{24}{3} + \frac{8}{3} = -\frac{16}{3}$$

(2)恩格尔加总规则是说把消费者在每种商品上的支出份额(s_i)和该商品的需求收入弹性(η_i)之积加总等于 1，即：

$$\sum_{i=1}^{n} s_i \eta_i = 1$$

就本题而言，商品 1 和 2 的需求函数分别为 $x_1(p_1, p_2, m) = \frac{2m}{3p_1}$和 $x_2(p_1, p_2, m) = \frac{m}{3p_2}$，从而 $s_1 = \frac{p_1 x_1}{m} = \frac{2}{3}$，$s_2 = \frac{p_2 x_2}{m} = \frac{1}{3}$，$\eta_1 = \frac{\partial x_1}{\partial m}\frac{m}{x_1} = 1$，$\eta_2 = \frac{\partial x_2}{\partial m}\frac{m}{x_2} = 1$，从而：

$$s_1\eta_1 + s_2\eta_2 = \frac{1}{3} + \frac{2}{3} = 1$$

5.（单项选择）当价格是（3，1）时，某个消费者选择的消费束是（x，y）=（6，6）。在新的价格（p_x，p_y）下，他选择的消费束是（x，y）=（5，8），若此消费者的行为满足显示偏好的弱公理，那么必定有：

（1）$2p_y < p_x$　　（2）$p_x < 2p_y$　　（3）$p_x > 3p_y$　　（4）$3p_x = p_y$

答：正确的答案是（1）。理由如下：

显示偏好弱公理的含义：令 x^0 是当价格向量为 p^0 时消费者的选择，令 x^1 是当价格为 p^0 时消费者可以支付得起，但实际上并没有选择的商品束，那么 x^0 就被“显示出”偏好于 x^1，并且，若 x^0 被“显示出”偏好于 x^1，那么 x^1 就决不会被“显示出”偏好于 x^0。用数学公式表达就是：如果 $p^0x^0 \geqslant p^0x^1$，那么必有 $p^1x^1 < p^1x^0$。

对于本题的消费者，当价格是（3，1）时，他选择的消费束是（x，y）=（6，6）。在新的价格（p_x，p_y）下，他选择的消费束是（x，y）=（5，8），根据显示偏好弱公理，因为：

$$3 \times 6 + 1 \times 6 > 3 \times 5 + 1 \times 8$$

所以必有：

$$6p_x + 6p_y > 5p_x + 8p_y$$

解得：

$$2p_y < p_x$$

6.（单项选择）1997 年，小李将他的全部收入用在两种商品 x 和 y 上。与 1997 年相比，1998 年商品 x 和 y 的价格都上升了 8%，1998 年小李消费的 x 和 1997 年一样多，但他消费的 y 却比 1997 年少。我们可以断定：

（1）y 是个正常商品。

（2）y 是个劣等商品。

（3）x 是个劣等商品。

（4）由于商品的相对价格没有变，小李的行为是非理性的。

答：（1）正确。理由如下：

正常品是指随着消费者收入的增加其需求也增加的商品；劣等品是指随着消费者收入的增加其需求减少的商品。由于 1998 年的时候，两种商品的价格同比例上涨，从而两种商品之间的相对价格不变，所以价格上涨的实际效应是消费者的收入减少，从图上看，就是消费者的预算线向内移动，由于商品 y 的需求变化和消费者收入的变化方向相同，所以商品 y 是正常品，如图3－4所示。

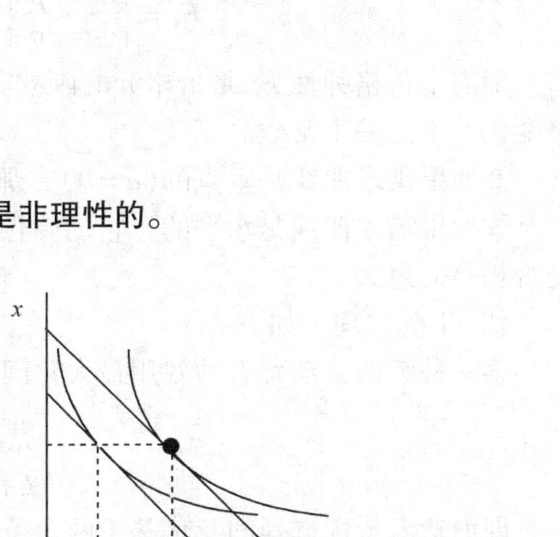

图 3－4　价格变化对需求的影响

7. 考虑一个不变弹性需求函数 $Q=Ap^{-\varepsilon}$，A，$\varepsilon>0$。

(1)求反需求函数 $p(Q)$。

(2)计算需求的价格弹性。

(3)ε 的值为多少时，称需求是有弹性的？ε 的值为多少时，称需求是无弹性的？

(4)证明：边际收入函数对反需求函数的比 $p(Q)/MR(Q)$ 独立于产出 Q。

解：(1)消费者的反需求函数为：

$$p(Q)=\left(\frac{A}{Q}\right)^{\frac{1}{\varepsilon}}$$

(2)由 $Q=Ap^{-\varepsilon}$，两边取对数，得：

$$\ln Q=\ln A-\varepsilon\ln p$$

所以，需求价格弹性 $\varepsilon_p=\dfrac{\mathrm{d}\ln Q}{\mathrm{d}\ln p}=-\varepsilon$。

(3)如果 $|\varepsilon|>1$，就说需求是有弹性的；如果 $|\varepsilon|<1$，就说需求是无弹性的。

(4)证明：由于 $R=pQ=\left(\dfrac{A}{Q}\right)^{\frac{1}{\varepsilon}}Q$，则 $MR=\left(1-\dfrac{1}{\varepsilon}\right)\left(\dfrac{A}{Q}\right)^{\frac{1}{\varepsilon}}$，从而：

$$\frac{p(Q)}{MR(Q)}=\frac{p(Q)}{\left(1-\dfrac{1}{\varepsilon}\right)p(Q)}=\frac{\varepsilon}{\varepsilon-1}$$

显然，这个表达式和产出 Q 无关。

8. 判断下述论断是否正确，并给出理由：

(1)如果需求曲线是一条直线，则直线上各点的需求价格弹性是一样的。

(2)如果对 X 的需求是由 X 的价格、Y 的价格和收入决定的，则当 X 的价格、Y 的价格和收入都上涨一倍时，对 X 的需求不变。

答：(1)错误。理由如下：

①假设线性需求函数为 $q=b-ap$，其中 $a>0$，$b>0$，那么它的需求价格弹性为：

$$E_d=\left|\frac{\mathrm{d}q}{\mathrm{d}p}\cdot\frac{p}{q}\right|=\left|-a\cdot\frac{p}{b-ap}\right|=\frac{ap}{b-ap}$$

即需求价格弹性 E_d 是价格 p 的函数。也就是说，需求曲线上各点的需求价格弹性随价格变化，不是一个常数。

②如果需求曲线是垂直的($a=0$)，那么它的弹性是不变的，$E_d=0$。

③如果需求曲线是水平的，它的弹性不存在(无穷大的)，讨论需求曲线上各点的弹性是否相等无意义。

(2)正确，理由如下：

第一种解法：消费者的效用最大化问题通常可以描述如下：

$$\max_{x_1,x_2} u(x_1,\ x_2)$$
$$s.t.\ p_1x_1+p_2x_2=m$$

即消费者最优选择的变化基于两个条件的变化，这两个条件就是预算约束和偏好。当 X 的价格、Y 的价格和收入都上涨一倍时，其预算约束为 $2p_xx+2p_yy\leqslant 2m$，它与 $p_xx+p_yy\leqslant m$ 表示的是同样的选择集，在偏好不变的情况下(这正是"如果对 X 的需求是由 X 的价格，Y 的价格和收入决定的"含义)，消费者的选择将不会发生变化。也就是说，对 X

的需求不变。

第二种解法：

马歇尔需求函数 $x_i(p, m)$ 是零次齐次函数，所以对于 $\forall t \geqslant 0$，有 $x_i(tp, tm) = x_i(p, m)$。因此，当价格和收入都增加一倍时，对 X 的需求不变。

9. 判断对错并简要说明理由。x_1 和 x_2 是一个消费者消费的两种物品，如果 $\partial x_1/\partial p_2 > 0$，就说 x_1 是 x_2 的替代品；如果 x_1 是 x_2 的替代品，则 x_2 也是 x_1 的替代品。

答：(1)先考虑净替代的情况：前半句是错误的，而后半句是正确的，理由如下：

两个商品之间的替代关系通过净替代效应的正负来决定，商品 1 的希克斯需求函数 x_1 关于商品 2 的价格 p_2 求偏导数，如果正，则替代；如果负，则为互补。由马歇尔需求函数求偏导得出的是总替代和总互补关系，即使净替代关系为正，由于未剔除收入效应，仍有可能总效应为负，从而两种商品互补，因此该命题前半句错误。

对一个消费两种商品的消费者而言，其希克斯需求函数有如下性质 $\frac{\partial h_1}{\partial p_2} = \frac{\partial h_2}{\partial p_1}$，所以，如果 x_1 是 x_2 的替代品，即 $\frac{\partial h_1}{\partial p_2} > 0$，那么 $\frac{\partial h_2}{\partial p_1} > 0$，即 x_2 也是 x_1 的替代品。

(2)再考虑总替代的情况，前半句是正确的，而后半句是错误的，理由如下：

由马歇尔需求函数求偏导得出的是总替代和总互补关系，$\frac{\partial x_1}{\partial p_2} > 0$，可知总替代关系为正，两种商品为替代品。但考虑总替代品时，则不存在净替代效应的对称关系。例如，拟线性效用函数 $u = \ln x_1 + x_2$，可知马歇尔需求函数为 $x_1 = \frac{p_2}{p_1}$，$x_2 = \frac{m - p_2}{p_2}$。检验可知 $\frac{\partial x_1}{\partial p_2} > 0$，商品 1 是商品 2 的替代品；而 $\frac{\partial x_2}{\partial p_1} = 0$，商品 2 不是商品 1 的替代品，也就是说总替代关系不一定是对称的。

10. 以需求函数 $q = a - bp$ 为例，试分析为什么在需求曲线缺乏弹性的部分经营不可能产生最大利润。

答：利润最大化的一阶条件为 $MR = MC$。

对于该需求函数，$TR = pq$，则 $MR = \frac{\mathrm{d}TR}{\mathrm{d}q} = p + q\frac{\mathrm{d}p}{\mathrm{d}q} = p\left(1 + \frac{q}{p} \cdot \frac{\mathrm{d}p}{\mathrm{d}q}\right) = p\left(1 - \frac{1}{|E_d|}\right)$。

当需求曲线缺乏弹性时，有 $0 < |E_d| < 1$，代入上式，得 $MR < 0$。

又有 $MC > 0$，由于利润最大化要求 $MR = MC$，当需求曲线缺乏弹性时，$MR < 0$，$MC > 0$，不满足利润最大化的条件 $MR = MC$。因此，在需求曲线缺乏弹性的部分经营不可能产生最大利润。

11. 判断对错并简要说明理由：

(1)如果消费者是一个理性的效用最大化者，那么他对某种商品的斯拉茨基替代效应必定是负的。

(2)假设某消费者的效用函数是 $u(x, y) = x^{\alpha}y^{\beta}$，则他关于 x 的需求对 y 价格的交叉价格弹性为零。

答：(1)错误。理由如下：

对于严格凸的偏好，斯拉茨基替代效应必定是负的(如图 3－5 所示)。但是对于一个理性的消费者而言，他的偏好只需要满足下面三个条件：完备性，反省性和传递性。从这三个条件出发不能得出消费者的偏好就是严格凸的，所以对于一个具有非严格凸偏好的消费者，他的斯拉茨基替代效应可能为零(如图3-6所示)。

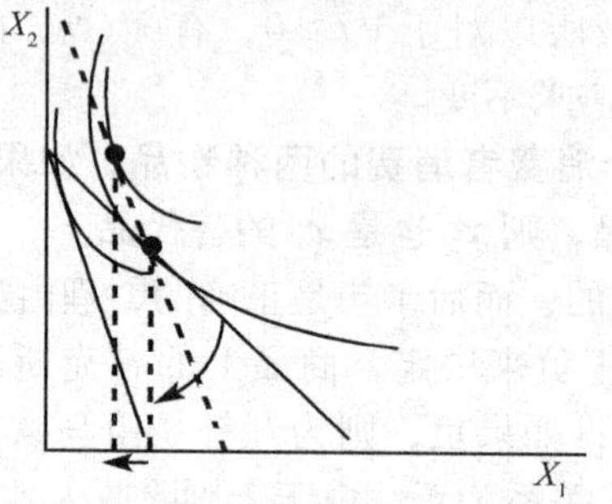

图3-5 凸偏好的斯拉茨基替代效应

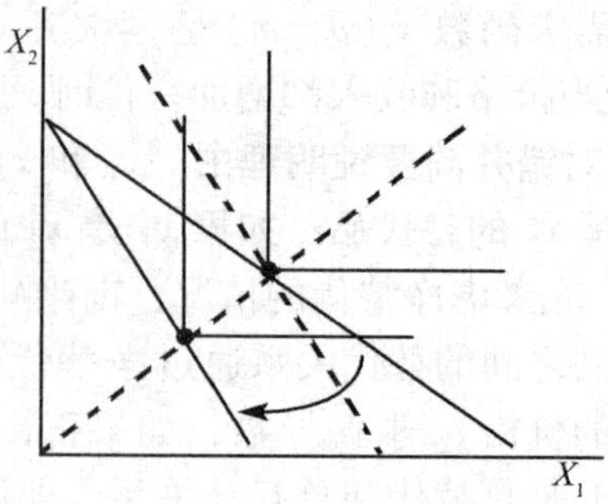

图3-6 互补偏好的斯拉茨基替代效应

(2)正确。理由如下：

消费者的效用最大化问题为：

$$\max_{x,y} x^{\alpha}y^{\beta}$$
$$s.t.\ p_1x+p_2y=m$$

解上述最优化问题，得到商品1和2的马歇尔需求函数为：

$$x=\frac{\alpha m}{(\alpha+\beta)p_1}\quad y=\frac{\beta m}{(\alpha+\beta)p_2}$$

则他关于x的需求对y价格的交叉价格弹性为：

$$\varepsilon_{12}=\frac{\mathrm{d}x}{\mathrm{d}p_2}\cdot\frac{p_2}{x}=\frac{\mathrm{d}\left(\frac{\alpha m}{(\alpha+\beta)p_1}\right)}{\mathrm{d}p_2}\cdot\frac{p_2}{x}=0$$

12. 下面的说法对吗？为什么？

某个消费者将他的全部收入花在两种商品上，其中一种商品是吉芬商品。如果吉芬商品的价格上升，那么他对另外一种商品的需求必定下降。

答：这个说法正确，理由如下：

根据吉芬商品的定义，当吉芬商品的价格上升时，对吉芬商品的需求会增加，从而吉芬商品所占收入的份额会上升，进而另外一种商品所占收入的份额会下降，而这种商品的价格不变、收入不变，因此对该商品的需求必定会下降。具体证明如下：

假设消费者对这两种物品的需求分别为$x_1(p_1,\ p_2,\ m)$和$x_2(p_1,\ p_2,\ m)$，其中商品1是吉芬商品，则有如下预算约束恒等式：

$$p_1x_1(p_1,\ p_2,\ m)+p_2x_2(p_1,\ p_2,\ m)=m \quad ①$$

①式两边关于价格p_1求导，就有：

$$x_1(p_1,\ p_2,\ m)+p_1\frac{\partial x_1(p_1,\ p_2,\ m)}{\partial p_1}+p_2\frac{\partial x_2(p_1,\ p_2,\ m)}{\partial p_1}=0$$

由于商品1是吉芬商品，所以$\frac{\partial x_1(p_1,\ p_2,\ m)}{\partial p_1}>0$，从而：

$$\frac{\partial x_2(p_1,\ p_2,\ m)}{\partial p_1}=\left[-x_1(p_1,\ p_2,\ m)-p_1\frac{\partial x_1(p_1,\ p_2,\ m)}{\partial p_1}\right]/p_2<0$$

这就说明商品2的需求随着商品1的价格的上涨而降低。

13. 令斯拉茨基公式中右端第一项$\left(\frac{\partial x_i^h}{\partial p_j}\right)$为 s_{ij}，s_{ij} 叫做 x_i 与 x_j 的净替代效应。对于效用函数 $u=x_1^r x_2$，证明：$s_{11}p_1+s_{12}p_2=0$。

证明：(1)下面对效用函数 $u=x_1^r x_2$ 来证明 $s_{11}p_1+s_{12}p_2=0$：

由 $u=x_1^r x_2$ 和预算约束 $p_1x_1+p_2x_2\leqslant y$，得到 x_1、x_2 的需求函数：

$$x_1=\frac{ry}{(1+r)p_1}\quad x_2=\frac{y}{(1+r)p_2}$$

由此可以得到间接效用函数：

$$v(p,\ y)=\frac{r^r y^{1+r}}{(1+r)^{1+r}p_1^r p_2}$$

从上式中可以反解出消费者的支出函数：

$$e(p,\ u)=(1+r)\left[\frac{p_1^r p_2 u}{r^r}\right]^{\frac{1}{1+r}}$$

由谢泼特引理和 s_{ij}的定义，得到：

$$p_1s_{11}=p_1\frac{\partial^2 e(p,\ u)}{\partial p_1^2}=p_1\left[-\frac{r}{1+r}\left(\frac{u}{r^r}\right)^{\frac{1}{1+r}}p_1^{-\frac{2+r}{1+r}}\cdot p_2^{\frac{1}{1+r}}\right]$$

$$=-\frac{r}{1+r}\left(\frac{u}{r^r}\right)^{\frac{1}{1+r}}p_1^{-\frac{1}{1+r}}p_2^{\frac{1}{1+r}}$$

$$p_2s_{12}=p_2\frac{\partial^2 e(p,\ u)}{\partial p_1\partial p_2}=p_2\left[\frac{r}{1+r}\left(\frac{u}{r^r}\right)^{\frac{1}{1+r}}p_1^{-\frac{1}{1+r}}p_2^{-\frac{r}{1+r}}\right]$$

$$=\frac{r}{1+r}\left(\frac{u}{r^r}\right)^{\frac{1}{1+r}}p_1^{-\frac{1}{1+r}}p_2^{\frac{1}{1+r}}$$

因此：$s_{11}p_1+s_{12}p_2=0$。

(2)本题的结论可以推广到 n 种商品的情况，即 $\sum\limits_{j=1}^{n}p_js_{ij}=0$，证明如下：

对于 k 次齐次函数 $f(x_1,\ x_2,\ \cdots,\ x_n)$，对于任意正数 t，满足：

$$f(tx_1,\ tx_2,\ \cdots,\ tx_n)=t^k f(x_1,\ x_2,\ \cdots,\ x_n)$$

关于 t 求偏导，有：

$$\sum_{i=1}^{n}\frac{\partial f(tx_1,\cdots,tx_n)}{\partial(tx_i)}\cdot x_i=kt^{k-1}f(x_1,\cdots,x_n)$$

令 $t=1$，就有：

$$\sum_{i=1}^{n}\frac{\partial f(x_1,\ \cdots,\ x_n)}{\partial x_i}\cdot x_i=kf(x_1,\ \cdots,\ x_n)\quad\text{（齐次函数欧拉定理）}$$

考虑希克斯需求函数 $x_i^h(p_1,\ p_2,\ \cdots,\ p_n,\ u)$关于 p 是零次齐次的，所以 $k=0$，利用欧拉定理：

$$\sum_{j=1}^{n}\frac{\partial x_i^h(p_1,\ \cdots,\ p_n,\ u)}{\partial p_j}\cdot p_j=kx_i^h(p_1,\ \cdots,\ p_n,\ u)=0$$

即：
$$\sum_{j=1}^{n}p_js_{ij}=0$$

14. 如果观察到，一个消费者在 $p_1=2$，$p_2=6$ 时，购买的商品 1 和 2 的数量为 $x_1=20$，$x_2=10$；当价格变为 $p_1=3$，$p_2=5$ 时，他的购买量为 $x_1=18$，$x_2=4$。他的行为符合显示性偏好的弱公理吗？

答：消费者的行为符合显示性偏好弱公理。分析如下：

显示偏好弱公理的含义：令 x^0 是当价格向量为 p^0 时消费者的选择，令 x^1 是当价格为 p^0 时消费者可以支付得起但实际上并没有选择的商品束，那么 x^0 就被"显示出"偏好于 x^1，并且，若 x^0 被“显示出”偏好于 x^1，那么 x^1 就决不会被“显示出”偏好于 x^0。所以，消费者在(p^1，y^1)预算条件下选择了 x^1 而不是 x^0，那不是由于 x^0 不如 x^1，而一定是由于 x^0 在(p^1，y^1)的条件下买不起。用数学公式表达就是：如果 $p^0x^0 \geqslant p^0x^1$，那么必有 $p^1x^0>p^1x^1$。

因为 $2\times20+6\times10=100>2\times18+6\times4=60$，所以根据显示偏好弱公理就必然有 $3\times20+5\times10>3\times18+5\times4$，而后一个等式确实是成立的（$110>74$），因此消费者的行为符合显示性偏好的弱公理。

15. 设消费者的反需求函数为 $p=a-bq$，这里 a，$b>0$。假定政府开征消费税（从价税），因此，消费者支付的价格会从 p 上升到 $p(1+t)$（这里，t 为税率）。证明：消费者剩余的损失总是超过政府通过征税而获得的收入。

证明：如图 3－7 所示，征税前，消费者的剩余为：

$$cs=\frac{1}{2}(a-p)q=\frac{1}{2}(a-p)\left(\frac{a}{b}-\frac{1}{b}p\right)=\frac{(a-p)^2}{2b}$$

征税后，消费者的剩余为：

$$cs'=\frac{1}{2}[a-p(1+t)]\cdot\left[\frac{a}{b}-\frac{1}{b}p(1+t)\right]=\frac{[a-p(1+t)]^2}{2b}$$

他们所损失的消费者剩余为：

$$\Delta cs=cs'-cs=\frac{p^2t^2+2p^2t-2apt}{2b}$$

政府征税所获收入为：

$$T=pt\cdot\left[\frac{a-p(1+t)}{b}\right]=\frac{apt-p^2t-p^2t^2}{b}$$

因此，$T+\Delta cs=-\dfrac{p^2t^2}{2b}<0$，即消费者剩余的损失总是超过政府通过征税而获得的收入。

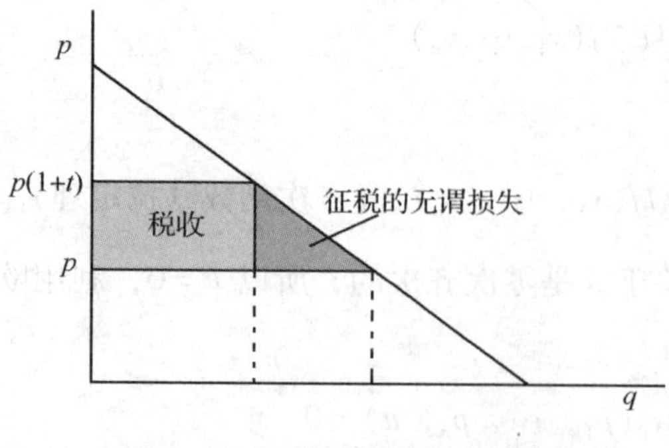

图 3－7　征税对消费者的影响

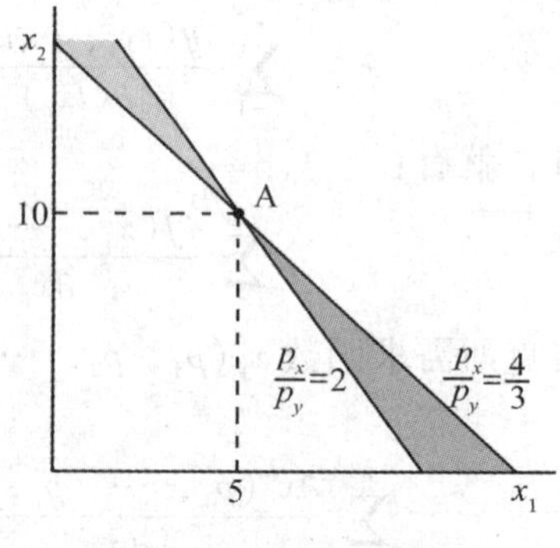

图 3－8　价格变动后的预算线经过初始最优点

16. 设一个消费者只消费两类商品，他在 $p_1=10$ 元，$p_2=5$ 元时购买了 $x_1=5$，$x_2=10$。现在，p_1 下降至 8 元，p_2 上升至 6 元。问该消费者的生活水平在价格变动后提高了还是降

低了？为什么？

答：该消费者的生活水平在价格变动后至少不会降低，理由如下：

价格变化前，消费者的总支出为$p_1x_1+p_2x_2=10\times5+5\times10=100$；价格变化后消费者的预算线变为$8x_1+6x_2=100$，特别是价格变化后的预算线经过价格变化前的最优消费点（如图3－8所示），这说明消费者现在仍然可以消费得起价格变化前的最优消费束，所以对于追求效用最大化的消费者，他的境况至少和价格变化前一样好。

3.2　强化习题详解

1. 某商品的市场需求曲线为$D(p_D)=100-2p_D$，供给曲线为$S(p_S)=3p_S$。(1)假定政府对消费者征收5元的数量税，均衡的数量和价格(p_S和p_D)将是多少？(2)如果该税加给厂商，而非消费者，均衡的数量和价格(p_S和p_D)将是多少？(3)计算税收的额外净损失。

解：(1)当政府对消费者征收5元的数量税时，消费者购买商品所付的金额中有5元是缴纳税收，因此成交的市场均衡价格会在其原需求曲线上每一数量的均衡价格上下降5元，其需求曲线会向左（下）移，如图3－9所示。

由已知条件得未征税前：　$p_D=50-q_D/2$，$p_S=q_S/3$　①

征税后：　$p_D=50-q_D/2$，$p_S=q_S/3$　②

当市场达到均衡时，市场供给等于市场需求，即$p_D-5=p_S$，$q_D=q_S$　③

将③式代入②式得：$p_D=23$，$p_S=23-5=18$，$q_D=q_S=54$

(2)当对厂商征税时，厂商会把这5元的定量税考虑到定价中，因此会在原先每一产量的均衡价格上上涨5元，其供给曲线会向左（上）移，如图3－9所示。

由已知条件得未征税前：　$p_D=50-q_D/2$，$p_S=q_S/3$　④

征税后：　$p_D=50-q_D/2$，$p_S=q_S/3$　⑤

当市场达到均衡时，市场供给等于市场需求，即$p_D=p_S+5$，$q_D=q_S$　⑥

将⑥式代入⑤式得：$p_S=18$，$p_D=18+5=23$，$q_D=q_S=54$

由(1)(2)可知，无论是对消费者征税还是对厂商征税，市场的均衡都会发生同样的改变。

(3)不征税时，由均衡条件$p_D=p_S$，$q_D=q_S$得到：

$$100-2p_D=3p_D$$

解得$p_S=p_D=20$，从而$q_D=100-2\times20=60$。征税的无谓损失是指征税引起的社会总剩余的减少（即消费者剩余的变化，生产者剩余的变化和政府税收三者之和），如图3－9中的S_{ABC}所示，它等于$0.5\times5\times(60-54)=15$。

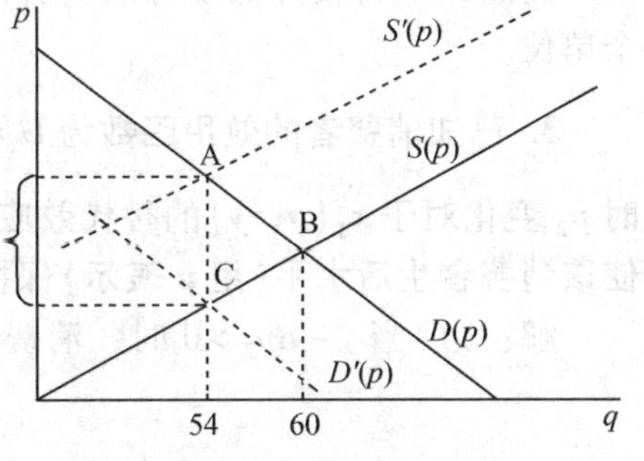

图3－9　征税引起的无谓损失

2. Tom consumes A and B. His utility function is $U(x_A, x_B)=x_Ax_B$. The price of A is ＄1, the price of B is ＄2, and Tom's income is ＄40 a day. The price of B suddenly falls to ＄1.

(1) Before the price change, how many A and B did Tom consume per day?

(2) If, after the price change, Tom's income had changed so that he could exactly afford his old consumption bundle, what would his new income have been? With this income and the new prices, how many A and B Tom would consume?

(3) **Does the substitution effect of the fall in the price of B make him buy more B or fewer B? How many more or fewer?**

(4) **After the price change, how many A and B Tom actually buys ?**

(5) **Does the income effect of the fall in the price of B make him consume more B or fewer B? How many more or how many fewer?**

解: (1)对原效用函数作如下单调变换 $u'=u^{1/2}$，得到 $u'(x_A, x_B)=x_A^{1/2}x_B^{1/2}$，这是一个柯布—道格拉斯效用函数，由于单调变化不改变消费者的偏好，所以原效用函数表示柯布—道格拉斯偏好，从而:

$$x_A^*=\frac{1}{2}\cdot\frac{M}{p_A}=\frac{1}{2}\times\frac{40}{1}=20 \quad x_B^*=\frac{1}{2}\cdot\frac{M}{p_B}=\frac{1}{2}\times\frac{40}{2}=10$$

(2)价格变化后，要保持消费者的购买力不变，他的收入需减少为 $M_{\text{new}}=1\times20+1\times10=30$，从而他对两种商品的需求分别为:

$$x_{\text{Anew}}^*=\frac{1}{2}\cdot\frac{M_{\text{new}}}{p_A}=\frac{1}{2}\times\frac{30}{1}=15 \quad x_{\text{Bnew}}^*=\frac{1}{2}\cdot\frac{M_{\text{new}}}{p_{\text{Bnew}}}=\frac{1}{2}\times\frac{30}{1}=15$$

(3)这里的替代效应是指斯拉茨基替代效应，即在保持消费者的购买力不变的条件下，仅仅由于相对价格的变化而引起的消费的变化量，根据第(1)问和第(2)问，可知，替代效应为 $x_{\text{Bnew}}^*-x_B^*=15-10=5$，即由于价格的变化，消费者多买了5单位的商品B。

(4)在原来的收入条件和新的价格下，消费者对两种商品的消费分别为:

$$\hat{x}_A=\frac{1}{2}\cdot\frac{M}{p_A}=\frac{1}{2}\times\frac{40}{1}=20 \quad \hat{x}_B=\frac{1}{2}\cdot\frac{M}{p_{\text{Bnew}}}=\frac{1}{2}\times\frac{40}{1}=20$$

(5)总效用中剔除替代效应，就得到了收入效应，根据前面4问，可知价格变化的收入效应为:

$$\hat{x}_B-x_{\text{Bnew}}^*=20-15=5$$

商品B的价格降低使得消费者的实际收入增加，从而使得他对该商品的消费增加了5个单位。

3. 已知消费者的效用函数为 $U=\alpha\ln x_1+x_2$，请写出在($p_1=2$，$p_2=4$，$y=10$，$\alpha=\frac{1}{3}$)时 p_2 变化对于 $x_1(p, y)$ 的替代效应与收入效应。如果 p_2 从4上升为 $p_2'=5$，p_1 不变，为了使该消费者生活水平(用 u 表示)保持不变，应该如何对该消费者实行补偿?

解: (1)当 $y-\alpha p_2>0$ 时，消费者的效用最大化问题为:

$$\max_{x_1,x_2} U=\alpha\ln x_1+x_2$$
$$s.t.\ p_1x_1+p_2x_2=y$$

利用拉格朗日乘数法可以求出每种商品的马歇尔需求函数为:

$$x_1=\frac{\alpha p_2}{p_1},\ x_2=\frac{y-\alpha p_2}{p_2}=\frac{y}{p_2}-\alpha$$

因为 $\frac{\partial x_1}{\partial p_2}=\frac{\alpha}{p_1}$，$\frac{\partial x_1}{\partial y}=0$，所以 p_2 的变化对于 $x_1(p, y)$ 的收入效应为:

$$IE=-x_2\cdot\frac{\partial x_1}{\partial y}=0$$

根据斯拉茨基方程可知替代效应为 $SE=\frac{\partial x_1}{\partial p_2}+x_2\cdot\frac{\partial x_1}{\partial y}=\frac{\partial x_1}{\partial p_2}=\frac{\alpha}{p_1}$

当 $p_1=2$，$p_2=4$，$y=10$，$\alpha=\frac{1}{3}$时，$IE=0$，$SE=\frac{1}{6}$。

(2)保持效用水平 u 不变，应该对消费者实行希克斯补偿，由 $x_1=\frac{\alpha p_2}{p_1}$，$x_2=\frac{y}{p_2}-\alpha$ 得：

$$v(p_1,\ p_2,\ y)=\alpha\ln\frac{\alpha p_2}{p_1}+\frac{y}{p_2}-\alpha$$

从中可以反解出支出函数为：

$$e=p_2[u+\alpha-\alpha(\ln\alpha+\ln p_2-\ln p_1)]$$

对支出函数求偏导得到希克斯需求函数：

$$x_1^h=\frac{\alpha p_2}{p_1},\ x_2^h=u-\alpha(\ln\alpha+\ln p_2-\ln p_1)$$

当 $p_1=2$，$p_2=4$，$y=10$，$\alpha=\frac{1}{3}$时，$v=\frac{1}{3}\ln\frac{2}{3}+\frac{5}{2}-\frac{1}{3}=\frac{1}{3}\ln\frac{2}{3}+\frac{13}{6}$。

当 $p_2'=5$，$y=10$，$\alpha=\frac{1}{3}$，$p_1=2$ 时，${x_1}^{h\prime}=\frac{5}{6}$，${x_2}^{h\prime}=\frac{1}{3}\ln\frac{2}{3}+\frac{13}{6}-\frac{1}{3}\ln\frac{5}{6}=\frac{1}{3}\ln\frac{4}{5}+\frac{13}{6}$。把商品 1 和 2 的希克斯需求函数代入支出函数中，就有：

$$e'=2\times\frac{5}{6}+5\times\left(\frac{1}{3}\ln\frac{4}{5}+\frac{13}{6}\right)=\frac{10}{6}+\frac{65}{6}+\frac{5}{3}\ln\frac{4}{5}=\frac{25}{2}+\frac{5}{3}\ln\frac{4}{5}$$

从而为了保持消费者的效用不变而对消费者进行的补偿为：

$$e'-y=\frac{25}{2}+\frac{5}{3}\ln\frac{4}{5}-10=\frac{5}{2}+\frac{5}{3}\ln\frac{4}{5}$$

4. 考虑商品世界中任意两种商品 i 与 j，记关于第 i 种商品的需求的收入弹性为 η_i。请证明：

$$\frac{\partial x_i}{\partial p_j}\ \overset{>}{\underset{<}{=}}\ \frac{\partial x_j}{\partial p_i}\iff\eta_i\ \overset{<}{\underset{>}{=}}\ \eta_j$$

证明：由斯拉茨基公式（$i=1,\ 2,\ \cdots,\ n$）：

$$\frac{\partial x_i(p,\ y)}{\partial p_j}=\frac{\partial x_i^h(p,\ u)}{\partial p_j}-x_j(p,\ y)\frac{\partial x_i(p,\ y)}{\partial y}$$

上式两边同时乘以$\frac{y}{x_i}$（$\frac{y}{x_i}>0$）就有（$i=1,\ 2,\ \cdots,\ n$）：

$$\frac{\partial x_i}{\partial p_j}\frac{y}{x_i}=\frac{\partial x_i^h}{\partial p_j}\frac{y}{x_i}-x_j\frac{\partial x_i}{\partial y}\frac{y}{x_i}$$

因为 $\eta_i=\frac{\partial x_i}{\partial y}\frac{y}{x_i}$（$i=1,\ 2,\ \cdots,\ n$），则：

$$\frac{\partial x_i}{\partial p_j}\frac{y}{x_i}=\frac{\partial x_i^h}{\partial p_j}\frac{y}{x_i}-x_j\eta_i \qquad ①$$

$$\frac{\partial x_j}{\partial p_i}\frac{y}{x_j}=\frac{\partial x_j^h}{\partial p_i}\frac{y}{x_j}-x_i\eta_j \qquad ②$$

从①、②两式中解出$\frac{\partial x_i^h}{\partial p_j}$和$\frac{\partial x_j^h}{\partial p_i}$，并利用希克斯需求函数的性质$\frac{\partial x_i^h}{\partial p_j}=\frac{\partial x_j^h}{\partial p_i}$就得到：

$$\frac{\partial x_i}{\partial p_j}+\frac{x_ix_j}{y}\eta_i=\frac{\partial x_j}{\partial p_i}+\frac{x_ix_j}{y}\eta_j \quad ③$$

利用③式易知：

$$\eta_i=\eta_j \Leftrightarrow \frac{x_ix_j}{y}\eta_i=\frac{x_ix_j}{y}\eta_j \Leftrightarrow \frac{\partial x_i}{\partial p_j}=\frac{\partial x_j}{\partial p_i} \quad ④$$

对于不等式的结论，通过类似于④式的推导也可以得到。

5. 假设一个人对面包(y)和可乐(x)的偏好可以用下列效用函数来表达，$u=x^{1/2}y^{1/2}$，初始状态下，$p_x=1/2$，$p_y=2$，$I=4$，现在假设可乐的价格 p_x 由 1/2 上升到 2(即 $p_x'=2$)，计算由于 p_x 变化引起的补偿性变化 CV，等值性变化 EV。

解：方法一：

由于消费者的效用函数为柯布—道格拉斯型的，所以他对每种商品的马歇尔需求函数和间接效用函数为：

$$x=I/(2p_x) \quad y=I/(2p_y) \quad v=I/(2p_x^{1/2}p_y^{1/2})$$

消费者的希克斯需求函数为：

$$x^h=u\cdot(p_y/p_x)^{1/2} \quad y^h=u\cdot(p_x/p_y)^{1/2}$$

这样，根据题目所给的数字和间接效用函数的表达式就有：

$$u_0=4/[2\times(1/2)^{1/2}\times 2^{1/2}]=2$$

从而：

$$x_0^{\ h}=u_0(p_y/p_x')^{1/2}=2\times(2/2)^{1/2}=2$$

$$y_0^{\ h}=u_0(p_x'/p_y)^{1/2}=2$$

$$e(p^1,u_0)=x_0^{\ h}p_x'+y_0^{\ h}p_y=2\times2+2\times2=8$$

$$CV=e(p^1,u_0)-e(p^0,u_0)=e(p^1,u_0)-I=8-4=4$$

$$u_1=I/[2(p_x')^{1/2}p_y^{\ 1/2}]=4/(2\times2^{1/2}\times2^{1/2})=1$$

$$x_1^{\ h}=u_1(p_y/p_x)^{1/2}=2$$

$$y_1^{\ h}=u_1(p_x/p_y)^{1/2}=1/2$$

$$e(p^0,u_1)=x_1^{\ h}p_x+y_1^{\ h}p_y=2\times(1/2)+1/2\times2=2$$

所以：

$$EV=e(p^1,u_1)-e(p^0,u_1)=I-e(p^0,u_1)=4-2=2$$

方法二：

$$EV=e(p^1,u_1)-e(p^0,u_1)$$

$$=\int_{p_x}^{p'_x}x^h(p_x,p_y,u_1)\mathrm{d}p_x=\int_{1/2}^{2}(2/p_x)^{1/2}\mathrm{d}p_x=2$$

$$CV=e(p^1,u_0)-e(p^0,u_0)$$

$$=\int_{p_x}^{p'_x}x^h(p_x,p_y,u_0)\mathrm{d}p_x=\int_{1/2}^{2}2\times(2/p_x)^{1/2}\mathrm{d}p_x=4$$

6. 假定需求曲线是一条自左向右下方倾斜的直线。

(1)用计算需求的点价格弹性系数的公式说明需求曲线的斜率与弹性系数的区别。

(2)假定一个坐标图上有两条形状为直线但斜率不同的需求曲线，在其相交点的弹性是否相等?

答：(1)设此直线型(线性)需求函数为 $Q=a-bP(a,\ b>0)$，则需求曲线的斜率 $K=\frac{\mathrm{d}P}{\mathrm{d}Q}=-1/b$，需求的点价格弹性系数：

$$E_{\mathrm{d}} = -\frac{\mathrm{d}Q}{\mathrm{d}P} \cdot \frac{P}{Q} = bP/(a-bP)$$

显然需求曲线的斜率($-1/b$)与其点价格弹性系数($bP/(a-bP)$)是不同的。前者表示的是 P 的单位变化量引起的 Q 的变化量，是两个变化值之比，故它受 P、Q 计量单位的影响。同时，由于假设需求曲线为直线，故其斜率值是固定不变的，恒为 $-1/b$。而后者表示的是 P 的单位变动率引起的 Q 的变动率，是两个相对数之比，故其值不受 P、Q 计量单位的影响，但在不同的价格水平下，其值是不一样的。

(2)两条斜率不同的线性需求曲线在相交之点各自的弹性是不相等的，斜率绝对值小的那条需求曲线在交点处的弹性大一些，如图 3-10 所示。由几何法可知，在交点 E 处，D_1 的弹性系数 $E_{d1}=EB/EA$，D_2 的弹性系数 $E_{d2}=ED/EC$。又 $EB/EA=FB/FO$，$ED/EC=FD/FO$，则 $E_{d1}=FB/FO$，$E_{d2}=FD/FO$。显然，$FB/FO > FD/FO$，故 $E_{d1}>E_{d2}$。这表明在两需求曲线交点处，斜率绝对值较小的需求曲线 D_1 的弹性系数值 E_{d1} 大于斜率绝对值较大的需求曲线 D_2 的弹性系数值 E_{d2}。

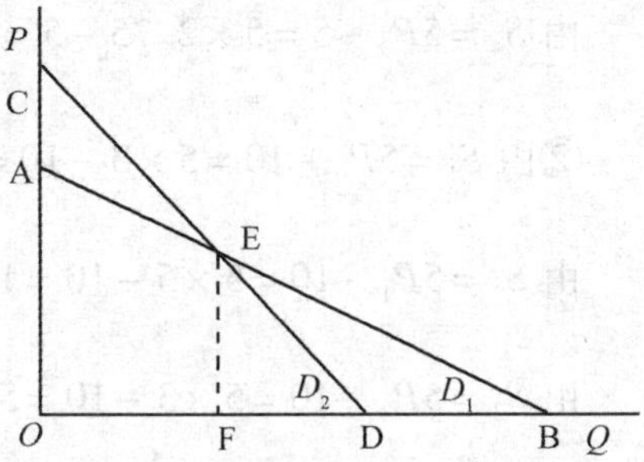

图 3-10　两条斜率不同的线性需求曲线在相交点的弹性比较

7. (1)指出下列市场动态模型分别属于哪种情况，如果属于价格趋向均衡的情况，试求出均衡价格和均衡产量。

(2)试求各市场动态模型初始价格 P_0 以后第 1、2、3、4 期的价格，即 P_1、P_2、P_3、P_4。

①$D_t=40-10P_t$，$S_t=5P_{t-1}-5$，$P_0=5$

②$D_t=30-5P_t$，$S_t=5P_{t-1}-10$，$P_0=3$

③$D_t=70-4P_t$，$S_t=8P_{t-1}-2$，$P_0=6.5$

解：(1)分三种情况讨论：

①D_t 的斜率为 $-\frac{1}{10}$，S_t 的斜率为$\frac{1}{5}$。因为 $\left|-\frac{1}{10}\right| < \left|\frac{1}{5}\right|$，即需求曲线 D_t 的斜率绝对值 < 供给曲线 S_t 的斜率绝对值。所以，该市场动态模型属于收敛型，价格和产销量趋向于均衡值。

设 P_E 为均衡价格，Q_E 为均衡产销量，则由 $40-10P_E=5P_E-5$，

得
$$P_E=\frac{40+5}{5+10}=\frac{45}{15}=3$$
$$Q_E=40-10\times3=10$$

②D_t 的斜率为 $-\frac{1}{5}$，S_t 的斜率为$\frac{1}{5}$。因为 $\left|-\frac{1}{5}\right| = \left|\frac{1}{5}\right|$，即需求曲线 D_t 的斜率绝对值 = 供给曲线 S_t 的斜率绝对值。所以，该市场动态模型属于封闭型，即既不收敛也不发散，价格和产销量将环绕其均衡值永无休止地循环反复地上下波动。

③D_t 的斜率为 $-\frac{1}{4}$，S_t 的斜率为$\frac{1}{8}$。因为 $\left|-\frac{1}{4}\right| > \left|\frac{1}{8}\right|$，即需求曲线 D_t 的斜率绝对值 > 供给曲线 S_t 的斜率绝对值。所以，该市场动态模型属于发散型，成交价格和产销量将环绕其均衡值上下波动，幅度却越来越大。

(2)计算结果如下：

①由 $S_1=5P_0-5=5\times5-5=20$，得 $P_1=\frac{40-D_1}{10}=\frac{40-S_1}{10}=\frac{40-20}{10}=2$

由 $S_2=5P_1-5=5\times2-5=5$，得 $P_2=\frac{40-5}{10}=3.5$

由 $S_3=5P_2-5=5\times3.5-5=12.5$，得 $P_3=\frac{40-12.5}{10}=2.75$

由 $S_4=5P_3-5=5\times2.75-5=8.75$，得 $P_4=\frac{40-8.75}{10}=3.125$

②由 $S_1=5P_0-10=5\times3-10=5$，得 $P_1=\frac{30-D_1}{5}=\frac{30-S_1}{5}=\frac{30-5}{5}=5$

由 $S_2=5P_1-10=5\times5-10=15$，得 $P_2=\frac{30-15}{5}=3$

由 $S_3=5P_2-10=5\times3-10=5$，得 $P_3=\frac{30-5}{5}=5$

由 $S_4=5P_3-10=5\times5-10=15$，得 $P_4=\frac{30-15}{5}=3$

③由 $S_1=8P_0-2=8\times6.5-2=50$，得 $P_1=\frac{70-D_1}{4}=\frac{70-S_1}{4}=\frac{70-50}{4}=5$

由 $S_2=8P_1-2=8\times5-2=38$，得 $P_2=\frac{70-38}{4}=8$

由 $S_3=8P_2-2=8\times8-2=62$，得 $P_3=\frac{70-62}{4}=2$

由 $S_4=8P_3-2=8\times2-2=14$，得 $P_4=\frac{70-14}{4}=14$

8. 已知某消费者的效用函数为 $U=x_1^{\alpha}x_2$，$(\alpha>0)$，证明：该消费者的收入－消费曲线是一条直线。

证明：$U=x_1^{\alpha}x_2(\alpha>0)$ 为 Cobb－Douglas 型的效用函数，则在 $(p,\ w)$ 下，其对应的马歇尔需求函数为：

$$x_1(p,\ w)=\frac{\alpha}{1+\alpha}\cdot\frac{w}{p_1},\ x_2(p,\ w)=\frac{1}{1+\alpha}\cdot\frac{w}{p_2}$$

x_1、x_2 与 w 具有线性关系。

因为收入－消费曲线是 $\frac{p_1}{p_2}$ 给定的前提下由于收入变化，预算线与无差异曲线的共切点的轨迹，即在 x_1-x_2 平面上由于 w 变动产生的曲线，所以：

$$\frac{x_2}{x_1}=\frac{\frac{1}{1+\alpha}\frac{w}{p_2}}{\frac{\alpha}{1+\alpha}\frac{w}{p_1}}=\frac{1}{\alpha}\cdot\frac{p_1}{p_2}$$

因为 $\frac{p_1}{p_2}$ 给定，设 $\frac{p_1}{p_2}=\bar{p}$ 为常数，则 $x_2=\frac{\bar{p}}{\alpha}x_1$ 即为收入－消费曲线，这是一条直线。

第4讲　VNM效用函数与风险升水

4.1　课后习题详解

1.（单项选择）一个消费者的效用函数为 $u(w)=-ae^{-bw}+c$，则他的绝对风险规避系数为：

(A) a　　(B) $a+b$　　(C) b　　(D) c

答：选C。

由消费者的效用函数 $u(w)=-ae^{-bw}+c$ 可得 $u'(w)=abe^{-bw}$，$u''(w)=-ab^2e^{-bw}$，则可得该消费者的风险规避系数为：$R_a(w)=-u''(w)/u'(w)=-\dfrac{-ab^2e^{-bw}}{abe^{-bw}}=b$。

2. 证明：若一个人的绝对风险规避系数为常数 c，则其效用函数形式必为 $u(w)=-e^{-cw}$，这里 w 代表财产水平。

证明：这是一个求积分的问题，即由绝对风险规避系数来倒求效用函数。根据绝对风险规避系数的定义，就有：

$$R_a(w)=-\frac{u''(w)}{u'(w)}=c \qquad ①$$

对等式①最后一个等号两边积分得：

$$\int\frac{u''(w)}{u'(w)}\mathrm{d}w=-\int c\mathrm{d}w$$

即：

$$\ln u'(w)=-cw+C$$

进一步整理得：

$$u'(w)=e^{-cw+C}=\tilde{C}e^{-cw} \qquad ②$$

其中 $\tilde{C}=e^{C}>0$，对②式两边积分得：

$$u(w)=-\frac{\tilde{C}}{c}e^{-cw}+C_1$$

其中 C_1 为任意实数。根据效用函数的单调递增特性可知 $c>0$（因为如果 $c<0$，就说明财富越少，消费者的效用就越高，这显然不符合正常的情况）。又因为效用函数的单调变换不改变它所代表的偏好，所以 $u(w)=-\dfrac{\tilde{C}}{c}e^{-cw}+C_1$ 表示的偏好也可以用 $u(w)=-e^{-cw}$ 表示。

3. 若一个人的效用函数为 $u=w-\alpha w^2$，证明：其绝对风险规避系数是财富的严格增函数。

证明：直接运用绝对风险规避系数的定义：

$R_a(w)=-\dfrac{u''(w)}{u'(w)}=\dfrac{2\alpha}{1-2\alpha w}$，其中 $w\neq\dfrac{1}{2\alpha}$。因此，当 $w\neq\dfrac{1}{2\alpha}$时：

$$\frac{dR_a(w)}{dw} = -\frac{-(2\alpha)^2}{(1-2\alpha w)^2} > 0$$

即绝对风险规避系数是财富的严格增函数。

4. 设一种彩票赢得 900 元的概率为 0.2，而获得 100 元的概率为 0.8。计算该彩票的期望收入。若一个人对该彩票的出价超过彩票的期望收入，请写出这个人的效用函数形式。(形式不惟一)。

答：(1)用 w 表示风险收入，那么该风险收入的期望值为 $E(w) = 0.2\times900 + 0.8\times100 = 260$(元)。

(2)如果此人对该彩票的出价超过彩票的期望收入，说明他是风险喜欢者(如图 4－1 所示)。一个可能的效用函数是 $u = w^2$。

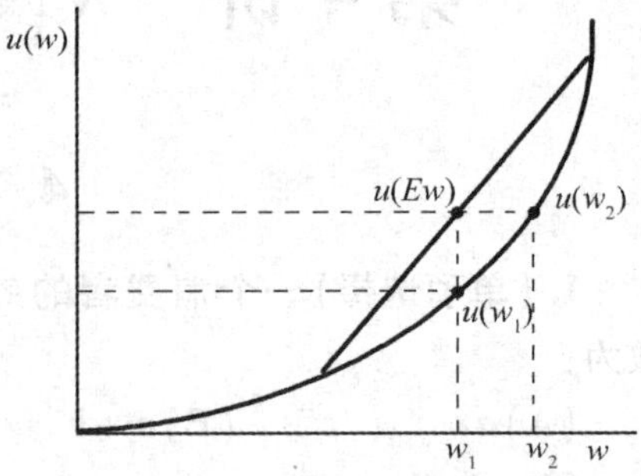

图 4－1　风险喜欢者的效用函数

5. 证明：在下列效用函数中，哪些显示出递减的风险规避行为：

(1) $u(w) = (w+\alpha)^\beta$，$\alpha \geqslant 0$，$0 < \beta < 1$

(2) $u(w) = w$

(3) $u(w) = \ln(w+\alpha)$，$\alpha \geqslant 0$

(4) $u(w) = w^3$

答：递减的风险规避行为是指随着消费者财富的增加，他的风险厌恶程度会逐渐减弱。也就是说，他的绝对风险规避系数关于财富数量是递减的。

(1)因为　　$u'(w) = \beta(w+\alpha)^{\beta-1}$，$u''(w) = \beta(\beta-1)(w+\alpha)^{\beta-2}$

所以 $R_a(w) = -\frac{\beta(\beta-1)(w+\alpha)^{\beta-2}}{\beta(w+\alpha)^{\beta-1}} = -\frac{\beta-1}{w+\alpha} = \frac{1-\beta}{w+\alpha}$，$R_a(w)$关于财富 w 求导得：

$$R_a'(w) = \frac{-(1-\beta)}{(w+\alpha)^2} < 0$$

因此，该效用函数显示出递减的风险规避行为。

(2)因为 $u'(w) = 1$，$u''(w) = 0$，所以 $R_a(w) = 0$，这就意味着 $R_a'(w) \equiv 0$，因此该效用函数不显示出递减的风险规避行为。

(3)因为 $u'(w) = \frac{1}{w+\alpha}$，$u''(w) = -\frac{1}{(w+\alpha)^2}$，所以 $R_a(w) = \frac{1}{w+\alpha}$，$R_a(w)$关于财富 w 求导得：

$$R_a'(w) = -\frac{1}{(w+\alpha)^2} < 0$$

因此，该效用函数显示出递减的风险规避行为。

(4)因为 $u'(w) = 3w^2$，$u''(w) = 6w$，所以 $R_a(w) = -\frac{2}{w}$，$R_a(w)$关于财富 w 求导得：

$$R_a'(w) = \frac{2}{w^2} > 0$$

因此，该效用函数不显示出递减的风险规避行为。

6. 一个具有 VNM 效用函数的人拥有 160000 单位的初始财产，但他面临火灾风险：一种发生概率为 5% 的火灾会使其损失 70000；另一种发生概率为 5% 的火灾会使其损失 120000。他的效用函数形式是 $u(w) = \sqrt{w}$。若他买保险，保险公司要求他自己承担前 7620

单位的损失(若火灾发生)。什么是这个投保人愿支付的最高保险金?

解:用 R 表示保费,那么投保人购买保险的期望效用为:

$$0.9\sqrt{160000-R}+0.1\sqrt{160000-R-7620}$$

投保人不购买保险的期望效用为:

$$0.9\sqrt{160000}+0.05\sqrt{160000-70000}+0.05\sqrt{160000-120000}=385$$

当投保人支付最高保险金时,他对买保险与不买保险的期望效用相同,即:

$$0.9\sqrt{160000-R}+0.1\sqrt{152380-R}=385$$

从而解得 $R\approx 11013$,故此投保人愿支付的最高保险金为 11013。

7. 考虑下列赌局:

表 4-1 不同概率分布的赌局

赌局 \ 支付	10000 元	1000 元	0 元
1	0.10	0.90	0.00
2	0.20	0.60	0.20
3	0.02	0.06	0.92
4	0.01	0.09	0.90

上表内,矩阵中的数字代表每一种结果的发生概率(比如,在赌局 1 中,发生 10000 元的概率为 0.1)。如果有人告诉你,他在赌局"1"与"2"之间严格偏好于"1",在赌局"3"与"4"之间严格偏好于"3"。请问他的选择一致吗?请做出说明。

答:赌徒的选择不一致。理由如下:

由于该赌徒在赌局"1"与"2"之间严格偏好于"1",这就说明赌局"1"可以带给他更大的效用,即:

$$0.1u(10000)+0.9u(1000)>0.2u(10000)+0.6u(1000)+0.2u(0)$$

整理上式得:

$$u(10000)-3u(1000)+2u(0)<0 \tag{1}$$

由于该赌徒在赌局"3"与"4"之间严格偏好于"3",这就说明赌局"3"可以带给他更大的效用,即:

$$0.02u(10000)+0.06u(1000)+0.92u(0)>0.01u(10000)+0.09u(1000)+0.90u(0)$$

整理上式得:

$$u(10000)-3u(1000)+2u(0)>0 \tag{2}$$

对比(1)式和(2)式,就可以知道赌徒的选择不一致。

8. 两匹马 A 与 B 赛跑。李某对该赛马打赌。马 A 与 B 之间,或 A 赢,或 B 赢,无平局。李某按下列偏好序对打赌进行排序:

(1) 他在 A 上下赌注 2 元,若 A 赢了,则会获得 x 元;若 A 输了,则分文无收;

(2) 不赌;

(3) 他在 B 上下赌注 2 元,若 B 赢了,他会获得 x 元;若 B 输了,则分文无收。

根据上述排列顺序能得出结论说,李某相信 A 获胜的概率 P_A 大于 $\frac{1}{2}$ 吗?如果李某是风

险规避的，可以知道 $P \cdot x$ 的值吗？

解：(1)根据上述排列顺序可以得出结论：李某相信 A 获胜的概率 P_A 大于 $\frac{1}{2}$。理由如下：

设 A 获胜的概率 P_A，B 获胜的概率 P_B，因为李某对(1)、(2)、(3)三种情况的偏好顺序为：(1)＞(2)＞(3)，所以(1)、(2)、(3)三种情况带给李某的期望效用也是递减的，即：

$$P_A u(w_0-2+x)+(1-P_A)u(w_0-2)>u(w_0)>P_B u(w_0-2+x)+(1-P_B)u(w_0-2)$$

整理上述不等式，就有：

$$(P_A-P_B)[u(w_0-2+x)-u(w_0-2)]>0 \quad ①$$

根据 $w_0-2+x>w_0-2$ 以及效用函数单增的特性，可知：

$$u(w_0-2+x)-u(w_0-2)>0$$

这样①式就意味着 $P_A>P_B$，再结合 $P_A+P_B=1$，就有 $P_A>\frac{1}{2}$。

(2)如果李某是风险规避的，可以知道 $P \cdot x$ 的值。理由如下：

由于李某是风险规避的，所以财富的期望值带给他的效用会高于效用的期望值，即：

$$u[P_A(w_0-2+x)+(1-P_A)(w_0-2)]>P_A u(w_0-2+x)+(1-P_A)u(w_0-2) \quad ②$$

又因为李某偏好于情况(1)甚于情况(2)，这就是说：

$$P_A u(w_0-2+x)+(1-P_A)u(w_0-2)>u(w_0) \quad ③$$

由②③两式可知：

$$u[P_A(w_0-2+x)+(1-P_A)(w_0-2)]>u(w_0)$$

根据效用函数单增的特性，可知：

$$P_A(w_0-2+x)+(1-P_A)(w_0-2)>w_0$$

整理得：

$$P_A x>2$$

9. 一个消费者具有 VNM 效用函数，他面临四种结局：A、B、C、D。其偏好序为 A＞B＞C＞D。试验显示，他认为 B＝0.4A＋0.6D，C＝0.2B＋0.8D(这里的等号表示“无差异”)。请对 A、B、C、D 四种结局构造出一组 VNM 效用值。

答：用 a、b、c、d 分别表示 A、B、C、D 四种结局带给消费者的效用，则 B＝0.4A＋0.6D 就意味着：

$$b=0.4a+0.6d \quad ①$$

C＝0.2B＋0.8D 就意味着：

$$c=0.2b+0.8d=0.08a+0.92d \quad ②$$

由于：

$$a>b>c>d \quad ③$$

把①、②两式代入③式中就会发现：只要 $a>d$，那么①、②两式就和③式相容，因此对任意的 $a>d$，对这四种结局可以构造如下效用函数：

$$u(A)=a \quad u(B)=0.4a+0.6d \quad u(C)=0.08a+0.92d \quad u(D)=d$$

10. 近年来保险业在我国得到迅速发展，本题应用经济学原理分析为什么人们愿意购买保险。假定有一户居民拥有财富 10 万元，包括一辆价值 2 万元的摩托车。该户居民所住地

区时常发生盗窃，因此有25%的可能性该户居民的摩托车被盗。假定该户居民的效用函数为 $u(w)=\ln(w)$，其中 w 表示财富价值。

(1)计算该户居民的效用期望值。

(2)如何根据效用函数判断该户居民是愿意避免风险，还是爱好风险?

(3)如果居民支付一定数额的保险费则可以在摩托车被盗时从保险公司得到与摩托车价值相等的赔偿。试计算该户居民最多愿意支付多少元的保险费?

(4)在该保险费中"公平"的保险费(即该户居民的期望损失)是多少元?保险公司扣除"公平"的保险费后的纯收入是多少元?

解:(1)该户居民的效用期望值为:

$$E[u(w)]=25\%\ln(100000-20000)+75\%\ln(100000)=11.45(\text{元})$$

(2)对于风险规避的行为人，其效用函数的二阶导数小于零，下面计算该居民的效用函数的二阶导数:

因为 $u(w)=\ln(w)$，从而 $u'(w)=\frac{1}{w}$，$u''(w)=-\frac{1}{w^2}<0$，所以该户居民是风险规避的。

(3)如果不支付保费，根据第(1)问的结果可知，该户居民的期望效用为11.45。如果该户居民购买保险进行风险规避，假设其支付的保费为 R，那么他的期望效用为 $\ln(100000-R)$。当该户居民支付最高保费时，它在购买保险和不购买保险之间是没有区别的，即:

$$\ln(100000-R)=11.45$$

解得

$$R\approx5426(\text{元})$$

(4)公平保费为 $0.25\times20000=5000$，那么保险公司扣除掉公平保费后的纯收入为:

$$5426-5000=426(\text{元})$$

11. 下列三个说法对吗?请说明理由。

(1)买彩票的期望收益低于消费者付出的货币，而消费者却常常热衷于此，说明在这种情况下，买彩票的人是喜爱风险的。

(2)一个人面对两种收入可能，一种是获得2000元和1000元收入的概率均为0.5，另一种是获得2500元和500元收入的概率各为0.5，两种情况的期望收入相同，故消费者对二者的评价相同。

(3)一个消费者的效用函数为 $u(w)=w^{0.5}$，有两种可能的收益，第一种是获得4元和25元的概率均为0.5，另一种情况是他获得9元和16元的概率分别为0.4和0.6，则他对第一种的评价好于第二种。

答:(1)正确。理由如下:

假设购买彩票的费用为 s，获胜的概率为 p，收入为 r_w；输的概率为 $1-p$，收入为 r_l，该赌博者的初始财富为 w。买彩票的净期望收入为 $pr_w+(1-p)r_l$。消费者热衷于买彩票意味着:

$$pu(w-s+r_w)+(1-p)u(w-s+r_l)>u(w) \quad ①$$

而买彩票的期望收益低于消费者付出的货币则意味着:

$$p(w-s+r_w)+(1-p)(w-s+r_l)<w \quad ②$$

综合①②两式可知:

$$pu(w-s+r_w)+(1-p)u(w-s+r_l)>u[p(w-s+r_w)+(1-p)(w-s+r_l)]$$

所以消费者是风险偏好的。

（2）错误。理由如下：

消费者对两个收入的评价以期望效用为标准，而不是以期望收入为标准。虽然本题中两种情况下的期望收入相同，都是$0.5\times2000+0.5\times1000=0.5\times2500+0.5\times500$。但是由于没有给出具体的效用函数形式$u(w)$，所以无法判断消费者对这两个收入的偏好顺序。

（3）错误。理由如下：

消费者在第一种情况下的期望效用是$0.5\sqrt{4}+0.5\sqrt{25}=3.5$，消费者在第二种情况下的期望效用是$0.4\sqrt{9}+0.6\sqrt{16}=3.6$。可知，第二种情况下的期望效用大于第一种情况的期望效用，所以该消费者对第二种情况的评价好于第一种。

12. 一个人具有期望效用函数，其效用函数原形是$u(w)=\ln w$。他有机会参与掷硬币，头面向上的概率均为π。如果他下赌注x元（$x\geqslant0$），若头面向上，他会拥有$w+x$；反之，若背面向上，则他只拥有$w-x$。请解出其作为π的函数的最优赌注x量。当$\pi=\frac{1}{2}$，什么是他的关于x的最佳选择？

解：（1）对于消费者而言，最优的赌注就意味着在此赌注下，他的期望效用达到最大。所以，消费者对最优赌注的选择可以归结为如下优化问题：

$$\max_{x}\pi\ln(w+x)+(1-\pi)\ln(w-x)$$

对上式求导并令一阶导函数等于0，就有：

$$\frac{\pi}{w+x}-\frac{1-\pi}{w-x}=\frac{2w\pi-w-x}{(w+x)(w-x)}=0 \quad ①$$

解得

$$x^*=2\pi w-w$$

下面分两种情况讨论①式：

①如果$0\leqslant\pi\leqslant\frac{1}{2}$，那么对任意的$x\geqslant0$，都有$\frac{2w\pi-w-x}{(w+x)(w-x)}<\frac{-x}{(w+x)(w-x)}<0$，这就意味着消费者的期望效用关于赌注的数量是递减的，所以他的最优选择就是不下赌注，即$x^*=0$。

②如果$1/2<\pi\leqslant1$，那么$x^*=2w\pi-w>0$。

综上可知消费者的最优赌注为：

$$x^*=\begin{cases}0 & 0\leqslant\pi\leqslant1/2\\ 2\pi w-w & 1/2<\pi\leqslant1\end{cases}$$

（2）当$\pi=\frac{1}{2}$时，$x^*=0$，即他选择不赌博。

13. 一个人具有期望效用函数，其效用函数原形为$u(w)=\sqrt{w}$，他的财产初值为4元。他拥有一张奖券，该奖券值12元的概率为0.5，值零元的概率为0.5。什么是这个人的期望效用？若要他出让该彩票，他索取的最低价会是多少？

解：（1）此人的期望效用为：

$$E(u)=0.5\times\sqrt{4+12}+0.5\times\sqrt{4}=3$$

（2）假设此人对出售该张彩票的要价为p，那么出售彩票带给他的效用为$\sqrt{w+p}$。特别的，对于最低要价，他在出售与不出售这张彩票之间是没有区别的，即：

$$\sqrt{w+p}=3$$

解得 $p=5$，即他索取的最低价会是 5 元。

14. 一个人具有期望效用函数，其效用函数原形为 $u(w)=-\frac{1}{w}$。他有机会参加一场赌博，若赢了，他的财产会达到 w_1，其赢率为 P；但该赌局下他的财产为 w_2 的概率是 $(1-P)$。为使他对持有当前财产与参与赌博无差异，则他当前的财产水平 w_0 应该是多少？

解：此人参与赌博的期望效用为：

$$E(u)=P\left(-\frac{1}{w_1}\right)+(1-P)\left(-\frac{1}{w_2}\right)$$

为了使他对持有当前财产与参与赌博无差异，那么他当前的财产水平 w_0 和赌博应该带给他相同的效用，即：

$$-\frac{1}{w_0}=E(u)$$

把 $E(u)$ 的表达式代入上式中，得到：

$$-\frac{1}{w_0}=P\left(-\frac{1}{w_1}\right)+(1-P)\left(-\frac{1}{w_2}\right)$$

解得：

$$w_0=\frac{w_1w_2}{Pw_2+(1-P)w_1}$$

4.2 强化习题详解

1. 证明：如果一个理性消费者的效用函数 $u(\cdot)$ 严格凹，即 $u'(w)>0$，$u''(w)<0$，则对任何赌注 $h>0$，如赢率等于输率，该消费者都不会加入这类赌局。

证明：若消费者加入此赌局，则其期望效用为：

$$E(u)=0.5\times u(w-h)+0.5\times u(w+h)$$

若消费者不加入此赌局，则其效用为 $u(w)$。令：

$$L(h)=E(u)-u(w)=0.5\times u(w-h)+0.5\times u(w+h)-u(w)$$

则：

$$\partial L/\partial h=0.5\times u'(w+h)-0.5\times u'(w-h)$$

因为 $h>0$，$u'(w)>0$，$u''(w)<0$，所以 $u'(w+h)<u'(w-h)$，即 $\partial L/\partial h<0$，故 $L(h)$ 是关于 h 的单调递减函数，且 $L(h)$ 连续。又因为 $L(0)=0.5\times u(w)+0.5\times u(w)-u(w)=0$，所以 $L(h)<L(0)=0$ 对任意的 $h>0$ 都成立，即 $E(u)<u(w)$。所以，对任何赌注 $h>0$，如赢的概率等于输的概率，则该消费者都不会加入这类赌局。

2. 若消费者的效用函数为 $u(w)=w^{1-\rho}/(1-\rho)$，求：

(1) $\rho\neq1$ 时，该消费者的相对风险规避系数。

(2) $\rho\to1$ 时，该消费者的相对风险规避系数。

解：消费者的相对风险规避系数为：

$$r_R(w,\ u)=-\frac{w\cdot u''(w)}{u'(w)}$$

(1) $\rho\neq1$ 时，$u'(w)=w^{-\rho}$，$u''(w)=-\rho w^{-\rho-1}$，所以：

$$r_R(w,\ u)=-\frac{w\cdot u''(w)}{u'(w)}=-\frac{w\cdot(-\rho w^{-\rho-1})}{w^{-\rho}}=\rho$$

(2)方法一：

效用函数单调变换后取极限，即：

$$\lim_{\rho\to1}\frac{w^{1-\rho}-1}{1-\rho}$$

上式中令 $1-\rho=x$，那么就有：

$$\lim_{x\to0}\frac{w^x-1}{x}=\lim_{x\to0}\frac{x}{x}\times\ln w=\ln w$$

所以 $r_R(w,\ u)=-[w\cdot u''(w)]/u'(w)=-[w\cdot(-1/w^2)]/(1/w)=1$

方法二：

利用(1)中结论就有 $\lim\limits_{\rho\to1}r_R(w,\ u)=\lim\limits_{\rho\to1}\rho=1$。

3. 考虑个人所得税，设起征点为零。设某人的实际所得(收入)为 w，税率为 t，但交税是以这个人向政府"报"的所得额而计算的。设这个人"报"的所得为 x，于是，该人的税后收入所表现的效用为 $u(w-tx)$。个人所"报"的 x 可以"实报"，这时 $x=w$；也可以虚报，这时 $x<w$，甚至可以报 $x=0$。政府以 p 的概率展开税收稽查，假设一查便可以发现个人谎报，一经查出谎报所得，要按 π 比率对谎报额 $(w-x)$ 收罚金。

(1)写出这个人的期望效用函数(抽象函数 $EU(\cdot)$)。

如果 $p\pi>t[p+(1-p)u'(w)/u'(w(1-\pi))]$，并且 $p\pi<t$，请证明：

(2) $\partial E(U)/\partial x|_{x=0}>0$。

(3) $\partial E(U)/\partial x|_{x=w}<0$。

(4)阐明(2)与(3)点的经济含义。

解：(1)若此人向税务部门上报的个人所得为 x，则一旦查出其谎报真实收入，那么他的最终收入变为 $w-tx-\pi(w-x)$，故此人的期望效用函数为：

$$EU(\cdot)=(1-p)u(w-tx)+pu[w-tx-\pi(w-x)]$$

(2)由(1)可知：

$$\frac{\partial EU}{\partial x}=pu'[w-tx-\pi(w-x)](\pi-t)+(1-p)u'(w-tx)(-t) \quad ①$$

那么，当 $x=0$ 时，上式等于：

$$\left.\frac{\partial EU}{\partial x}\right|_{x=0}=pu'(w-\pi w)(\pi-t)+(1-p)u'(w)(-t)$$

因为 $p\pi>t[p+(1-p)u'(w)/u'(w-\pi w)]$，所以有：

$$pu'(w-\pi w)(\pi-t)>(1-p)u'(w)t$$

即

$$\left.\frac{\partial EU}{\partial x}\right|_{x=0}>0$$

(3)由(1)可知：

$$\begin{aligned}\left.\frac{\partial EU}{\partial x}\right|_{x=w}&=pu'(w-tw)(\pi-t)+(1-p)u'(w-tw)(-t)\\&=u'(w-tw)[p(\pi-t)+(1-p)(-t)]\\&=u'(w-tw)(p\pi-t)\end{aligned}$$

因为 $u'(w-tw)>0$，$p\pi<t$ 所以：

$$\left.\frac{\partial EU}{\partial x}\right|_{x=w}<0$$

(4) $\partial E(U)/\partial x|_{x=0}>0$ 的经济含义是：纳税人谎报自己的收入为零的情况不会发生。类似的，$\partial E(U)/\partial x|_{x=w}<0$ 的经济含义是：纳税人向税务部门报告自己的真实收入的情况也不会发生。再由①式可知：

$$\frac{\partial\left[\frac{\partial E(u)}{\partial x}\right]}{\partial x}=pu''[w-tx-\pi(w-x)](\pi-t)^2+(1-p)u''(w-tx)(-t)^2$$，由于 $u'>0$，$u''<0$，所以：

$$pu''[w-tx-\pi(w-x)](\pi-t)^2+(1-p)u''(w-tx)(-t)^2<0$$

即$\frac{\partial E(u)}{\partial x}$为关于 x 的单调递减函数。又因为$\left.\frac{\partial EU}{\partial x}\right|_{x=0}>0$，$\left.\frac{\partial EU}{\partial x}\right|_{x=w}<0$，所以一定存在惟一的 $x_0\epsilon(0,w)$，使得$\left.\frac{\partial EU}{\partial x}\right|_{x=x_0}=0$，即在 $x=x_0$ 处，$EU(\cdot)$取得最大值。所以，纳税人既不会选择完全不报($x=0$)，也不会选择"实报"($x=w$)，而是为了达到其期望效用的最大化，进行虚报，瞒报额为($w-x_0$)。

4. 某人 A 的效用函数为：$U=500-\frac{100}{M}$，M 为收入。如果他成为一名秘书，则每年肯定能够收入 30 000 元；如果成为一名产科医生，在产育的高峰期将收入 60 000 元(假设发生的概率为 0.75)，而在产育的低谷期则只能收入 20 000 元(假设发生的概率为 0.25)。如果有一家咨询公司能够预测两种情况将要发生的概率。A 认为应该为这条信息费用最多支付多少钱。

解：两种职业进行对比，如果为医生职业支付得过多，那么，他宁愿选择成为秘书。所以，当两个职业的期望收入效用相等，此时的 X 即为最大支付费用。如表 4-2 所示。

表 4-2　A 的效用矩阵

秘书的收入	30000	
医生收入的概率	0.75	0.25
医生的收入	60000	20000
支付信息费后医生的收入	60000 − X	20000 − X

秘书收入的期望效用：

$$U=500-\frac{100}{M}=500-\frac{100}{30000}=499.9967$$

医生收入的期望效用：

$$U=\frac{3}{4}\left(500-\frac{100}{60000}\right)+\frac{1}{4}\left(500-\frac{100}{20000}\right)=499.9975$$

所以，医生收入的期望效用高于秘书收入的期望效用，A 愿意为该信息支付费用。

本题如果按照支付 X 信息费后，计算医生收入的期望效用，然后解方程，由于未知数处于两个不同分式的分母，解题将极为困难。

此时，可以换一种思路，如果秘书的收入增加，当增加后秘书的收入的期望效用大于等于医生收入的期望效用，此时 A 将不愿意为该信息付费，那么此时假设的增加的收入即为答案。解题如下：

$$500-\frac{100}{30000+X}\geqslant\frac{3}{4}\left(500-\frac{100}{60000}\right)+\frac{1}{4}\left(500-\frac{100}{20000}\right)\Rightarrow\frac{100}{30000+X}\leqslant\frac{0.25}{100}\Rightarrow X\geqslant10000$$

当收入增加10000时，A就开始不愿意为该信息支付费用了。所以，很显然，最大支付的费用为10000。

如果支付费用为10000，进行验算：

$$\frac{3}{4}\left(500-\frac{100}{50000}\right)+\frac{1}{4}\left(500-\frac{100}{10000}\right)=500-\left(\frac{0.75}{500}+\frac{0.25}{100}\right)=500-\frac{0.4}{100}=499.996<499.9967$$

说明最大支付费用为10000符合题意。

5. 假设张三是一家服装商店的老板，目前面临秋季新装订货量的决策，条件如下：如订购100套，每套成本为200元；如订购50套，每套成本为240元。张三预计标出的售价为每套400元，但不确定衣服的最终销量如何。季末张三可以将未销出的衣服退还给厂家，但只能得到进价的一半价钱。在没有足够信息的情况下，张三简单地认定销售100套和50套的概率各为0.5。假设张三是风险中性的，请问：

(1)张三决定订购多少套秋装？为什么？

(2)如果前期市场调研能够获得对销量的准确预测，则张三目前的市场调研投入最高为多少？

解：(1)在没有足够信息的情况下，先看张三订购100套的情况，此时成本为$100\times200=20000$元，销量为50套时的收益为$50\times400=20000$元，以每套100元的价格退回厂商50套时，因此一共回收成本$50\times100=5000$元，利润为5000元，这种情况发生的概率为0.5；销量为100套时的收益为$100\times400=40000$元，利润为$40000-20000=20000$元，这种情况发生的概率也为0.5。因此张三订购100套的期望利润为$0.5\times5000+0.5\times20000=12500$元。

再看张三订购50套的情况，此时成本为$50\times240=12000$元，销量为50套时的收益为$50\times400=20000$元，利润为8000元，销量100套时的收益依然为$50\times400=20000$元，利润为8000元，两种情况发生的概率各为0.5，因此此时的期望利润就是固定利润，为$0.5\times8000+0.5\times8000=8000$元。

因此张三订购100套的期望利润大于订购50套的期望利润(固定利润)，又因为张三是风险中性的，所以张三决定订购100套。

(2)在完全信息的条件下，张三可以做出正确的订货选择。如果销量为50套，则他订购50套，利润将为$50\times400-50\times240=8000$元；如果销量为100套，则他订购100套，利润将为$100\times400-100\times200=20000$元。因为两种情况发生的可能性相等，因此在完全信息的条件下张三的期望利润为$8000\times0.5+20000\times0.5=14000$元。

为了得到准确的信息，张三目前的市场调研投入最高值就等于完全信息下的期望利润14000元减去不确定下的期望利润12500元，即1500元。

第5讲 风险规避、风险投资与跨期决策

5.1 课后习题详解

1. 一个农民认为在下一个播种的季节里，雨水不正常的可能性是一半对一半。他的预期效用函数的形式为：

$$预期效用=\frac{1}{2}\ln y_{NR}+\frac{1}{2}\ln y_R$$

这里，y_{NR}与y_R分别代表农民在“正常降雨”与“多雨”情况下的收入。

(1)假定农民一定要在两种如表5-1所示收入前景的谷物中进行选择的话，会种哪种谷物？

表5-1 小麦和谷子在不同天气状况下的收入 单位：元

谷物	y_{NR}	y_R
小麦	28000	10000
谷子	19000	15000

(2)假定农民在他的土地上可以每种作物都播种一半的话，他还会选择这样做吗？请解释你的结论。

(3)怎样组合小麦与谷子才可以给这个农民带来最大的预期效用？

(4)如果对于只种小麦的农民，有一种要花费4000元的保险，在种植季节多雨的情况下会赔付8000元，那么，这种有关小麦种植的保险会怎样改变农民的种植情况？

解：(1)农民种小麦的预期效用$E(u_w)$为：

$$E(u_w)=0.5\ln 28000+0.5\ln 10000=0.5\ln(280\times10^6)$$

农民种谷子的预期效用$E(u_c)$为：

$$E(u_c)=0.5\ln 19000+0.5\ln 15000=0.5\ln(285\times10^6)$$

因为$E(u_w)<E(u_c)$，所以农民会种谷子。

(2)如果农民在他的土地上每种作物各种一半，他的收益如表5-2所示：

表5-2 混合种植时不同天气状况下的收入 单位：元

谷物	y_{NR}	y_R
小麦和谷子各种一半	23500	12500

从而他的预期效用$E(u)$为：

$$E(u)=0.5\ln 23500+0.5\ln 12500=0.5\ln(293.75\times10^6)$$

由于$E(u_w)<E(u_c)<E(u)$，所以农民会混合种植。

这道题目其实是证券市场上风险组合理论的一个翻版。因为假设农民是风险回避者，因此，他会选择任何可以降低风险的耕种方法，从而将风险回避掉。

(3)假设小麦的种植份额为α，那么混合种植的期望效用EU为：

$$EU=\frac{1}{2}\ln[28000\alpha+19000(1-\alpha)]+\frac{1}{2}\ln[10000\alpha+15000(1-\alpha)]$$

效用最大化的一阶条件为：

$$\frac{\mathrm{d}EU}{\mathrm{d}\alpha}=\frac{1}{2}\frac{(28000-19000)}{[28000\alpha+19000(1-\alpha)]}+\frac{1}{2}\frac{(10000-15000)}{[10000\alpha+15000(1-\alpha)]}=0$$

解得：

$$\alpha=\frac{4}{9}$$

此时的期望效用为：

$$EU=0.5\ln\left(\frac{4}{9}\times28000+\frac{5}{9}\times19000\right)+0.5\ln\left(\frac{4}{9}\times10000+\frac{5}{9}\times15000\right)=0.5\ \ln\ (293.9\times10^{6})$$

所以当农民用4/9的土地种小麦，5/9的土地种谷子时，其期望效用达到最大，为0.5 ln（293.9×10^{6}）。

（4）如果种植小麦的农民购买保险，那么他的期望效用$E(u'_w)$为：

$$E(u'_w)=\frac{1}{2}\ln(28000-4000)+\frac{1}{2}\ \ln\ (10000+4000)=\frac{1}{2}\ \ln\ (336\times10^{6})$$

这个值大于两种作物按最优混合比例种植所能带给农民的效用，所以农民会买保险。

2. 证明：如一个人拥有初始财产w^*，他面临一场赌博，赌博的奖金或罚金都为h，赌博的输赢概率都为0.5（公平赌博）。若这个人是风险厌恶型的，那么他就不会参加该赌博。

证明：假设消费者的效用函数为$u(w)$，那么他参与赌博的期望效用为：

$$\frac{1}{2}u(w^*+h)+\frac{1}{2}u(w^*-h)$$

而他不参加赌博的效用为$u(w^*)$。对于风险厌恶者，财富的期望值的效用总是大于效用的期望值，即：

$$\frac{1}{2}u(w^*+h)+\frac{1}{2}u(w^*-h)<u\left[\frac{1}{2}(w^*+h)+\frac{1}{2}(w^*-h)\right]=u(w^*)$$

这就意味着参与赌博的效用低于不赌博的效用，所以此人不会参加赌博。

3. 当决定在一个非法的地点停车时，任何人都知道，会收到罚款通知单的可能性是P，并且罚金额为f。假定所有的个人都是风险厌恶型的（也就是说，$u''(w)<0$，其中，w是个人的财富）。那么被抓到的可能性的按比例增加和罚金上的按比例增加在防止非法停车方面哪个更有效？（提示：运用泰勒级数展开式$u(w-f)=u(w)-fu'(w)+\frac{f^2}{2}u''(w)$）

答：方法一：

利用泰勒级数展开式，非法停车的总效用为：

$$Pu(w-f)+(1-P)u(w)$$

$$\approx P\left[u(w)-fu'(w)+\frac{1}{2}f^2u''(w)\right]+u(w)-Pu(w)=u(w)-Pfu'(w)+\frac{1}{2}Pf^2u''(w)$$

假设罚金的比例增加为原来的$t(t>1)$倍，那么非法停车的效用就变为：

$$u(w)-tPfu'(w)+\frac{1}{2}t^2Pf^2u''(w) \qquad ①$$

假设收到罚款通知单的可能性增加为原来的$t(t>1)$倍，那么非法停车的效用就变为：

$$u(w) - tPfu'(w) + \frac{1}{2}tPf^2u''(w) \qquad ②$$

由于消费者是风险厌恶型的，所以 $u''(w) < 0$，于是：

$$u(w) - tPfu'(w) + \frac{1}{2}t^2Pf^2u''(w) < u(w) - tPfu'(w) + \frac{1}{2}tPf^2u''(w)$$

这说明罚金的比例和收到罚款通知单的可能性同比例增加，前者会使消费者的效用更低，所以罚金按比例增加在防止非法停车方面更有效。

方法二：

事实上，Talyor 展开的方法只是一个近似的做法，下面的方法相对更严格一些。假设罚金和被抓到的概率都提高到原来的 t 倍，则增加罚款使停车者的效用变为：

$$g(t) = pu(w - tf) + (1 - p)u(w) \qquad ③$$

③式关于 t 求导得：

$$g'(t) = -fpu'(w - tf)$$

提高被抓到的概率使停车者的效用变为：

$$R(t) = tpu(w - f) + (1 - tp)u(w) \qquad ④$$

④式关于 t 求导得：

$$R'(t) = -p[u(w) - u(w - f)] = -pfu'(\theta) \qquad ⑤$$

其中 $\theta \epsilon (w - f, w)$，⑤式中最后一个等号利用了微分中值定理。由于 $u''(\cdot) < 0$，因此 $u'(\cdot)$ 是一个单减的函数，则 $u'(w - tf) > u'(\theta)$，即：$g'(t) < R'(t) < 0$，这就说明罚金和被抓的概率提高相同的倍数，前一种方法使停车者的效用减少得更快，所以罚金按比例增加在防止非法停车方面更有效。

4. 在固定收益率为 r 的资产上投资 w^* 美元，可以在两种状态时获得 $w^*(1+r)$；而在风险资产上的投资在好日子收益为 $w^*(1+r_g)$，在坏日子为 $w^*(1+r_b)$（其中 $r_g > r > r_b$）。通过上述假定，风险资产上的投资就可以在状态偏好的框架中被加以研究。

(1) 请画出两种投资的结果。

(2) 请说明包含无风险资产与风险资产的“资产组合”怎样可以在你的图中得到显示。你怎样说明投资在风险资产中的财富比例？

(3) 请说明个人对于风险的态度会怎样决定他们所持有的无风险资产与风险资产的组合。一个人会在什么情况下不持有风险资产？

答：(1) 两种投资的结果如图 5-1 所示，A 点是将全部财富都投入到风险资产时收益率状态，B 点是将全部财富投入到无风险资产时收益率的状态。线段 AB 表示把总资产在风险和无风险资产上各投资一部分时的资产组合的收益的状态。

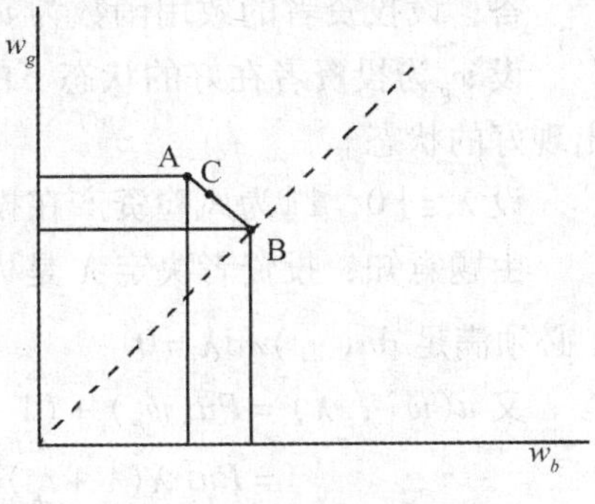

图 5-1　两种投资的结果

(2) 连接 AB 的线即资产组合线。

设 C 点表示一种投资组合，则 $\frac{|BC|}{|AB|}$ 表示投在风险资产上的比例，$\frac{|AC|}{|AB|}$ 表示投在无风险资产上的比例。现证明如下：

设 C 点坐标为 $[\alpha x_A + (1-\alpha)x_B,\ \alpha y_A + (1-\alpha)y_B]$，即 α 是 C 点投在风险资产上的比例。

$$|BC| = \sqrt{[\alpha x_A + (1-\alpha)x_B - x_B]^2 + [\alpha y_A + (1-\alpha)y_B - y_B]^2}$$
$$= \alpha\sqrt{(x_A - x_B)^2 + (y_A - y_B)^2} = \alpha|AB|$$

即$\frac{|BC|}{|AB|}=\alpha$，表示投在风险资产上的比例；则$\frac{|AC|}{|AB|}=1-\alpha$，表示投资在无风险资产上的比例。

(3)对于风险厌恶者而言，他有可能在风险资产上进行部分投资，如图5-2所示；也有可能把他的财富全部投资于风险资产，如图5-3所示。需要注意的是，这种情况并不和投资者是风险厌恶的假设矛盾，因为出现这种情况就说明该投资者的风险承受能力较强或者风险较小(即坏情况下的收益率也不会比无风险情况下低太多)；也有可能把所有的资产投资于无风险资产，如图5-4所示，这些都取决于其效用函数的具体形式。对于风险中性者和风险偏好者也有类似的结论。

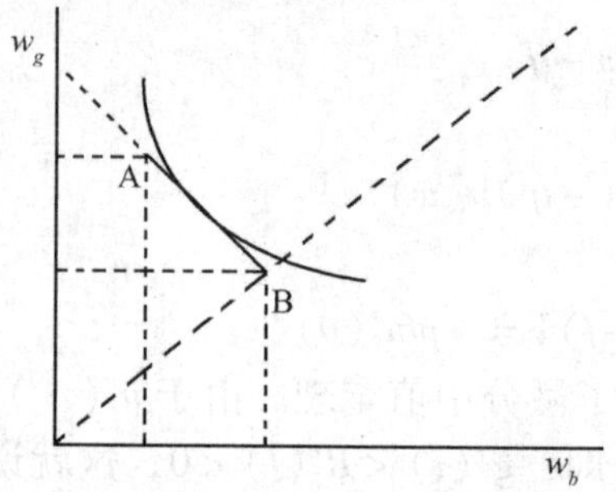

图5-2　风险资产和无风险资产各投资一部分

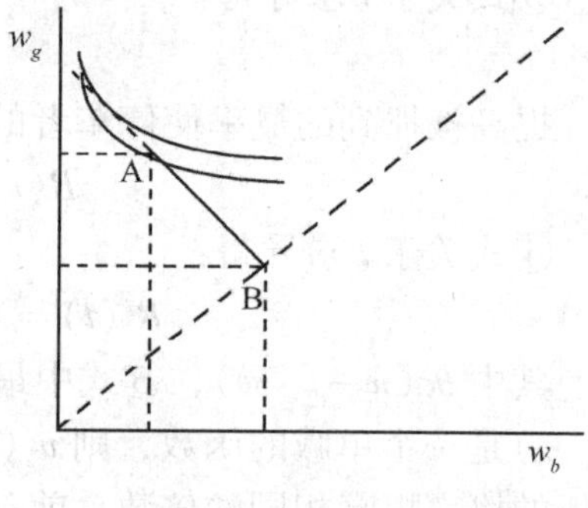

图5-3　只在风险资产上投资

5. 假设本章第4题中的资产收益要上缴税收。请说明(用文字)：

(1)为什么对财富按比例征税不会影响配置在风险资产上的财富比例。

(2)假定只有从安全资产中获得的收益才按比例交税。这会怎样影响风险资产在财富中的比例？哪些投资者可能受这样一个税收的影响最大？

(3)如果所有的资产收益都要按比例交收入税，你对(2)的回答会怎样变化？

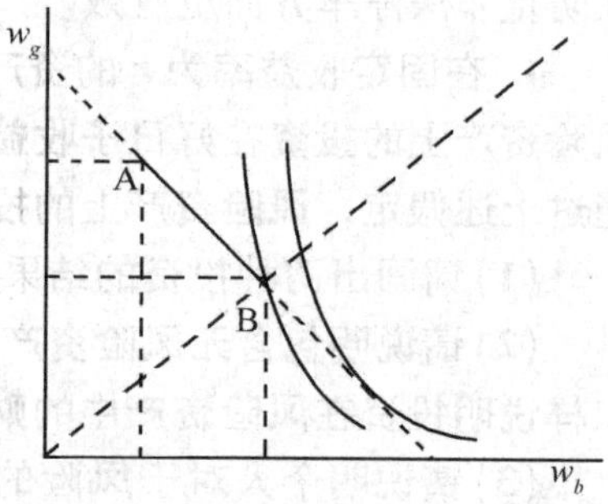

图5-4　只在无风险资产上投资

(注意：这个问题需要计算能导致税后效用最大化的财富的税前配置)

答：设投资者的效用函数为$u(w)$。

设w_g为投资者在好的状态下的财富，w_b为坏状态下的财富，设投资者认为有P的概率出现好的状态。

设$\lambda\in[0,1]$为风险资产在投资组合中所占比例。

由题意知，投资者决定λ是以u的最大化为标准。即：$\lambda\in\arg\max\limits_{\lambda\in[0,1]}u(w^*,\lambda)$，因此，$\lambda$必须满足$\mathrm{d}u(\cdot)/\mathrm{d}\lambda=0$　①

又$u(w^*,\lambda)=Pu(w_g)+(1-P)u(w_b)$

$=Pu[\lambda(1+r_g)w^*+(1-\lambda)(1+r)w^*]+(1-P)u[\lambda(1+r_b)w^*+(1-\lambda)(1+r)w^*]$

代入①式得：

$$\frac{\mathrm{d}u(w_g)/\mathrm{d}w}{\mathrm{d}u(w_b)/\mathrm{d}w}=-\frac{1-P}{P}\times\frac{r_b-r}{r_g-r}=k \tag{②}$$

现在证明$\frac{\mathrm{d}u(w_g)/\mathrm{d}w}{\mathrm{d}u(w_b)/\mathrm{d}w}$是 λ 的单调函数。

若

$$u'(w)>0,\ u''(w)<0 \tag{③}$$

那么，如果有 $\lambda^j>\lambda^i$，则有 $u[w_g(\lambda^j)]>u[w_g(\lambda^i)]$，$u[w_b(\lambda^j)]<u[w_b(\lambda^i)]$。

由假设③式知，必然有$\frac{\mathrm{d}u[w_g(\lambda^j)]/\mathrm{d}w}{\mathrm{d}u[w_b(\lambda^j)]/\mathrm{d}w}>\frac{\mathrm{d}u[w_g(\lambda^i)]/\mathrm{d}w}{\mathrm{d}u[w_b(\lambda^i)]/\mathrm{d}w}$（即为 λ 的单调递增函数），也就是说，等式②决定了惟一一个最优风险资本比例 λ。

如果 k 值并不在$\frac{\mathrm{d}u(w_g)/\mathrm{d}w}{\mathrm{d}u(w_b)/\mathrm{d}w}$的值域内，事实上就说明，投资者将选择纯风险投资，即 $\lambda=1$，如果 $k=1$，那么，投资者将选择 $\lambda=1$（这解答了第 4 题的第(3)问）。

(1) 设对财富按比例征税的税率为 t_w，则有：

$$\frac{\mathrm{d}u(w_{g,t_w})/\mathrm{d}w}{\mathrm{d}u(w_{b,t_w})/\mathrm{d}w}=\frac{(1-t_w)\mathrm{d}u(w_g)/\mathrm{d}w}{(1-t_w)\mathrm{d}u(w_b)/\mathrm{d}w}=\frac{\mathrm{d}u(w_g)/\mathrm{d}w}{\mathrm{d}u(w_b)/\mathrm{d}w}$$

而仍然对应原有的风险资产比例 λ，风险资产的比例不变。

(2) 设对安全资产的收益按比例征税的税率为 t_s，则有：

$$\frac{\mathrm{d}u(w_{g,t_s})/\mathrm{d}w}{\mathrm{d}u(w_{b,t_s})/\mathrm{d}w}=-\frac{1-P}{P}\cdot\frac{r_b-r+t_s+rt_s}{r_g-r+t_s+rt_s}>-\frac{1-P}{P}\cdot\frac{r_b-r}{r_g-r}=k$$

所以，如果考虑对安全资产的征税，风险资产比例 λ 应该增加，这对只投资无风险资产的投资者的影响最大。

(3) 设对安全资产的收益按比例征税的税率为 t_s，对风险资产按比例征税的税率为 t_r，则有：

$$\frac{\mathrm{d}u(w_{g,t_s,t_r})/\mathrm{d}w}{\mathrm{d}u(w_{b,t_s,t_r})/\mathrm{d}w}=-\frac{1-P}{P}\cdot\frac{r_b-r-t_r-r_gt_r+t_s+rt_s}{r_g-r-t_r-r_gt_r+t_s+rt_s}$$

如果 $-t_r-r_gt_r+t_s+rt_s>0$，那么最优风险资产比例 λ 应该上升；如果 $-t_r-r_gt_r+t_s+rt_s<0$，那么最优 λ 应当下降；如果 $-t_r-r_gt_r+t_s+rt_s=0$ 时，最优 λ 应当保持不变。

6. 某消费者的效用函数为 $u(c_0, c_1)=c_0c_1^{\frac{1}{2}}$。这里 c_0 表示其在时期 0 的消费开支，c_1 代表其在时期 1 的消费开支。银行存贷利率相等且为 r，该消费者在 $t=0$ 期的收入为 $I_0=60$，在 $t=1$ 期的收入 $I_1=100$。

问：如果 $r=0$，他该储蓄还是借贷？

如果 $r=1$，他该储蓄还是借贷？

答：跨期决策的消费者的效用最大化问题为：

$$\max_{c_0,c_1}\ c_0c_1^{\frac{1}{2}}$$

$$s.t.\ c_0+\frac{c_1}{1+r}=I_0+\frac{I_1}{1+r}=60+\frac{100}{1+r}$$

构造该问题的拉格朗日函数：

$$L=c_0c_1^{\frac{1}{2}}+\lambda\left(60+\frac{100}{1+r}-c_0-\frac{c_1}{1+r}\right)$$

拉格朗日函数分别对 c_0、c_1 和 λ 求导得：

$$\frac{\partial L}{\partial c_0}=c_1^{\frac{1}{2}}-\lambda=0 \quad ①$$

$$\frac{\partial L}{\partial c_1}=\frac{1}{2}c_0c_1^{-\frac{1}{2}}-\frac{\lambda}{1+r}=0 \quad ②$$

$$\frac{\partial L}{\partial \lambda}=60+\frac{100}{1+r}-c_0-\frac{c_1}{1+r}=0 \quad ③$$

①式和②式中消去 λ 得：

$$c_1=\frac{c_0(1+r)}{2} \quad ④$$

④式代入③式中，解得：

$$c_0=40+\frac{200}{3(1+r)} \quad ⑤$$

⑤式代入④式中，解得：

$$c_1=\frac{100}{3}+20(1+r) \quad ⑥$$

下面分情况讨论：

（1）如果 $r=0$，$c_0=40+\frac{200}{3}\approx 106.67>60$，所以消费者会借贷。

（2）如果 $r=1$，$c_0=\frac{100}{3}+20\times 2\approx 73.33>60$，所以消费者还是会借贷。

7. 一个人拥有固定财富(w)，并把它分配在两时期的消费中，个人的效用函数由下式给出：

$$\boldsymbol{u(c_1,\ c_2)}$$

预算约束为： $\boldsymbol{w=c_1+c_2/(1+r)}$

这里，r 是单期利率。

(1)证明如果个人在此预算约束下要最大化其效用，则他应当选择 $MRS(c_1$对$c_2)=1+r$ 时的 c_1与 c_2的组合。

(2)证明 $\partial c_2/\partial r\geqslant 0$，但是 $\partial c_1/\partial r$ 的符号不确定(假设两期的消费会随着收入的增加而增加)。

证明：(1)跨期决策的消费者的效用最大化问题为：

$$\max_{c_1,c_2} u(c_1,\ c_2)$$

$$s.t.\ c_1+\frac{c_2}{1+r}=w$$

构造该问题的拉格朗日函数：

$$\psi(c_1,\ c_2,\ \lambda)=u(c_1,\ c_2)+\lambda\left(w-c_1-\frac{c_2}{1+r}\right)$$

从而解得：$\frac{u_1'}{u_2'}=1+r=MRS_{c_1,c_2}$

故如果个人在此预算约束下要实现最大化其效用，他应当选择 $MRS_{c_1,c_2}=1+r$ 时 c_1 与 c_2 的组合。

(2)如果令 $p=\frac{1}{1+r}$，那么跨期决策的消费者效用最大化问题就是：

$$\max_{c_1,c_2} u(c_1, c_2)$$
$$s.t.\ c_1+pc_2=w$$

这是一个普通的消费者效用最大化问题，则第二期消费 c_2 可以表示为 p、w 的函数，记为 $c_2(p, w)$，利用斯拉茨基方程，可知：

$$\frac{\partial c_2}{\partial p}=\frac{\partial h_2}{\partial p}-\frac{\partial c_2}{\partial w}c_2$$

假设 $\frac{\partial c_2}{\partial w}>0$，即第二期的消费会随着总收入的提高而增加，那么由于替代效应为负，即 $\frac{\partial h_2}{\partial p}<0$，可知 $\frac{\partial c_2}{\partial p}<0$，从而 $\frac{\partial c_2}{\partial r}=\frac{\partial c_2}{\partial p}(-1)\frac{1}{(1+r)^2}>0$。

同理 $\frac{\partial c_1}{\partial r}=\frac{\partial c_1}{\partial p}(-1)\frac{1}{(1+r)^2}$，对 $\frac{\partial c_1}{\partial p}$ 利用斯拉茨基方程有 $\frac{\partial c_1}{\partial p}=\frac{\partial h_1}{\partial p}-\frac{\partial c_1}{\partial w}c_1$，由于交叉替代效应 $\frac{\partial h_1}{\partial p}$ 的符号不能确定，所以即使假设收入效应为正，也不能确定 $\frac{\partial c_1}{\partial p}$ 的符号，所以 $\frac{\partial c_1}{\partial r}$ 的符号也不能确定。

8. 一个人寿保险推销员说："在你这个年纪购买一张 100000 美元终身寿险保单比一张定期保单要好很多。持有终身寿险保单，你只在前 4 年里每年支付 2000 美元，但在你生命的以后的日子里就无需支付了。一张定期保单每年需要你支付 400 美元，而且永远是这样。如果你再活上 35 年，你只需对终身保单支付 8000 美元，但对定期保单则要支付 14000 美元。所以，终身保单无疑是笔更好的交易。"

假定推销员的寿命预期是正确的，你将如何评价他的论断？更确切地说，假定利率为 10%，请计算两张保单的保费成本的贴现值。

答：(1)推销员的评论不正确，因为他没有考虑保单成本的现值。

(2)下面计算两种保单成本的现值：

对于终生寿险保单而言，其成本现值为：

$$pV_p=\sum_{y=0}^{3}\frac{2000}{(1+r)^y}-\frac{100000}{(1+r)^{34}}\approx 3059(\text{美元})$$

对于定期保单而言，其成本现值为：

$$pV_f=\sum_{y=0}^{34}\frac{400}{(1+r)^y}-\frac{100000}{(1+r)^{34}}\approx 329(\text{美元})$$

从净现值的角度看，定期保单的成本现值低于终生寿险保单的现值，所以推销员的评论不正确。

9. 一个强行推销汽车贷款的女推销员对一个刚刚购车的人说："假定你用现金购买这辆 10000 美元的汽车，因为你用那笔钱可在银行获得 10%的利率，所以三年内你将至少损失 3000 美元。另一方面，如果你要选择我们的低成本的汽车贷款购买 10000 美元的汽车，那么只需每月支付 350 美元持续 36 个月即可，总体上你只需为汽车支付 12600 - 10000 = 2600 美元的利息。因此，你通过这样融资就可以省钱。"

如何评价这一说法的？汽车贷款果真是低成本之举吗？

答：(1)汽车贷款推销员只是从累计支出的角度考虑问题，但更合理的方法是比较两种支付的现值。计算如下：现金支付的现值为 -10000，年利率为 10%，则月利率 r_m 满足 $(1+r_m)^{12}=1.1$，得到 $r_m \approx 0.0079$。汽车贷款的现值为 $PV=-\sum_{i=0}^{35}\frac{350}{(1+r_m)^i}=-11106$(美元)。可见汽车贷款的现值高于现金支付的现值，推销员的建议是不合理的。

(2)根据(1)的分析可知，汽车贷款不是低成本之举。

10. 某人计划花 1 万元去旅游，其旅游的效用函数为 $v(w)=\ln w$(这里 w 为其支出的价值量)。如果他在旅途中丢失 1000 元的概率是 25%，他如想为丢钱的损失买保险，那么公平的保费是多少？此人愿为这 1000 元损失支付的最高保险金为多少？

解：(1)公平保费等于投保人的期望损失，为 $1000\times 25\%=250$ 元。

(2)假设此人愿意支付的最高保费为 r 元，此时购买保险和不购买保险对此人而言是没有区别的，即：

$$\ln(10000-r)=0.25\ln 9000+0.75\ln 10000$$

解得

$$r=275(\text{元})$$

11. 消费者的效用函数为 $u(c_1, c_2)=c_1^{0.4}c_2^{0.6}$，在第一期和第二期的收入分别为 100 元和 180 元，利率为 r。

求：(1)第一期和第二期的消费分别为多少？

(2) r 取什么值时，该消费者在第一期将储蓄、贷款或不借贷。

(3)当利率变化时对 c_1 和 c_2 的影响是什么？

解：(1)跨期决策的消费者的效用最大化问题为：

$$\max_{c_1,c_2} c_1^{0.4}c_2^{0.6}$$

$$s.t.\ c_1+\frac{c_2}{1+r}=100+\frac{180}{1+r}$$

构造拉格朗日函数：$L(c_1, c_2, \lambda)=c_1^{0.4}c_2^{0.6}+\lambda\left(c_1+\frac{c_2}{1+r}-100-\frac{180}{1+r}\right)$

最大化一阶条件为：$\frac{\partial L}{\partial c_1}=0.4c_1^{-0.6}c_2^{0.6}+\lambda=0$ ①

$$\frac{\partial L}{\partial c_2}=0.6c_1^{0.4}c_2^{-0.4}+\frac{\lambda}{1+r}=0 \quad ②$$

$$\frac{\partial L}{\partial \lambda}=c_1+\frac{c_2}{1+r}-100-\frac{180}{1+r}=0 \quad ③$$

由①、②、③式解得 $c_1=40+\frac{72}{1+r}$，$c_2=60(1+r)+108$。

(2)消费者在第一期储蓄，这就意味着 $c_1=40+\frac{72}{1+r}<100$，解得 $r>0.2$；消费者在第一期贷款，这就意味着 $c_1=40+\frac{72}{1+r}>100$，解得 $r<0.2$；消费者在第一期不借贷，这就意味着 $c_1=40+\frac{72}{1+r}=100$，解得 $r=0.2$。

(3)由于 $\frac{dc_1}{dr}=-\frac{72}{(1+r)^2}<0$，所以第一期的消费量和利率变化方向相反；$\frac{dc_2}{dr}=60>0$，

所以第二期的消费量和利率变化方向相同。

12. 一个人买了一打鸡蛋、并一定要把它们带回家。尽管回家的旅行是无成本的，但在任何一条路上所带的鸡蛋被打破的概率都是50%。这个人会考虑两个战略。

第一个战略：走一条路带所有12个鸡蛋。

第二个战略：走两条路，每次带6个鸡蛋。

(1)请列出每种战略的可能结果与每种结果的可能性。请说明在每种战略下，回家之后平均都有6个鸡蛋没有被打碎。

(2)画一图表示在每一种战略下可获得的效用，人们会倾向于哪一个战略？

(3)采用多于两条路的方案，效用是否可以被进一步改善？如果其他的路是有成本的，那么，这种可能性会受到怎样的影响？

答：(1)如果此人采用战略1，那么可能的结果与每种结果的可能性如表5-3所示：

表5-3　战略1的结果

结果(未打碎的鸡蛋)/个	0	12
可能性/%	0.5	0.5

未打碎鸡蛋的平均个数为$0\times0.5+12\times0.5=6$个。

如果此人采用战略2，那么可能的结果与每种结果的可能性如表5-4所示：

表5-4　战略2的结果

结果(未打碎的鸡蛋)/个	0	6	12
可能性/%	0.25	0.5	0.25

未打碎鸡蛋的平均个数为$0\times0.25+6\times0.5+12\times0.25=6$个。

(2)假设此人的效用函数为$u(x)$，这里x是鸡蛋的个数。那么战略1带给此人的效用为：

$$E(s_1)=0.5u(0)+0.5u(12)$$

战略2带给此人的效用为：$E(s_2)=0.25u(0)+0.5u(6)+0.25u(12)$

所以：$E(s_1)-E(s_2)=0.5\times[0.5u(0)+0.5u(12)-u(6)]$　①

这样，如果此人是风险厌恶型的，那么由①式可知$E(s_1)-E(s_2)<0$，即此人偏好于战略2(如图5-5所示)；反之，如果此人是风险偏好型的，那么$E(s_1)-E(s_2)>0$，即此人偏好于战略1。

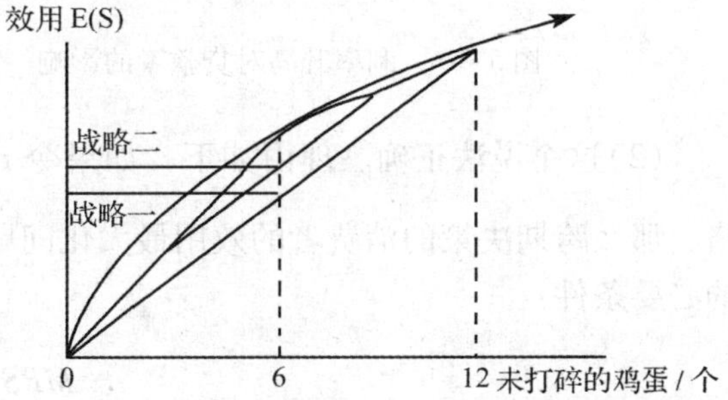

图5-5　风险厌恶型消费者的战略偏好

(3)①如果有其他多于两条路的方案，那么对于风险规避者而言，其效用可以进一步得到提高。这是因为路越多，风险就越容易得到分散。

②如果走路是有成本的，那么路越多，成本就越高，这会降低消费者的效用，因此，最终的结果是消费者需要在分散风险和降低成本之间进行平衡，也就是说存在某个数N，当路的条数大于N时，由于成本的增加导致的效用的减少大于由于风险分散引起的效用的提高，所以消费者的总效用会减少。当路的条数小于N时，成本的减少导致的效用增加小于风险

的增大引起的效用的降低，所以消费者的总效用也会减少，因此最优的选择就是分 N 条路把鸡蛋带回家。

13. 判断：下列说法对吗？为什么？

(1)当利率上升时，原来的贷款者仍将贷款，而且贷款数量一定会增加；当利率下降时，原来的借款者将继续借款，而且借款数量至少不会减少。

(2)跨期消费的第一期和第二期的消费之间的边际替代率为 $1+r$。

(3)如果名义利率小于通货膨胀率，则一个理性的消费者不会选择存钱。

答：(1)第一个说法的前半句正确，后半句错误；第二个说法的前半句正确，后半句错误。理由如下：跨期决策的消费者的效用最大化问题为：

$$\max_{c_1,c_2} u(c_1,\ c_2)$$

$$s.t.\ c_1+\frac{c_2}{1+r}=m_1+\frac{m_2}{1+r}$$

①当利率上升时，原来的贷款者仍将贷款，但贷款数量不一定会增加。理由如下：如图 5-6 所示，利率上升后，预算线从 CD 变为 AB，根据显示偏好弱公理，消费者的最优选择一定位于 AF 段，即消费者一定还是贷款者。但是具体位于 AF 段的哪一点，则依赖于效用函数的具体形式(比如在图 5-6 中，如果消费者的无差异曲线为 S_1，那么消费者的贷款数量就会增加；但是如果消费者的无差异曲线为 S_2，那么消费者的贷款数量就会减少)。

②当利率下降时，原来的借款者将继续借款，但借款数量的变化不确定。理由和上述的分析类似，如图 5-7 所示。

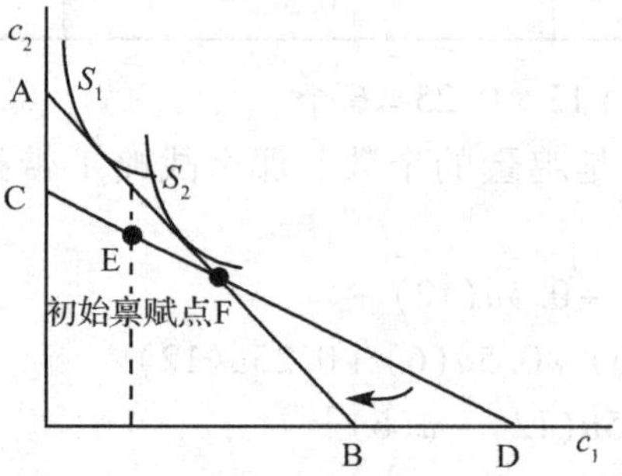

图 5-6　利率升高对贷款者的影响

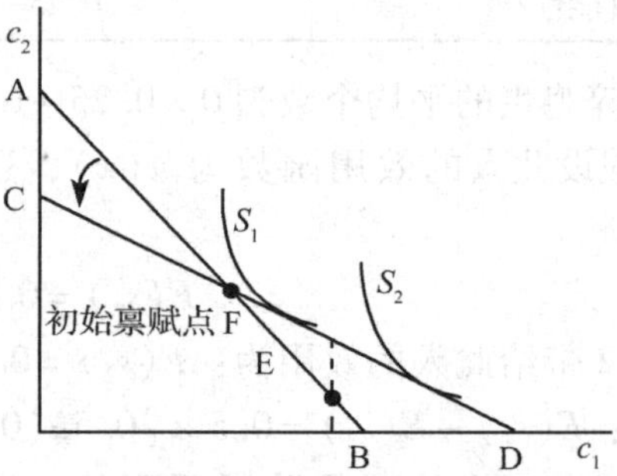

图 5-7　利率降低对借款者的影响

(2)这个说法正确。理由如下：如果令 $p_1=1$，$p_2=\frac{1}{1+r}$，分别为第一期和第二期的价格，那么跨期决策的消费者的效用最大化问题就是一个普通的效用最大化问题，根据最优解的必要条件：

$$MRS_{1,2}=\frac{p_1}{p_2} \quad ①$$

把 p_1 和 p_2 的表达式代入①式中，就有：

$$MRS_{1,2}=1+r$$

(3)这个说法错误。理由如下：如果考虑通货膨胀的因素(假设通货膨胀率为 w)，那么跨期决策的消费者的效用最大化问题为：

$$\max_{c_1,c_2} u(c_1,\ c_2)$$

$$s.t.\ c_1+\frac{1+w}{1+r}c_2=m_1+\frac{1+w}{1+r}m_2$$

由于消费者在1期是否存钱依赖于时期1的消费和时期1的收入的差别，而由上面的优化问题可知，时期1的消费又取决于消费者的效用函数，两期的收入和利率以及通货膨胀率这些因素的综合影响，所以消费者在1期是否存钱也依赖于多个因素的综合影响，而并非利率和通货膨胀率就能决定的。

14. 在一个封闭的村庄中惟一的产品是玉米，由于土地的原因好收成与坏收成交替出现，今年的收成是1000公斤，明年的收成是150公斤，这个村庄与外界没有贸易。玉米可以储存但是老鼠会吃掉25%，村民的效用函数是$u(c_1, c_2)=c_1c_2$，c_1是今年的消费，c_2是明年的消费。

(1)画出跨时期预算曲线，指出截距位置。

(2)村民今年消费量是多少?

(3)老鼠会吃掉多少?

(4)村民明年消费多少?

(5)如果考虑后年，且效用函数为$u(c_1, c_2, c_3)=c_1c_2c_3$，$c_3$是后年的消费，求解问题(2)~(4)。

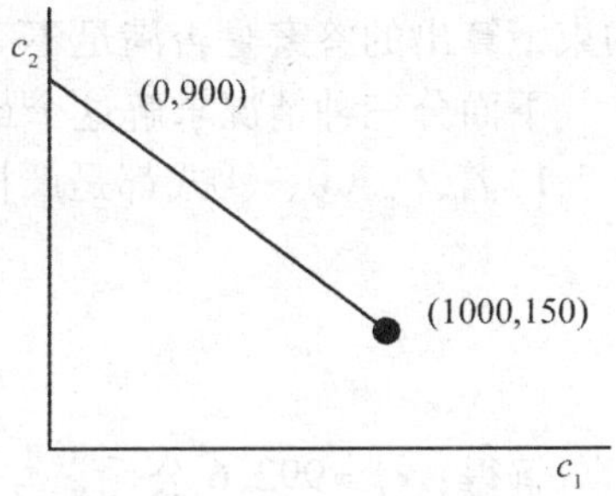

图5-8　村民的跨期预算线

解：(1)跨期预算线为$c_1+\frac{4}{3}c_2=m_1+\frac{4}{3}m_2=1200$，$c_1\leqslant 1000$，如图5-8所示。

(2)跨期决策的消费者的效用最大化问题为：

$$\max_{c_1,c_2} c_1c_2$$

$$s.t.\ c_1+\frac{4}{3}c_2=1200 \quad ①$$

$$c_1\geqslant 1000 \quad ②$$

这里之所以会有②式这个约束条件是因为这是一个封闭的村庄，所以如果第一年的粮食不够吃，这个村庄不能从别的地方借到粮食，也就是说第一年的消费上限是1000公斤。但是在求解这个问题的过程中，可以先不用理会②式的约束，只需要对目标函数式和①式应用拉格朗日乘数法求出最优解，然后再判断最优解是否满足②式即可。利用拉格朗日乘数法解得$c_1=600$公斤，$c_2=450$公斤且$c_1=600$公斤满足②式。由此得出，村民今年消费600公斤玉米。

(3)根据(2)的结果，村民将存储$1000-600=400$公斤玉米，其中$400\times 0.25=100$公斤将被老鼠吃掉。

(4)根据(2)的结果可知，第二年村民会消费450公斤玉米。

(5)跨期决策的消费者的效用最大化问题为：

$$\max_{c_1,c_2,c_3} c_1c_2c_3$$

$$s.t.\ c_1+\frac{4}{3}c_2+\left(\frac{4}{3}\right)^2c_3=2977.8 \quad ①$$

$$c_1\leqslant 1000 \quad ②$$

$$c_1+\frac{4}{3}c_2\leqslant 1200 \quad ③$$

$$c_3 \geqslant 1000 \quad ④$$

③式的含义是说村民们在前两年的总消费不能超过前两年的总收入(因为该村庄不能对外借粮食)。④式的含义是说第三年的消费至少等于该年度的收入，这是因为在这个模型中，假设消费者只生存三年，所以最后一年要消费掉所有的玉米，包括前两年盈余的和第三年新收的玉米。关于求解这个最优化问题，有几个要注意的地方：

1)在这个最优化问题中，最多只能有两个等式约束，因为如果有三个等式约束，那么就可以直接解出 c_1、c_2 和 c_3，优化问题就没有意义了。

2)约束①式是恒成立的，所以②、③、④三个式子中只能有一个是等式，其余的都是严格的不等式。

3)对于严格的不等式约束，可以在优化问题的求解中可以不予考虑，只需验证在等式约束下算出的答案是否满足不等式约束(关于这一点，可以参考与最优化相关的数学资料)。

下面分三种情况求解这个最优化问题：

1)若②、③、④式都是严格的不等式，那么最优化问题变为：

$$\max_{c_1, c_2, c_3} c_1 c_2 c_3$$

$$s.t.\ c_1 + \frac{4}{3}c_2 + \left(\frac{4}{3}\right)^2 c_3 = 2977.8$$

解得：$c_1 = 992.6$ 公斤，$c_2 = 744.45$ 公斤，$c_3 = 558.3375$ 公斤，但是 $c_3 = 558.3375$ 公斤不满足④式的约束，所以这组解舍去。

2)若②式是严格的等式，那么最优化问题变为：

$$\max_{c_1, c_2, c_3} c_1 c_2 c_3$$

$$s.t.\ c_1 + \frac{4}{3}c_2 + \left(\frac{4}{3}\right)^2 c_3 = 2977.8$$

$$c_1 = 1000$$

解得：$c_1 = 1000$ 公斤，$c_2 = 741.6$ 公斤，$c_3 = 556.2$ 公斤，但是 $c_3 = 556.2$ 公斤不满足④式的约束，所以这组解舍去。

3)若③式是严格的等式，那么最优化问题变为：

$$\max_{c_1, c_2, c_3} c_1 c_2 c_3$$

$$s.t.\ c_1 + \frac{4}{3}c_2 + \left(\frac{4}{3}\right)^2 c_3 = 2977.8$$

$$c_1 + \frac{4}{3}c_2 = 1200$$

解得：$c_1 = 600$ 公斤，$c_2 = 450$ 公斤，$c_3 = 1000$ 公斤，这组解满足所有的约束，所以它就是最优解。

4)若④式是严格的等式，最优解同③式。

综合上述分析可知，村民的最优消费计划为 $c_1 = 600$ 公斤，$c_2 = 450$ 公斤，$c_3 = 1000$ 公斤。老鼠会吃掉 100 公斤。

5.2 强化习题详解

1. 假设消费者生活两期，第一期消费者劳动获得收入，用来满足该期的消费和储蓄，消费者在第二期不劳动，用第一期的储蓄来满足该期的消费。假设消费者在第一期的消费为

c_1，储蓄为 s，劳动收入为 w。消费者在第二期的消费为 c_2，假设市场利率为 r，贴现因子为 $0<\beta<1$，设消费者的效用函数为：

$$u(c)=\frac{c^{1-\theta}-1}{1-\theta}$$

(1)写出消费者的效用最大化问题。

(2)求出消费者的储蓄函数，并讨论利率的改变和储蓄的关系。

解：(1)消费者的效用最大化问题为：

$$\max_{c_1,c_2} u(c_1)+\beta u(c_2)$$
$$s.t.\ c_1+s=w$$
$$c_2=s(1+r)$$

(2)把约束条件代入目标函数中，就有：

$$\max_{c_1,c_2} u(c_1)+\beta u(c_2)=\max_{c_1}\frac{c_1^{1-\theta}-1}{1-\theta}+\beta\frac{[(w-c_1)(1+r)]^{1-\theta}-1}{1-\theta}$$

目标函数式关于 c_1 求导，并令导函数等于零，得到：

$$c_1^{-\theta}-\beta[(w-c_1)(1+r)]^{-\theta}(1+r)=0$$

解得 $c_1=w\dfrac{\beta^{-\frac{1}{\theta}}(1+r)^{\frac{\theta-1}{\theta}}}{1+\beta^{-\frac{1}{\theta}}(1+r)^{\frac{\theta-1}{\theta}}}$，又因为：

$$\frac{\partial^2 u}{\partial c_1^2}=-\theta\cdot c_1^{-\theta-1}-\beta(1+r)^2\theta[(w-c_1)(1+r)]^{-\theta-1}<0$$

所以 c_1 的表达式使得消费者的效用最大，即：

$$s(r)=w-c_1=\frac{w}{1+\beta^{-\frac{1}{\theta}}(1+r)^{\frac{\theta-1}{\theta}}}$$

于是：

$$\frac{\partial s(r)}{\partial r}=\frac{w}{[1+\beta^{-\frac{1}{\theta}}(1+r)^{\frac{\theta-1}{\theta}}]^2}(-1)(1+r)^{-\frac{1}{\theta}}\beta^{-\frac{1}{\theta}}\frac{\theta-1}{\theta}$$

由此可见 $\dfrac{\partial s}{\partial r}$ 的符号取决于 $\dfrac{\theta-1}{\theta}$。若 $\dfrac{\theta-1}{\theta}<0$，即 $0<\theta<1$ 时，$\dfrac{\partial s}{\partial r}>0$，即存款会随着利率的上升而增加。反之，如果 $\theta>1$，那么 $\dfrac{\partial s}{\partial r}<0$，即存款会随着利率的上升而减少。

2. 考虑一种股票 A，已知无风险利率为 5%，股市的风险溢价为 7%，$\beta_A=1$，股票 A 的预期成长率 g 为 6%，当前股票的红利为 3 元，股票 A 的当前价格为 24.23 元/股。请问：

(1)每股 24.23 元是正确的股价吗？

(2)该股(股票 A)的价格是看涨还是看跌？它会在什么价格点上达到均衡？

(3)你作为股民，会买进这只股票，还是卖出这只股票？

解：股票 A 的期望收益率 $E(r_A)=r_f+\beta_A[E(r_M)-r_f]=0.05+1\times0.07=0.12$。由于股票 A 的预期成长率为 6%(即股票以每年 6% 的速度增值)，该股票的现值：

$$PV=\frac{D(1+g)}{1+E(r_A)}\approx\frac{D}{E(r_A)-g}=\frac{3}{0.12-0.06}=50(\text{元/股})$$

(1)当前的 24.23 元/股的价格完全没有考虑到该股票潜在的增长价值，所以这个价格是不正确的。

(2)由上面的计算可知，该股票价格看涨，并且在50元/股上达到均衡。

(3)作为股民，目前这只股票的价格明显过低，所以应该是买进这只股票。

3. 假定 $r_f = 9\%$，$r_m = 14\%$，$\beta_x = 1.3$

(1) r_x(即股票 x 所要求的回报率)应为多少?

(2)现在假设 r_f 上升到10%，或者下降到8%，又假设SML线的斜率不变，则 r_f 的这两种变化会如何影响 r_m 和 r_x?

(3)假设 r_f 仍为9%，但 r_m 上升到16%或下降到13%，SML线的斜率并未保持不变，这时 r_x 会发生怎样的变化?

解：(1)由CAPM公式知：

$$E(r_x) = r_f + \beta_x(r_m - r_f) = 0.09 + 1.3 \times (0.14 - 0.09) = 15.5\%$$

(2)若认为市场整体风险和无风险利率无关，因为SML斜率不变即 β 不变，所以当 r_f 上升或者下降时，对应的SML向上或者向下平移，此时，r_f 上升或者下降对 r_m 没有影响。但是因为 $E(r_x) = r_f + \beta_x(r_m - r_f) = \beta_x r_m + (1 - \beta_x) r_f$，所以，当 $\beta_x = 1.3 > 1$，r_f 上升时，$E(r_x)$ 下降；反之，r_f 下降时，$E(r_x)$ 上升。

若考虑真实情况下，无风险利率的上升会使得 r_m 也上升，但是风险溢价不变，此时，由上面的公式 r_f 上升1%，$E(r_x)$ 和 r_m 也同时相应上升1%；反之，r_f 下降1%，导致 r_m 和 $E(r_x)$ 也相应下降1%。

(3)由于 r_m 的变化会影响 β_x 的改变，所以，r_m 上升到16%时，当改变后的 $\beta'_x > \frac{13}{14}$ 时，$E(r_x)$ 上升；$\beta'_x < \frac{13}{14}$ 时，$E(r_x)$ 下降。而当 r_m 下降到13%时，当改变后的 $\beta'_x < 1.625$ 时，$E(r_x)$ 下降；当改变后的 $\beta'_x > 1.625$ 时，$E(r_x)$ 反而上升。

4. 小明在未名湖畔拥有一家店，专门出租滑冰和攀岩装置。他认为今年寒冬的概率为0.55，暖冬的概率为0.45。如果是寒冬，很多学生就会租用滑冰装置在未名湖上滑冰，而在旁边攀岩的人就会很少。小明必须要决定准备多少滑冰装置，多少攀岩装置。他的报酬矩阵如下：

报酬	寒冬($p = 0.55$)	暖冬($p = 0.45$)
滑冰	20000	5000
攀岩	5000	15000

(1)如果小明选择只出租滑冰装置，他的期望报酬是多少? 只出租攀岩装置呢?

(2)如果小明选择将 x 比例的资源分配到滑冰装置上，他的期望报酬是多少(以 x 表示)?

(3)假设小明是风险中性，他会把多大比例的资源分配在滑冰装置上?

(4)如果小明的效用函数是 $U(x) = \ln(x)$，写出他的期望效用(以 x 表示)。这种情况下，小明会把多大比例的资源分配在滑冰装置上?

(5)一家保险公司给小明建议："你只出滑冰装置。如果是暖冬，我赔给你5000元；如果是寒冬，你付我5000元"。保险公司的期望报酬是多少? 在什么条件下，小明会接受这个建议?(只需列出判断式子，不用计算出具体数值)。

解：(1)如果小明只出租滑冰装置，他的期望报酬是 $0.55 \times 20000 + 0.45 \times 5000 = 13250$；如果小明只出租攀岩装置，他的期望报酬是 $0.55 \times 5000 + 0.45 \times 15000 = 9500$。

(2)如果小明选择将 x 比例的资源分配到滑冰装置上，他的期望报酬是：

$$E(x)=0.55[20000x+5000(1-x)]+0.45[5000x+15000(1-x)]=9500+3750x$$

(3)假设小明是风险中性，则由 13250 >9500 可知小明会把全部的资源分配在滑冰装置上，因为风险中性者只计较随机报酬的大小，而对随机的风险程度并不关注。

(4)小明的期望效用为：

$$\begin{aligned}E(U)&=0.55\ln[20000x+5000(1-x)]+0.45\ln[5000x+15000(1-x)]\\&=0.55\ln(5000+15000x)+0.45\ln(15000-10000x)\end{aligned}$$

期望效用最大化的一阶条件为：

$$\frac{\mathrm{d}E(U)}{\mathrm{d}x}=0.55\times\frac{15000}{5000+15000x}-0.45\times\frac{10000}{15000-10000x}=0$$

解得：$x=\frac{27}{40}=0.675$，即小明会把 0.675 比例的资源分配在滑冰装置上。

(5)保险公司的期望报酬是 $0.55\times5000-0.45\times5000=500$。

此时，小明的期望效用为：

$$E(U)=0.55\ln(20000-5000)+0.45\ln(5000+5000)=0.55\ln15000+0.45\ln10000$$

只有在上述期望效用大于(4)中的期望效用时，小明才会接受保险公司的建议。

第6讲 生产函数与规模报酬

6.1 课后习题详解

1. 生产函数为 $Q=-KL^2+16L-18$，工人工资为 $w=8$，产品价格为 $p=1$。

计算：(1)短期内 $K=2$，最优劳动投入是多少？

(2)最大平均产量的劳动投入为多少？此时的最大平均产量是多少？

解：(1)给定 $K=2$，厂商的生产函数为 $Q_S=-2L^2+16L-18$，从而短期内厂商的利润最大化问题为：

$$\max_{L\geqslant 0}\pi_S(L)$$

其中：

$$\pi_S(L)=pQ_S(L)-wL=-2L^2+8L-18$$

利润最大化的一阶条件为：

$$\frac{\mathrm{d}\pi_S}{\mathrm{d}L}=-4L+8=0$$

解得 $L=2$，这就是短期内的最优劳动投入量。

(2)给定 $K=2$，则本问可以表示为：

$$\max_{L\geqslant 0}AP_L=\max_{L\geqslant 0}\frac{Q_S(L)}{L}=\max_{L\geqslant 0}-2L+16-\frac{18}{L}$$

关于平均产量函数求导，并令导数等于零，就有：

$$\frac{\mathrm{d}}{\mathrm{d}L}\left(\frac{Q_S}{L}\right)=-2+\frac{18}{L^2}=0$$

解得：

$$L=3$$

此时的最大平均产量为 $AP_L=\frac{Q}{L}=-2L+16-\frac{18}{L}=4$。

2. 确定下列函数是不是齐次函数，如果是，规模报酬情况如何？

(1) $f(x, y)=x^3-xy+y^3$

(2) $f(x, y)=2x+y+3(xy)^{1/2}$

(3) $f(x, y, w)=(x^4-5yw^3)^{1/6}$

答：若函数 $f(x, y)$ 满足 $f(tx, ty)=t^kf(x, y)$，则称函数 $f(x, y)$ 为 k 次齐次函数。同时由规模报酬的定义可知，若 $f(tx, ty)=tf(x, y)$，则为规模报酬不变；若 $f(tx, ty)>tf(x, y)$，则为规模报酬递增；若 $f(tx, ty)<tf(x, y)$，则为规模报酬递减。

(1)不是齐次函数。因为 $f(tx, ty)=t^3x^3-t^2xy+t^3y^3\neq tf(x, y)$。

(2)是齐次函数，且规模报酬不变，因为 $f(tx, ty)=2tx+ty+3t(xy)^{\frac{1}{2}}=tf(x, y)$。

(3)是齐次函数，且规模报酬递减，因为：

$$f(tx, ty, tw)=(t^4x^4-5t^4yw^3)^{\frac{1}{6}}=t^{\frac{2}{3}}(x^4-5yw^3)^{\frac{1}{6}}=t^{\frac{2}{3}}f(x, y, w)<tf(x, y, w)$$

3. 设某省有一个村庄，该村既生产粮食又会织布。其产品既可用来自己消费，也可以出卖，粮食与布也可以从外边买入来满足消费。如果村外的市场价格比率是一担粮食能换回的布少于 1/2 米，则该村民们会不再种粮食；如果一担粮可以换回 1/2 米的布，则该村将提供 24 担粮食；如果一担粮可以换回 1 米布，则该村将提供 30 担粮食；最后，如一担粮可以换回 4 米布，则该村会提供 38 担粮食。

但是，该村的劳动力与土地如用来产棉织布，也是有机会成本的。当织布的产量从零增加到 32 米这一阶段，粮食产量会从 38 担下降到 30 担；如布的产量要从 32 米上升到 38 米，则粮食产量会从 30 担进一步下降到 24 担；如布的产量从 38 米上升到 50 米，则粮食产量更会从 24 担下降到零。作图：

(1)请以横轴表示粮食数量，纵轴表示以布的数量所代表的粮食的价格，做出该村粮食的供给曲线。

(2)请以横轴表示布的数量，纵轴表示以粮食数量所代表的布的价格，做出该村布的供给曲线。

答：根据题目的内容，可以得到如表 6－1 所示的布和粮食之间的关系。

表 6－1 布的产量和粮食的产量之间的关系

P(粮)/P(布)/(担/米)	P(布)/P(粮)/(米/担)	Q(粮)/担	Q(布)/米
>2	<0.5	0	50
2	0.5	24	38
1	1	30	32
0.25	4	38	0

(1)以横轴表示粮食数量，纵轴表示以布的数量所代表的粮食的价格，做出的粮食的供给曲线如图 6－1 所示(由加粗的线段和点构成)。

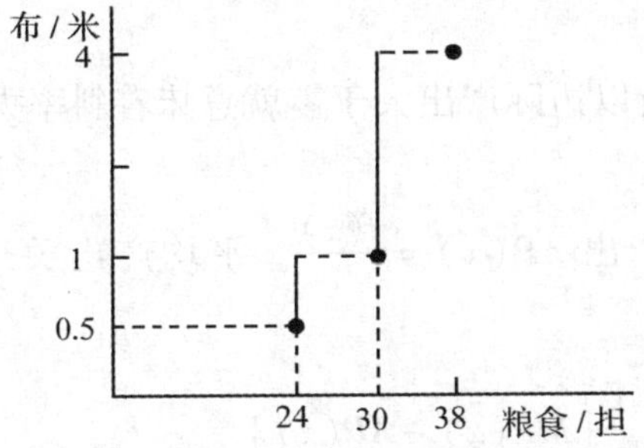

图 6－1 粮食的供给曲线

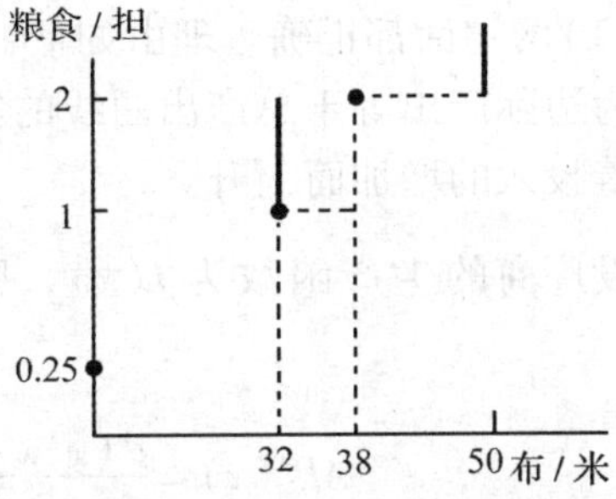

图 6－2 布的供给曲线

(2)以横轴表示布的数量，纵轴表示以粮食的数量所代表的布的价格，做出的布的供给曲线如图 6－2 所示(由加粗的线段和点构成)。

4. 对下面的生产函数

$f(K, L)=\beta_0+\beta_1(KL)^{1/2}+\beta_2K+\beta_3L$，其中 $0\leqslant\beta_i\leqslant1(i=1, 2, 3)$，那么：

(1)当 β_0、β_1、β_2、β_3 满足什么条件时，该生产函数呈现规模报酬不变？

(2)证明：在规模报酬不变的情况下，该函数呈现出边际生产力递减，而且边际生产力函数是零次齐次的。

答：(1)生产函数呈现规模报酬不变是指当所有的生产要素的数量增加为原来的 $t(t>$

1)倍时，产出也会同比例增长，即产出也会增加为原来的 t 倍。对本题的生产函数而言，规模报酬不变就意味着下式成立：

$$f(tK,\ tL)=tf(K,\ L)$$

即：

$$\beta_0+\beta_1\cdot t(KL)^{\frac{1}{2}}+\beta_2 tK+\beta_3 tL=t\beta_0+\beta_1\cdot t(KL)^{\frac{1}{2}}+\beta_2 tK+\beta_3 tL$$

解得 $\beta_0=t\beta_0$，由于 $t>1$，所以 $\beta_0=0$。即 $\beta_0=0$，且 β_1、β_2、β_3 为0到1之间任意数时，本题的生产函数是规模报酬不变的。

(2)规模报酬不变时，边际生产函数为 $f_L(K,\ L)=\frac{1}{2}\beta_1 K^{\frac{1}{2}}L^{-\frac{1}{2}}+\beta_3$ 和 $f_K(K,\ L)=\frac{1}{2}\beta_1 K^{-\frac{1}{2}}L^{\frac{1}{2}}+\beta_2$。

由于：$f_{LL}(K,\ L)=-\frac{1}{4}\beta_1 K^{\frac{1}{2}}L^{-\frac{3}{2}}<0$，所以 MP_L 递减；

由于：$f_{KK}(K,\ L)=-\frac{1}{4}\beta_1 K^{-\frac{3}{2}}L^{\frac{1}{2}}<0$，所以 MP_K 递减。

此外：

$$f_L(tK,\ tL)=\frac{1}{2}\beta_1(tK)^{\frac{1}{2}}(tL)^{-\frac{1}{2}}+\beta_3=t^0 f_L(K,\ L)$$

所以 $f_L(K,\ L)$ 也是零齐次的；同样

$$f_K(tK,\ tL)=\frac{1}{2}\beta_1(tK)^{-\frac{1}{2}}(tL)^{\frac{1}{2}}+\beta_2=t^0 f_K(K,\ L)$$

所以 $f_K=(K,\ L)$ 是零次齐次的。

5. 判断下列结论是否正确，并说明理由。

(1)边际产出大于零，则总产量将随着投入的增加而上升；平均产量则不一定上升。

(2)如果生产是有效率的，生产的可能性边界一定是外凸的。

答：(1)两句话都正确。理由如下：

①因为边际产出等于总产出曲线的斜率，所以边际产出大于零就意味着斜率大于零，即总产量随着投入的增加而上升。

②假设厂商的生产函数为 $f(x)$，则平均产出 $AP(x)=\frac{f(x)}{x}$，平均产出关于 x 求导，得到：

$$AP'(x)=\frac{f'(x)x-f(x)}{x^2}=\frac{1}{x}[MP(x)-AP(x)] \qquad ①$$

根据①式可知：当 $MP(x)-AP(x)>0$ 时，$AP'(x)>0$，即平均产量随着投入的增加而上升；当 $MP(x)-AP(x)<0$ 时，$AP'(x)<0$，即平均产量随着投入的增加而下降。由此可见平均产量随着产量的增加而上升和边际产出是否大于零($MP>0$)没有必然的联系，见图6-3。

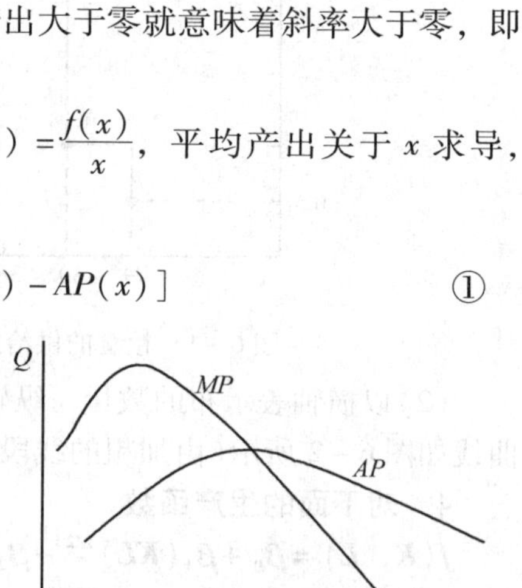

图6-3　平均产量和边际产量之间的关系

(2)错误。理由如下：

以两种要素生产两种产品为例，在埃奇沃斯盒子中，当生产的要素组合位于契约线上时，生产是有效率

的，即不存在帕累托改进；而在契约线之外的任何点生产都不是帕累托有效的。

生产可能性边界（同书中生产转换曲线）指在技术水平一定时，用一定总量的劳动投入与资本投入可以生产出的两种产品 x 和 y 的产出组合。

通常情况下，生产可能性边界为外凸的，即为凹形，如图 6－4 所示。但是凸向原点的生产可能性曲线也是存在的，例如生产函数为 $x = k^{0.7}l^{0.7}$，$y = k^{0.6}l^{0.8}$；假设资本（k）和劳动（l）的总量分别为 20 和 10，可以利用 Excel 描点画出生产可能性边界，如图 6－5 所示。

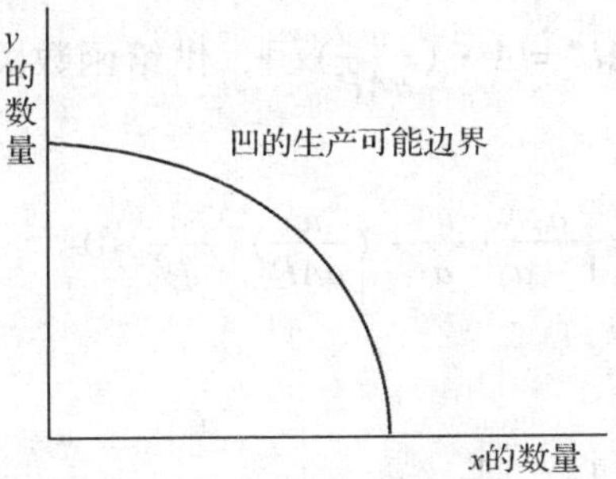

图 6－4　凹的生产可能性集

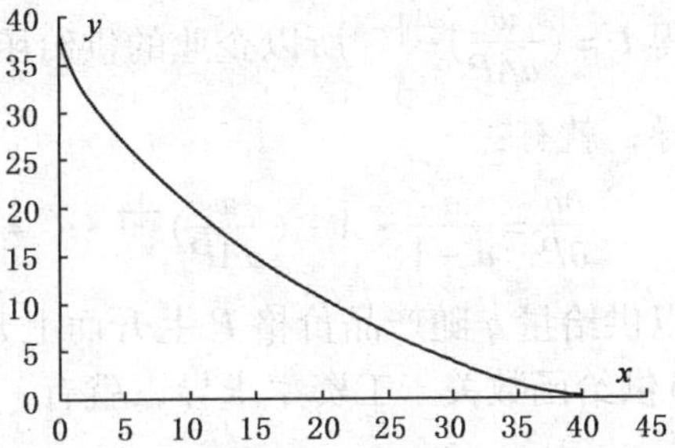

图 6－5　凸的生产可能性集

在生产是有效率时，当要素密集度不同时，递增的规模报酬相对应的生产可能性曲线是凹的；当要素密集度相似时，规模报酬递增会导致生产可能性曲线为凸的。

6. 假定一家企业的生产函数：$y = L^{1/3}$，产出品价格 $p = 3$，工资率 $w = 4$，固定资产成本为 2。问：

（1）最优要素投入量 L^*。

（2）最优供给量 y^*。

（3）计算这家企业的利润量。

（4）这家企业应不应关闭？

解：（1）对于追求利润最大化的企业，最优要素投入量应当满足该要素的边际产品价值等于要素价格，即：

$$p \cdot MP_L = w \qquad ①$$

把本题的数据代入①式中得到：

$$3 \times \frac{1}{3}L^{-\frac{2}{3}} = 4$$

解得最优要素投入量

$$L^* = \frac{1}{8}$$

（2）最优供给量 $y^* = L^{\frac{1}{3}} = \frac{1}{2}$。

（3）厂商利润 $\pi = p \cdot y^* - 2 - wL^* = 3 \times \frac{1}{2} - 2 - 4 \times \frac{1}{8} = -1$。

（4）该企业不应当关闭。因为关闭后，企业的损失等于固定资产成本 2；但是如果坚持经营，那么损失只有 1，即企业继续经营的收益不仅可以弥补可变成本，还可以弥补部分固定成本，所以企业不应当关闭。

7. 证明：若某家企业的生产函数为 AL^a（$0 < a < 1$），如果该企业的资本支出为一常数 J，则：

(1)其供给量 q 随产品价格 P 上升而上升。

(2)q 随工资率 w 上升而下降。

证明：(1)假设该企业支付的工资率为常数 w，那么企业的利润最大化问题为：

$$\max_{L} PAL^{a}-wL-J$$

利润最大化的一阶条件为：

$$aA\cdot L^{a-1}\cdot P=w$$

解得 $L=(\frac{w}{aAP})^{\frac{1}{a-1}}$，所以企业的供给函数为 $q=AL^{a}=A\cdot(\frac{w}{aAP})^{\frac{a}{a-1}}$，供给函数关于产品价格求导，就有：

$$\frac{\partial q}{\partial P}=\frac{a}{a-1}\cdot A\cdot(\frac{w}{aAP})^{\frac{1}{a-1}}\cdot(-\frac{w}{aA})\cdot\frac{1}{P^{2}}=\frac{a}{1-a}\cdot\frac{w}{a}\cdot(\frac{w}{aAP})^{\frac{1}{a-1}}\frac{1}{P^{2}}>0$$

所以供给量 q 随产品价格 P 上升而上升。

(2)供给函数关于工资率求导，就有：

$$\frac{\partial q}{\partial w}=\frac{a}{a-1}\cdot A\cdot(\frac{w}{aAP})^{\frac{1}{a-1}}\cdot\frac{1}{aAP}=\frac{1}{a-1}\cdot\frac{1}{P}(\frac{w}{aAP})^{\frac{1}{a-1}}<0$$

所以 q 随着工资率 w 上升而下降。

8. 已知一家企业的生产函数为 $F(K, L)=4K^{\frac{1}{2}}L^{\frac{1}{4}}$，产品价格为 1，工资率为 $\frac{1}{4}$，利率为 $\frac{1}{2}$。固定资本成本为 K。求：

(1)$L:K$ 的最优比率。

(2)L 与 K 的最优量。

解：(1)对于追求利润最大化的企业，其最优要素投入量应当满足该要素的边际产品价值等于要素价格(特别地，对于固定资产而言，其要素价格就等于当前利率)，即：

$$pMP_{L}=w,\ pMP_{K}=r$$

从而有：

$$\frac{MP_{K}}{MP_{L}}=\frac{r}{w}$$

在本题中，$MP_{K}=\frac{1}{2}\times4\times K^{-\frac{1}{2}}L^{\frac{1}{4}}=2K^{-\frac{1}{2}}L^{\frac{1}{4}}$，$MP_{L}=\frac{1}{4}\times4\times K^{\frac{1}{2}}L^{-\frac{3}{4}}=K^{\frac{1}{2}}L^{-\frac{3}{4}}$，于是有：

$$\frac{MP_{K}}{MP_{L}}=\frac{2K^{-\frac{1}{2}}L^{\frac{1}{4}}}{K^{\frac{1}{2}}L^{-\frac{3}{4}}}=\frac{r}{w}=\frac{\frac{1}{2}}{\frac{1}{4}}=2$$

解得 $K:L=1:1$，即 $K=L$。

(2)把 MP_{L}、P 和 w 的表达式代入 $MP_{L}\cdot P=w$ 中得：$K^{\frac{1}{2}}L^{-\frac{3}{4}}=\frac{1}{4}$ ①

把 $K=L$ 代入①式中，就有：$L^{-\frac{1}{4}}=\frac{1}{4}$，解得 $L^{*}=K^{*}=4^{4}=256$。

9. 某总公司有甲、乙、丙三个分公司，每个分公司都生产 X 和 Y 两种产品。下面是三个分公司用其全部资源可生产的 X 与 Y 的最大产量：

表 6-2　分公司用其全部资源可生产的 X 与 Y 的最大产量

分公司 \ 产品	X	Y
甲	100	200
乙	120	180
丙	150	150

请画出该总公司的生产可能性曲线(以 X 为横轴，Y 为纵轴)。

答：对该公司而言，所有可能的产量组合为如表 6-3 所示。

表 6-3　总公司所有可能的产量组合

甲	X	Y	X	Y	X	Y	X	Y
乙	X	X	Y	Y	X	X	Y	Y
丙	X	X	X	X	Y	Y	Y	Y
产量组合 (X, Y)	370，0	270，200	250，180	150，380	220，150	120，350	100，330	0，530

在两种商品的产量组合图上，画出所有的点，可知 A、B、C、D 四点是最有效率的生产组合(因为它们的右上方没有任何的点)。这样如果再假设生产集是凸的，那么 A、B、C、D 四点的连线就是生产可能性边界(严格的讲，A、B、C、D 四点的连线和横轴与纵轴围成的区域只是生产可能性集的内界，但由于本题没有给出其他信息，所以无法准确的作出生产可能性边界)，如图 6-6 所示。

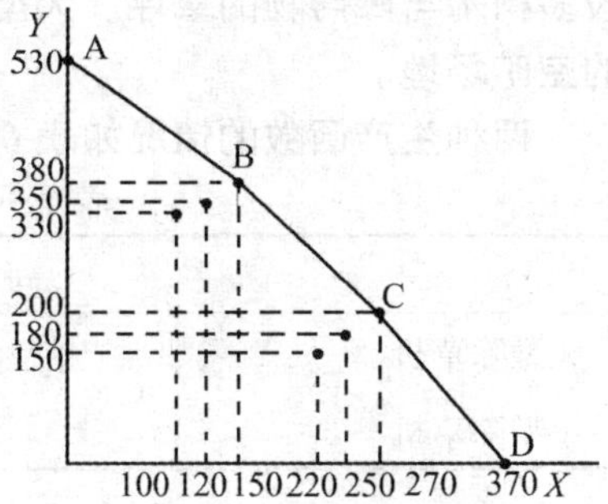

图 6-6　生产可能性边界

10. 在落日湾用手挖海蛆只需要劳动投入。每小时可获得的海蛆总量(q)，由 $q=100\sqrt{L}$ 给出。其中，L 是每小时的劳动投入。

(1) 用图表示出 q 与 L 之间的关系。

(2) 落日湾中劳动的平均生产力为多少？用图表示出这一关系，并表明随着劳动投入的增加 AP_L 下降。

(3) 证明落日湾的劳动边际产出为：$MP_L=50/\sqrt{L}$。用图表示出这一关系并证明对于所有的 L 值，$MP_L<AP_L$。请解释它。

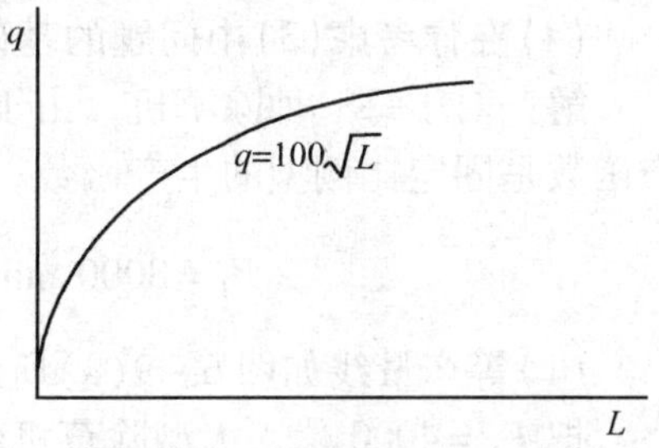

图 6-7　挖海蛆的生产函数

解：(1) 如图 6-7 所示。

(2) $AP_L=\dfrac{100\sqrt{L}}{L}=\dfrac{100}{\sqrt{L}}$，$AP_L$ 关于 L 分别求一阶和二阶导数得：

$$AP_L'=-50L^{-\frac{3}{2}}<0 \quad AP_L''=75L^{-\frac{5}{2}}>0$$

所以 AP_L 随着 L 的上升而下降，且 AP_L 是一个凸函数，如图 6-8 所示。

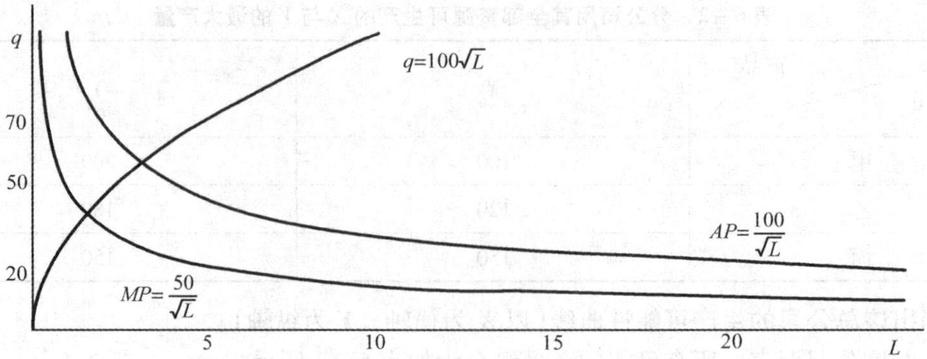

图 6-8　平均产出和边际产出函数

(3) $MP_L=\frac{dq}{dL}=\frac{50}{\sqrt{L}}$，显然 $MP_L<AP_L$，如图 6-8 所示。下面来解释 $MP_L<AP_L$ 的原因：因为边际产出递减，这就意味着额外增加一单位的投入所多生产的产品比前面任何一个多增加的劳动力所多生产的都少，所以它自然也少于所有劳动力产出量的平均值，即 $MP_L<AP_L$。

11. 某公司使用两种类型的除草机割草。小型除草机具有 24 英寸刀片，并适用于具有较多树木与障碍物的草坪。大型的除草机恰为小型除草机的两倍大，并适用于操作不太困难的空旷场地。

两种生产函数的情况如表 6-4 所示。

表 6-4　大型除草机和小型除草机的生产函数

	每小时产出(平方英尺)	资本投入	劳动投入
大型除草机	8000	2	1
小型除草机	5000	1	1

(1) 对应于第一种生产函数，图示出 $q=4000$ 平方英尺的等产量线。如果这些要素没有浪费地结合起来，则需使用多少 K 与 L？

(2) 对应于第二种函数回答(1)中的问题。

(3) 如果 4000 平方英尺中的一半由第一种生产函数完成，一半由第二种生产函数完成，则 K 与 L 应如何无浪费地配合？如果 3/4 的草坪由第一种生产函数完成，而 1/4 的草坪由第二种生产函数完成，则 K 与 L 应如何配合？

(4) 在你考虑(3)中问题的基础上，画出 $q=4000$ 的联合生产函数的等产量线。

解：对于每一种除草机，由于它们需要的资本投入和劳动投入的比例是固定的，所以生产函数是固定比例型的生产函数，即：

$$F_1=8000\min\left(\frac{K_1}{2},\ L_1\right)\qquad F_2=5000\min(K_2,\ L_2)$$

(1) 等产量线如图 6-9(a) 所示。

把 $F_1=4000$ 代入大型除草机的生产函数，得：

$$\frac{1}{2}=\min\left\{\frac{K_1}{2},\ L_1\right\}$$

由此可知最优投入为 $K_1=1$，$L_1=\frac{1}{2}$。

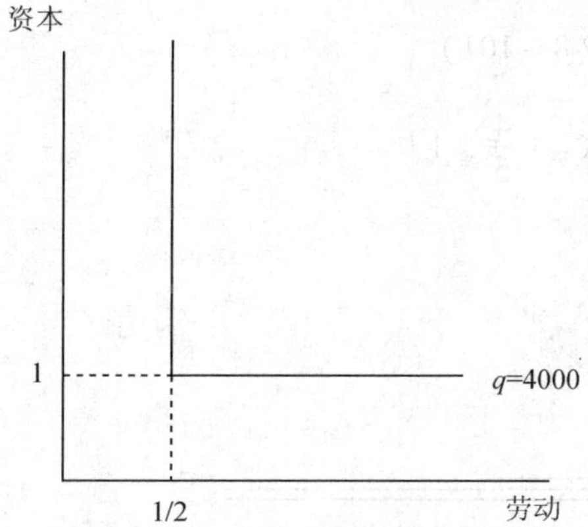

图 6-9(a) 使用大型除草机的等产量线

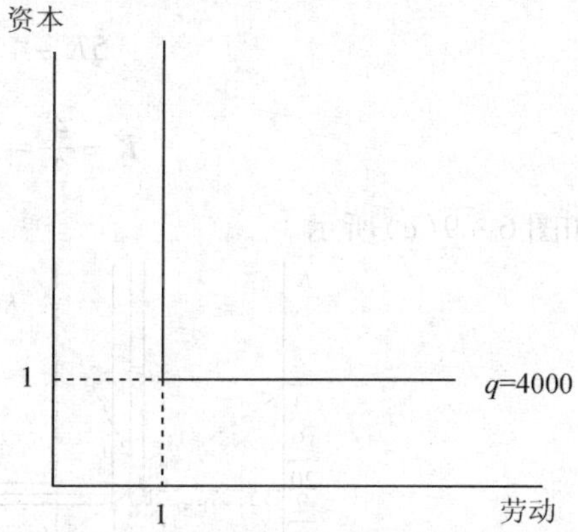

图 6-9(b) 使用小型除草机的等产量线

(2)等产量线如图 6-9(b)所示。

把 $F_2=4000$ 代入小型除草机的生产函数，得：

$$\frac{4}{5}=\min\{K_2,\ L_2\}$$

由此可知最优投入为 $K_2=\frac{4}{5}$，$L_2=\frac{4}{5}$。

(3)本小题共有两问：

1)把 $F_1=2000$，$F_2=2000$ 分别代入大型除草机和小型除草机的生产函数，得到：

$$\frac{1}{4}=\min\{\frac{K_1}{2},\ L_1\} \qquad \frac{2}{5}=\min\{K_2,\ L_2\}$$

解得：$K_1=\frac{1}{2}$，$L_1=\frac{1}{4}$；$K_2=\frac{2}{5}$，$L_2=\frac{2}{5}$。从而得到：

$$K=K_1+K_2=\frac{1}{2}+\frac{2}{5}=\frac{9}{10};\ L=L_1+L_2=\frac{1}{4}+\frac{2}{5}=\frac{13}{20}$$

2)类似于1)所采用的方法，得到 $K=\frac{19}{20}$，$L=\frac{23}{40}$。

(4)假设大型除草机完成4000平方英尺草坪中的 S 份，其余的由小型除草机完成，则：

$$4000\cdot S=8000\min\left(\frac{K}{2},\ L\right);\quad 4000\cdot(1-S)=5000\min(K,\ L)$$

解得：

$$K_1=S;\ L_1=\frac{S}{2} \qquad K_2=L_2=\frac{4}{5}\cdot(1-S)$$

进一步得到：

$$K=K_1+K_2=S+\frac{4}{5}\cdot(1-S)=\frac{4+S}{5};\ L=L_1+L_2=\frac{S}{2}+\frac{4}{5}\cdot(1-S)=\frac{8-3S}{10}$$

即：

$$S=5K-4; \qquad S=\frac{1}{3}\cdot(8-10L)$$

所以：

$$5K-4=\frac{1}{3}\cdot(8-10L)$$

$$K=\frac{4}{3}-\frac{2}{3}L \quad K\in[\frac{4}{5}, 1]$$

如图 6-9(c)所示。

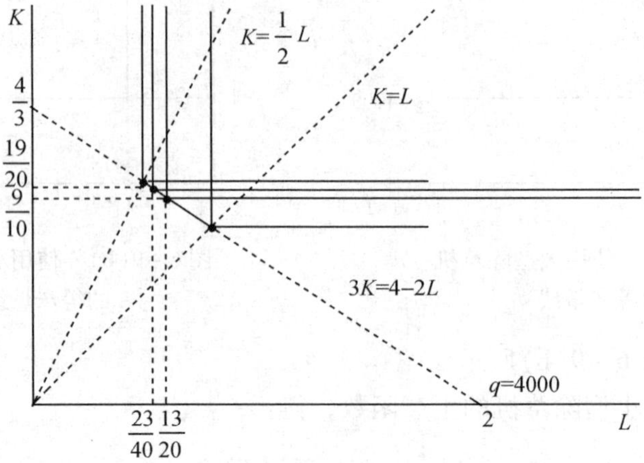

图 6-9(c)　同时使用大型除草机和小型除草机的等产量线

12. 假定，$q=L^{\alpha}K^{\beta}$，$0<\alpha<1$，$0<\beta<1$，$\alpha+\beta=1$。

(1)证明 $e_{q,L}=\alpha$，$e_{q,K}=\beta$。

(2)证明 $MP_L>0$，$MP_K>0$；$\partial^2 q/\partial L^2<0$，$\partial^2 q/\partial K^2<0$。

(3)证明 $MRTS$ 只取决于 K/L，而不依赖于生产规模，而且 $MRTS$(L 对 K)随着 L/K 的增加而递减。

证明：(1)根据弹性的定义，就有：

$$e_{q,L}=\frac{\partial q}{\partial L}\cdot\frac{L}{q}=\alpha L^{\alpha-1}K^{\beta}\frac{L}{q}=\alpha$$

$$e_{q,K}=\frac{\partial q}{\partial K}\cdot\frac{K}{q}=\beta L^{\alpha}K^{\beta-1}\frac{K}{q}=\beta$$

(2)$MP_L=\alpha L^{\alpha-1}K^{\beta}>0 \quad MP_K=\beta L^{\alpha}K^{\beta-1}>0$

$$\frac{\partial^2 q}{\partial L^2}=\alpha(\alpha-1)L^{\alpha-2}K^{\beta}<0 \quad \frac{\partial^2 q}{\partial K^2}=\beta(\beta-1)L^{\alpha}K^{\beta-2}<0$$

(3)$MRTS=\frac{MP_L}{MP_K}=(\frac{\alpha}{\beta})\frac{K}{L}=\frac{\alpha}{\beta}\cdot\frac{1}{L/K}$，所以 $MRTS$ 只取决于 K/L，而不依赖于生产规模，且随 L/K 的增加而递减。

13. 欧拉定理意味着规模报酬不变的生产函数[$q=f(K, L)$]，有

$$q=f_K K+f_L L$$

运用这一结论，证明对于这种生产函数，如果 $MP_L>AP_L$，则 MP_K 必为负数。这意味着生产应在何处进行呢？一个企业能够在 AP_L 递增的点进行生产吗？

证明：(1)由题意知：$q=f_K\cdot K+f_L\cdot L$，对该式变形得：$MP_K=f_K=\frac{q-L\cdot f_L}{K}=\frac{L\cdot AP_L-L\cdot MP_L}{K}=\frac{L\cdot(AP_L-MP_L)}{K}$。由于 $MP_L>AP_L$，所以 $MP_K=\frac{L\cdot(AP_L-MP_L)}{K}<0$，即

MP_K 为负数。

(2)这意味着企业应该在 $MP_L<AP_L$，即劳动力的平均产出递减的产量处生产。

(3)由(2)可知，一个企业不能够在 AP_L 递增的点进行生产，因为 AP_L 递增就意味着 $MP_L>AP_L$，从而 MP_K 为负数，此时增加资本投入量反而会导致产量下降。

14. 再次运用欧拉定理证明，对于只有两种投入(K 与 L)的一个规模报酬不变的生产函数，f_{KL}必定为正。解释这一结论。

证明：(1)对于规模报酬不变的生产函数 $f(K, L)$ 而言，下式恒成立：

$$f(K, L)=f_K K+f_L L \qquad ①$$

从①式中解得：

$$f_K=\frac{f(K, L)-Lf_L}{K} \qquad ②$$

上式两边关于 L 求导得：

$$f_{KL}=\frac{1}{K}(f_L-f_{LL}\cdot L-f_L)=-\frac{L}{K}f_{LL}$$

如果边际产出递减的假设成立，那么 $f_{LL}<0$，即 $f_{KL}>0$。

(2)$f_{KL}>0$ 说明，在规模报酬不变和边际产出递减的假设条件下，任何一种要素的边际产出都会随着另一种要素投入的增加而增加。

15. 生产函数形式如下

$$q=K^{1/2}L^{1/2}=\sqrt{KL}$$

(1)劳动与资本的平均生产力是多少？(AP_L 将取决于 K，而 AP_K 则取决于 L。)

(2)图示当 $K=100$ 时的 AP_L 曲线。

(3)证明 $MP_L=\frac{1}{2}AP_L$，$MP_K=\frac{1}{2}AP_K$。运用这一信息，加一个 MP_L 函数到(2)图中。这一曲线有何特别的地方？

(4)画出 $q=10$ 时的等产量线。

(5)运用(3)中的结果，在点 $K=L=10$，$K=25$，$L=4$ 及 $K=4$，$L=25$ 处，$q=10$ 的等产量线上的 $MRTS$ 是多少？这一函数呈现边际技术替代率递减吗？

解：(1)$AP_L=\frac{\sqrt{KL}}{L}=\sqrt{\frac{K}{L}}$，$AP_K=\frac{\sqrt{KL}}{K}=\sqrt{\frac{L}{K}}$。

(2)当 $K=100$ 时，$AP_L=\frac{10}{\sqrt{L}}$，如图 6－10 所示。

(3)$MP_L=\frac{\partial q}{\partial L}=\frac{1}{2}\sqrt{\frac{K}{L}}=\frac{1}{2}AP_L$，$MP_K=\frac{\partial q}{\partial K}=\frac{1}{2}\sqrt{\frac{L}{K}}=\frac{1}{2}AP_K$。$MP_L$ 曲线如图 6－10 所示，其中 MP_L 曲线的纵坐标是相应 AP_L 曲线的纵坐标的一半。

(4)等产量线的函数式为 $\sqrt{KL}=10$，对应的等产量线如图 6－11 所示。

(5)当 $K=L=10$ 时，$MRTS=\frac{MP_L}{MP_K}=\frac{K}{L}=1$；当 $K=25$，$L=4$ 时，$MRTS=\frac{25}{4}$；当 $K=4$，$L=25$ 时，$MRTS=\frac{4}{25}$。可见，$MRTS$ 随$\frac{L}{K}$的增加而递减，呈现边际技术替代率递减，如图 6－11所示。

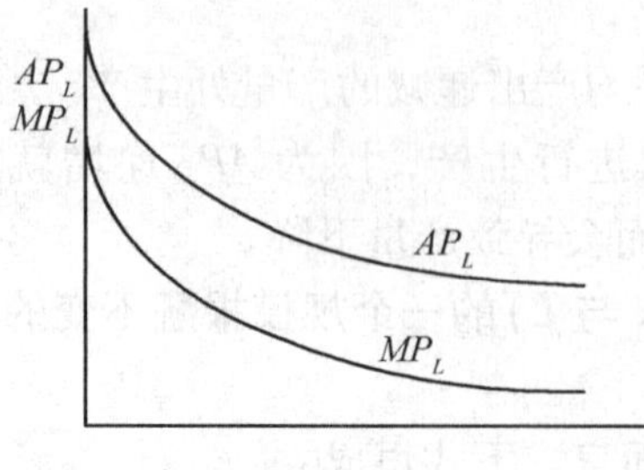

图 6－10　劳动的平均产量和边际产量

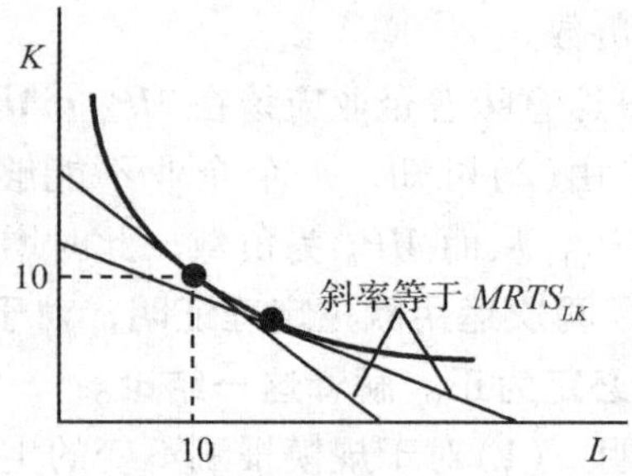

图 6－11　等产量曲线

6.2　强化习题详解

1. 一个企业的生产函数为 $y=\frac{1}{1000}KL^{\frac{1}{2}}$，其中，资本 K 用机器小时来衡量，劳动力 L 用工作小时来衡量，y 是年产量。小时工资 $w_l=10$，租赁机器的每小时成本 $w_k=20$。

(1) 证明这个技术是规模报酬递增的。

(2) 求资本和劳动力的边际产量。

(3) 假设这个企业在 2002 年底签署了一个机器租赁协议，协议规定这个企业将在 2003 年全年租用 $K=1000$ 个机器小时，求这个企业 2003 年的短期成本函数。

(4) 根据上面的假设，求这个企业的短期边际成本函数和短期平均成本函数。何时这两条曲线相交？

答：(1) 令 $t>1$，则 $y(tK,\ tL)=\frac{1}{1000}(tK)(tL)^{\frac{1}{2}}=t^{\frac{3}{2}}\frac{1}{1000}KL^{\frac{1}{2}}>t\ \frac{1}{1000}KL^{\frac{1}{2}}=ty$，所以这个技术是规模报酬递增的。

(2) $MP_K=\frac{\partial y}{\partial K}=\frac{1}{1000}L^{\frac{1}{2}}$，$MP_L=\frac{\partial y}{\partial L}=\frac{1}{2000}KL^{-\frac{1}{2}}$。

(3) 企业的固定成本为 $FC=w_kK=20000$，从而生产函数变为 $y=L^{\frac{1}{2}}\Rightarrow L=y^2$，所以短期成本函数为 $C=FC+VC=20000+w_lL=20000+10y^2$。

(4) $MC=\frac{\partial C}{\partial y}=20y$，$AC=\frac{C}{y}=\frac{20000}{y}+10y$。

令 $MC=AC$ 解得 $y=20\sqrt{5}$

AC 关于 y 求导，并令导数等于 0 得 $\frac{\mathrm{d}AC}{\mathrm{d}y}=10-\frac{20000}{y^2}=0\Rightarrow y=20\sqrt{5}$

此时 $\frac{\mathrm{d}^2AC}{\mathrm{d}y^2}=\frac{40000}{y^3}>0$，$AC$ 在这一点取得最小值，即边际成本曲线和平均成本曲线相交于平均成本曲线的最低点。

2. 判断下列说法是否正确，并说明理由。

(1) 生产函数为 $y=F(L)$ 的情形下，平均产出最大点就是平均成本最小点，由于平均成本最低，这一点应该是企业最优的劳动用工点 L^*。

(2) 如果边际产出线下降，则平均产出线必定下降。

(3) 如要素的边际生产率(MP_K 与 MP_L)递减，则生产的规模报酬必定递减。

(4) 在生产函数为 $y=F(K,\ L)$ 的情形下，等产量线凸向原点意味着要素边际生产率

递减。

答：(1)前半句是正确的，后半句错误，理由如下：

工厂的平均成本为 $AC=\frac{wL}{F(L)}=\frac{w}{F(L)/L}=\frac{w}{AP}$，可见平均产出最大时，平均成本最小。此外，企业的目标是利润最大化，即：

$$\max p\cdot F(L)-wL$$

$$\partial\pi/\partial L=p\cdot MP_L-w=0$$

$$p\cdot MP_L=w$$

可见劳动的边际产出价值等于劳动价格为决定劳动最优投入量的必要条件；但是当平均成本最小时，有 $AC'(L)=0$，即 $\frac{wF(L)-wLF'(L)}{F^2(L)}=0$，从而有 $F'(L)=\frac{F(L)}{L}$，可见边际产出等于平均产出是平均成本最小的必要条件，所以平均成本最低所需要的劳动量不一定就是厂商的最优劳动雇佣数量。

(2)此说法不正确。理由如下：

边际产出线开始下降后有一阶段，MP 仍大于 AP，此时 AP 仍为上升，即处于生产三阶段中的第一阶段，当 $MP=AP$ 后，AP 才开始下降。如图6－12所示。

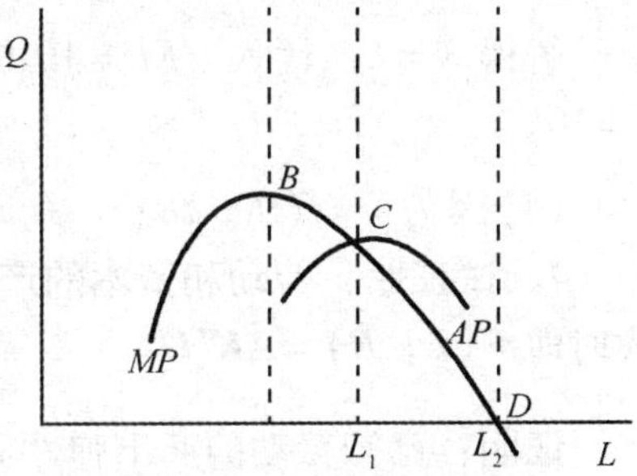

图6－12　边际产出下降平均产出未必下降

(3)此说法不正确，理由如下：

边际生产率(MP_K，MP_L)递减是在生产某种产品时固定其他生产要素不变，增加其中一种要素到一定程度以后出现的，是由于要素比例被破坏造成的。而规模报酬是指所有的投入要素都按照同一比例变动时，产量变动的情况，反映的是技术特征，两者没有必然的联系。举反例说明：生产函数 $F(K,L)=AK^{\alpha}L^{1-\alpha}$ 是满足边际生产率递减的，但却是规模报酬不变的。

(4)此说法不正确。理由如下：

等产量曲线凸向原点是指要素的边际技术替代率递减，即增加一种投入数量并相应减少另一种投入数量以使产出量保持不变时，边际产出的比率的变化；而边际产品递减的假定涉及到当我们增加一种投入的数量时，令其他投入不变，边际产品会怎样变化。可以举一反例说明：$y=K^2L^2$，其等产量曲线凸向原点，但其要素的边际生产率递增。

3. 已知生产函数为 $y=\sqrt{KL}$，其中 y 为产出，K 为资本量，L 为劳动投入量。

(1)作出 $y=1,2,3,4$ 时的四条等产量线；

(2)如果当 $y=10$ 时，投入组合为 $K=20$，$L=5$，请分别算出在该点的 $MRTS_{L,K}$，MP_L 与 MP_K。

(3) $MRTS_{L,K}=\frac{MP_L}{MP_K}$，在这个例子中成立吗？如果不成立(不符合)，那么原因是什么？

(4)证明，在长期中，如 $p_K=p_L=1$ 元，$y=10$，则需要10个单位资本与10个单位劳动才符合最优原则。

(5)这一生产函数是呈规模报酬不变，递增还是递减？

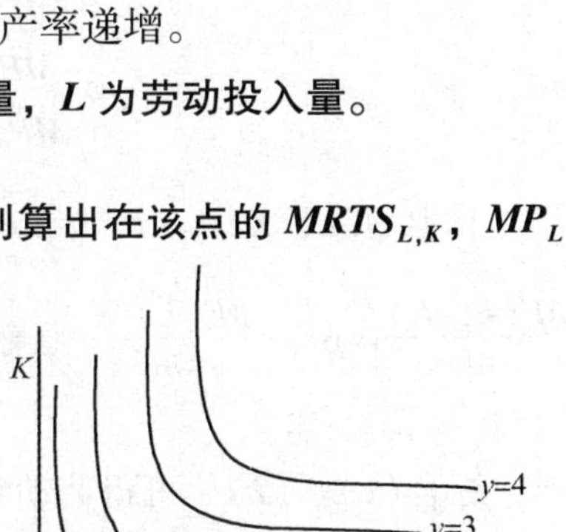

图6－13　等产量线

解：(1)如图6－13所示。

(2)$y=10$，投入组合为 $K=20$，$L=5$ 时，该点的 $MRTS_{L,K}$、MP_L 与 MP_K 分别为：

$MP_L=0.5K^{1/2}L^{-1/2}=1$，$MP_K=0.5K^{-1/2}L^{1/2}=1/4$，$MRTS_{L,K}=|\mathrm{d}K/\mathrm{d}L|=|-10^2/L^2|_{L=5}=4$

(3)由(2)可知 $MRTS_{L,K}=MP_L/MP_K=4$，因此题中 $MRTS_{L,K}=MP_L/MP_K$是成立的，但是如果 K 与 L 是不连续变化的，即等产量曲线不是一条光滑的曲线，K 不能直接对 L 求导，则 $MRTS_{LK}$可能不等于MP_L/MP_K。

(4)证明：长期中求解企业的成本最小化规划问题为：

$$\min_{K,L} p_K \cdot K+p_L \cdot L=K+L$$

$$s.t.\quad \sqrt{KL}=10$$

一阶条件为：

$$G=K+L-\lambda(\sqrt{KL}-10)$$

$$\partial G/\partial L=1-0.5\lambda K^{0.5}L^{-0.5}=0$$

$$\partial G/\partial K=1-0.5\lambda K^{-0.5}L^{0.5}=0$$

解得 $K=L$，代入 $\sqrt{KL}=10$ 中解得 $K=L=10$。所以在长期中，最优的要素投入为 $K=L=10$。

(5)因为 $y=f(tK,\ tL)=\sqrt{t^2KL}=t\sqrt{KL}=ty$，所以这一生产函数是规模报酬不变的。

4. 试证明：劳动和资本的产出弹性为常数当且仅当生产函数具有 Cobb－Dauglas 的形式时即 $F(L,\ K)=AK^{\alpha}L^{\beta}$。

证明：已知劳动的产出弹性 $E_L=\dfrac{\Delta Q}{\Delta L}\cdot\dfrac{L}{Q}=\dfrac{MP_L}{AP_L}$，资本的产出弹性 $E_K=\dfrac{\Delta Q}{\Delta K}\cdot\dfrac{K}{Q}=\dfrac{MP_K}{AP_K}$。

(1)由 $F(L,\ K)=AK^{\alpha}L^{\beta}$ 可得：

$$MP_L=\beta AK^{\alpha}L^{\beta-1},\ AP_L=AK^{\alpha}L^{\beta-1}$$

$$MP_K=\alpha AK^{\alpha-1}L^{\beta},\ AP_K=AK^{\alpha-1}L^{\beta}$$

所以，$E_L=\dfrac{MP_L}{AP_L}=\dfrac{\beta AK^{\alpha}L^{\beta-1}}{AK^{\alpha}L^{\beta-1}}=\beta$，$E_K=\dfrac{MP_K}{AP_K}=\dfrac{\alpha AK^{\alpha-1}L^{\beta}}{AK^{\alpha-1}L^{\beta}}=\alpha$。

可知：当生产函数具有 Cobb－Dauglas 的形式时，劳动和资本的产出弹性为常数。

(2)设 $E_L=\beta$，$E_K=\alpha$，其中 α，β 均为常数，则有$\dfrac{MP_L}{AP_L}=\beta$，$\dfrac{MP_K}{AP_K}=\alpha$，即：

$$MP_L\cdot L=\beta\cdot AP_L\cdot L=\beta\cdot F(L,\ K)$$

$$MP_K\cdot K=\alpha\cdot AP_K\cdot K=\alpha\cdot F(L,\ K)$$

其中 $F(L,\ K)=AP_L\cdot L=AP_K\cdot K$ 为生产函数。所以，$\dfrac{L\cdot MP_L}{\beta}=\dfrac{K\cdot MP_K}{\alpha}$，即 $\alpha L\cdot\dfrac{\partial F(L,\ K)}{\partial L}=\beta K\cdot\dfrac{\partial F(L,\ K)}{\partial K}$，解此二元微分方程可得：

$$F(L,\ K)=AK^{\alpha}L^{\beta}(A\ 为常数)$$

综合(1)、(2)，可得劳动和资本的产出弹性为常数当且仅当生产函数具有 Cobb－Dauglas 的形式时即 $F(L,\ K)=AK^{\alpha}L^{\beta}$。

5. 已知一个厂商的生产函数为 $Q=\frac{1}{11}(4KL-K^2-L^2)$，其中 K 和 L 分别表示资本和劳动，且要素市场价格分别为 v 和 w，产品的市场价格为 P，而该企业仅仅是一个价格接受者：

(1)该企业现有资本存量 $K=\overline{K}$，当面临短期的产品价格波动，它将如何生产？

(2)假设企业处于长期生产中，$w=1$，$v=4$，企业最优生产方式是什么？企业的长期生产成本函数是什么？

(3)假设该厂商产品的市场需求函数为 $Q=a-0.5P$，若劳动力市场是完全竞争的，求该厂商对劳动力的需求函数。

证明：(1)由于资本存量为 $K=\overline{K}$，生产函数为 $Q=\frac{1}{11}(4KL-K^2-L^2)$，因此短期内资本存量不会发生改变，短期生产函数为 $Q=\frac{1}{11}(4\overline{K}L-\overline{K}^2-L^2)$，厂商短期利润为：

$$\pi=PQ-wL-v\overline{K}=\frac{P}{11}(4\overline{K}L-\overline{K}^2-L^2)-wL-v\overline{K}$$

利润最大化的一阶条件为 $\frac{\mathrm{d}\pi}{\mathrm{d}L}=\frac{P}{11}(4\overline{K}-2L)-w=0$，整理得：$L=2\overline{K}-\frac{11w}{2P}$。且 $\frac{\mathrm{d}^2\pi}{\mathrm{d}L^2}=-\frac{2P}{11}<0$，故短期产量为 $Q=\frac{1}{11}\left(3\overline{K}^2-\frac{121w^2}{4P^2}\right)$。

当面临短期的产品价格波动时，厂商的短期可变成本 $SAVC$ 曲线的位置会发生移动，但是只要产品价格 P 不低于平均可变成本 $SAVC$，厂商就会继续选择在利润最大化处即 $Q=\frac{1}{11}\left(3\overline{K}^2-\frac{121w^2}{4P^2}\right)$处进行生产。一旦 $P<SAVC$，如果厂商还继续生产，则全部收益连可变成本都无法全部弥补，就更谈不上对不变成本的弥补了。而只要厂商停止生产，可变成本就可以降为零。显然，此时不生产好于生产。

(2)厂商最优生产方式条件为两要素的边际技术替代率等于其边际产量之比等于其价格之比，即：

$$MRTS_{LK}=\frac{MP_L}{MP_K}=\frac{\frac{1}{11}(4K-2L)}{\frac{1}{11}(4L-2K)}=\frac{w}{v}=\frac{1}{4}$$

解得：$\frac{K}{L}=\frac{2}{3}$。

由上式得：$Q=\frac{1}{9}L^2=\frac{1}{4}K^2$，即 $L=3\sqrt{Q}$，$K=2\sqrt{Q}$。

长期生产成本函数为：

$$LC=L+4K=\frac{11}{2}K=\frac{11}{3}L=11\sqrt{Q}$$

(3)由 $Q=a-0.5P$ 可知，$P=2a-2Q$，此时，厂商边际收益为 $MR=2a-4Q$；由该厂商的生产函数为 $Q=\frac{1}{11}(4KL-K^2-L^2)$，可知劳动的边际产量 $MP_L=\frac{1}{11}(4K-2L)$；又因为劳动市场完全竞争，所以对劳动的需求曲线即 VMP_L曲线为 $VMP_L=w$，即：

$$VMP_L=MP_L\cdot MR=\frac{1}{11}(4K-2L)(2a-4Q)=w$$

将 $Q=\frac{1}{11}(4KL-K^2-L^2)$及(2)中成本最小化的条件 $K=\frac{2}{3}L$ 代入上式得：

$$\frac{1}{11}(4K-2L)\left[2a-\frac{4}{11}(4KL-K^2-L^2)\right]$$
$$=\frac{1}{11}\left(4\times\frac{2}{3}L-2L\right)\left[2a-\frac{4}{11}\left(4\times\frac{2}{3}L^2-\frac{4}{9}L^2-L^2\right)\right]$$
$$=w$$

化简得：该厂商对劳动力的需求函数为：$w=\frac{4a}{33}L-\frac{8}{297}L^3$。

第7讲　要素需求函数、成本函数、利润函数与供给函数

7.1　课后习题详解

1. 已知生产函数为 $f(x_1, x_2) = 0.5\ln x_1 + 0.5\ln x_2$，求利润函数 $\pi(w_1, w_2, p)$，并用两种方法求供给函数 $y(w_1, w_2, p)$。

解：(1)厂商的利润最大化问题为：

$$\max_{x_1, x_2} 0.5p\ln x_1 + 0.5p\ln x_2 - w_1x_1 - w_2x_2 \quad ①$$

①式分别对 x_1 和 x_2 求偏导数，并令导函数等于零得：

$$\frac{p}{2x_1} - w_1 = 0 \qquad \frac{p}{2x_2} - w_2 = 0$$

解得：

$$x_1 = \frac{p}{2w_1} \qquad x_2 = \frac{p}{2w_2}$$

把 x_1 和 x_2 的表达式代入目标函数式中就得到了利润函数：

$$\pi(w, p) = \frac{p}{2}(\ln p^2 - \ln 4w_1w_2) - p$$

(2)方法一：根据霍太林引理：

$$y(w, p) = \frac{\partial \pi(w, p)}{\partial p}$$

可知厂商的供给函数为：

$$y(w, p) = \frac{\partial \pi(w, p)}{\partial p} = \frac{1}{2}(\ln p^2 - \ln 4w_1w_2)$$

方法二：把 x_1 和 x_2 的表达式代入厂商的生产函数中，也可以得到供给函数：

$$y(w, p) = \frac{1}{2}(\ln p^2 - \ln 4w_1w_2)$$

2. 已知成本函数为 $C(Q) = Q^2 + 5Q + 4$，求厂商供给函数 $S(p)$ 与利润函数 $\pi(p)$。

解：厂商的利润最大化问题为：

$$\max_{Q} pQ - C(Q) \quad ①$$

把 $C(Q)$ 的表达式代入①式中就有：

$$\max_{Q} pQ - Q^2 - 5Q - 4 \quad ②$$

②式关于 Q 求导，并令导函数等于零，就有：

$$p - 2Q - 5 = 0$$

解得厂商的供给函数为：

$$S(p) = Q = \frac{p-5}{2} \quad ③$$

把③式代入目标函数式中，就得到了利润函数：$\pi(p)=\frac{(p-5)^2}{4}-4$。

3. 下列说法对吗？为什么？

函数 $\pi(p)=p^{0.5}$ 可以成为一个利润函数。

答：题中说法不对。理由如下：因为利润函数关于产品价格和要素价格是一次齐次函数，即对任意的 $t\geqslant0$，都有 $\pi=(tp,\ tw_1,\ tw_2)=t\pi(p,\ w_1,\ w_2)$。但是函数 $\pi(p)=p^{0.5}$ 关于价格不是一次齐次的（因为 $\pi(tp)=t^{0.5}p^{0.5}\neq tp^{0.5}=t\pi(p)$）。

注意，利润函数要满足的性质可参见下列定理：

【定理】如果生产函数 f: $R_+^n\to R$，在定义域 R_+^n 上是连续，严格递增，且严格拟凹，$f(0)=0$，那么，对于产品价格 $p\geqslant0$，投入品价格集 $r\geqslant0$，利润函数 $\pi(p,\ r)$ 是连续的，并且有：

(1) 对于 p 递增；

(2) 对于 r 递减；

(3) 对于 $(p,\ r)$ 是一次幂齐次的 $(k=1)$；

(4) 对于 $(p,\ r)$ 是凸的；

(5) 当 $(p,\ r)\gg0$ 时，对 $(p,\ r)$ 是可导的，并且有霍太林引理

$$\frac{\partial\pi(p,\ r)}{\partial p}=y(p,\ r)$$

$$-\frac{\partial\pi(p,\ r)}{\partial r_i}=x_i(p,\ r)\ (i=1,\ 2,\ \cdots,\ n)$$

4. 在一篇著名的论文里（J. Viner："Cost Curves and Supply Curves". *Zeitschrift fur Nationalokonomie* 3（September 1931）: 23－46），维纳批评他的绘图员不能画出一组 SATC 曲线，并令其与 U 型 *AC* 线的切点也分别是每一条 SATC 线的最低点。绘图员抗议说这种画法是不可能做出的。在这一辩论中，你将支持哪一方？

答：在这一辩论中，我会支持绘图员一方。理由如下：

假如可以按照维纳的意思作出一组短期平均成本线 $SATC_i$，其中 $i=1,\ 2,\ \cdots,\ n$，使得它们和 U 型的长期平均成本线 AC 分别相切于点 x_i，而且切点是 $SATC_i$ 的最低点。如果 x_i 不是 AC 线的最低点，那么过该点作 $SATC_i$ 的切线 l_i，它应该是一条水平的直线。同时过 x_i 点作 AC 线的切线 L_i，由于 x_i 不是 AC 线的最低点，所以 L_i 必定不是水平的。可是 $SATC_i$ 和 AC 相切于点 x_i 却意味着 l_i 和 L_i 是同一直线，所以它们有相同的斜率，这样的结果相互矛盾。因此，如果 x_i 不是 AC 线的最低点，那么它必然不是 $SATC_i$ 的最低点。但是，如果 x_i 是 AC 线的最低点，那么它也是 $SATC_i$ 的最低点。

5. 施教授与纪教授将出版一本新的初级教科书。作为真正的科学家，他们提供了写作本书的生产函数如下：

$$q=S^{1/2}J^{1/2}$$

其中 q = 完成本书的页码数，S = 施教授将要支出的工作时间（小时）数，J = 纪教授花费的工作小时数。施教授认为其每小时工作价值为 3 美元，他花费了 900 小时准备初稿。纪教授的每小时工作价值为 12 美元，并将修改施教授的初稿以完成此书。

(1) 纪教授必须耗费多少小时，以完成一本具有下列页数的书：150 页？360 页？450 页？

(2)一本 150 页的成书的边际成本是多少？300 页的书的边际成本是多少？450 页的书的边际成本是多少？

解：(1)由于施教授已经花费了 900 个小时准备初稿，所以生产函数就变为：

$$q = 30J^{1/2}$$

这样本问题就变成了求解下面三个方程：

$$150 = 30J_1^{1/2}，360 = 30J_2^{1/2}，450 = 30J_3^{1/2}$$

解得 $J_1 = 25$ 小时，$J_2 = 144$ 小时，$J_3 = 225$ 小时

(2)生产书的成本函数为：

$$c(q) = 900 \times 3 + \left(\frac{q}{30}\right)^2 \times 12 = 2700 + \frac{q^2}{75}$$

相应的边际成本 $MC = \frac{2}{75}q$。把 $q = 150$、300、450 分别代入边际成本的表达式得到：

$$MC_1 = 4，MC_2 = 8，MC_3 = 12$$

6. 假定厂商生产函数为柯布一道格拉斯生产函数，有

$$q = K^{\alpha}L^{\beta}$$

(其中 α，$\beta > 0$。)厂商可以在竞争性投入市场购买租金价格分别为 v 与 w 的任意数量的 K 与 L。

(1)证明成本最小化要求

$$vK/\alpha = wL/\beta$$

该厂商的扩张线的形状是什么？

(2)假定成本最小化，证明总成本可以表示为下述的关于 q，v 与 w 的函数

$$TC = Bq^{1/(\alpha+\beta)}w^{\beta/(\alpha+\beta)}v^{\alpha/(\alpha+\beta)}$$

这里，B 是依赖于 α 与 β 的常量。提示：这部分可通过运用(1)中的结果去计算 TC 作为 L 的函数，以及 TC 作为 K 的函数并代入到生产函数中去。

(3)证明如果 $\alpha + \beta = 1$，则 TC 与 q 成比例。

证明：(1)厂商的成本最小化问题为：

$$\min_{K,L} vK + wL$$
$$s.t.\quad q = K^{\alpha}L^{\beta}$$

建立拉格朗日函数：

$$\psi(L, K, \lambda) = vK + wL + \lambda(q - K^{\alpha}L^{\beta})$$

拉格朗日函数分别对 K、L 和 λ 求导，就得到：

$$\frac{\partial\psi}{\partial K} = v - \lambda\frac{\alpha q}{K} = 0 \quad ①$$

$$\frac{\partial\psi}{\partial L} = w - \lambda\frac{\beta q}{L} = 0 \quad ②$$

$$\frac{\partial\psi}{\partial\lambda} = q - K^{\alpha}L^{\beta} = 0 \quad ③$$

从①式和②式中消去 λ 就得到：

$$\frac{v}{\alpha}K = \frac{w}{\beta}L \quad ④$$

生产扩张线是指在技术水平和投入要素价格不变的条件下，由投入总成本的变化而引起

的最优要素比例的变动的轨迹。在本题中，由于最优的要素组合满足④式，从而得到 $K=\frac{\alpha w}{v\beta}L$，这说明生产扩张线是一条经过原点的射线。

(2)从④式中解出 K 关于 L 的表达式后，代入③式中，就可以解出 K 的表达式：

$$K=q^{\frac{1}{\alpha+\beta}}\left(\frac{\alpha w}{\beta v}\right)^{\frac{\beta}{\alpha+\beta}} \quad ⑤$$

把⑤式代入④式中，就有：

$$L=q^{\frac{1}{\alpha+\beta}}\left(\frac{\beta v}{\alpha w}\right)^{\frac{\alpha}{\alpha+\beta}} \quad ⑥$$

把⑤、⑥两式代入目标函数式中，就得到了总成本函数：

$$TC=Bq^{\frac{1}{\alpha+\beta}}w^{\frac{\beta}{\alpha+\beta}}v^{\frac{\alpha}{\alpha+\beta}}$$

其中 $B=\left(\frac{\alpha}{\beta}\right)^{\frac{\beta}{\alpha+\beta}}+\left(\frac{\beta}{\alpha}\right)^{\frac{\alpha}{\alpha+\beta}}$。

(3)如果 $\alpha+\beta=1$，那么总成本的表达式就变为 $TC=Bv^{\alpha}w^{\beta}q$，即 TC 和 q 成比例。

7. 假定厂商固定要素比例的生产函数为 $q=\min(5K,10L)$。资本与劳动的租金价格分别为 $v=1$，$w=3$。(1)计算厂商的长期总成本、平均成本与边际成本。(2)假定 K 在短期内固定为 10，计算厂商的短期总成本、平均成本与边际成本。第 10 单位的边际成本是多少？第 50 单位呢？第 100 单位呢？

解：(1)由生产函数的形式 $q=\min\{5K,10L\}$ 可以知道，两种生产要素是互补的。

厂商的成本最小化问题为：

$$\min_{K,L} K+3L$$
$$s.t.\ \min\{5K,10L\}=q$$

对于最优的 K 和 L，必有 $5K=10L=q$ 成立，从中解得 $K=\frac{q}{5}$，$L=\frac{q}{10}$。把这两个式子代入目标函数式中，得到成本函数 $LTC(q)=0.5q$，相应的平均成本函数和边际成本函数分别为 $AC=0.5$，$MC=0.5$。

(2)当 $K=10$ 时，厂商的生产函数为：

$$q=\begin{cases}10L & 0\leqslant L\leqslant 5\\ 50 & L>5\end{cases}$$

因此厂商的成本函数为(如图 7-1 所示)：

$$STC=\begin{cases}0.3q+10 & 0\leqslant q<50\\ \text{任意不小于 25 的数} & q=50\end{cases}$$

相应的边际成本和平均成本为：

$$SMC=\begin{cases}0.3 & 0\leqslant q<50\\ +\infty & q=50\end{cases}$$

$$SAC=\begin{cases}0.3+10/q & 0\leqslant q<50\\ \text{任意不小于 0.5 的数} & q=50\end{cases}$$

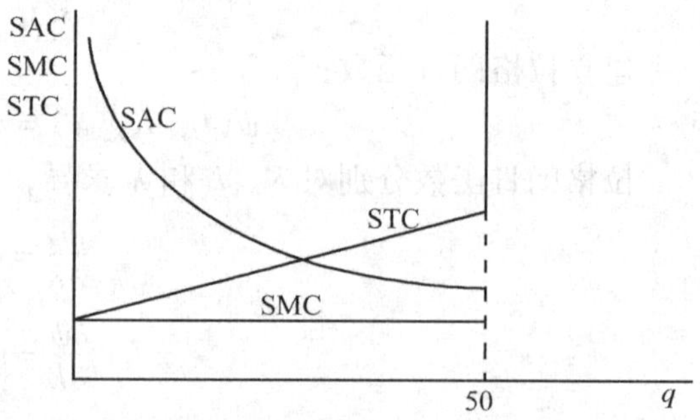

图 7-1　总成本、边际成本和平均成本曲线

总成本，边际成本和平均成本曲线如图 7-1 所示。

所以第 10 个单位的产品边际成本为 0.3，第 50 个单位的产品边际成本为 $+\infty$。由于在固定投入 K 的限制下，厂商的产量上限就是 50，第 100 个单位的产品边际成本不存在。

8. 假定某厂商的生产函数是 $q=2\sqrt{KL}$。在短期，厂商的资本装备数量固定为 $K=100$。K 的租金价格为 $v=1$ 元，L 的工资率为 $w=4$ 元。

(1)计算厂商的短期总成本曲线及短期平均成本曲线。

(2)厂商的短期边际成本函数是什么？如果生产 25 个曲棍球棒，则厂商的 STC、SATC 与 SMC 是什么？若生产数量分别为 50、100、200 时，这些曲线是什么样的？

(3)画出厂商的 SATC 与 SMC 曲线，标出(2)中所求得的点。

(4)SMC 曲线与 SATC 曲线在何处相交？解释为什么 SMC 曲线将通常交于 SATC 线的最低点。

解：(1)短期内，固定投入的数量为 $K=100$，所以厂商的生产函数为：$q=20\sqrt{L}$。

所以厂商的短期总成本为 $\text{STC}(q)=100+\left(\frac{q}{20}\right)^2\times 4=100+\frac{q^2}{100}$，相应的短期平均成本为

$$\text{SAC}(q)=\frac{100}{q}+\frac{q}{100}$$

(2)短期边际成本为 $\text{SMC}(q)=\frac{q}{50}$，由此可知，当厂商的产量分别为 25 个、50 个、100 个、200 个时，短期总成本分别为 106.25 元、125 元、200 元、500 元，短期边际成本分别为 0.5、1、2、4，短期平均成本分别为 4.25 元、2.5 元、2 元、2.5 元。

(3)如图 7－2 所示。

(4)SMC 与 SATC 相交于 SATC 曲线的最低处。当多生产一单位的产品所增加的成本低于平均成本时，平均成本下降；当多生产一单位的产品所增加的成本高于平均成本时，平均成本上升。因此，当多生产一单位的产品所增加的成本等于平均成本时，平均成本最低。

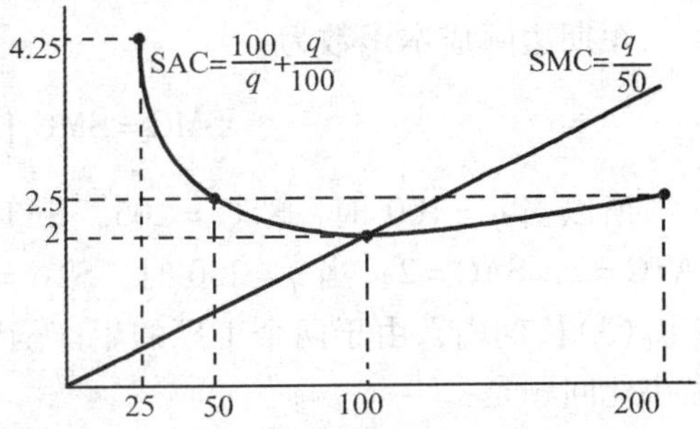

图 7－2　短期总成本和短期平均成本曲线

9. 一个富有进取心的企业家购买了两个工厂以生产装饰品。每个工厂生产相同产品而且每个工厂的生产函数都是 $q=\sqrt{K_iL_i}$ ($i=1, 2$)。每个工厂在各自拥有的资本存量方面却不同。工厂 1 拥有 $K_1=25$，工厂 2 拥有 $K_2=100$。K 与 L 的租金价格由 $w=v=1$ 元给出。

(1)如果该企业家试图使短期生产总成本最小，则产出应如何在两个厂间分配？

(2)给定在两个工厂间的最优产量分配，计算短期总成本、平均成本与边际成本曲线。产量为 100、125 与 200 时的边际成本是多少？

(3)在长期，应如何在两个工厂间分配产量？计算长期总成本、平均成本与边际成本曲线。

(4)如果两个厂商呈现规模报酬递减，则(3)将会有什么变化？

解：(1)短期内，每个工厂的固定投入的数量是确定的，所以它们的生产函数就变为：

$$q_1=5\sqrt{L_1},\ q_2=10\sqrt{L_2}$$

于是两个工厂各自的短期成本函数分别为：

$$\text{STC}_1(q_1)=25+\frac{q_1^2}{25},\ \text{STC}_2(q_2)=100+\frac{q_2^2}{100}$$

工厂 1 边际成本为 $\mathrm{SMC}_1(q_1)=\frac{2q_1}{25}$

工厂 2 边际成本为 $\mathrm{SMC}_2(q_2)=\frac{q_2}{50}$

由等边际法则 $\mathrm{SMC}_1(q_1)=\mathrm{SMC}_2(q_2)$，即有：

$$\frac{2q_1}{25}=\frac{q_2}{50}$$

解得：$q_1=\frac{1}{4}q_2$，即产量在两个工厂之间分配的比例为1:4。设总产量为 Q，则工厂 1 产量为$\frac{1}{5}Q$，工厂 2 产量为$\frac{4}{5}Q$。

(2)把 $q_1=\frac{1}{4}q_2$ 代入成本最小化问题的预算约束中，解得 $q_1=0.2q$，$q_2=0.8q$，把它们代入成本最小化问题的目标函数式中就得到了该企业的短期总成本函数：

$$\mathrm{STC}=\mathrm{STC}_1\left(\frac{1}{5}q\right)+\mathrm{STC}_2\left(\frac{4}{5}q\right)=125+\frac{q^2}{5^3}$$

短期平均成本函数为：

$$\mathrm{SATC}=\mathrm{SATC}_1\left(\frac{1}{5}q\right)+\mathrm{SATC}_2\left(\frac{4}{5}q\right)=\frac{125}{q}+\frac{q}{5^3}$$

短期边际成本函数为：

$$\mathrm{SMC}=\mathrm{SMC}_1\left(\frac{1}{5}q\right)+\mathrm{SMC}_2\left(\frac{4}{5}q\right)=\frac{2q}{5^3}$$

所以当 $q=100$ 时，STC = 205，SATC = 2.05，SAC = 1.6；当 $q=125$ 时，STC = 250，SATC = 2，SAC = 2；当 $q=200$ 时，STC = 445，SATC = 2.225，SAC = 3.2。

(3)长期内，由于两个工厂的生产函数相同，那么对于每一个单独的工厂而言，其成本最小化问题是：

$$\min_{K,L} vK+wL$$
$$s.t.\ q=K^{\frac{1}{2}}L^{\frac{1}{2}}$$

利用拉格朗日乘数法解得资本和劳动力的要素需求函数为：

$$K=q\left(\frac{w}{v}\right)^{\frac{1}{2}};\ L=q\left(\frac{v}{w}\right)^{\frac{1}{2}}$$

把要素需求函数代入目标函数式中得到单个工厂的长期成本函数：

$$\mathrm{LTC}=q(wv)^{1/2}=q$$

这样企业的成本最小化问题就是：

$$\min_{q_1,q_2} q_1+q_2$$
$$s.t.\ q_1+q_2=q$$

易见，长期内无论在两个工厂之间如何分配产量，都不会影响企业的总成本，所以企业的长期成本函数为 LTC = $2q$，相应的长期边际成本和长期平均成本分别为 LATC = LMC = 2。

(4)如果两个工厂的生产技术表现出规模报酬递减，那么厂商的产量分配标准是使得每个工厂生产的最后一单位产品的边际成本相同，即 $MC_1(q_1)=MC_2(q_2)$。特别地，由于本题假设两个工厂的生产函数相同，所以最优的产量分配方案是每个工厂生产相同的产量，即：

$$q_1 = q_2 = \frac{1}{2}q$$

10. 假定某厂商的生产函数是 $q = 2\sqrt{KL}$，而资本投入在短期固定为 $\overline{K}$。

(1)计算厂商的总成本为 q、w、v 与 $\overline{K}$ 的函数。

(2)给定 q、w 与 v，在长期中，资本投入应如何加以选择以使成本最小化？

(3)用你在(2)中求得的结果去计算曲棍球棒生产的长期总成本。

(4)对于 $w=4$ 美元，$v=1$ 美元，试画出曲棍球棒生产的长期总成本曲线。运用 $\overline{K}=100$、$\overline{K}=200$ 与 $\overline{K}=400$ 证明它是由(1)所计算出的短期成本曲线的包络线。

解：(1)短期内生产资料的数量固定，所以由厂商的生产函数解得 $L = \frac{q^2}{4\overline{K}}$，于是短期总成本函数为：

$$\text{STC}(v,\ w,\ q,\ \overline{K}) = vK + wL = v\overline{K} + w\frac{q^2}{4\overline{K}}$$

(2)厂商的长期成本最小化问题可以描述为：

$$\min_{K} \text{STC}(v,\ w,\ q,\ K)$$

把 STC 的表达式代入，求导，并令导数等于零，解得：

$$K = \frac{q}{2}\sqrt{\frac{w}{v}} \qquad ①$$

(3)把①式代入短期总成本函数的表达式中，就得到了长期总成本函数：

$$\text{LTC}(v,\ w,\ q) = \frac{q}{2}(wv)^{\frac{1}{2}} + \frac{q}{2}(wv)^{\frac{1}{2}} = q(wv)^{\frac{1}{2}}$$

(4)当 $w=4$ 美元，$v=1$ 美元时，长期总成本函数为 $\text{LTC}(q)=2q$。而当 $\overline{K}=100$ 时，短期总成本函数为 $\text{STC} = 100 + \frac{q^2}{100}$。

①由 $\text{LTC}(q) = \text{STC}(q)$ 解得 $q=100$，这说明长期总成本曲线和短期总成本曲线只有惟一的交点。

②当 $q=100$ 时，$\text{LMC} = \text{SMC} = 2$，所以长期总成本曲线和短期总成本曲线的交点也是它们惟一的切点。

③对任意的 $q \geqslant 0$，$\text{LMC} \leqslant \text{SMC}$，这说明短期总成本曲线总是位于长期总成本曲线之上。

以上三条结论对 $\overline{K}=200$ 和 400 也成立，这就说明长期总成本曲线是短期总成本曲线的包络线，如图 7－3 所示。

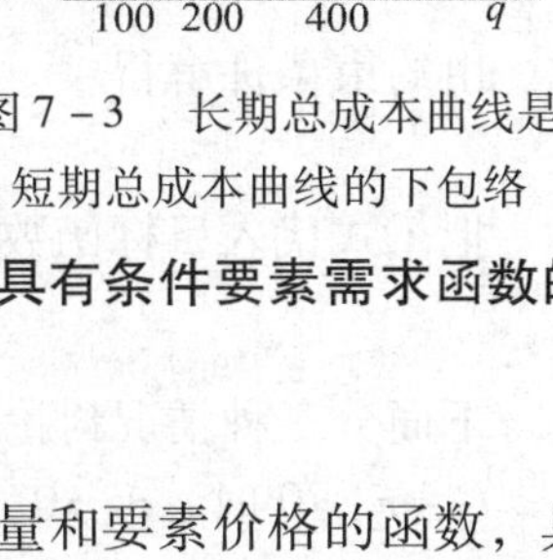

图 7－3　长期总成本曲线是短期总成本曲线的下包络

11. 下列说法对吗？为什么？

因为利润最大化是成本最小化的充分条件，所以要素需求函数具有条件要素需求函数的所有性质。

答：这个说法不对，理由如下：

条件要素需求函数是根据成本最小化的条件得出来的，它是产量和要素价格的函数，具有以下性质：

(1)条件要素需求函数是要素价格的零次齐次函数。

(2)条件要素需求函数是自身要素价格的减函数，即$\frac{\partial x_i(r, q)}{\partial r_i}<0$。

(3)要素的交叉价格效应相等，即$\frac{\partial x_i}{\partial r_j}=\frac{\partial x_j}{\partial r_i}$。

要素需求函数是根据利润最大化的条件得出来的，它是产品价格和要素价格的函数，具有以下性质：

(1)要素需求函数是商品价格的增函数，自身要素价格的减函数。

(2)要素的交叉价格效应相等，即$\frac{\partial x_i}{\partial r_j}=\frac{\partial x_j}{\partial r_i}$。

对比以上各条性质，就可以发现，要素需求函数和条件要素需求函数各有各的性质，并不能说前者具有后者的所有性质。

12. 函数$C(w, r, y)=w^{\frac{2}{3}}r^{\frac{1}{4}}y^{\frac{1}{2}}$可以成为一个成本函数吗？(这里$w$为工资率，$r$是利率，$y$为产量。)并请陈述你的理由。

答：此函数不是一个成本函数，理由如下：

成本函数的性质包括：

(1)随着要素价格的提高而增加。

(2)是所有要素价格的一次齐次函数。

(3)是要素价格的凹函数。

下面证明函数$C(w, r, y)=w^{\frac{2}{3}}r^{\frac{1}{4}}y^{\frac{1}{2}}$不满足成本函数的一次齐次性。

对任意的t，$C(tw, tr, ty)=t^{\frac{2}{3}}w^{\frac{2}{3}}t^{\frac{1}{4}}r^{\frac{1}{4}}t^{\frac{1}{2}}y^{\frac{1}{2}}=t^{\frac{17}{12}}w^{\frac{2}{3}}r^{\frac{1}{4}}y^{\frac{1}{2}}\neq tC(w, r, y)$，这说明此函数不满足一次齐次性，所以它不是一个成本函数。

13. 推导成本函数$C(r_1, r_2, q)$，当生产函数分别为以下形式时：

(1)$f(z_1, z_2)=z_1+z_2$

(2)$f(z_1, z_2)=\min\{z_1, z_2\}$

(3)$f(z_1, z_2)=(z_1^p+z_2^p)^{1/p}$

注：假设每个生产函数都只有一种产出。z_1、z_2为两种投入，r_1、r_2分别为两种投入的单价，q为产量。

解：(1)成本最小化问题为：

$$\min_{z_1,z_2} r_1z_1+r_2z_2$$
$$s.t.\ z_1+z_2=q$$

由约束条件解得：

$$z_2=q-z_1 \quad z_2\in[0, q] \tag{①}$$

把①式代入目标函数式中，得到一个无约束的成本最小化问题，即：

$$\min_{z_1,z_2}(r_1-r_2)z_1+r_2q$$

下面分三种情况讨论：

$r_1-r_2>0$时，$z_1=0$，$z_2=q$，此时成本函数r_2q。

$r_1-r_2<0$时，$z_1=q$，$z_2=0$，此时成本函数为r_1q。

$r_1-r_2=0$时，两种要素的投入任意，此时成本函数为r_1q或r_2q。综上可知厂商的成本函数为：

$$c(q)=q\cdot\min\{r_1,\ r_2\}$$

这个问题也可以进行直观的分析，由于生产函数显示的是两种生产要素是完全替代的，因此厂商只会选择价格便宜那种要素，成本函数必然是 $c(q)=q\cdot\min\{r_1,\ r_2\}$ 这种形式。

(2)成本最小化问题为：

$$\min_{z_1,z_2} r_1z_1+r_2z_2$$

$$s.t.\ \min\ \{z_1,\ z_2\}=q$$

对于最优的要素需求数量，一定有 $z_1=z_2=q$，如图 7－4 所示。

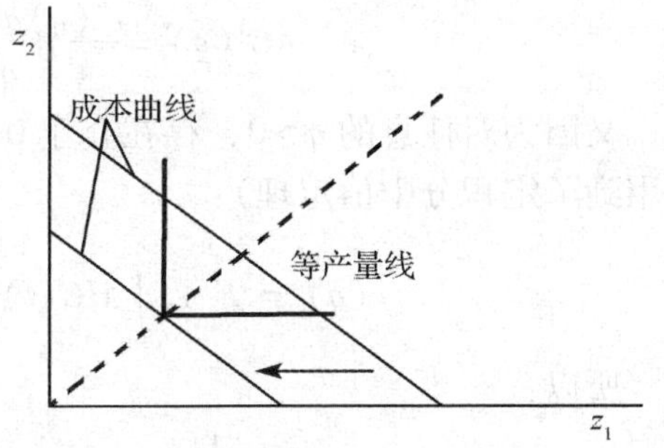

图 7－4　完全互补的生产函数的成本最小化

把 $z_1=z_2=q$ 代入目标函数式，就得到成本函数为：

$$c(q)=(r_1+r_2)q$$

本问题可以直观地分析，由于生产函数显示的是一个完全互补的生产函数，因此，两种要素投入的比例必然是一比一的，因此其成本函数是 $c(q)=(r_1+r_2)q$ 的形式。

(3)成本最小化问题为：

$$\min_{z_1,z_2} r_1z_1+r_2z_2$$

$$s.t.\ q=(z_1^{p}+z_2^{p})^{\frac{1}{p}}$$

这个问题的拉格朗日函数为：

$$\psi(z_1,\ z_2,\ \lambda)=r_1z_1+r_2z_2+\lambda\left[q-(z_1^{p}+z_2^{p})^{\frac{1}{p}}\right]$$

成本最小化的一阶条件为：

$$\frac{\partial\psi}{\partial z_1}=r_1-\lambda(z_1^{p}+z_2^{p})^{\frac{1}{p}-1}z_1^{p-1}=0 \qquad ①$$

$$\frac{\partial\psi}{\partial z_2}=r_2-\lambda(z_1^{p}+z_2^{p})^{\frac{1}{p}-1}z_2^{p-1}=0 \qquad ②$$

$$\frac{\partial\psi}{\partial \lambda}=q-(z_1^{p}+z_2^{p})^{\frac{1}{p}}=0 \qquad ③$$

①、②两式中消去 λ 就得到：

$$z_2=\left(\frac{r_2}{r_1}\right)^{\frac{1}{p-1}}z_1 \qquad ④$$

④式代入③式中，解得：

$$z_2=q\left[1+\left(\frac{r_1}{r_2}\right)^{\frac{p}{p-1}}\right]^{-\frac{1}{p}} \qquad ⑤$$

⑤式代入④式中，解得：

$$z_1=q\left[1+\left(\frac{r_2}{r_1}\right)^{\frac{p}{p-1}}\right]^{-\frac{1}{p}} \qquad ⑥$$

⑤、⑥两式代入目标函数式中，得到成本函数：

$$C(r,\ q)=q\left(r_1^{\frac{p}{p-1}}+r_2^{\frac{p}{p-1}}\right)^{\frac{p-1}{p}}$$

14. 下列说法对吗？为什么？

(1)当边际成本(MC)下降时，平均成本必下降；

(2)当边际成本(*MC*)上升时，平均成本必上升。

答：(1)正确。理由如下：根据平均成本的定义 $AC(q)=\dfrac{c(q)}{q}$，这个式子关于产量 q 求导，得到：

$$AC'(q)=\frac{c'(q)q-c(q)}{q^2}=\frac{1}{q}[MC(q)-AC(q)]$$

又因为对任意的 $q>0$，存在介于 0 到 q 之间的某个数 ξ，使得下式成立(其中第二个等式用到了定积分中值定理)：

$$c(q)=F+\int_{t=0}^{q}MC(t)\mathrm{d}t=F+qMC(\xi),\text{其中 } 0<\xi<q$$

所以：

$$AC'(q)=\frac{1}{q}(MC(q)-AC(q))=\frac{1}{q}\left[MC(q)-\frac{F}{q}-MC(\xi)\right]$$

由于边际成本递减，所以 $MC(q)-MC(\xi)<0$，这就意味着：

$$AC'(q)=\frac{1}{q}\left[MC(q)-\frac{F}{q}-MC(\xi)\right]<0$$

即平均成本递减。

(2)错误，因为对于递增的边际成本，虽然 $MC(q)-MC(\xi)>0$，但是，由于存在固定成本 $\dfrac{F}{q}$ 这一项，因此无法判定当边际成本上升时，平均成本是否会上升。这也可以从图形上看出，如图 7-5 所示，在边际成本上升的那一段，平均成本是先下降后上升。

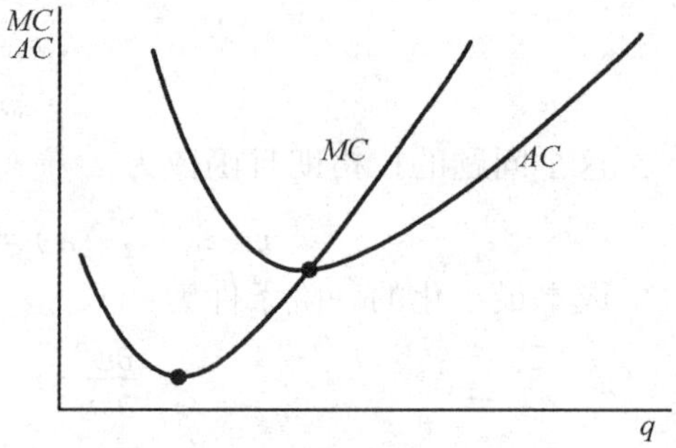

图 7-5　平均成本曲线和边际成本曲线

15. 对于生产函数 $f(z_1, z_2)=a_1\ln z_1+a_2\ln z_2$ ($a_1>0$，$a_2>0$)，计算利润最大化的利润函数、供给函数，并判断该利润函数是否满足课本上讲过的性质(1)~(4)。

注：假设该生产函数只有一种产出。z_1、z_2 为两种投入。

解：对于该生产函数而言，相应的利润最大化问题为：

$$\max_{z_1,z_2}p(a_1\ln z_1+a_2\ln z_2)-w_1z_1-w_2z_2 \qquad ①$$

①式分别关于 z_1 和 z_2 求偏导数，并令偏导函数等于零，得到：

$$\frac{pa_1}{z_1}=w_1,\ \frac{pa_2}{z_2}=w_2$$

从而解得要素 1 和 2 的需求函数为：

$$z_1=\frac{pa_1}{w_1},\ z_2=\frac{pa_2}{w_2}$$

把要素 1 和 2 的要素需求函数代入目标函数式中，就可以得到利润函数为：

$$\pi(w,\ p)=p\left(a_1\ln\frac{a_1p}{w_1}+a_2\ln\frac{a_2p}{w_2}\right)-(a_1+a_2)p$$

把要素 1 和 2 的需求函数代入生产函数中，就可以得到厂商的供给函数为：

$$y(w,\ p)=p\left(a_1\ \ln\frac{a_1p}{w_1}+a_2\ \ln\frac{a_2p}{w_2}\right)$$

(2)如果生产函数：$f: R^n_+ \to R_+$ 在定义域 R^n_+ 上是连续，严格递增且严格拟凹，$f(0)=0$，那么对于产品价格 $p\geqslant 0$，投入品价格 $r\geqslant 0$，利润函数 $\pi(p,\ r)$ 是连续的，并且有以下四条性质：

①关于 p 递增；

②关于 r 递减；

③关于 $(p,\ r)$ 是一次幂齐次的；

④对于 $(p,\ r)$ 是凸的。

下面就本题来验证上面四条性质：

①证明：

$$\pi'_p(w,\ p)=\left(a_1\ \ln\frac{a_1p}{w_1}+a_2\ \ln\frac{a_2p}{w_2}\right)\geqslant 0$$

②证明：

$$\pi'_{w_1}(w,\ p)=-\frac{a_1p}{w_1}\leqslant 0;\ \pi'_{w_2}(w,\ p)=-\frac{a_2p}{w_2}\leqslant 0$$

③证明：

$$\begin{aligned}\pi(tp,\ tw)=&(a_1+a_2)tp\ \ln p+(a_1+a_2)tp\ \ln t-tpa_1(\ln w_1-\ln a_1)-tpa_1\ \ln t-tpa_2(\ln w_2\\&-\ln a_2)-tpa_2\ln t\\=&t(a_1+a_2)p\ \ln p-tpa_1(\ln w_1-\ln a_1)-tpa_2(\ln w_2-\ln a_2)\\=&t\pi(p,\ w)\end{aligned}$$

④证明：

如果一个函数的海赛矩阵正定，那么该函数必然是凸函数。经过计算可知，本题的利润函数的海赛矩阵的确正定，所以它是凸函数。

16. 证明：在竞争型的市场中，如果一个厂商的生产技术具有规模报酬不变的特性，那么如果最大利润存在，它一定为零。

证明：采用反证法，在竞争型的市场中，假设一个具有规模报酬不变技术的厂商可以获得正的最大利润 π^*，则 π^* 可以表示为：

$$\pi^*=pf(x_1^*,\ x_2^*)-w_1x_1^*-w_2x_2^*>0$$

其中 p 是产品价格，w_1 和 w_2 是生产要素的价格，x_1^* 和 x_2^* 是最优要素投入。

那么当厂商的生产规模扩大为原来的 $t(t>1)$ 倍时，厂商的利润为：

$$\begin{aligned}\pi(t)&=pf(tx_1^*,\ tx_2^*)-tw_1x_1^*-tw_2x_2^*\\&=t[pf(x_1^*,\ x_2^*)-w_1x_1^*-w_2x_2^*]=t\pi^*>\pi^*\end{aligned}$$

这就和 π^* 是最大利润相矛盾，所以厂商的最大利润只能是零。

17. 说明生产者剩余也能由如下运算得出

$$\int_0^{p^*}\partial\pi^*/\partial p\mathrm{d}p$$

这里，p^* 是市场给出的价格，企业是价格接受者。

答：根据霍太林引理有 $\frac{\partial\pi^*}{\partial p}=y(p)$，这里 $y(p)$ 是厂商的供给函数，这样题中的积分式

就可以表示为：

$$\int_0^{p^*} y(p)\,dp$$

这个积分的值恰好等于图 7－6 中阴影部分的面积，即生产者剩余。

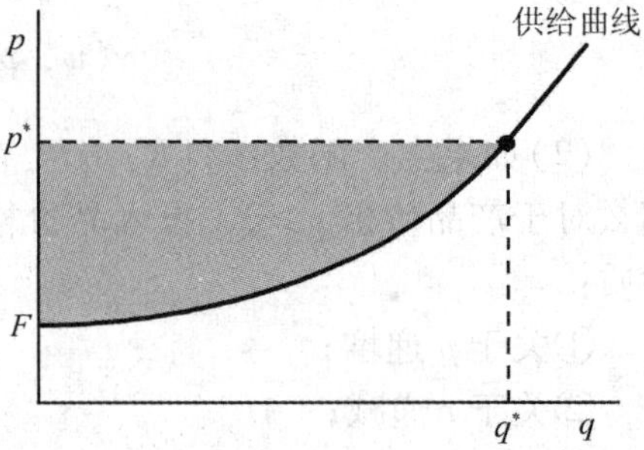

图 7－6　生产者剩余

18. 假定一个从事非法复制计算机 CDs 的厂商有如下每日短期总成本函数 $STC = q^2 + 25$。(1)如果非法复制的计算机 CDs 每盘卖 20 元，则这个厂商每天生产多少？它的利润是多少？(2)当 $p = 20$ 元时，厂商的短期生产者剩余是多少？(3)写出这个厂商的生产者剩余作为非法 CDs 价格的函数的一般表达式。

解：(1)厂商的利润最大化问题为：

$$\max_q 20q - q^2 - 25 \qquad ①$$

①式关于产量 q 求导，并令导函数等于零就有：

$$20 - 2q = 0$$

解得 $q = 10$，厂商利润为 $20 \times 10 - 10^2 - 25 = 75$(元)。

(2)由于生产者剩余等于利润和固定成本之和，所以该厂商的生产者剩余为 $25 + 75 = 100$(元)。

(3)对于任意的价格 p，厂商的利润最大化问题为：

$$\max_q pq - q^2 - 25$$

利用和第(1)问类似的方法，解得 $q = p/2$ 和 $\pi = p^2/4 - 25$，于是生产者剩余就等于利润与固定成本之和，即 $p^2/4 - 25 + 25 = p^2/4$。

19. 给出下列论断不成立的反例(或图像)：

(1)平均成本在任何地方都递减意味着边际成本在任何地方都递减。

(2)成本函数呈次可加性意味着平均成本在任何地方都递减。

答：(1)反例如下：假设厂商的总成本函数为 $TC(q) = 2 + q$，则相应的平均成本函数和边际成本函数分别为 $AC(q) = \frac{2}{q} + 1$ 和 $MC(q) = 1$。可见，平均成本函数在任何地方都是递减的，但是边际成本保持不变，如图 7－7 所示。

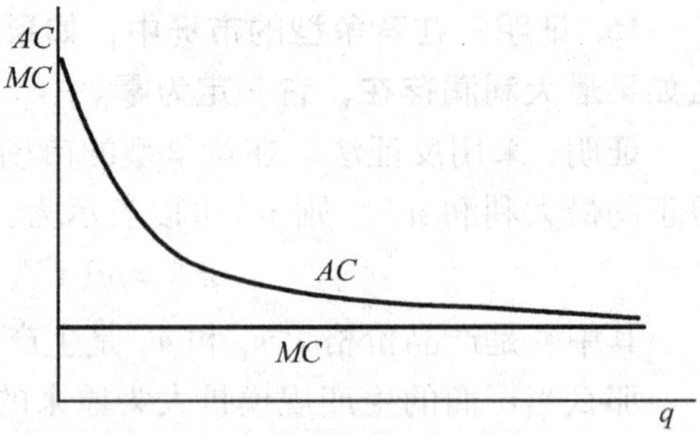

图 7－7　平均成本递减，边际成本不变

(2)成本函数的次可加性是指对于任意的产量 q_1，q_2……，q_π，都有：

$$\sum_{i=1}^{n} C(q_i) > C(\sum_{i=1}^{n} q_i)$$

考虑如下离散产品数量的成本函数：生产第一个产品的成本为 2，生产第二个产品的成本为 1。以后的生产中，当生产第 $K(K = 2n + 1,\ n > 1)$ 个产品时，成本为 2；当生产第 $K(K = 2n,\ n \geqslant 2)$ 个产品时，成本为 0。那么这个成本函数就满足次可加性。

下面计算平均成本。生产前 $2k+1$ 个产品的平均成本为 $AC(2k+1)=\frac{3k+2}{2k+1}$；生产前 $2k+2$ 个产品的平均成本为 $AC(2k+2)=\frac{3k+3}{2k+2}$；生产前 $2k+3$ 个产品的平均成本为 $AC(2k+3)=\frac{3k+5}{2k+3}$，由于 $\frac{3k+5}{2k+3}>\frac{3k+3}{2k+2}$ 恒成立，所以 $AC(2k+3)>AC(2k+2)$，可见平均成本函数并非递减。

20. 学习曲线的出现与规模报酬递增是一回事吗？如不是，请说明两者之间的差别。

答：学习曲线的出现与规模报酬递增不是一回事，它们的区别如下：

规模报酬递增是指在其他条件不变的情况下，生产投入的数量增加为原来的 $t(t>1)$ 倍时，产出的增加比例高于投入的增加比例，即 $f(tx_1, tx_2)>tf(x_1, x_2)$，特别地，规模报酬递增就意味着厂商的平均成本是递减的。

学习效应是指，在长期的生产过程中，企业的工人、技术人员、经理人员等可以累积产品生产、产品的技术设计、以及管理方面的经验，从而导致长期平均成本的下降。学习效应通常被描述为学习曲线，它描述的是企业的累积性产品产量与所生产每一单位产品产量所需要的投入物数量之间的关系。

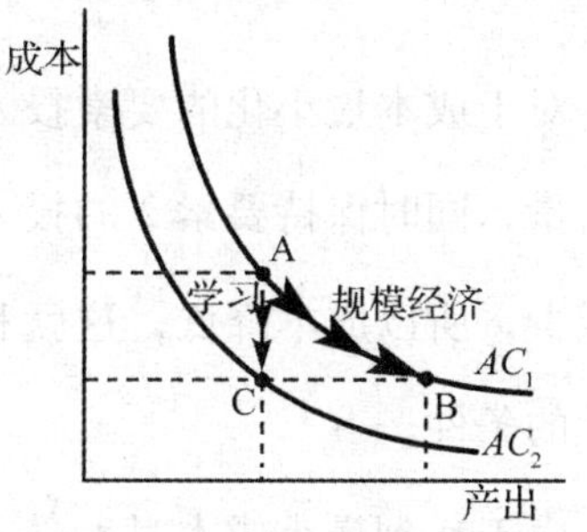

图 7－8　学习效应和规模经济的区别

规模报酬递增和学习效应的区别在于：规模报酬递增反映为长期平均成本曲线是递减的；而学习效应则反映为工厂的长期平均成本曲线向下移动，如图 7－8 所示。

21. 有学者对美国化工行业的平均成本(AC)、行业的累积产量(X)以及企业平均规模(Z)做了回归。其计算结果如下

$$\log(AC) = -0.387\log(X) - 0.173\log(Z)$$

(1)请你对上述计算结果做出经济解释。这里，什么是学习曲线效应？它是多少？什么是规模经济效应？它是多少？

(2)这项研究对于研究中国工业行业中的学习曲线效应与规模报酬效应有什么启发？若你想做这样的研究，应该首先确定哪些统计指标？对统计数据先作什么样的处理？

答：(1)回归方程两边微分得到：

$$\frac{\mathrm{d}AC}{AC} = -0.387\cdot\frac{\mathrm{d}X}{X} - 0.173\cdot\frac{\mathrm{d}Z}{Z}$$

这个式子就意味着当行业的累积产量增加 1 个百分点时，平均成本下降 0.387 个百分点；当企业的生产规模扩大 1 个百分点时，平均成本下降 0.173 个百分点。在回归方程中，等号右边第一项是学习效应，它是 −0.387；等号右边第二项是规模经济效应，它是 −0.173。

(2)这项研究说明学习效应比规模经济的效应要大得多，从而通过内部的学习过程要比通过简单的产量扩张所产生的效果在降低成本方面更有效。这项研究对于我国这样一个以粗放型经济为主的国家来说，具有重大的意义。在我国，长期以来，一直以简单的外部扩张为主，忽略了内部提高组织效率的作用。这个研究项目恰恰说明了提高内部组织效率的重大作用。

如果要做相关的研究，首先要选择那些与成本有着直接关系的指标，然后在确定这些指标的基础上，分析哪些指标的作用更大，哪些指标的作用比较小，最终通过这些指标来建立回归方程式，进行定量分析。

7.2 强化习题详解

1. 一种生产技术要求两种要素按照一定的比例结合使用，即每生产一单位产品使用两个单位的 x_1 和一个单位的 x_2，求条件要素需求函数和成本函数(设要素价格分别为 w_1 和 w_2，产量为 y)。

解：根据题意，生产函数为 $f(x_1, x_2)=\min\{\frac{x_1}{2}, x_2\}$，从而厂商的成本最小化问题为：

$$\min_{x_1,x_2} w_1x_1+w_2x_2$$

$$s.t.\ \min\{\frac{x_1}{2}, x_2\}=y$$

对于成本最小化的要素投入，必有$\frac{x_1}{2}=x_2$。否则，如果$\frac{x_1}{2}>x_2$，那么适当减少要素 1 的投入量，同时保持要素 2 的投入量不变，工厂的产出就继续保持不变，但由于要素 1 的使用量减少，所以成本降低，这就和最小成本相矛盾；类似的分析表明$\frac{x_1}{2}<x_2$也不满足成本最小化的条件。

由于达到最小成本时，$\frac{x_1}{2}=x_2=y$，从而解得要素需求函数为 $x_1=2y$ 和 $x_2=y$，把它们代入目标函数式中，就可以得到成本函数：

$$c(y, w_1, w_2)=(2w_1+w_2)y$$

2. 证明：边际成本在任何地方递减都意味着平均成本在任何地方都递减。

证明：令 $TC=F+VC=F+\int_0^q c'(x)\mathrm{d}q$（$F$ 为固定成本，VC 为可变成本），设 MC 在$(0, +\infty)$递减，那么：

$$\frac{\mathrm{d}AC}{\mathrm{d}q}=-\frac{F}{q^2}+\frac{\mathrm{d}\left(\frac{\int_0^q c'(x)\mathrm{d}q}{q}\right)}{\mathrm{d}q} \quad ①$$

又因为：

$$\frac{\mathrm{d}\left(\frac{\int_0^q c'(x)\mathrm{d}q}{q}\right)}{\mathrm{d}q}=\frac{c'(q)q-\int_0^q c'(x)\mathrm{d}x}{q^2}=\frac{c'(q)q-c'(\xi)q}{q^2}=\frac{1}{q}[c'(q)-c'(\xi)]<0 \quad ②$$

②式中第二个等号成立是利用了定积分中值定理，其中 ξ 是介于$[0, q]$之间的某个数。最后一个不等号成立是因为边际成本递减。把②式代入①式中可知$\frac{\mathrm{d}AC}{\mathrm{d}q}<0$。

综上可知：边际成本递减必然意味着平均成本递减。

3. 假设 tuna casseroles 的生产函数是 $\min\{x_1, x_2^2\}$，其中 x_1 是要素 1 的使用量，x_2 是要素 2 的使用量，求出 tuna casseroles 的成本函数。

解：该商品的成本最小化问题为：

$$\min_{x_1,x_2} w_1x_1+w_2x_2$$

$$s.t. \min(x_1, x_2^2) = q$$

对于最优的要素使用量，必有 $x_1 = x_2^2 = q$。否则，如果 $x_1 > x_2^2$，那么适当减少要素 x_1 的使用量，同时保持要素 x_2 的使用量不变，不会减少产量，同时又能降低成本，这就和成本最小化相矛盾。类似的原因，最优解也不会满足 $x_1 < x_2^2$。从而可知最优的要素使用量为 $x_1 = q$，$x_2 = \sqrt{q}$，从而成本函数为：

$$C = w_1 q + w_2 \sqrt{q}$$

4. 假设竞争性行业中的厂商，其生产函数为：$q = AL^{\alpha}K^{\beta}$。其中，$0 < \alpha, \beta < 1$，同时假定劳动的价格 w_1 和资本的价格 w_2 保持不变。

(1) 短期内资本的投入量保持不变，求厂商的短期成本函数；

(2) 长期中劳动的投入量均可以调整，求厂商的长期成本函数；

(3) 运用 α 和 β 的取值讨论厂商规模报酬状况对长期平均成本曲线的影响。

解：(1)短期内资本的投入量保持不变，设 $K = \overline{K}$，那么 $q = AL^{\alpha}\overline{K}^{\beta}$，则 $L = \left(\frac{q}{A\overline{K}^{\beta}}\right)^{1/\alpha}$，因此厂商的短期成本函数为：$c = w_1\left(\frac{q}{A\overline{K}^{\beta}}\right)^{1/\alpha} + w_2\overline{K}$。

(2)由生产函数可得投入要素的边际产量，即：

$$MP_L = \frac{\partial q}{\partial L} = A\alpha L^{\alpha-1}K^{\beta},\ MP_K = \frac{\partial q}{\partial K} = A\beta L^{\alpha}K^{\beta-1}$$

利用厂商投入要素最优组合条件 $\frac{MP_L}{MP_K} = \frac{w_1}{w_2}$ 可得：$L = \frac{\alpha w_2}{\beta w_1}K$

将上式代入生产函数可得：$K = \left[\frac{q}{A}\left(\frac{w_1\beta}{w_2\alpha}\right)^{\alpha}\right]^{1/(\alpha+\beta)}$，$L = \left[\frac{q}{A}\left(\frac{w_2\alpha}{w_1\beta}\right)^{\beta}\right]^{1/(\alpha+\beta)}$

因此，长期成本函数为：$C = w_1L + w_2K = w_1\left[\frac{q}{A}\left(\frac{w_2\alpha}{w_1\beta}\right)^{\beta}\right]^{1/(\alpha+\beta)} + w_2\left[\frac{q}{A}\left(\frac{w_1\beta}{w_2\alpha}\right)^{\alpha}\right]^{1/(\alpha+\beta)}$。

(3)长期平均成本函数为：

$$AC = w_1 q^{\left(\frac{1}{\alpha+\beta}-1\right)}\left[\frac{1}{A}\left(\frac{w_2\alpha}{w_1\beta}\right)^{\beta}\right]^{1/(\alpha+\beta)} + w_2 q^{\left(\frac{1}{\alpha+\beta}-1\right)}\left[\frac{1}{A}\left(\frac{w_1\beta}{w_2\alpha}\right)^{\alpha}\right]^{1/(\alpha+\beta)}$$

①当 $\alpha + \beta = 1$，即规模报酬不变时，成本与产量无关。

②当 $\alpha + \beta > 1$，即规模报酬递增时，成本是产量的减函数。

③当 $\alpha + \beta < 1$，即规模报酬递减时，成本是产量的增函数。

5. IBM 公司是世界上主要的计算机生产商。根据该公司的内部备忘录，IBM 公司生产不同数量的双鱼座牌(370/168)计算机的长期总成本如图 7－9 所示。

与产量相应的总成本函数为 $C = 28303800 + 460900Q$

式中，C 为总成本(以美元计)，Q 为产量。

(1) 如果整个市场对这种计算机的需求量为 1 000 台，并且所有计算机厂家有相同的长期总成本函数，那么，一个拥有 50%市场份额的企业与一个拥有 20%市场份额的企业相比，其成本优势有多大？

(2) 生产这样一台计算机的长期边际成本是多少？边际成本取决于产量吗？

(3) 是否存在规模经济？

答：(1)如果 Q 等于 500，平均成本就等于 $(28303800 + 460900 \times 500) \div 500 = 517507.6$

（美元）。如果 Q 为 200，平均成本就等于（28303800 + 460900 × 200）÷ 200 = 602419（美元）。所以拥有 50% 市场份额的企业比拥有 20% 市场份额的企业的平均成本低 16%（$\frac{602419-517507.6}{517507.6}\approx 16\%$）左右。

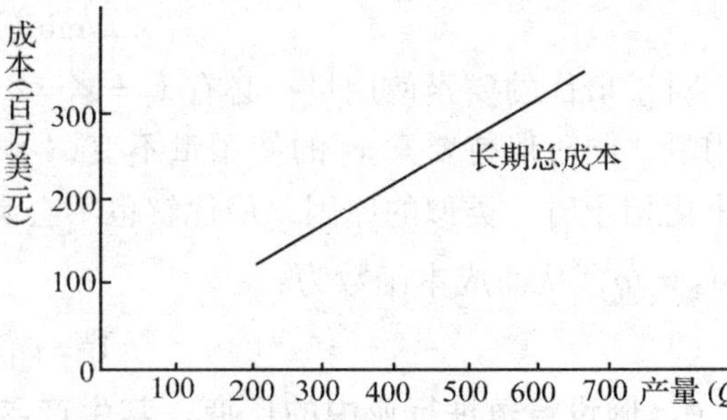

图 7－9　双鱼座牌计算机的长期总成本曲线

（2）长期边际成本为 460900 美元。在数据资料所包括的产量范围内（据图 7－9 大约为 200 单位～700 单位），边际成本不变，不取决于产量。

（3）存在规模经济。因为长期平均成本等于 460900 + 28303800/Q，长期平均成本随着产量 Q 的增加而减少。

6. 已知某厂商的长期生产函数为 $Q=aA^{0.5}B^{0.5}C^{0.25}$，$Q$ 为每月产量，A、B 与 C 为每月投入的三种生产要素；三种生产要素的价格分别为 $P_A=1$ 元，$P_B=9$ 元，$P_C=8$ 元。

（1）推导出厂商长期总成本函数、长期平均成本函数和长期边际成本函数。

（2）在短期内，C 为固定生产要素，A 与 B 是可变要素，推导出厂商的短期总成本函数、短期平均成本函数、短期平均可变成本函数和短期边际成本函数。

解：（1）因为 $P_A=1$，$P_B=9$，$P_C=8$，则 LTC $=A+9B+8C$，从而厂商的长期成本最小化问题为：

$$\min_{A,B,C} \text{LTC}=A+9B+8C$$
$$s.t.\quad Q=aA^{0.5}B^{0.5}C^{0.25}$$

相应的拉格朗日函数为：

$$X=A+9B+8C+\lambda(Q-aA^{0.5}B^{0.5}C^{0.25})$$

上式分别对 A、B、C 及 λ 求偏导，得：

$$\frac{\partial X}{\partial A}=1-0.5a\lambda B^{0.5}C^{0.25}A^{-0.5}=0\Rightarrow\lambda=\frac{2}{aB^{0.5}C^{0.25}A^{-0.5}} \quad ①$$

$$\frac{\partial X}{\partial B}=9-0.5a\lambda A^{0.5}C^{0.25}B^{-0.5}=0\Rightarrow\lambda=\frac{18}{aA^{0.5}C^{0.25}B^{-0.5}} \quad ②$$

$$\frac{\partial X}{\partial C}=8-0.25a\lambda A^{0.5}B^{0.5}C^{-0.75}=0\Rightarrow\lambda=\frac{32}{aA^{0.5}B^{0.5}C^{-0.75}} \quad ③$$

$$\frac{\partial X}{\partial \lambda}=Q-aA^{0.5}B^{0.5}C^{0.25}=0 \quad ④$$

联立①、②、③式得：

$$\lambda=\frac{2}{aB^{0.5}C^{0.25}A^{-0.5}}=\frac{18}{aA^{0.5}C^{0.25}B^{-0.5}}=\frac{32}{aA^{0.5}B^{0.5}C^{-0.75}}$$

解得：

$$B=A/9 \quad C=A/16$$

把 B 和 C 的表达式代入④式，得：

$$Q=aA^{0.5}B^{0.5}C^{0.25}=aA^{0.5}\left(\frac{A}{9}\right)^{0.5}\left(\frac{A}{16}\right)^{0.25}=\frac{a}{6}A^{\frac{5}{4}}$$

$$\therefore A=\left(\frac{6Q}{a}\right)^{\frac{4}{5}}$$ ⑤

将⑤式代入成本方程，得：

$$\text{LTC}=A+9B+8C=A+A+\frac{A}{2}=\frac{5}{2}\left(\frac{6Q}{a}\right)^{\frac{4}{5}}$$

这就是说，长期总成本函数为：

$$\text{LTC}=\frac{5}{2}\left(\frac{6Q}{a}\right)^{\frac{4}{5}}$$

长期平均成本函数为：

$$\text{LAC}=\frac{\text{LTC}}{Q}=\frac{5}{2}\left(\frac{6}{a}\right)^{\frac{4}{5}}Q^{-\frac{1}{5}}$$

长期边际成本函数为：

$$\text{LMC}=\frac{\text{dLTC}}{\text{d}Q}=\frac{\text{d}}{\text{d}Q}\left[\frac{5}{2}\left(\frac{6Q}{a}\right)^{\frac{4}{5}}\right]=\frac{5}{2}\cdot\left(\frac{6}{a}\right)^{\frac{4}{5}}\cdot\frac{4}{5}\cdot Q^{\frac{-1}{5}}=2\left(\frac{6}{a}\right)^{\frac{4}{5}}Q^{-\frac{1}{5}}$$

(2)在短期中，C 为固定要素，A、B 为可变要素，则 $FC=P_C\cdot\overline{C}=8\overline{C}$；$VC=P_A\cdot A+P_B\cdot B=A+9B$。由成本最小化的必要条件 $\frac{MP_A}{P_A}=\frac{MP_B}{P_B}$ 得：

$$\frac{0.5aA^{-0.5}B^{0.5}\overline{C}^{0.25}}{1}=\frac{0.5aA^{0.5}B^{-0.5}\overline{C}^{0.25}}{9}$$

从而求得 $B=A/9$，代入生产函数得：

$$Q=aA^{0.5}B^{0.5}\overline{C}^{0.25}=aA^{0.5}\left(\frac{A}{9}\right)^{0.5}\overline{C}^{0.25}=\frac{a}{3}\overline{C}^{0.25}A$$

即：

$$A=\frac{3Q}{a}\overline{C}^{-0.25}$$ ⑥

将⑥式代入成本方程，得

$$\begin{aligned}C&=FC+VC=8\overline{C}+A+9B=8\overline{C}+2A\\&=8\overline{C}+2\cdot\frac{3Q}{a}\overline{C}^{-0.25}=8\overline{C}+\frac{6Q}{a}\overline{C}^{-0.25}\end{aligned}$$

即短期总成本函数为：

$$\text{STC}=8\overline{C}+\frac{6Q}{a}\overline{C}^{-0.25}$$

短期平均成本函数为：

$$\text{SAC}=\frac{\text{STC}}{Q}=\frac{8\overline{C}}{Q}+\frac{6}{a}\overline{C}^{-0.25}$$

短期平均可变成本函数为：

$$\text{AVC}=\frac{VC}{Q}=\frac{6}{a}\overline{C}^{-0.25}$$

短期边际成本函数为：

$$\text{SMC}=\frac{\text{dSTC}}{\text{d}Q}=\frac{6}{a}\overline{C}^{-0.25}$$

7. 某厂商使用两种要素 A 与 B，生产一种产品 Q，可以选用的生产函数有两种：Ⅰ：$Q=\alpha A^{0.25}B^{0.75}$；Ⅱ：$Q=\beta A^{0.75}B^{0.25}$。已知生产要素 A 的价格为 1 元，令生产要素 B 的价格为 P_B。求解：

(1) B 的价格为多少时两种生产方法对厂商并无区别。

(2) 假如 B 的价格超过了上面计算的价格，厂商将选用哪种生产方法?

解：(1) 两种生产方法对厂商无区别意味着：在每一相同产量水平上，生产方法Ⅰ与Ⅱ的成本相等，即 $C_1=C_2$，$Q_1=Q_2$。为此，得先求出两种方法下不同成本函数 $C_1(Q_1, P_B)$ 和 $C_2(Q_2, P_B)$，在 $Q_1=Q_2$ 的条件下，通过令 $C_1=C_2$ 即可求得 P_B 之值。

1) 先求出生产方法Ⅰ的成本函数 C_1

由成本最小化的必要条件 $MP_A/P_A=MP_B/P_B$ 得：

$$\frac{0.25\alpha A^{-0.75}B^{0.75}}{1}=\frac{0.75\alpha A^{0.25}B^{-0.25}}{P_B}$$

从而求得 $B=\dfrac{3A}{P_B}$ ①

将①式代入生产函数Ⅰ中，得：

$$Q_1=\alpha A^{0.25}B^{0.75}=\alpha A^{0.25}\left(\frac{3A}{P_B}\right)^{0.75}=3^{0.75}\cdot\alpha A\cdot P_B^{-0.75}$$

$$\Rightarrow A=3^{-0.75}\cdot\frac{1}{\alpha}\cdot P_B^{0.75}\cdot Q_1 \qquad ②$$

将②式代入成本方程 $C_1=AP_A+BP_B$ 中，得：

$$C_1=A+3A=4A=4\times 3^{-0.75}\times\frac{1}{\alpha}\times P_B^{0.75}\times Q_1$$

2) 再求生产方法Ⅱ的成本函数 C_2，采用类似于求 C_1 的方法解得：

$$C_2=A+\frac{1}{3}A=\frac{4}{3}A=\frac{4}{3}\cdot 3^{0.25}\cdot\frac{1}{\beta}\cdot P_B^{0.25}\cdot Q_2=4\cdot 3^{-0.75}\cdot\frac{1}{\beta}\cdot P_B^{0.25}\cdot Q_2$$

3) 若方法Ⅰ和方法Ⅱ对厂商无区别，则在 $Q_1=Q_2=Q$ 的情况下，$C_1=C_2$，即：

$$4\times 3^{-0.75}\times\frac{1}{\alpha}\times P_B^{0.75}=4\times 3^{-0.75}\times\frac{1}{\beta}\times P_B^{0.25}$$

解得 $P_B=\left(\dfrac{\alpha}{\beta}\right)^2$，即当 B 的价格为 $\left(\dfrac{\alpha}{\beta}\right)^2$ 时，两种生产方法对厂商无区别。

(2) 由上可知，对于第一种生产函数，产品单位成本为：

$$\frac{C_1}{Q_1}=\frac{4\cdot 3^{-0.75}\cdot\frac{1}{\alpha}\cdot P_B^{0.75}\cdot Q_1}{Q_1}=\frac{4P_B^{0.75}}{3^{0.75}\alpha}$$

对于第二种生产函数，产品单位成本为：

$$\frac{C_2}{Q_2}=\frac{4\cdot 3^{-0.75}\cdot\frac{1}{\beta}\cdot P_B^{0.25}\cdot Q_2}{Q_2}=\frac{4P_B^{0.25}}{3^{0.75}\beta}$$

所以两种生产函数产品单位成本之比为：

$$\frac{C_1/Q_1}{C_2/Q_2}=\frac{4P_B^{0.75}/(3^{0.75}\alpha)}{4P_B^{0.25}/(3^{0.75}\beta)}=P_B^{0.5}\cdot\frac{\beta}{\alpha}$$

这样，当 $P_B=\left(\dfrac{\alpha}{\beta}\right)^2$ 时，因 $\dfrac{C_1/Q_1}{C_2/Q_2}=1$，两种生产函数对厂商无区别。

当 $P_B < \left(\frac{\alpha}{\beta}\right)^2$ 时，因为这时$\frac{C_1/Q_1}{C_2/Q_2}<1$，厂商将选用第一种生产方法。

当 $P_B > \left(\frac{\alpha}{\beta}\right)^2$ 时，因为这时$\frac{C_1/Q_1}{C_2/Q_2}>1$，厂商将选用第二种生产方法。

8. 利用成本最小化的一阶条件证明：当替代弹性大于(等于，小于)1 时，如果要素 X_1 的价格 W_1 相对于要素 X_2 的价格 W_2 而上升，企业成本中用于要素 X_2 的支出相对于要素 X_1 的支出比例$\frac{W_2 \cdot X_2}{W_1 \cdot X_1}$会上升(不变，下降)。

证明：替代弹性 $\sigma_{X_1X_2}=\frac{\mathrm{d}\ln(X_2/X_1)}{\mathrm{d}\ln|(\mathrm{TRS})|}=\frac{\mathrm{d}\ln(X_2/X_1)}{\mathrm{d}\ln\left|\frac{\partial f/\partial X_1}{\partial f/\partial X_2}\right|}=\frac{\mathrm{d}\ln(X_2/X_1)}{\mathrm{d}\ln\frac{\partial f/\partial X_1}{\partial f/\partial X_2}}$

成本最小化的一阶条件为：$\frac{W_1}{W_2}=\frac{\partial f/\partial X_1}{\partial f/\partial X_2}$

$$\text{所以 } \sigma_{X_1X_2}=\frac{\mathrm{d}\ln(X_2/X_1)}{\mathrm{d}\ln(W_1/W_2)}=-\frac{\mathrm{d}\ln(X_2/X_1)}{\mathrm{d}\ln(W_2/W_1)}=-\frac{(W_2/W_1)\cdot\mathrm{d}(X_2/X_1)}{(X_2/X_1)\cdot\mathrm{d}(W_2/W_1)}$$

$$=-\frac{(W_2/W_1)\cdot\mathrm{d}(X_2/X_1)+(X_2/X_1)\mathrm{d}(W_2/W_1)}{(X_2/X_1)\mathrm{d}(W_2/W_1)}+1$$

$$=1-\frac{\mathrm{d}\frac{X_2W_2}{X_1W_1}}{(X_2/X_1)\mathrm{d}(W_2/W_1)}$$

$$\text{又因为}\quad \frac{\mathrm{d}\frac{X_2W_2}{X_1W_1}}{\mathrm{d}(W_2/W_1)}=\frac{X_2}{X_1}(1-\sigma_{X_1X_2})$$

$$\text{所以}\quad \frac{\mathrm{d}\frac{X_2W_2}{X_1W_1}}{\mathrm{d}(W_1/W_2)}=\frac{\mathrm{d}\left(\frac{W_2X_2}{W_1X_1}\right)}{\mathrm{d}\left(\frac{W_2}{W_1}\right)}\times\frac{\mathrm{d}\left(\frac{W_2}{W_1}\right)}{\mathrm{d}\left(\frac{W_1}{W_2}\right)}=-\left(\frac{W_2}{W_1}\right)^2\cdot\frac{\mathrm{d}\left(\frac{W_2X_2}{W_1/X_1}\right)}{\mathrm{d}(W_2/W_1)}$$

$$=\frac{X_2}{X_1}(\sigma_{X_1X_2}-1)\left(\frac{W_2}{W_1}\right)^2\begin{cases}>0 & \sigma_{X_1X_2}>1\\ =0 & \sigma_{X_1X_2}=1\\ <0 & \sigma_{X_1X_2}<1\end{cases}$$

第 8 讲　完全竞争与垄断

8.1　课后习题详解

1. 某产品的市场需求曲线为：$Q=1800-200p$。无论什么市场结构，该产品的平均成本始终是 1.5。(1) 当该产品的市场是完全竞争市场时，市场价格和销量多大？消费者剩余、生产者剩余和社会的无谓损失是多大？(2) 当该产品的市场是完全垄断市场时，只能实行单一价格，市场价格和销量多大？消费者剩余、生产者剩余和社会的无谓损失是多大？(3) 当该产品的市场是完全垄断市场，同时生产者可以实行一级差别价格，市场销量多大？消费者剩余、生产者剩余和社会的无谓损失是多大？

解：(1) 在完全竞争的市场上，厂商的利润最大化问题为：

$$\max_q pq-c(q)$$

从中解得利润最大化的必要条件为 $p=MC(q)$，即市场价格等于厂商的边际成本，事实上，这也给出了完全竞争厂商的供给曲线，即对于给定的价格，厂商总是愿意供给使边际成本等于市场价格的数量的产品。

根据本题的成本函数 $c(q)=1.5q$，可知市场供给曲线为 $p=1.5$。再利用需求曲线 $Q=1800-200p$ 可以解得均衡的市场价格为 $p=1.5$，均衡产量为 $Q=1500$。

消费者剩余 $CS=\int_0^{1500}\left(9-\frac{1}{200}Q\right)\mathrm{d}Q-1.5\times1500=5625$，生产者剩余为零，社会的无谓损失也是零，如图 8－1所示。

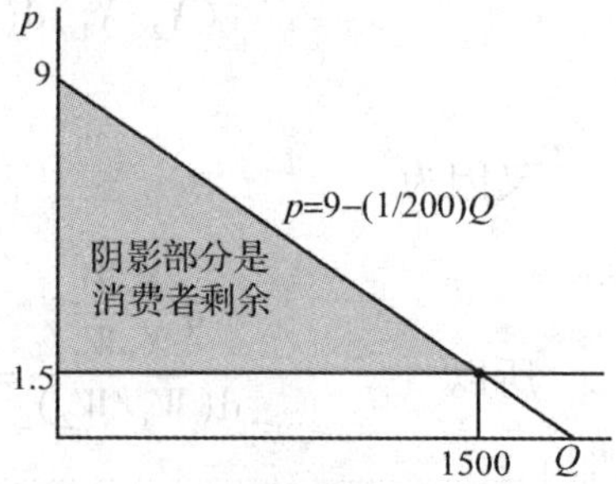

图 8－1　消费者剩余和生产者剩余

(2) 实行单一价格的垄断厂商的利润最大化问题为：

$$\max_q p(q)q-c(q)$$

其中 $p(q)$ 是市场反需求函数。本题的市场反需求函数 $p=9-\frac{1}{200}q$ 和成本函数 $c(q)=1.5q$ 代入上式中整理得到：

$$\max_q 7.5q-\frac{1}{200}q^2$$

解得利润最大化的产量为 $q=750$，价格 $p=5.25$，厂商利润（生产者剩余）为：

$$\pi=7.5\times750-\frac{1}{200}\times750^2=2812.5$$

消费者剩余为：

$$CS=\int_0^{750}\left(9-\frac{1}{200}Q\right)\mathrm{d}Q-5.25\times750=1406.25$$

社会损失等于完全竞争市场的总剩余（消费者剩余和生产者剩余之和）减去垄断市场的总剩余，为 $5625-2812.5-1406.25=1406.25$，如图 8－2 所示。

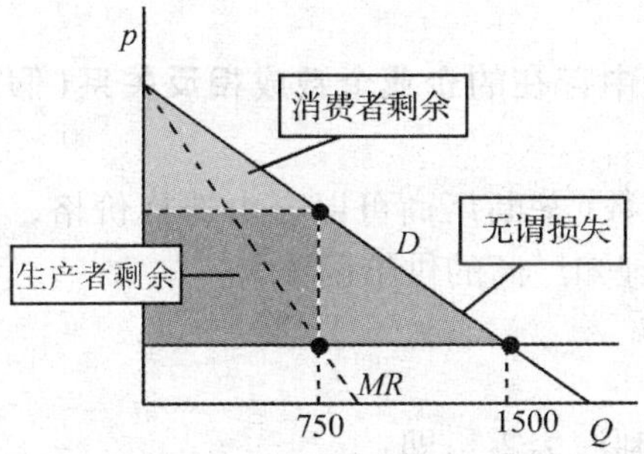

图 8-2　垄断引起的无谓损失

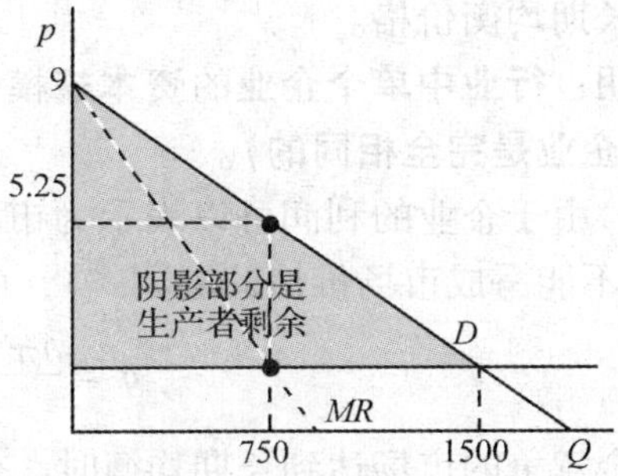

图 8-3　一级价格歧视对社会总福利不会产生影响

(3) 如果垄断厂商实行一级价格歧视，那么产品销售量和完全竞争市场的销量相同，都是1500，此时由于生产者向每个消费者索要的价格恰好等于每个消费者的保留价格，所以生产者剩余等于5625，消费者剩余为0，社会的无谓损失也是0，如图8-3所示。

2. 一个有垄断势力的企业面临的需求曲线为（A 为投入的广告费用）$p=100-3Q+4\sqrt{A}$，总成本函数为 $C=4Q^2+10Q+A$。(1) 试求出实现企业利润最大化时的 A、Q 和 p 的值。(2) 试求出企业利润最大化时的勒纳指数。

解：(1) 厂商的利润最大化问题为：

$$\max_{A,Q} Q(100-3Q+4A^{1/2})-(4Q^2+10Q+A)$$

相应的一阶条件为：

$$\frac{\partial \pi}{\partial Q}=100-6Q+4A^{\frac{1}{2}}-8Q-10=0 \quad ①$$

$$\frac{\partial \pi}{\partial A}=2A^{-\frac{1}{2}}Q-1=0 \quad ②$$

由①、②式解得：

$$Q=\frac{1}{14}(90+4A^{\frac{1}{2}})\text{；}A^{\frac{1}{2}}=2Q$$

$$Q=15\text{；}A=900\text{；}p=175$$

(2) 勒纳指数定义为 $L=\frac{p-MC}{p}$，又称价格标高程度（markup），是指垄断价格超出边际成本的部分对于垄断价格之比率。因为$\frac{p-MC}{p}=\frac{1}{|\varepsilon|}$，其中，$\varepsilon$ 为需求价格弹性，这就说明勒纳指数取决于商品的需求价格弹性：弹性越大，市场产品之间越有竞争性，价格标高程度越低，垄断利润的边际便越小，即垄断程度就越小；反之，弹性越小，垄断价格标高程度就越高，垄断程度也越高。但这都是以需求价格弹性大于1为前提。

由于利润最大化时的反需求曲线为：

$$p=100-3Q+120$$

则
$$L=\frac{p-MC}{p}=\frac{1}{|\varepsilon|}=\left|\frac{\mathrm{d}p}{\mathrm{d}Q}\frac{Q}{p}\right|=\left|-3\times\frac{15}{175}\right|=\frac{9}{35}$$

3. 如果某行业中典型企业的利润函数是：$\pi^j(p,\bar{k})=\frac{p^2\bar{k}}{16}-\bar{k}$；市场需求为：$Q=294/p$。（$\bar{k}$ 是资本规模。）

(1) 求典型企业的供给函数 q^j。

(2) 求长期均衡价格。

(3) 证明：行业中单个企业的资本规模 $\bar{k}$ 会与行业中存在的企业个数成相反关系（假定行业中所有企业是完全相同的）。

解：(1)由于企业的利润可以表示为市场价格的函数（垄断厂商可以自由选择价格，所以它的利润不能写成市场价格的函数式），由霍太林引理知厂商的供给函数为：

$$q^j = \frac{\partial \pi^j(p,\ \bar{k})}{\partial p} = \frac{p\bar{k}}{8}$$

(2)完全竞争的市场达到长期均衡时，企业的长期利润为零，即：

$$\pi^j(p,\ \bar{k}) = \frac{p^2\bar{k}}{16} - \bar{k} = 0$$

从中解得长期的市场均衡价格为：

$$p = 4$$

(3)完全竞争的市场达到长期均衡时，总供给必定等于总需求，即：

$$294/p = N \cdot q^j = N \cdot \frac{1}{8} p\bar{k}$$

又因为 $p=4$，所以解得均衡时的厂商数量为 $N = \frac{147}{\bar{k}}$，这表明资本规模 $\bar{k}$ 与企业个数成相反关系。

4. 在一个完全竞争、成本不变的行业中有几百个企业，它们的长期成本函数均为 $\mathrm{LTC} = 0.1q^3 - 1.2q^2 + 111q$，其中 q 是单个企业的年产量，市场对该行业产品的需求曲线为 $Q = 6000 - 20p$，其中 Q 是行业的年产量。问：

(1) 该行业的长期均衡产量。

(2) 均衡时该行业将有多少企业？

(3) 若政府决定将该行业的企业数减至60家，并且用竞争性投标的方式每年出售60份许可证。于是企业的数目固定为60家，并且这60家企业的竞争性经营将形成新的均衡。那么产品的新价格是多少？一份一年期许可证的竞争均衡价格是多少？

解：(1)市场中单个企业的长期平均成本和边际成本分别为：

$$\mathrm{LAC} = 0.1q^2 - 1.2q + 111 \quad \mathrm{LMC} = \frac{\partial \mathrm{LTC}}{\partial q} = 0.3q^2 - 2.4q + 111$$

达到长期均衡时，每个厂商的利润都是为零，所以均衡的市场价格必定等于厂商的长期最低平均成本。由于在长期平均成本的最低点处有 LMC = LAC，从而解得单个企业的均衡产量和市场价格分别为：

$$q^* = 6 \quad p^* = 107.4$$

行业的长期均衡产量　　$Q^* = 6000 - 20p^* = 3852$

(2)长期均衡时，行业中有 $\frac{Q^*}{q^*} = \frac{3852}{6} = 642$ 个企业。

(3)由于这个市场中单个厂商的供给函数为：

$$p = \mathrm{LMC} = 0.3q^2 - 2.4q + 111$$

所以如果把厂商数量限制为60家，那么市场达到新的均衡时，就有：

$$p = 0.3q^2 - 2.4q + 111 \quad ①$$

$$60q = Q = 6000 - 20p \quad ②$$

其中①式表明单个厂商在给定的市场价格下愿意供给的数量和价格之间的关系；②式表明市场的总供给等于总需求。联立这两个式子，解得：

$$q^* = 24.12,\ p^* = 227.64$$

从而单个厂商的利润为：

$\pi^* = p^* q^* - \text{LTC}(q^*) \approx 2108.25$，这就是许可证的价格，下面分析原因：

如果政府通过出售经营许可证的方法把厂商的数量限制为60家，那么对于获得经营权的厂家，它的长期成本需要在原来的成本函数上再加上它为获得许可证而支付的资金，这样在达到新的均衡时，每个厂商的利润必然又会回到零(否则的话，就会有其他未获得许可证的厂家愿意对许可证支付比当前价格略高的价格以获得经营权，并且该厂商会获得正利润)。以上的分析表明，每份许可证的竞争性价格恰好等于 $\pi^* = 2108.25$ 元。

5. 设某完全垄断企业的总成本函数为 $TC = 8 + 20(q_a + q_b)$，其产品分别在A、B两个市场销售。若两市场的需求函数分别为：$p_a = 100 - q_a$，$p_b = 120 - 2q_b$。试求A、B两市场的价格、销售量、需求价格弹性以及企业利润。

解：垄断企业的利润最大化问题为：

$$\max p_a(q_a)q_a + p_b(q_b)q_b - TC$$

把 TC 和 p_a、p_b 的表达式代入上式中，然后对 q_a 和 q_b 分别求偏导数，并令偏导数等于0，就有：

$$100 - 2q_a - 20 = 0$$
$$120 - 4q_b - 20 = 0$$

解得：

$$q_a = 40;\ p_a = 60;\ \varepsilon_a = \frac{p_a}{100 - p_a} = \frac{3}{2}$$

$$q_b = 25;\ p_b = 70;\ \varepsilon_b = \frac{1}{2} \times \frac{120 - 2q_b}{q_b} = \frac{7}{5};\ \pi = 2842$$

6. 设某完全垄断企业拥有A、B两个工厂，成本函数分别为

$$TC_a = 4q_a^2 + 5$$
$$TC_b = 2q_b^2 + 10$$

市场需求函数为 $$p = 100 - 2Q$$

(1)求该企业利润最大的产量、价格和利润。

(2)若政府采用边际成本定价法对其产品价格加以限制，则该企业的产量、价格、利润为多少？这时，政府宜采取何种辅助措施？

解：(1)由 $p = 100 - 2Q$ 可得企业总收益函数为 $TR = 100Q - 2Q^2$，边际收益函数为 $MR = 100 - 4Q = 100 - 4q_a - 4q_b$。

由各工厂的成本函数可得出各自的边际成本函数，即 $MC_a = 8q_a$，$MC_b = 4q_b$。

由利润最大化条件 $MR = MC_a = MC_b$，即有：

$$100 - 4q_a - 4q_b = 8q_a = 4q_b$$

解得：$q_a = 5$，$q_b = 10$，$Q = q_a + q_b = 5 + 10 = 15$，$p = 70$，$\pi = 735$。

(2)此时应该满足 $p = MC$ 这一条件，即 $MC(q_a) = MC(q_b) = 100 - 2(q_a + q_b)$，解得 $q_a = \frac{50}{7}$，$q_b = \frac{100}{7}$，价格为$\frac{400}{7}$，利润为597，此时利润减少，政府应对企业补贴。

7. 判断对错并简要说明理由：

(1)在长期竞争性均衡中厂商的利润为零，所以在竞争性行业的财务报告中不应看到普遍的正的利润。

(2)如果市场需求曲线向下倾斜，则每个厂商面对的需求曲线也向下倾斜。

(3)垄断厂商的供给曲线是向上倾斜的。

(4)垄断企业有可能在需求曲线上的任何点选择生产。

(5)如果利率为10%，垄断者将会选择在边际成本基础上加价10%。

答：(1)错误。理由如下：

经济利润是指属于企业所有者的、超过生产过程中所使用的所有要素的机会成本的一种收益。零经济利润条件包含了企业的正常利润；企业的会计利润是厂商的总收益与会计成本的差，也就是厂商在申报应缴纳所得税时的账面利润。可见题设混淆了经济利润和会计利润的差别。

(2)错误。理由如下：

市场需求曲线描述的是消费者的总需求和他们愿意支付的价格之间关系；而单个厂商的需求曲线描述的是产品的市场价格和对该厂商产品需求量之间的关系。特别的，对完全竞争的市场而言，市场需求曲线向下倾斜，这是消费者的边际支付意愿递减的结果；而厂商所面临的需求曲线则是水平的，这是因为单个厂商的产量相对于整个市场的需求微乎其微，所以不足以影响市场的价格。

(3)错误。垄断厂商不存在供给曲线。

(4)错误。理由如下：

根据垄断厂商的成本加成定价原则 $p\left(1-\frac{1}{|\varepsilon|}\right)=MC$ 可知，垄断厂商只会在需求曲线上富有弹性的地方选择生产。

(5)错误。可以举例说明这一结论是否成立依赖于生产函数的形式。如果厂商的生产函数为 $f(x_1,\ x_2)=Ax_1^{\alpha}x_2^{\beta}$，那么它的成本函数就是：

$$C(r_1,\ r_2,\ q)=A^{-\frac{1}{\alpha+\beta}}\left[\left(\frac{\alpha}{\beta}\right)^{\frac{\beta}{\alpha+\beta}}+\left(\frac{\beta}{\alpha}\right)^{\frac{\alpha}{\alpha+\beta}}\right]q^{\frac{1}{\alpha+\beta}}r_1^{\frac{\alpha}{\alpha+\beta}}r_2^{\frac{\beta}{\alpha+\beta}}$$

而边际成本函数为(其中 K 是和要素价格、产量无关的常数)：

$$MC=Kq^{\frac{1-\alpha-\beta}{\alpha+\beta}}r_1^{\frac{\alpha}{\alpha+\beta}}r_2^{\frac{\beta}{\alpha+\beta}}$$

所以当要素价格 r_1 和 r_2 都上涨10%时，边际成本变为：

$$MC=Kq^{\frac{1-\alpha-\beta}{\alpha+\beta}}[r_1(1+10\%)]^{\frac{\alpha}{\alpha+\beta}}[r_2(1+10\%)]^{\frac{\beta}{\alpha+\beta}}=Kq^{\frac{1-\alpha-\beta}{\alpha+\beta}}r_1^{\frac{\alpha}{\alpha+\beta}}r_2^{\frac{\beta}{\alpha+\beta}}(1+10\%)$$

可见，当要素价格 r_1 和 r_2 都上涨10%时，边际成本也会上涨10%，所以对于柯布—道格拉斯生产函数，题目的结论成立。

如果厂商的生产函数为 $f(x_1,\ x_2)=(x_1^{\rho}+x_2^{\rho})^{1/\rho}$，那么它的成本函数为：

$$c(r_1,\ r_2,\ q)=q(r_1^{\frac{\rho}{\rho-1}}+r_2^{\frac{\rho}{\rho-1}})^{\frac{\rho-1}{\rho}}$$

而边际成本函数为：

$$MC=(r_1^{\frac{\rho}{\rho-1}}+r_2^{\frac{\rho}{\rho-1}})^{\frac{\rho-1}{\rho}}$$

所以当要素价格 r_1 和 r_2 都上涨10%时，边际成本变为：

$$MC=(r_1^{\frac{\rho}{\rho-1}}(1+10\%)^{\frac{\rho}{\rho-1}}+r_2^{\frac{\rho}{\rho-1}}(1+10\%)^{\frac{\rho}{\rho-1}})^{\frac{\rho-1}{\rho}}=(r_1^{\frac{\rho}{\rho-1}}+r_2^{\frac{\rho}{\rho-1}})^{\frac{\rho-1}{\rho}}$$

可见，当要素价格 r_1 和 r_2 都上涨 10% 时，边际成本不变，所以对于不变弹性的生产函数，题目的结论不成立。

8. 已知汽油市场上的供求如下

需求：$Q^D=150-50p_D$　　供给：$Q^S=60+40p_S$

求：(1) 市场上的均衡价格与数量。

(2) 此时若政府对每单位产品征收 0.5 单位的税收，求此时的市场价格与数量。

(3) 求解消费者剩余与生产者剩余的损失，与政府所得比较，社会存在净损失吗？

解：(1) 市场均衡时，供给等于需求，即 $Q^S=Q^D$，由此可得：

$$150-50p=60+40p$$

解得　　$Q=100$；$p=1$。

(2) 如果政府对每单位产品征收 0.5 单位的税收，市场均衡时供给等于需求的条件仍然成立，即：

$$150-50p_D=60+40p_S \quad ①$$

此外，征税后，消费者支付的价格不再等于厂商实际收到的价格，他们之间的差值等于税率 t，即：

$$p_D-p_S=0.5 \quad ②$$

联立①、②两个式子解得：

$$p_S=\frac{13}{18},\ p_D=\frac{11}{9},\ Q=\frac{800}{9}$$

(3) 总税收：$T=\frac{800}{9}\times\frac{1}{2}=\frac{400}{9}$；社会净损失：$\frac{1}{2}\times\frac{1}{2}\times\left(100-\frac{800}{9}\right)=\frac{25}{9}$

消费者剩余的变化为：$\frac{1}{2}\times\frac{2}{9}\times\left(\frac{800}{9}+100\right)=\frac{1700}{81}$

生产者剩余的变化为：$\frac{1}{2}\times\frac{5}{18}\times\left(\frac{800}{9}+100\right)=\frac{2125}{81}$

以上计算的根据如图 8－4 所示。

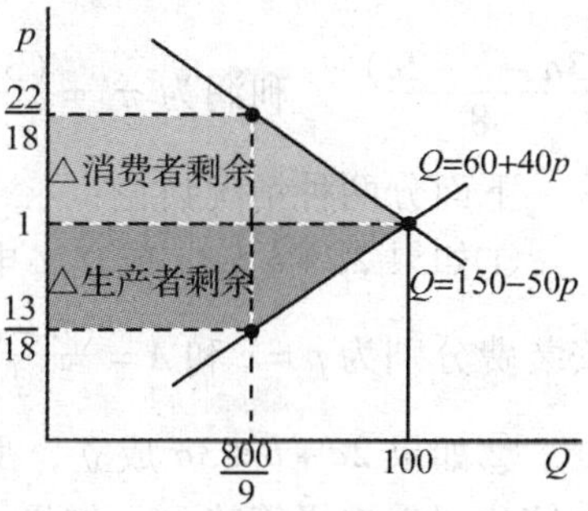

图 8－4　征税引起的消费者剩余和生产者剩余的变化

9. 假设你作为中国电信的经理正在决策北京和石家庄固定电话的定价问题，已知需求函数为

石家庄：$p_1=a-Q_1$　北京：$p_2=b-Q_2$　$C(Q)=cQ$　$(c<a<b)$

试求：

(1) 现在考虑实施两部收费制（初装费 A 与话费 p 分开），并且可在两地区区别定价，求初装费 A_1、A_2 与话费 p_1、p_2。

(2) 在上问中，如果不能实施地区差别定价，求 A、p。

(3) 若 $A=0$，并且可以在两地区实行价格歧视，求各地的价格与数量。

(4) 若 $A=0$，但法律规定只能实施统一价格，求价格与数量。

解：(1) 假设中国电信在石家庄的定价为 p_1，那么它可以收取的初装费的上限就是消费者在此价格下的消费者剩余，因此厂商的利润最大化选择就是令价格等于边际成本，然后让初装费等于相应的消费者剩余，如图 8－5 所示，类似的分析对北京地区也成立。所以：

$$p_1=p_2=MC=c$$

$$A_1 = \int_c^a Q_1(p_1)\,dp_1 = \frac{(a-c)^2}{2}$$

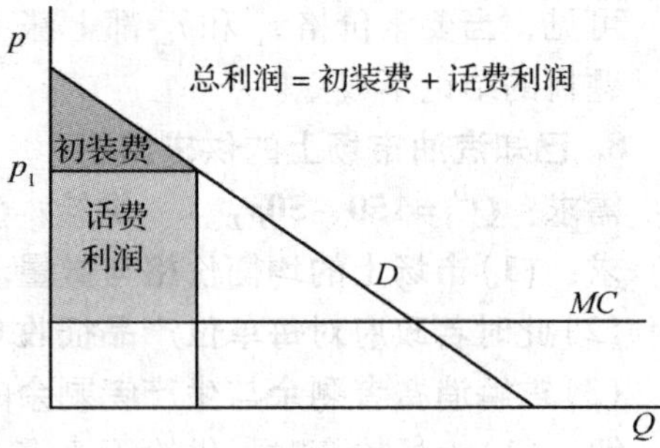

图 8-5　两部收费

同理可以得到：

$$A_2 = \frac{(b-c)^2}{2}$$

(2)在不能实行地区差价的情况下，电信公司有两种策略，一种策略是只在一个城市经营，此时电信公司只会选择北京市，因为北京的市场规模更大；另一种策略是在两地同时经营。下面是具体讨论：

策略一：只在北京市经营。此时电信局的话费为 $p=c$，安装费为 $A=\frac{(b-c)^2}{2}$，总利润为 $\pi=\frac{(b-c)^2}{2}$。

策略二：在两地同时经营。此时电信局的利润最大化问题为：

$\max\limits_p (a-p)^2+(p-c)(b-p)+(p-c)(a-p)$，其中 $(a-p)^2$ 为两地的安装费

解得 $p=\frac{b+2c-a}{2}$，特别地，这个结果要求 $\frac{b+2c-a}{2}\leqslant a$，即 $b+2c\leqslant 3a$。因为如果相反的不等式成立，那么石家庄就不会有消费者使用电话，这时电信公司的目标应当是在北京地区最大化它的利润，而不是使得两地的利润和最大。

此时电信公司在两地经营的话费都为 $p=\frac{b+2c-a}{2}$，安装费是 $A=\frac{(a-p)^2}{2}=\frac{(3a-b-2c)^2}{8}$，利润为 $\pi'=\frac{(3a-b-2c)^2}{4}+(b-a)(a-c)$。

下面分两种情况讨论：

①如果 $2c+b>3a$ 成立，电信公司会放弃石家庄市场，只选择在北京经营，此时话费和安装费分别为 $p=c$ 和 $A=\frac{(b-c)^2}{2}$，利润为 $\pi=\frac{(b-c)^2}{2}$。

②如果 $2c+b\leqslant 3a$ 成立，那么电信公司就需要比较两种策略的利润。如果 $\pi>\pi'$，那么电信公司就选择策略一；如果 $\pi<\pi'$，那么电信公司就选择策略二。

(3)这是一个三级价格歧视，这时厂商的最优选择满足两个市场的边际收益相等，都等于生产最后一单位产品的边际成本，即：

$$MR_1 = MR_2 = MC$$

由于 $MR_1=a-2Q_1$，$MR_2=b-2Q_2$，$MC=c$，把它们代入上式中，解得：

$$Q_1=\frac{a-c}{2}\quad p_1=\frac{a+c}{2}$$

$$Q_2=\frac{b-c}{2}\quad p_2=\frac{b+c}{2}$$

(4)经营策略 1——两地同时经营：此时电信公司在两个城市制定同样的话费，它的利润最大化问题为：

$$\max_p (p-c)(Q_1+Q_2)$$

其中 $Q_1 = a - p$，$Q_2 = b - p$，把它们代入目标函数式中，解得：

$$p = \frac{1}{4}(a + b + 2c) \quad \pi = \frac{(a + b - 2c)^2}{8}$$

特别的上面的结论都要求 $p = \frac{a + b + 2c}{4} < a$，即 $2c + b < 3a$ 必须成立。因为如果相反的不等式成立，那么石家庄就不会有消费者使用电话，这时电信公司的目标应当是在北京地区最大化它的利润，而不是使得两地的利润和最大。

经营策略 2——只在北京地区经营：

若电信公司只选择一地经营，那么它只会选择北京地区，因为北京地区的市场规模更大($b > a$)，此时的利润最大化问题为：

$$\max_{p_2}(p_2 - c)Q_2$$

其中 $Q_2 = b - p_2$，把它代入目标函数式中，解得：

$$p = \frac{b + c}{2} \quad \pi' = \frac{1}{4}(b - c)^2$$

下面分情况讨论：

①如果 $2c + b \geqslant 3a$ 成立，电信公司会放弃石家庄市场，只选择在北京经营，相应的定价策略为 $p = \frac{b + c}{2}$。

②如果 $2c + b < 3a$ 成立，这时需要比较两种经营策略的利润。若 $\pi > \pi'$，那么电信公司选择策略 1。若 $\pi \leqslant \pi'$，那么电信公司选择策略 2。

10. 假定一厂商面临一条不变弹性的需求曲线，即

$$q = 256p^{-2}$$

其边际成本曲线为

$$MC = 0.001q$$

(1)用图形表示其需求曲线与边际成本曲线。

(2)计算与需求曲线相联系的边际收益曲线，并在图上画出这条曲线。

(3)在什么样的产出水平上边际收益等于边际成本？

解：(1)$p = \frac{16}{\sqrt{q}}$；$MC = \frac{q}{1000}$，则需求曲线与边际成本曲线的图形如图 8－6 所示。

(2)厂商的总收益 $R = pq = 16\sqrt{q}$，相应的边际收益 $MR = \frac{8}{\sqrt{q}}$。如图 8－6 所示。

(3)令 $MR = MC$，即 $\frac{q}{1000} = \frac{8}{\sqrt{q}}$，解得 $q = 400$。

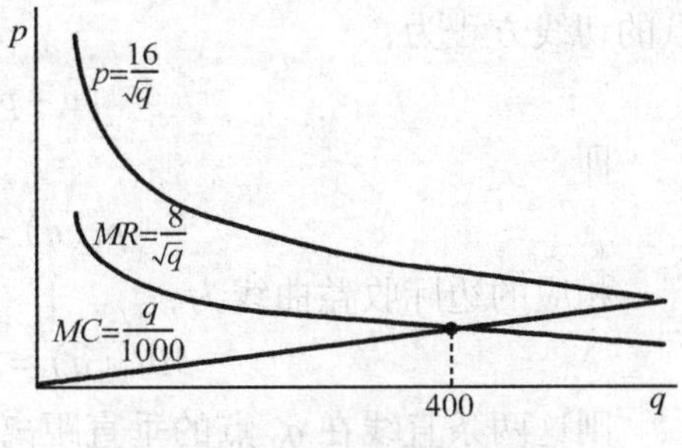

图 8－6　需求曲线、边际收益曲线和边际成本曲线

11. 这个问题探讨在几种函数形式下需求曲线与边际收益曲线之间的关系。请说明：

(1)对一条线性需求曲线，在任何价格水平上，边际收益曲线都处在纵轴与需求曲线之间的平分点上。

(2)对任一条线性需求曲线，需求曲线与边际收益曲线之间的垂直距离为 $-\frac{q}{b}$，这里的 $b(b<0)$ 是需求曲线的斜率。

(3)对于 $q=ap^b$ 这样一条不变弹性的需求曲线，需求曲线与边际收益曲线之间的垂直距离与需求曲线的高度成一固定的比率，这一比率取决于需求的价格弹性。

(4)对于任何向下倾斜的需求曲线，在任一点上需求曲线与边际收益曲线之间的垂直距离可以通过在该点对需求曲线的线性趋近，并应用在(2)中所描述的程序得到。

(5)将从(1)到(4)所得的结果在图上表示出来。

解：(1)设线性需求曲线为 $q=a+bp$，其中 $b<0$，则反需求曲线为 $p=\frac{q}{b}-\frac{a}{b}$，从而 $MR=\frac{2q}{b}-\frac{a}{b}$。由此可知，反需求曲线与边际收益曲线的纵轴截距相同，但后者的斜率为前者的 2 倍，所以边际收益曲线为纵轴和需求曲线的平分线。

(2)需求曲线为 $q=a+bp$，反需求曲线为 $p=\frac{q}{b}-\frac{a}{b}$，从而边际收益曲线为 $MR=\frac{2q}{b}-\frac{a}{b}$，则两者的距离为 $-\frac{q}{b}$。

(3)对于不变弹性的需求函数 $q=ap^b$，其反需求函数为 $p=\left(\frac{q}{a}\right)^{\frac{1}{b}}$，则相应的边际收益为 $MR=\frac{b+1}{b}\left(\frac{q}{a}\right)^{\frac{1}{b}}$，于是：$p-MR=\left(\frac{q}{a}\right)^{\frac{1}{b}}-\frac{1+b}{b}\left(\frac{q}{a}\right)^{\frac{1}{b}}=-\frac{1}{b}\left(\frac{q}{a}\right)^{\frac{1}{b}}$。

对于需求函数 $q=ap^b$，其价格弹性为 $|\varepsilon|=\left|\frac{\mathrm{d}q}{\mathrm{d}p}\frac{p}{q}\right|=b$，所以有 $\frac{p-MR}{p}=\frac{1}{|\varepsilon|}$。

(4)本题题意为：需求曲线和边际收益曲线之间的垂直距离等于把过需求曲线上同一点的切线视作一个新的线性需求函数时，该线性需求函数与相应的线性边际收益曲线之间的距离。下面来证明：

假设需求函数为 $p(q)$，且 $p'(q)<0$。那么对于需求曲线上任意一点 $(q_0, p(q_0))$，过该点的切线方程为：

$$p-p(q_0)=p'(q_0)(q-q_0)$$

即：

$$p_1(q)=p'(q_0)(q-q_0)+p(q_0)$$

相应的边际收益曲线为：

$$MR_1(q)=2p'(q_0)q-p'(q_0)q_0+p(q_0)$$

则这两条直线在 q_0 点的垂直距离为：

$$p_1(q_0)-MR_1(q_0)=-p'(q_0)q_0$$

而与 $p(q)$ 对应的边际收益曲线为 $MR_2(q)=p'(q)q+p(q)$，则：

$$p(q_0)-MR_2(q_0)=p(q_0)-p'(q_0)q_0-p(q_0)=-p'(q_0)q_0$$

即：

$$p_1(q_0)-MR_1(q_0)=p(q_0)-MR_2(q_0)$$

(5)如图 8-7 到 8-10 所示。

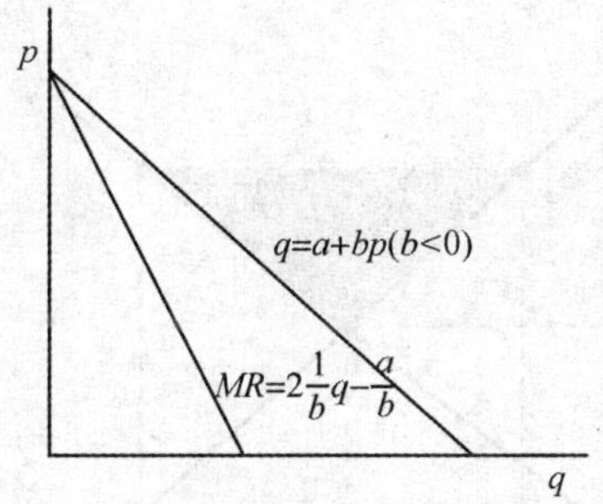

图 8－7　第(1)问图形

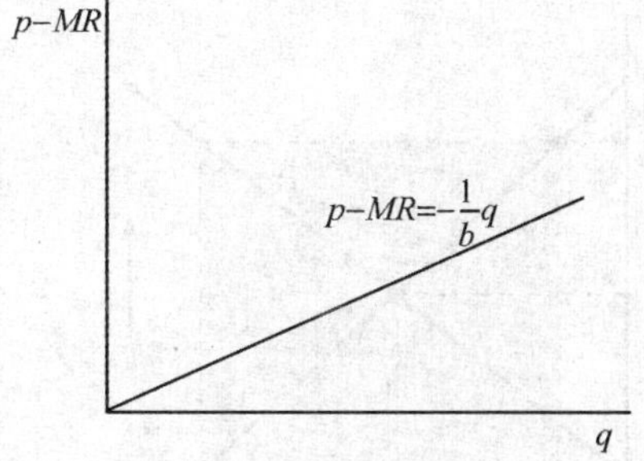

图 8－8　第(2)问图形

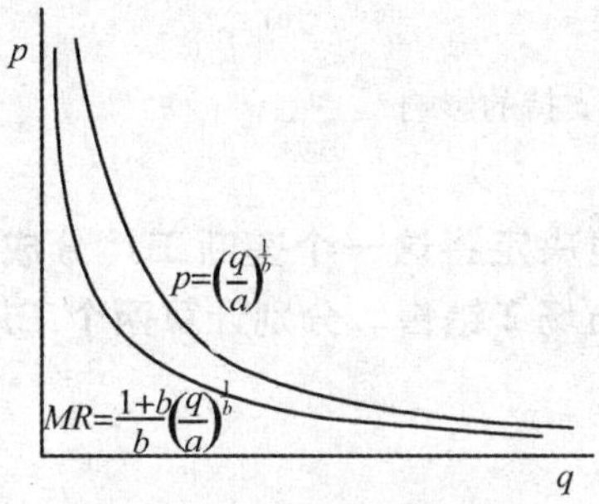

图 8－9　第(3)问图形

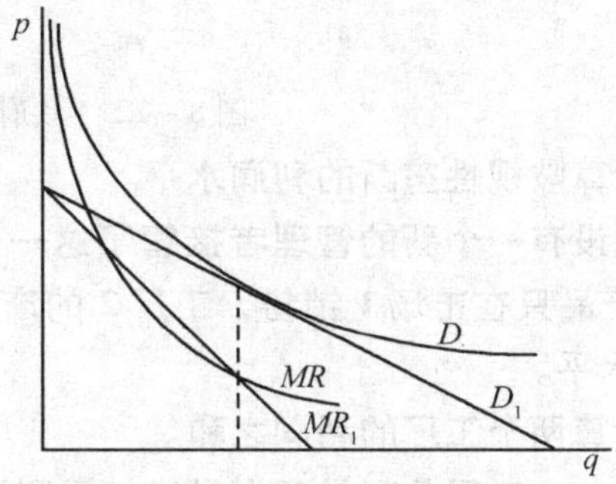

图 8－10　第(4)问图形

12. 我国近两年的粮食丰收使粮食供给有很大的增加，今年再次出现粮食供过于求的局面。

(1)试作图分析，如果任凭市场机制对粮食供求状况进行调节，对我国明年的粮食生产可能会产生何种影响。

(2)试作图分析如果采用价格支持方式使国家粮食收购价保持在较高的水平，对消费者、生产者和政府的利益有何影响？总的福利变化如何？

解：(1)如图 8－11 所示，如果种粮农民对下一年粮价的预期等于本年度的价格 P^*（适应性预期），那么他们会在下一年减少粮食的生产，这表现为供给曲线的左移，直到在当前的价格下达到新的均衡为止。

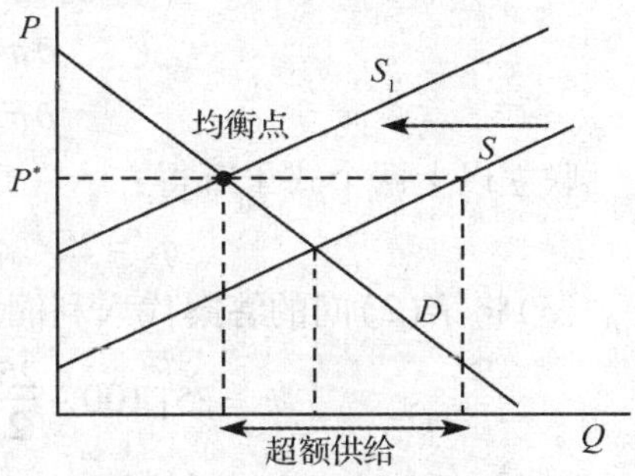

图 8－11　粮食供给的调整

(2)如图 8－12 所示。如果政府实行价格支持(以高于均衡价格 p^* 的价格 p' 来收购粮食)，此时的供给量为 q_2，需求量为 q_1，则政府的支出为(a)图中的灰色矩形面积，而消费者剩余的减少为(b)图中的浅灰色梯形的面积，生产者剩余的增加为(b)图中深灰色三角形面积加上(b)图中浅灰色梯形的面积，社会无谓损失为(a)图中灰色矩形面积减去(b)图中深灰色三角形面积，总福利将会减少。

13. 一个歧视性垄断厂商在两个市场上销售。假设不存在套利机会。市场 1 的需求曲线为 $p_1=100-q_1/2$，市场 2 的需求曲线为 $p_2=100-q_2$。垄断厂商的总产量用 $Q=q_1+q_2$ 表示。垄断厂商的成本函数依赖于总产出，$TC(Q)=Q^2$。

(1)列出垄断厂商(q_1 和 q_2)的利润函数。

(2)计算垄断厂商分别在两个市场上的利润最大化的销售量。

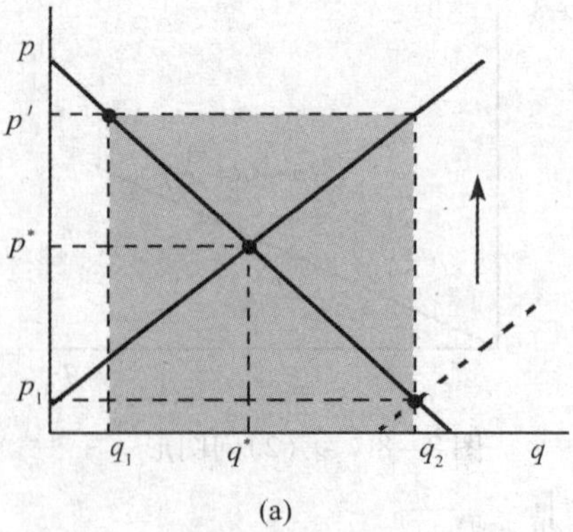

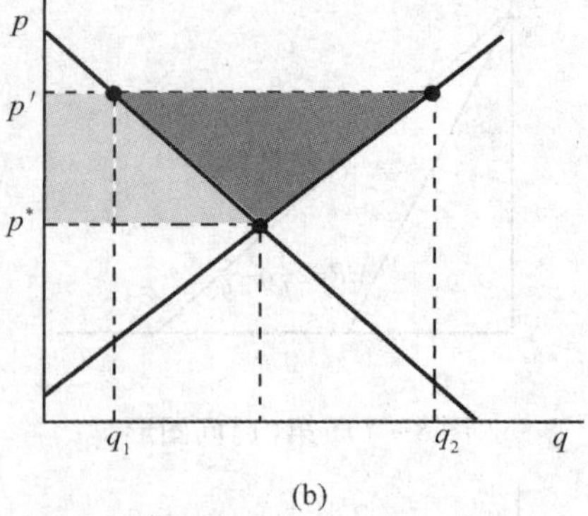

图 8－12　政府实行价格支持的影响

(3)计算歧视性垄断的利润水平。

(4)假设有一个新的管理者接管了这一企业，他决定将这一个垄断工厂分成两个工厂，工厂 1 的产品只在市场 1 销售，工厂 2 的产品只在市场 2 销售。分别计算两个工厂利润最大化的产出水平。

(5)计算两个工厂的利润之和。

(6)将一个工厂分割成两个是增加了利润还是减少了利润？利用规模报酬递增或递减理论来解释你对上述问题的回答。

解：(1)厂商的利润函数为：

$$\pi = q_1\left(100 - \frac{q_1}{2}\right) + q_2(100 - q_2) - (q_1 + q_2)^2$$

(2)利润函数分别对 q_1 和 q_2 求导，得到：

$$\partial\pi/\partial q_1 = 100 - 3q_1 - 2q_2 = 0$$

$$\partial\pi/\partial q_2 = 100 - 4q_2 - 2q_1 = 0$$

联立以上两个式子解得：

$$q_1 = 25 \quad q_2 = 12.5 \quad p_1 = 87.5 \quad p_2 = 87.5$$

(3)将第(2)问的答案代入利润函数，则厂商的垄断利润为：

$$\pi = 25\left(100 - \frac{25}{2}\right) + \frac{25}{2}\left(100 - \frac{25}{2}\right) - \left(25 + \frac{25}{2}\right)^2 = 1875$$

(4)这就相当于每个市场都有一个垄断厂商，要注意的是成本函数中相对应的产量现在变成分厂的产量，而不是总产量。

对于市场 1 有：

$$MR_1 = MC_1 \quad \Rightarrow 100 - q_1 = 2q_1 \quad \Rightarrow q_1 = \frac{100}{3} \quad p_1 = \frac{250}{3}$$

对于市场 2 有：

$$MR_2 = MC_2 \quad \Rightarrow 100 - 2q_2 = 2q_2 \quad \Rightarrow q_2 = 25 \quad p_2 = 75$$

(5)两个工厂的利润之和 $\pi' = \pi_1 + \pi_2 = \frac{250}{3} \times \frac{100}{3} + 75 \times 25 - \left(\frac{100}{3}\right)^2 - 25^2 \approx 2917$

(6)比较第(3)问和第(5)问的结果可知，分成两个工厂来生产以后，利润增加了。

该企业是规模报酬递减的，生产成本下降的程度大于规模报酬递减的程度。因此把同样的产量用两个工厂来生产，结果是边际成本的降低。

14. 市场1的需求弹性是 $\varepsilon_1=-2$，市场2的需求弹性是 $\varepsilon_2=-4$。假设一个垄断厂商可以在两个市场上分别定价(在市场1定价 p_1，在市场2定价 p_2)。下面的说法是否正确：市场1的价格 p_1 将比市场2的价格 p_2 高出150%。

答：错误。分析如下：对于实行三级价格歧视的垄断厂商，其利润最大化的产量一定会使两个市场的边际收益相等，并且它们都等于边际成本，即：

$$MR_1=MR_2=MC$$

根据边际收益的弹性表达式，上式变为：

$$p_1\left(1-\frac{1}{|\varepsilon_1|}\right)=p_2\left(1-\frac{1}{|\varepsilon_2|}\right)=MC$$

即：

$$\frac{p_1}{p_2}=\frac{1-\frac{1}{|\varepsilon_2|}}{1-\frac{1}{|\varepsilon_1|}}=\frac{1-\frac{1}{4}}{1-\frac{1}{2}}=\frac{3}{2}$$

因此市场1的价格是市场2的价格的1.5倍，即市场1的价格高出市场2的价格50%。

15. (单项选择题)已知市场需求曲线为 $Q=5-p$，现有一成本函数为 $C(Q)=2Q$ 的垄断厂商进行两部收费，则固定费与单价分别为

(A)4.5，2　　(B)3，3　　(C)2，5　　(D)5，2　　(E)以上都不对

答：选(A)。理由如下：厂商的利润最大化问题为：

$$\max_p \pi=\frac{1}{2}(5-p)^2+(5-p)(p-2)$$

相应的一阶条件为：

$$\frac{\partial\pi}{\partial p}=p-5+7-2p=0$$

解得 $p=2$，则向消费者收取的固定费用为：

$$\frac{1}{2}(5-2)^2=4.5$$

16. 考虑一个完全竞争的小麦市场。

单个的小麦生产者都具有U型的长期平均成本曲线，并且在产量为1000蒲式耳时达到最低平均成本，每蒲式耳3美元。

(1)如果对小麦的需求曲线为 $Q_D=2600000-200000p$。求在长期均衡时小麦的价格、需求量以及小麦市场生产者的个数。

(2)如果需求向外移动

$$Q_D=3200000-200000p$$

而且小麦生产者在短期不能调整其产出，那么，伴随新需求曲线的市场价格会是多少？典型生产者的利润又会是多少？新的长期均衡会怎样(价格、产量、生产者个数)？

解：(1)由长期竞争均衡的特性知道长期均衡价格等于最低长期平均成本，即 $p=3$，则均衡时的市场需求量为：

$$Q_D=2600000-200000\times3=2\times10^6$$

又因为此时每个生产者生产最低平均成本对应的产量，即 $Q_j=1000$，所以生产者数量为：

$$N = Q_S/Q_j = Q_D/Q_j = \frac{2 \times 10^6}{10^3} = 2000(\text{个})$$

(2)短期内，由于生产者不调整自己的产出，所以由 $Q_D = Q_S$，就有 $3200000 - 200000p = 2 \times 10^6$，解得 $p = 6$，相应的典型生产者利润为 $\pi_j = (6-3) \times 1000 = 3000$。

长期内，价格回调到 3 美元，从而均衡产量 $Q_S = 3200000 - 200000 \times 3 = 2.6 \times 10^6$，由于每个生产者的产量 $Q_j = 1000$，所以生产者数量为：

$$N = Q_S/Q_j = Q_D/Q_j = \frac{2.6 \times 10^6}{10^3} = 2600(\text{个})$$

17. 作为一孤立的富裕新区惟一的网球俱乐部的拥有者，你必须决定会员费和场地时间费。有两种类型的网球手："热衷"的网球手有需求 $Q_1 = 6 - p$，其中，Q_1 是每周场地小时，p 为每人每小时的费用。"偶尔为之"的网球手的需求：$Q_2 = 3 - p/2$。设各类型都有 1000 人。你有足够的场地，因而场地时间的边际成本为 0。你有每周 5000 元的固定成本。热衷的和偶尔为之的网球手看起来是相似的。所以你必须向他们要同样的价。

(1)假设为了保持一种"职业"气氛，你想将会员限制在热衷的网球手中。你将如何定年度会员费和场地费(假定每年 52 周)以使利润最大化？

(2)有个朋友告诉你鼓励两类网球手都入会你将能赚到更大的利润。这个朋友有道理吗？多少年费和场地费会使周利润最大化？这些利润是多少？

(3)假使过了几年，年轻的、进取的专业人员移到你的社区，他们都是热衷型的网球手。你相信现在有 3000 个热衷型的网球手和 1000 个偶尔为之的网球手。对偶尔为之的网球手开放还有利可图吗？

解：(1)如果将会员限制在热衷的网球手中，那么就只有一种类型的消费者，他们对网球的需求为：

$$p = 6 - Q_1$$

按照两部收费原则，年度会员费 F 应该等于这类消费者剩余 $= 52 \times \frac{1}{2} \times 6 \times 6 = 936$ 元；场地费等于边际成本等于 0，这样可以求出每年的利润是：

$$\pi = 1000 \times 936 - 5000 \times 52 = 676000(\text{元})$$

(2)如果有两类消费者，他们的反需求函数分别是 $p = 6 - Q_1$，$p = 6 - 2Q_2$，再假设场地费定为 p，那么每周的场地费收入为：$1000p\left[(6-p) + \left(3 - \frac{p}{2}\right)\right]$；会费必须按照偶尔为之的网球手的消费者剩余收取，那么每周每个人的入会费为：$\frac{1}{2} \times (6-p)\left(3 - \frac{p}{2}\right)$，每周入会费收入为：$1000 \times (6-p)\left(3 - \frac{p}{2}\right)$。

此时的利润函数为：

$$\pi = 1000\left[p\left(9 - \frac{3}{2}p\right) + (6-p)\left(3 - \frac{p}{2}\right)\right] - 5000$$

利润最大化的一阶条件为：

$$\frac{d\pi}{dp} = 100(9 - 1.5p - 1.5p - 3 + 0.5p - 3 + 0.5p) = 0$$

解得场地费为每周3/2美元，会费为81/16美元，一周利润为15250美元，年度利润为793000，高于676000，因此网球场应针对两类选手都开放。

(3)重复上面的求解过程，可以得到：若只包括热衷的网球手，年利润2548000；若包括两种类型的网球手，年利润2033200。因此这时只针对热衷网球的人开放场地利润比较高。

18. 考虑对于电信业的需求，通常这种需求中存在着网络的外在性，即随着上网或电话客户数上升，消费者对电信服务的效用评价也会上升。下列效用函数就是反映“网络外在性”的，

$$u_x = n(1-x) - p$$

这里，u_x是消费者x的效用，n是网络中消费者的人数，x为消费者在电信客户中的先后次序，对n与对x标准化后，我们有$0 \leqslant n \leqslant 1$，$0 \leqslant x \leqslant 1$；$x$越是离0近，表示消费者越早地成为电信客户。

证明：在这样的“网络外在性”状态下，垄断电信公司不可能实现100%的电话普及率。

证明：消费者的效用函数为：

$$\begin{cases} u_x = n(1-x) - p; & \text{当消费者成为电信客户时} \\ 0; & \text{当消费者还未成为电信客户时} \end{cases}$$

那么，假设最后一位消费者$\hat{x}$加入这一电信服务网络时，对其来说，加不加入都无差异，故：

$$0 = n(1-\hat{x}) - p$$

由于x表示的是消费者在电信客户中的先后次序，故网络中消费者的数量为$n = \hat{x}$，从而有：

$$0 = \hat{x}(1-\hat{x}) - p;\ \hat{x}(1-\hat{x}) = p$$

对垄断电信公司来说，其利润最大化目标必定要满足消费者的约束条件，即：

$$\max \pi(\hat{x}) = p(\hat{x}) \cdot \hat{x}$$
$$s.t.\ \hat{x}(1-\hat{x}) = p(\hat{x})$$

问题简化为：

$$\max \pi(\hat{x}) = (1-\hat{x}) \cdot \hat{x}^2$$

其一阶和二阶条件分别为：

$$\frac{d\pi}{d\hat{x}} = 2\hat{x} - 3\hat{x}^2 = 0;\ \frac{d^2\pi}{d\hat{x}^2} = 2 - 6\hat{x} \leqslant 0$$

显然，当$\hat{x} = 0$，即没有消费者成为电信公司的用户时，电信公司的利润为零。同样，当$\hat{x} = 1$，即实现100%的电话普及率后，电信公司的利润仍为零。由一阶条件可知：$\hat{x} = \dfrac{2}{3}$时，电信公司实现利润最大化，故电信部门只会实行三分之二的电话普及率。如图8-13所示。

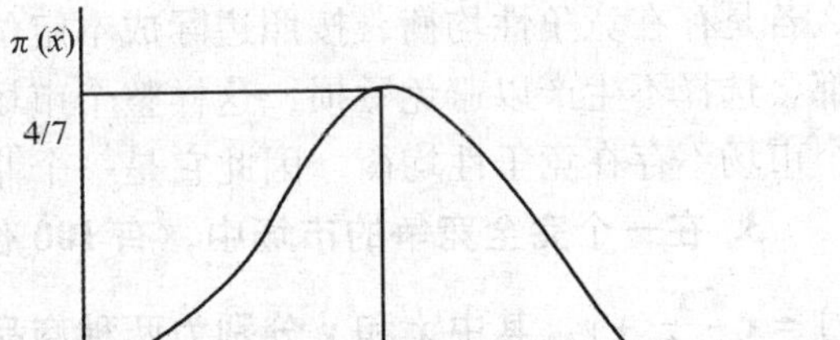

图8-13　电信公司的电话普及率

8.2　强化习题详解

1. 已知一个在竞争性市场中的企业的成本函数为$c(y) = y^3 - 8y^2 + 20y + 5$，求该企业的短期反供给函数(注意关停条件)。

解：对于完全竞争市场上的厂商，短期内，如果产品价格低于最小平均可变成本，那么厂商就不会供给产品。当价格高于最小平均可变成本时，厂商根据 $p=MC$ 来确定自己的产量。对本题而言：

$$MC=3y^2-16y+20$$

$$AVC=y^2-8y+20$$

当 $y=4$ 时，AVC 达到最低，其值为 4，所以企业的短期反供给函数为（如图 8－14 所示）：

$$p=\begin{cases}3y^2-16y+20 & y\geqslant 4\\ 0\text{到}4\text{之间的任意值} & y=0\end{cases}$$

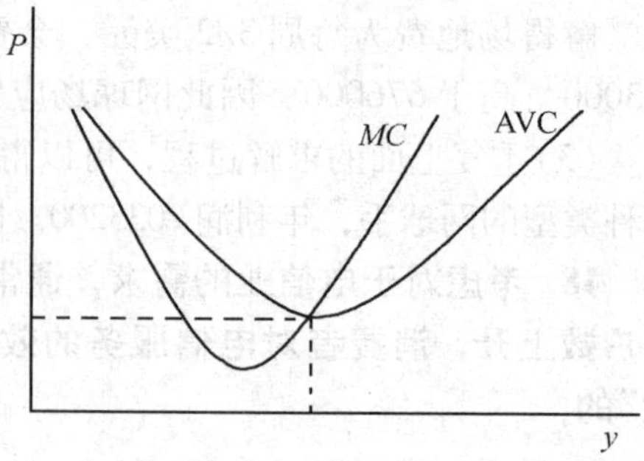

图 8－14　完全竞争厂商的供给曲线

2. 某个市场的（反）需求函数为 $p(y)=2000-100y$。任何一个厂商如果想进入该市场，必须先投入 1000 元的准固定投入，每生产一个单位产品的可变成本为 4 元钱。（本题目允许数量单位为小数）

（1）如果一个企业垄断市场，则价格和产量将分别定为多少，企业利润是多少？

（2）如果要求企业按照边际成本定价，则企业的价格和产量将是多少，利润为多少？

（3）根据以上结果，该市场的特征是什么？

解：（1）首先解释一下准固定投入（又称准不变成本）的概念。准不变成本是指当厂商停产时，支出为零，当厂商生产时，支出大于零，且与厂商产量无关的成本。

对于垄断企业而言，其利润最大化的必要条件是：

$$MR=MC$$

由市场需求函数可知 $MR=2000-200y$，又因为该厂商每单位产品的可变成本为 4，所以 $MC=4$，从而解得 $y=9.98$，$p=1002$，厂商利润 $\pi=(1002-4)\times 9.98-1000=8960.04$ 元。

（2）如果按照边际成本定价原则，那么就有 $2000-100y=4$，解得 $y=19.96$，从而厂商利润 $\pi=py-1000-4y=19.96\times 4-1000-19.96\times 4=-1000$ 元。

（3）该市场是一个非竞争性市场。这是因为如果该产品市场上有很多厂商进行竞争，那么若是存在竞争性均衡，按照边际成本定价原则确定产量会使所有厂商亏损，此时每个厂商都会选择不生产以避免亏损，这样整个市场的供给将为零，这就和存在均衡相矛盾。所以这个市场不存在竞争性均衡，因此它是一个非竞争性市场。

3. 在一个完全竞争的市场中，有 100 位完全相同的消费者，每个人的效用函数为 $u(x,y)=x-\dfrac{x^2}{2}+y$，其中 x 和 y 分别为两种商品的数量，x 的价格为 p，y 的价格为 1，消费者的收入为比较大的某个值 m。

（1）写出对 x 的市场需求函数。

（2）假定市场中有若干个具有同样生产技术的厂商，每个厂商的成本函数为 $c(q)=\dfrac{q^2}{16}+1$，请问均衡时，该行业中有多少个厂商？市场均衡价格和产量分别是多少？

解：（1）对每个消费者而言，其效用最大化问题为：

$$\max_{x,y}\ x-\frac{x^2}{2}+y$$

$$s.t.\ px+y=m$$

这个问题的拉格朗日函数为：

$$L(x,\ y,\ \lambda)=x-\frac{x^2}{2}+y+\lambda(px+y-m)$$

相应的一阶条件为：

$$\frac{\partial L}{\partial x}=1-x+\lambda p=0 \quad ①$$

$$\frac{\partial L}{\partial y}=1+\lambda=0 \quad ②$$

$$\frac{\partial L}{\partial \lambda}=px+y-m=0 \quad ③$$

把②式代入①式中，就得到了每个消费者对 x 的需求为 $x=1-p$，从而市场总需求为 $D(p)=100-100p$。

(2)假设均衡时，留在该行业中的厂商数量为 N，市场均衡价格为 p_E，从而单个厂商的产量满足边际成本定价原则，即 $p_E=MC=\frac{q_E}{8}$，即 $q_E=8p_E$，此时市场的总供给为 $8Np_E$。又因为对于给定的价格 p_E，市场总需求为 $100-100p_E$，根据均衡时总供给等于总需求的条件，就有：

$$100-100p_E=8Np_E$$

从中解得：

$$p_E=\frac{100}{100+8N} \quad ④$$

均衡时每个厂商至少可以获得零利润，即：

$$p_Eq_E-c(q_E)=8p_E^2-4p_E^2-1=4p_E^2-1\geqslant 0$$

从而解得 $p_E\geqslant 0.5$，再由④式，可以得到：

$$\frac{100}{100+8N}\geqslant 0.5$$

解得 $N\leqslant 12.5$，特别地，$N=12$ 是在保证每个厂商获得非负利润的条件下，该行业可以容纳的最多厂商数量，这就意味着，如果行业内厂商数量再增加一个，那么每个厂商的利润就会严格小于零。所以均衡时，行业内的厂商数量为 12。把 $N=12$ 代入④式，可以得到均衡价格为 $p_E=0.51$，此时市场的总产量为 $100-100p_E=49$。

4. 如果一个追求利润最大化的垄断厂商可以针对不同消费者人群差别定价，比如对学生和非学生定不同的价格，那么在什么条件下它将对学生打折？用数学证明你的判断。

答：当学生市场的需求弹性比较大时，垄断厂商会对学生打折。分析如下：

假设学生市场和非学生市场的反需求函数分别为 $p_s(y_s)$ 和 $p_n(y_n)$，从而垄断厂商的利润最大化问题为：$\max\limits_{p_s,p_n} p_s(y_s)y_s+p_n(y_n)y_n-c(y_s+y_n)$

由一阶条件得到：$p_s(1-1/|\varepsilon_s|)=MC(y_s+y_n)$

$$p_n(1-1/|\varepsilon_n|)=MC(y_s+y_n)$$

从而有：$p_s(1-1/|\varepsilon_s|)=p_n(1-1/|\varepsilon_n|)$

所以如果 $|\varepsilon_s|>|\varepsilon_n|$，那么 $1-1/|\varepsilon_s|>1-1/|\varepsilon_n|$，从而 $p_s<p_n$。这就意味着，当学生市场的需求弹性比较大时，垄断厂商会对学生打折。

5. 某消费者对商品 x 和在其他商品上的开支 y 的效用函数为 $u(x,y)=10x-\frac{1}{2}x^2+y$。

(1)写出该消费者对商品 x 的需求函数。

(2)假定商品 x 由一个具有规模报酬不变生产技术的垄断厂商生产，单位成本为 4 元。产品直接卖给消费者，没有销售成本。市场上有 100 个完全同样的消费者。假定厂商可以实行两部分定价。请问定价方式将是怎样的？总利润为多少？消费者剩余是多少？

解：(1)消费者的效用最大化问题为：

$$\max_{x,y}\ 10x-\frac{1}{2}x^2+y$$
$$s.\,t.\ px+y=m$$

从约束条件中解出 y 的表达式，代入目标函数式中，就有：

$$\max_{0\leqslant x\leqslant m/p}\ (10-p)x-\frac{1}{2}x^2+m=\max_{0\leqslant x\leqslant m/p}\ -\frac{1}{2}[x-(10-p)]^2+\frac{1}{2}(10-p)^2+m$$

下面分情况讨论：

①如果 $10-p\leqslant 0$，即 $p\geqslant 10$ 时，$x=0$，如图 8－15 的(a)图所示。

②如果 $0\leqslant 10-p\leqslant m/p$，即 $(10-p)p\leqslant m$ 时，$x=10-p$，如图 8－15 的(b)图所示。

③如果 $10-p>m/p$，即 $(10-p)p>m$ 时，$x=\frac{m}{p}$，如图 8－15 的(c)图所示。

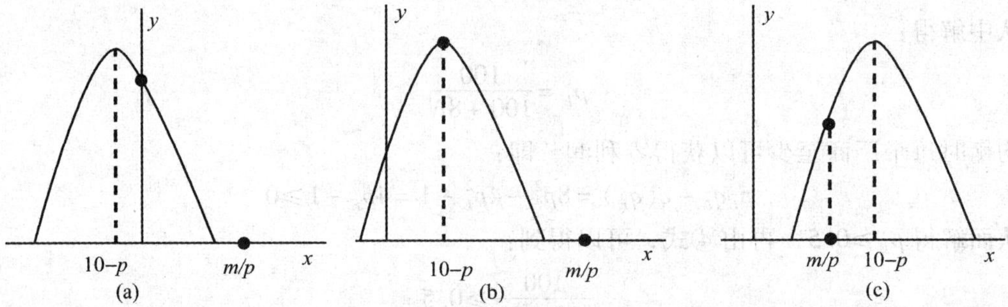

图 8－15　消费者的最优选择

(2)假设垄断厂商采用两部定价，设 p_1 是消费者为获得此商品的消费权的支出，p_2 为购买每单位 x 的价格。厂商为获得最大利润，应将两部分价格分别定为 $p_1=CS$，$p_2=MC$。

当 $(10-p)p\leqslant m$ 时，市场需求为 $D(p)=100(10-p)$，则：

$$p_1=\int_4^{10}100(10-p)\mathrm{d}p=1800\text{ 元}$$
$$p_2=4\text{ 元}$$

此时产量为 $Q=100\times(10-4)=600$。总利润为：

$$\pi=p_1+\int_0^{600}(p_2-MC)\mathrm{d}Q=1800\text{ 元}$$

消费者剩余等于 0。

6. 某个企业有如下生产函数 $Y=K^{1/2}L^{1/2}$，其中 Y 为每月的产量，K 为月原材料的使用量，L 为月劳动力的使用量，市场上原材料的价格为 2 元，劳动的工资为 200 元。除了原材料和劳动力以外没有另外的成本。

(1)写出该企业的成本函数。

(2)假定该企业面临一个垄断的市场环境，市场需求函数为 $p(y)=2000-100y$，该企业

将如何定价？产量为多少？

(3)假定该企业的产品在一个完全竞争型的市场出售，如果存在最大化的利润，那么此时产量为多少？利润为多少？

解：(1)企业的成本最小化问题为：

$$\min_{K,L} 2K + 200L$$

$$s.t.\ K^{\frac{1}{2}}L^{\frac{1}{2}} = y$$

得到条件要素需求为 $K = 10y$，$L = \frac{1}{10}y$，从而企业的成本函数为 $C = 2K + 200L = 40y$。

(2)垄断厂商进行如下利润最大化决策：

$$\max_{y}(2000 - 100y)y - 40y$$

解出垄断产量为 $y = 9.8$，垄断价格为 $p = 2000 - 100y = 1020$。

(3)如果厂商处于完全竞争的市场环境中，其利润最大化问题为：

$$\max_{y} py - 40y$$

其中 p 为市场价格。

当 $p < 40$ 时，厂商将停产(短期)或退出行业(长期)以避免损失，此时厂商产量和利润都是零。当 $p = 40$ 时，厂商可以选择任意的产量，它的利润恒为零。

7. Suppose that the demand function for apple is $q(p) = (p+1)^{-2}$

(1) compute the price elasticity of demand for apple at price p.

(2) At what price is the price elasticity of demand for apple equal to -1?

(3) Write an expression for total revenue from the sale of apple as a function of their price. Use calculus to find the revenue-maximizing price.

解：(1)苹果的需求价格弹性为 $\varepsilon = \frac{\mathrm{d}q}{\mathrm{d}p}\frac{p}{q} = -2(p+1)^{-3}\frac{p}{(p+1)^{-2}} = \frac{-2p}{p+1}$。

(2)令 $\varepsilon_p = -\frac{2p}{p+1} = -1$，解得 $p = 1$。

(3)出售苹果的总收入为 $R = pq = p(p+1)^{-2} = \frac{p}{(p+1)^2}$，相应的收入最大化问题为：

$$\max_{p} \frac{p}{(p+1)^2}$$

目标函数式关于价格 p 求导，然后令导函数等于零，得到：

$$R'(p) = \frac{1-p^2}{(p+1)^4} = 0$$

解得 $p = 1$。

8. Suppose that the demand and supply of gas are

$$Q^D = 150 - 50p,\ Q^S = 60 + 40p$$

(1) Find the market equilibrium in price and quantity of gas.

(2) Suppose that the government imposes quantity tax on per unit sold: $t = \$0.5$. Find the market price and quantity.

(3) Find the consumers' surplus, firm's surplus and government benefit. What is the social loss of a tax?

解：(1)令 $Q^D = Q^S$，得 $p^* = 1$；$Q^* = 100$。

(2)令 $p_d = p_s + t$，得市场价格 $p^* = p_d = \frac{11}{9}$，$Q^* = \frac{800}{9}$。

(3)分别计算消费者剩余改变量，生产者剩余改变量和政府收入：

$$\Delta CS = -\frac{1700}{81}，\Delta PS = -\frac{2125}{81}，政府收入 = \frac{3600}{81}$$

总损失 $= -(\Delta CS + \Delta PS) = \frac{3825}{81}$，无谓损失 $= \frac{3825}{81} - \frac{3600}{81} = \frac{225}{81}$。

9. 一个充分竞争的童装行业存在很多潜在的竞争对手。每一个企业都有相同的、具有固定规模效益的生产函数。生产 20 个单位的产品时，企业的长期平均成本最低，其最低平均成本是每单位 10 元。这行业的总需求函数是 $y = 1500 - 50p$，p 是童装的市场价格。

(1)行业的长期供给函数。

(2)求这个行业的长期的均衡价格、行业的童装年总产量、企业数，以及每个企业的利润。

(3)如果每个企业的短期成本函数是 $c(y) = 0.5y^2 - 10y + 200$，求这个行业的短期供给函数。假如现在童装的流行趋势发生了变化，新的市场总需求是 $y = 2000 - 50p$，求每个企业的短期利润。

(4)求新的长期均衡价格、行业的童装年总产量、企业数，以及每个企业的利润。

解：(1)长期供给函数为 $p = 10$。

(2)该行业的长期均衡价格为 $p = 10$，行业的总产量为 $y = 1500 - 50 \times 10 = 1000$，企业数为 $1000/20 = 50$(因为长期均衡时，企业会在长期平均成本最低点生产)，此时每个企业利润为零。(长期内，企业可以调整生产，选择进入或退出该行业。)

(3)短期内，该行业中共有 50 家企业。每家企业按照 $P = MC$ 进行生产。根据成本函数可知 $MC = y - 10$，$AVC = 0.5y - 10$，显然 $P > AVC$，所以企业会选择生产。行业的短期供给函数为 $y = 50(p + 10)$。当市场需求变化以后，由市场供给等于市场需求，就有 $50(p + 10) = 2000 - 50p$，解得 $p = 15$，$y = 25 \times 50 = 1250$，因此，每个企业的短期利润为 $py - c(y) = 112.5$。

(4)新的长期均衡价格仍为 10，行业的童装总产量为 $2000 - 50 \times 10 = 1500$，企业数量为 $1500/20 = 75$，每个企业的利润为零。

10. 一个垄断企业面临两个分割的市场，这两个市场的需求函数分别是：

$$\boldsymbol{D_1(p_1) = 100 - p_1}$$
$$\boldsymbol{D_2(p_2) = 100 - 2p_2}$$

其中 p_1 和 p_2 分别是这两个市场的价格。这个垄断企业的成本函数是 $C(y) = 20y$。

(1)假设这个垄断企业可以在不同的市场上实行不同的价格(即存在价格歧视)，在利润最大化时，这个企业应该在这两个市场上分别出售多少个单位的商品，价格各为多少？

(2)假设不存在价格歧视，这个企业应该生产多少个单位的产品，价格是多少？

解：(1)对于实行三级价格歧视的厂商而言，其最优产量选择应当满足：

$$MR_1 = MR_2 = MC$$

因为 $MC = 20$，$MR_1 = 100 - 2y_1$，$MR_2 = 50 - y_2$，从而解得：

$$y_1 = 40，p_1 = 60，y_2 = 30，p_2 = 35$$

(2)假设不存在价格歧视，企业面临的市场需求函数为 $D(P) = 200 - 3P$，从而 $MR =$

$200/3 - 2y/3 = MC = 20$，此时 $P = 130/3$，$y_1 = 170/3$，$y_2 = 40/3$。

11. 一般而言，上瘾品，如海洛因和烟酒等，需求价格弹性很小，对个人和社会都会造成一定危害。如何控制其供给是个很有现实意义的问题。

(1)一种方法是将其供给拒之于国门之外(目前，这种方法被用于控制海洛因和可卡因等毒品，在美国禁酒运动期间曾用于酒类)。这种方法结果如何?

(2)另一种方法是对这些物品课以重税(目前这种方法被用于烟草和酒类)。这种方法结果如何?

(3)上述两种方法的结果有何差异?

答: (1)在这种方法下，毒品的供给与需求曲线如图 8-16 所示。由于将毒品拒于国门之外减少了毒品的供给，使供给曲线由 S 移动到 S'，在毒品需求不变条件下，导致商品的价格从 P_0上升到 P_1，而需求量变化幅度却很小，最终使毒品供给者的总收入增加，即由 $P_0 \cdot Q_0$增加为 $P_1 \cdot Q_1$。

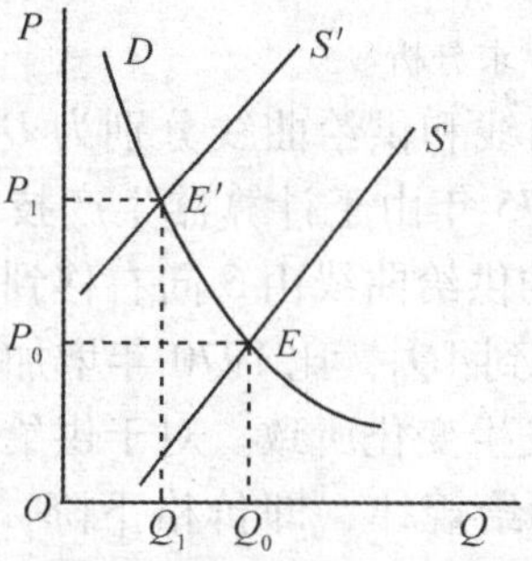

图 8-16　拒之门外的分析

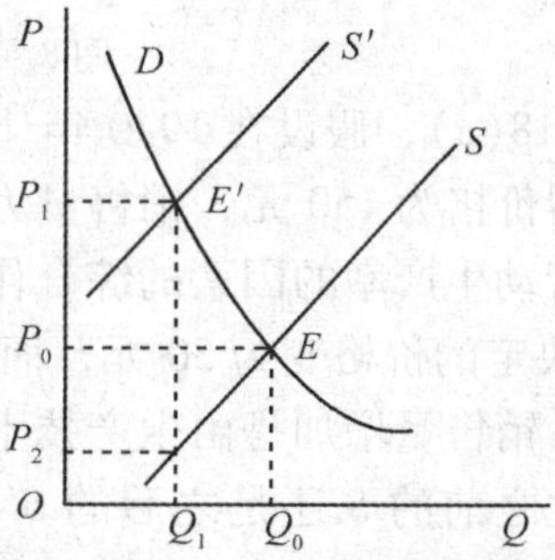

图 8-17　课以重税的分析

(2)当对上瘾品课以重税时，如图 8-17 所示，由于成本提高，使供给减少，供给曲线向左上方移动。供给曲线向上垂直移动的距离即为单位商品征税额。这时，供给者的总收入等于消费者的总支出额($P_1 \cdot Q_1$)减去征税额[$(P_1 - P_2) \cdot Q_1$]，即为 $P_2 \cdot Q_1$的面积，它小于未征税之前的收入($P_0 \cdot Q_0$)。

(3)这两种方法的不同在于，前者使上瘾品供给者的总收入增加，而后者使供给者的总收入减少，而使税收增加。如果能够有效避免避税行为，两种方法都可以达到使上瘾品需求者的费用提高的目的，但后者看起来更具有经济合理性。

12. 下面说法是否正确，为什么?

“经济学家认为，降低价格一定会使供给量下降是一条规律。可是这个规律也有例外。例如，1970 年 10 位数字的计算器每台卖 150 元，到 1975 年只卖 50 元，然而销售量却增加了 3 倍。可见，降低价格不一定会使供给量下降。”

答: 这种说法不正确。对于一般商品来说，在其他因素不变的条件下，降低价格一定会使其供给量下降这条规律是无可置疑的，但也确有极少的例外，如劳动的供给便是。计算器这类普通商品的供给是遵循这条普遍规律的。在生产技术、生产要素的价格等因素不变的情况下，当计算器价格下降时，其供给量必定减少，当价格上升时，其供给量必定增加。

但在现实中，生产技术、生产要素的价格等因素是在不断变化的。20 世纪 70 年代以来计算器的生产技术有了重大突破，其劳动生产率有了很大提高，这使得任一价格水平下生产者愿意并且能够提供的计算器数量有了大幅度的增加，也就是说计算器的供给曲线大幅度地向右下方移动。假设对计算器的需求状况不变，新的供给曲线与需求曲线共同决定的均衡价格将会下降，均衡产销量却会大大增加。

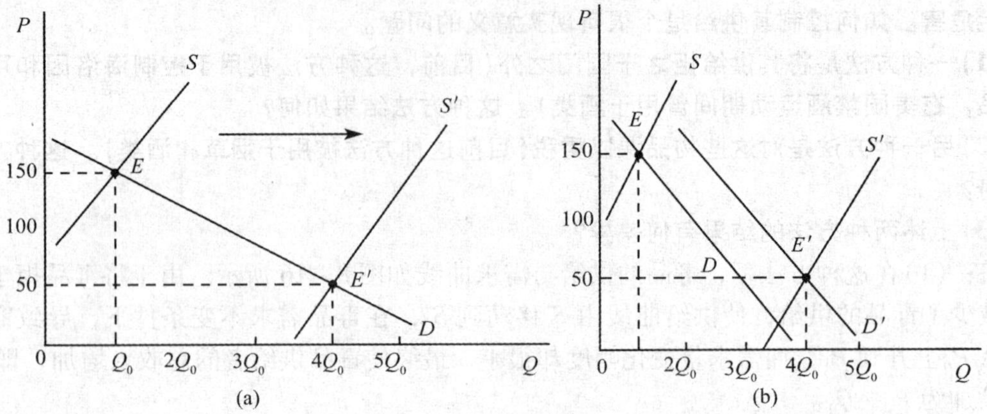

图 8－18　计算器的供求分析

如图 8－18(a)，假设在 1970 年计算器的需求曲线和供给曲线分别为 D 与 S，其交点 E 决定的计算器价格为 150 元，销售量为 Q_0。到了 1975 年由于计算器生产技术的进步以及其他一些提高劳动生产率的因素的综合作用，计算器的供给曲线由 S 向右移到 S'，S' 与 D 相交于 E'，由此决定的价格变为 50 元，而产销量却增加到 $4Q_0$，比 1970 年增加了 3 倍。所以这里价格下降、销售量增加是由生产技术等供给因素发生变化所致。对于供给曲线，不论是技术等因素变化之前的 S 还是之后的 S'，都遵循着供给规律，即价格下降，则供给量减少，反之相反。实际上供给曲线的正向倾斜已表明了这一点。

当然实际情况会更复杂一些，上面例题中是假设需求状况不变，实际上，需求状况很可能发生变化，如收入增加导致需求曲线向右移动，但这并不会改变供给规律本身。当需求状况也发生变化时，均衡状况的变化情况可能如图 8－18(b)所示。

13. 假定某产品市场中各厂商提供的产品有一定差别，当有 N 个厂商参与市场时，第 J 个($J=1, 2, \cdots, N$)厂商的需求函数为：

$$D_J = \frac{112}{N} + \frac{\sum_{i \neq J} P_i}{N-1} - 2P_J$$

所有参与厂商的成本函数均为 $C=X^2+24$，各厂商以其他厂商产品价格给定为前提来确定自己在市场中的垄断性行为。求：

(1) 两个垄断竞争厂商在短期均衡时的产量及价格；

(2) 垄断竞争市场长期均衡时的厂商数目、各厂商的产量及价格。

解：(1) 当 $N=2$ 时，两个厂商的需求函数分别为

$$D_1 = 56 + P_2 - 2P_1$$

$$D_2 = 56 + P_1 - 2P_2$$

两个厂商的利润分别为

$$\pi_1 = P_1D_1 - C_1 = P_1(56 + P_2 - 2P_1) - (56 + P_2 - 2P_1)^2 - 24$$

$$\pi_2 = P_2D_2 - C_2 = P_2(56 + P_1 - 2P_2) - (56 + P_1 - 2P_2)^2 - 24$$

由各自的利润最大化条件可得

$$280 + 5P_2 - 12P_1 = 0$$

$$280+5P_1-12P_2=0$$

联立上述两方程可得

$$P_1=P_2=40$$

$$D_1=D_2=16$$

(2)第 J 个厂商的利润为

$$\pi_J=P_JD_J-C_J=P_JD_J-(D_J^2+24)$$

利润最大化条件为

$$\frac{\partial \pi_J}{\partial P_J}=D_J+P_J\frac{\partial D_J}{\partial P_J}-2D_J\frac{\partial D_J}{\partial P_J}=0$$

$$D_J-2P_J+4D_J=0$$

$$5D_J-2P_J=0$$

代入需求函数即有

$$\frac{560}{N}+\frac{5\sum_{i\neq J}P_i}{N-1}-10P_J-2P_J=0$$

所有厂商状况相同，所以均衡条件下必有

$$P_1=P_2=\cdots=P_N=P$$

则有
$$560/N+5P-10P-2P=0$$

所以
$$P=80/N$$

$$D_J=112/N+P-2P=112/N-80/N=32/N$$

$$\pi_J=P_JD_J-C_J=24(64-N^2)/N^2$$

由于利润必须为非负，所以 $N\leqslant 8$，即长期均衡时厂商数量为 8。

14. 给定下列条件：

(1)要素市场为完全竞争市场，且厂商要素投入向量为 $\boldsymbol{X}=[X_1，X_2，\cdots X_n]$，对应的价格向量 $\boldsymbol{R}=[\boldsymbol{R}_1，\boldsymbol{R}_2，\cdots，\boldsymbol{R}_n]$。

(2)厂商规模收益不变。

试推导出厂商超额利润与垄断力的关系。

解：由于要素市场为完全竞争市场，厂商要素投入量为 $X=[X_1，X_2，\cdots，X_n]$，对应的价格向量为 $R=[R_1，R_2，\cdots，R_n]$，且厂商的规模收益不变。设垄断厂商只使用两种要素 L、K，其价格分别为 w、r，产品数量为 Q，产品价格为 P，超额利润为 π，则：

$$PQ=wL+rK+\pi$$

$$\pi=PQ-wL-rK \qquad ①$$

因为

$$MC=\frac{w}{MP_L}=\frac{r}{MP_K} \qquad ②$$

由 $MR=MC$ 和 $MR=P\times\left(1-\frac{1}{E_{\mathrm{d}}}\right)$可得：

$$w=MC\times MP_L=MR\times MP_L=P\left(1-\frac{1}{E_{\mathrm{d}}}\right)\times MP_L \qquad ③$$

$$r=MC\times MP_K=MR\times MP_K=P\left(1-\frac{1}{E_{\mathrm{d}}}\right)\times MP_K \qquad ④$$

把③、④式代入①式可得：

$$\pi = PQ - P\left(1 - \frac{1}{E_d}\right)(L \times MP_L + K \times MP_K) \quad ⑤$$

由欧拉定理可得：

$$Q = L \times MP_L + K \times MP_K \quad ⑥$$

把⑥式代入⑤式可得： $$\pi = \frac{PQ}{E_d} = PQ \times \frac{1}{E_d}$$

其中$\frac{1}{E_d}$为垄断力，可见厂商的超额利润与垄断力成正比。

垄断力又称为勒纳指数，或者价格标高程度，是指垄断价格超过边际成本的部分与垄断价格的比率，即：$L = \frac{P - MC}{P}$。均衡时候，$MC = MR$，而 $MR = P(1 - \frac{1}{E_d})$，所以 $L = \frac{1}{E_d}$，此时的 E_d 为正。需求弹性越大，垄断势力就越小。对于完全竞争的企业（厂商），它是价格的接受者，它的需求弹性无限大，价格等于它的边际成本，因而市场上不存在垄断势力。反过来说，需求弹性越小的市场，垄断势力就越大。但是勒纳指数大小的讨论是以弹性大于 1 为前提条件的。

第 9 讲　古诺(Cournot)均衡、Bertrand 与不完全竞争

9.1　课后习题详解

1. 考虑一个由两家企业组成的寡头垄断行业，市场的需求由 $p=10-Q$ 给出。这两家企业的成本函数分别为 $C_1=4+2Q_1$，$C_2=3+3Q_2$。

(1)若两家企业串通追求共同的利润最大化，总的产量水平是多少？市场价格为多少？各自生产多少？各自利润多大？

(2)若两家企业追求各自的利润最大化，利用古诺模型，各自生产多少？各自利润多大？市场价格多大？并给出各自的反应函数。

(3)若串通是非法的，但收购不违法。企业 1 会出多少钱收购企业 2？

解：(1)若两家企业串通时，它们的目标是追求总利润的最大化，则总利润函数为：

$$\pi=p(Q_1+Q_2)-C_1(Q_1)-C_2(Q_2)=-Q_1^2+8Q_1-2Q_1Q_2-Q_2^2+7Q_2-7$$

利润最大化的一阶条件为：

$$\frac{\partial\pi}{\partial Q_1}=-2Q_1+8-2Q_2=0$$

$$\frac{\partial\pi}{\partial Q_2}=-2Q_2+7-2Q_1=0$$

上述两式无解，说明两家企业串通后只由一家企业生产，不存在两家企业同时生产的情况。

根据两家企业的成本函数可得 $MC_1=2$，$MC_2=3$。由于两家企业的边际成本为常数，且企业 1 的边际成本小于企业 2 的边际成本，所以串通后所有的产量全部由企业 1 提供，故 $Q_2=0$。则总利润函数变为：

$$\pi=-Q_1^2+8Q_1-7$$

利润最大化的一阶条件为：$\frac{d\pi}{dQ_1}=-2Q_1+8=0$，解得 $Q_1=4$。

因此两家企业串通后，总的产量水平为 $Q=Q_1+Q_2=4$；

市场价格为 $p=10-Q=6$；

企业 1 的利润为 $\pi_1=-Q_1^2+8Q_1-4=12$；企业 2 的利润为 $\pi_2=-3$。

(2)给定企业 2 的产量 $\overline{Q}_2$，企业 1 的利润最大化问题为：

$$\max_{Q_1\geqslant 0} Q_1[10-(Q_1+\overline{Q}_2)]-C_1(Q_1)$$

把 $C_1(Q_1)=4+2Q_1$ 代入目标函数式中，根据利润最大化的一阶条件就可以得到企业 1 的反应函数为：

$$Q_1=4-0.5\overline{Q}_2 \qquad ①$$

类似的方法可以得到企业 2 的反应函数为：

$$Q_2=3.5-0.5\overline{Q}_1 \qquad ②$$

达到均衡时，就有：

$$\overline{Q}_i = Q_i, \ i=1, \ 2 \qquad ③$$

由①、②、③式可以解得古诺均衡时每家企业的产量为：

$$Q_1^c = 3, \ Q_2^c = 2$$

此时市场价格为5，两个企业的利润分别为5和1。

(3)企业1对企业2的收购价格不会高于两种情况下的利润差，即$p \leqslant 12-5=7$。

2. 一个垄断企业的平均成本和边际成本为$AC=MC=5$，市场的需求曲线函数为$Q=53-p$。

(1)计算这个垄断企业利润最大化时的产量和市场价格，以及其最大化的利润。

(2)若又有第二个企业加入该市场，市场的需求不变。第二个企业生产成本和第一个企业相同，在古诺模型下，求各企业的反应曲线、市场价格、各企业的产量和利润。

(3)若有N个企业加入该市场，市场的需求不变。这N个企业生产成本和第一个企业都相同，在古诺模型下，求市场价格、各企业的产量和利润。

(4)当N趋于很大时，市场价格有什么变化趋势？

解：(1)垄断企业的利润最大化问题为：

$$\max_{Q} pQ - C(Q)$$

其中$p=53-Q$，$C(Q)=5Q$，把这两个式子代入目标函数式中，然后对目标函数式关于产量Q求导，并令导函数等于零得：

$$53-2Q-5=0$$

解得$Q=24$，于是$p=53-Q=29$，利润为576。

(2)若有第二个完全相同的企业进入市场，并且两个企业进行古诺竞争，那么给定企业2的产量$\overline{q}_2$，企业1的利润最大化问题为：

$$\max_{q_1 \geqslant 0} q_1(53-q_1-\overline{q}_2)-5q_1$$

目标函数式关于q_1求导，并令导函数等于零，就可以解得企业1的反应函数为：

$$q_1 = 24 - \frac{\overline{q}_2}{2}$$

类似的方法可以得到企业2的反应函数为：

$$q_2 = 24 - \frac{\overline{q}_1}{2}$$

均衡时有$\overline{q}_i = q_i$，从而解得$q_1^c = q_2^c = 16$，市场价格为21，两个企业的利润均为256。

(3)若市场上有$(N+1)$个相同的企业进行古诺竞争，记第i个企业的产出为q_i，如果企业i对其他企业的产量预测为$\overline{q}_j$，$j \neq i$，那么它的利润最大化问题为：

$$\max_{q_i \geqslant 0} q_i\left(53-q_i-\sum_{j \neq i}\overline{q}_j\right)-5q_i$$

根据利润最大化问题的一阶条件解得企业i的反应函数为(其中$i=1, 2, \cdots, (N+1)$)：

$$q_i = 24 - \frac{1}{2}\sum_{j \neq i}\overline{q}_j \qquad ①$$

均衡时，每个企业对其他企业的产量预测都等于其实际产量，即$\overline{q}_i = q_i$，$i=1, 2, \cdots, N$，又因为所有的企业都完全相同，所以均衡时，它们的产量也是相同的，那么①式就变为：

$$q_i = 24 - \frac{(N+1)-1}{2} q_i$$

解得：$q_i^C = \frac{48}{N+2}$，所以市场总需求为$(N+1)q_i^C = \frac{48(N+1)}{N+2}$，市场价格为$\frac{5N+58}{N+2}$，单个企业利润为$\left(\frac{48}{N+2}\right)^2$。

(4) $\lim_{N\to\infty} \frac{5N+58}{N+2} = 5$，即当 N 趋向于无穷时，市场价格趋向于5，这正好是完全竞争市场的均衡价格。

3. 在世界石油市场上，石油的需求 $W = 160p^{-1/2}$，非欧佩克的供给为 $S = \frac{31}{3}\sqrt{p}$，欧佩克的净需求为 $D = W - S$。

(1)试画出世界石油市场上石油的需求曲线、非欧佩克的供给曲线和欧佩克的需求曲线。为简单起见，设欧佩克的生产成本为零。在图中指出欧佩克的最优价格、欧佩克的最优产量，以及非欧佩克的产量。

(2)若非欧佩克国家石油储量资源开始枯竭，生产成本开始上升，各条曲线会如何移动?

(3)若石油消费国联合起来，形成买方垄断势力，这会对世界石油价格造成怎样的冲击?

答：(1)这是一个价格领导模型，这里欧佩克是价格领导者，非欧佩克的产油国是价格追随者，对于欧佩克而言，它面临的实际需求为世界总的石油需求减去非欧佩克产油国的供应量，即：

$$D = 160p^{-1/2} - \frac{31}{3}p^{1/2} \qquad ①$$

所以欧佩克的利润最大化问题为：

$$\max_p pD(p)$$

即：

$$\max_p 160p^{1/2} - \frac{31}{3}p^{3/2}$$

解得市场油价为 $p_{\text{opec}} = \frac{160}{31}$，从而全世界对石油的需求为 $W = \frac{160}{\sqrt{p_{\text{opec}}}} = 70.43$，非欧佩克的产量为 $S = \frac{31}{3}p_{\text{opec}}^{1/2} = 23.48$，所以欧佩克的产量为 $S_{\text{opec}} = W - S = 46.95$。如图9-1所示，其中A点是石油市场的价格，B点是非欧佩克的产量，C点是欧佩克的产量，D点是总产量。

(2)以价格为纵坐标，若非欧佩克国家的石油储量资源开始枯竭，那么它们的生产成本开始上升，于是非欧佩克国家供给曲线左移，由于世界石油需求不变，所以欧佩克面临的需求曲线右移。

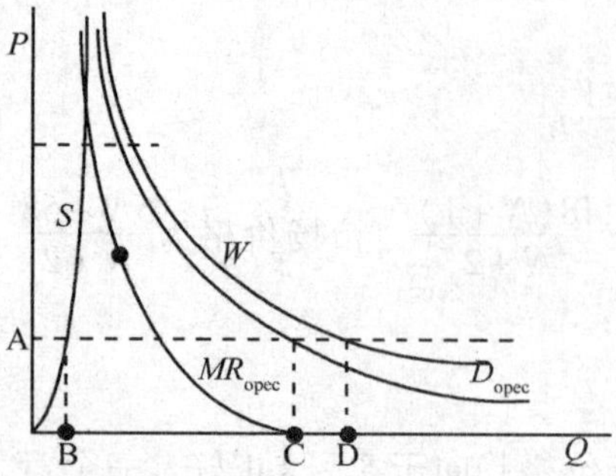

图 9－1　石油市场的供给和需求

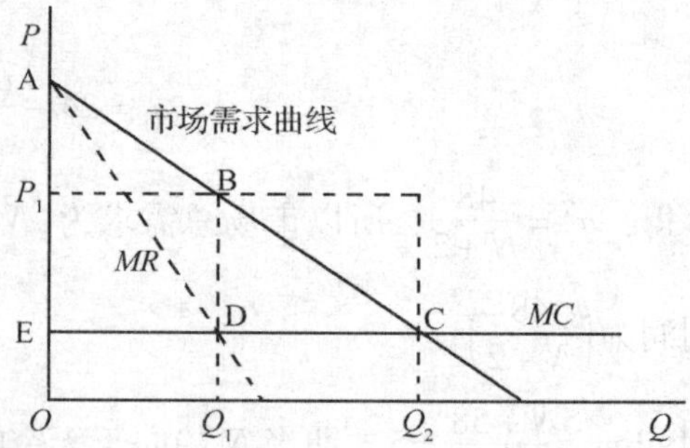

图 9－2　买卖双方的谈判对油价产生的影响

(3)若石油消费国联合起来，形成买方垄断势力，油价会降低。理由如下：如图 9－2 所示，当买方垄断形成后，双方可以通过谈判来确定石油价格和产量，这时不需要再区分欧佩克和非欧佩克的产油国，因为它们共同作为石油的供应方和需求方谈判。为了方便分析问题，可以假设欧佩克和非欧佩克的产油国的生产成本相同，都是常数。这样，当石油消费国没有联合起来的时候，垄断者选择生产 Q_1 的产量，此时的价格为 P_1，消费者和生产者的剩余分别为 ABP_1 和 P_1BDE，消费者和生产者的总剩余为 ABDE。当买方联合起来后，双方可以通过谈判，先使得消费者和生产者的总剩余最大化，即产油国生产 Q_2 的产量，然后双方再划分总剩余 ACE，这时的约束条件是，买方的剩余不能低于 ABP_1，卖方的剩余不能低于 P_1BDE，所以对卖方最有利的谈判结果是卖方获得剩余 P_1BCE，相应的最高油价为梯形 P_1BCE 的面积除以 EC 的长度再加上 OE 段的长度。但这个价格肯定要低于垄断时的油价（OP_1 的长度）。

4. 一个生产榴莲的卡特尔由四个果园组成。它们的总成本函数分别为

$$TC_1 = 20 + 5Q_1^2$$

$$TC_2 = 25 + 3Q_2^2$$

$$TC_3 = 15 + 4Q_3^2$$

$$TC_4 = 20 + 6Q_4^2$$

(1)用列表的形式列出产量在 1 至 5 之间各果园的总成本、平均成本、边际成本。

(2)如果该卡特尔将总产量控制为 10，而价格定为 25，产量在各果园之间应怎样分配？

(3)在(2)的产量水平和价格下，是否每个果园都没有欺诈的冲动？若有，哪个果园的欺诈冲动最大？

答：(1)如表 9－1 所示：

表 9－1　榴莲生产商的总成本，平均成本和边际成本

	$Q=1$			$Q=2$			$Q=3$			$Q=4$			$Q=5$		
	TC	AC	MC	TC	AC	MC	TC	AC	MC	TC	AC	MC	TC	AC	MC
庄园 1	25	25	10	40	20	20	65	$\frac{65}{3}$	30	100	25	40	145	29	50
庄园 2	28	28	6	37	18.5	12	52	52/3	18	73	73/4	24	100	20	30
庄园 3	19	19	8	31	15.5	16	51	17	24	79	79/4	32	115	23	40
庄园 4	26	26	12	44	22	24	74	74/3	36	116	29	48	170	34	60

(2)从第(1)问的列表中，找出各个边际成本里最小的十个值(用下划线标出，此外在离散情况下，第 N 个产品的边际成本就等于生产第 N 个产品的成本，所以这个方法的实质是要找到生产成本最小的十个产品)，那么就可以得到成本最小的产量分配方案为：第 1，4 个果园分别生产 2 个榴莲，另外两个分别生产 3 个榴莲。

(3)只有第 2 个果园有欺诈的非负激励。因为在第(2)问的产量分配下，第 2 个果园多生产一单位产品的边际成本为 24，比价格水平低 1，所以第二个果园增加产量可以带来更多的利润。而其他的果园多生产 1 单位产品的成本都不会低于市场价格，所以它们没有欺诈的激励。

5. 假定有 n 家相同的厂商处于古诺均衡情况下，求证市场需求曲线的弹性一定大于 $1/n$。

证明：设厂商 i 的成本函数为 $C(q_i)$，市场需求反函数为 $p=p(Q)$，其中 $Q=\sum q_i$，给定 q_j，$j\neq i$，那么厂商 i 的利润最大化问题是：

$$\max_{q_i} p(Q)q_i - C(q_i)$$

其一阶条件是：

$$p'(\cdot)q_i + p(\cdot) - MC(q_i) = 0$$

加总所有厂商的反应函数，并利用 $Q = \sum q_i$ 就有：

$$p'Q + np - \sum MC(q_i) = 0$$

整理得到市场需求弹性：

$$\varepsilon = \left|\frac{\mathrm{d}Q}{\mathrm{d}p}\frac{p}{Q}\right| = \frac{1}{n-\dfrac{\sum MC(q_i)}{p}} > \frac{1}{n}$$

其中，$\dfrac{MC(q_i)}{p} \geqslant 0$。

6.(价格竞争模型)有两个寡头企业，它们的利润函数分别是 $\pi_1 = -(p_1 - ap_2 + c)^2 + p_2^2$，$\pi_2 = -(p_2 - b)^2 + p_1$，其中 p_1，p_2 分别是两个企业采取的价格，a、b、c 为常数。

(1)求企业 1 先决策时的均衡。

(2)求企业 2 先决策时的均衡。

(3)是否存在某些参数值(a，b，c)，使得每个企业都希望自己先决策？

解：(1)给定企业 1 的价格，企业 2 选择最大化自己的利润，即：

$$\max_{p_2} -(p_2 - b)^2 + p_1$$

目标函数式对 p_2 求导，并令导函数为零，解得 $p_2 = b$，把它代入企业 1 的利润函数中，得到：

$$\pi_1 = -(p_1 - ab + c)^2 + b^2$$

当 $p_1 = ab - c$ 时，上式的值达到最大，所以均衡的价格为$(p_1, p_2) = (ab - c, b)$。

(2)给定企业 2 的价格为 p_2，企业 1 选择最大化自己的利润，即：

$$\mathrm{d}\pi_1/\mathrm{d}p_1 = -2(p_1 - ap_2 + c) = 0$$

解得：$p_1 = ap_2 - c$，此即为企业 1 定价对企业 2 定价的反应函数。

将该反应函数代入企业 2 的利润函数，得 $\pi_2 = -(p_2 - b)^2 + ap_2 - c$，其一阶条件为：

$$\mathrm{d}\pi_2/\mathrm{d}p_2 = -2(p_2 - b) + a = 0$$

解得：$p_2=a/2+b$，代入反应函数得 $p_1=a^2/2+ab-c$。

即企业 2 先决策时的均衡为$(p_1, p_2)=(a^2/2+ab-c, a/2+b)$。

(3)若企业 1 先决策，均衡时 $\pi_1=b^2$，$\pi_2=ab-c$；

若企业 2 先决策，均衡时 $\pi_1'=(a/2+b)^2$，$\pi_2'=a^2/4+ab-c$；

每个企业都希望自己先决策，故 $\pi_1>\pi_1'$，$\pi_2'>\pi_2$，解得：$a<0$。

又因为均衡价格必然为正，故 $ab-c>0$，$b>0$，$a^2/2+ab-c>0$，$a/2+b>0$。

因此，只要 $a<0$，$b>0$，$c<a^2/2+ab$，就可以使得每个企业都希望自己先决策。

7. 对某商品，市场需求曲线为 $p=100-2Q$，生产该产品的任何厂商的总成本函数都为 $TC(q)=4q$。

(1)假设市场上有两个古诺厂商 A、B，这两个厂商的反应线分别是什么？求解古诺均衡时的产量。

(2)假设市场上有两个厂商，一个是领导者 A，一个是追随者 B，求解 Stackelberg 均衡。

解：(1)记厂商 A 和 B 的产量分别为 q_A、q_B，那么给定厂商 B 的产量，厂商 A 的利润最大化问题为：

$$\max_{q_A} q_A(100-2Q)-4q_A$$

其中 $Q=q_A+q_B$，从一阶条件可以得到厂商 A 的反应曲线为：

$$q_A=24-0.5q_B \qquad ①$$

同理，厂商 B 的反应曲线为：

$$q_B=24-0.5q_A \qquad ②$$

达到古诺均衡时，①、②两式同时成立，从而解得古诺均衡的产量：

$$(q_A^c, q_B^c)=(16, 16)$$

(2)在 Stackelberg 模型中，厂商 B 根据领导厂商 A 宣布的产量决定自己的产量，然后厂商 A 根据 B 的反应函数来确定使得自己利润最大化的产量。根据第(1)问可知，厂商 B 的反应函数为：$q_B=24-0.5q_A$

代入到 A 的最大化问题中，得到：$\max\limits_{q_A} q_A[100-2q_A-2(24-0.5q_A)]-4q_A$

从一阶条件得到：$q_A=24$

把 q_A 代入厂商 B 的反应函数就得到 $q_B=12$。

因此，Stackelberg 均衡为 $(q_A^s, q_B^s)=(24, 12)$

8. 考虑一个新开发的市场，该市场每年的需求为 $Q=10-p$。在第一期企业 1 抢先进入，并以广告的方式进行大量宣传。在它正要进行生产时得知企业 2 正在定购生产此产品的设备，并通过调查得知企业 2 的成本函数为 $C_2(Q_2)=Q_2^2$。已知企业 1 的成本函数为 $C_1(Q_1)=4+2Q_1$。

(1)如果你是厂商 1，你将抢先向社会宣布什么样的生产计划(即产量为多少)，这时厂商 2 会宣布生产多少？

(2)在第二年初出于行业的惯例，两厂商同时发布产量，这时你预计产量会有变化吗？

解：(1)这是一个 Stackelberg 模型，其中厂商 1 是领导者，厂商 2 是追随者，给定厂商 1 的产量 Q_1，厂商 2 的利润最大化问题为：

$$\max_{Q_2} Q_2(10-Q)-Q_2^2$$

其中 $Q=Q_1+Q_2$，由一阶条件得到厂商 2 的反应函数为：

$$Q_2=2.5-0.25Q_1 \quad ①$$

把①式代入市场需求函数，就得到了厂商 1 的产量和市场价格之间的关系：

$$p=7.5-0.75Q_1$$

从而厂商 1 的利润最大化问题为：

$$\max_{Q_1}(7.5-0.75Q_1)Q_1-4-2Q_1$$

解得 $Q_1=\frac{11}{3}$，把它代入厂商 2 的反应函数，得到厂商 2 的产量 $Q_2=\frac{19}{12}$。

(2)这是一个古诺竞争模型，给定厂商 2 的产量 Q_2，厂商 1 的利润最大化问题为：

$$\max_{Q_1} Q_1(10-Q)-(4+2Q_1)$$

其中 $Q=Q_1+Q_2$，由一阶条件得到厂商 1 的反应函数为：

$$Q_1=4-0.5Q_2 \quad ②$$

联立①式和②式就可以解得古诺均衡的产量为：

$$(Q_1^c,\ Q_2^c)=\left(\frac{22}{7},\ \frac{12}{7}\right)$$

9. 下列说法对吗？请说明理由。

在垄断竞争行业中，价格竞争的结果可能是 Bertrand 均衡。

答：这个说法错误。Bertrand 均衡的含义在于，如果同行业中的两家企业经营同样的产品，且成本一样，则价格必定使每家企业按 $P=MC$ 的原则来经营，即只获取正常利润。但是，如果两家企业的成本不同，则从长期看，成本低的企业必定挤走成本高的企业。因为 Bertrand 均衡存在的必要条件之一是商品同质，而垄断竞争模型则假设不同厂商的产品是异质的，因此在垄断竞争行业中，价格竞争的结果不可能是 Bertrand 均衡。

10. 考虑一个垄断竞争市场，其中有 101 家企业。每家企业所面临的市场需求与各自的成本函数都是相同的：

$$p_k=150-q_k-0.02\sum_{\substack{i=1\\i\neq k}}^{101}q_i,\ C_k=0.5q_k^3-20q_k^2+270q_k(k=1,\ 2,\ 3\cdots,\ 101)$$

请确定该市场中有代表性的企业(每一家企业的行为都是相同的)的最大利润，相应的价格与产量水平(假定行业中的企业个数不发生变化)。

解：对于任意的厂商 k，$k=1,\ 2,\ \cdots,\ 101$，其利润最大化问题为：

$$\max \pi_k = (150-q_k-0.02\sum_{\substack{i=1\\i\neq k}}^{101}q_i)q_k-0.5q_k^3+20q_k^2-270q_k$$

一阶条件为：

$$150-2q_k-0.02\sum_{\substack{i=1\\i\neq k}}^{101}q_i-1.5q_k^2+40q_k-270=0 \quad ①$$

由于每个厂商的成本函数都相同，而且它们的需求函数具有对称的形式，所以均衡时，每个厂商的产量都相等，从而①式可以化为：

$$150-2q_k-0.02(101q_k-q_k)-1.5q_k^2+40q_k-270=0$$

即：

$$3q_k^2-72q_k+240=0$$

解得：$q_k=4$ 或 20。但是当 $q_k=4$ 时，$\frac{\partial^2\pi}{\partial {q_k}^2}=-2-2-3q_k+40=24>0$，所以它不是最大值，舍去。因此均衡时，每个工厂的产量都是 20。此时的市场价格为：

$$p_k=150-20-0.02\times100\times20=90$$

单个厂商的利润为：

$$\pi_k=90\times20-0.5\times20^3+20\times20^2-270\times20=400$$

11. 某一市场需求函数如下

$$\boldsymbol{p=100-0.5(q_1+q_2)}$$

在该市场上只有两家企业，它们各自的成本函数为

$$\boldsymbol{c_1=5q_1,\ c_2=0.5q_2^2}$$

(1) 在斯塔克博格模型中，谁会成为领导者？谁会成为追随者？

(2) 该市场最后的结局是什么？为什么？

解：(1) 假设每个企业都有两种选择：①作为领导者，②作为追随者。那么会有如表 9-2 所示的支付矩阵（表中的收益就是每个厂商在每种情况下的利润），从而可知，每个厂商都偏好于当领导者，因为当领导者的利润总是高于当追随者的利润。

表 9-2　厂商 1 和 2 的支付矩阵

		厂商 2	
		领导者	追随者
厂商 1	领导者	3200　900	3266　711
	追随者	3003.125　918.75	3200　900

于是对厂商 1 而言，它会选择如下的策略来威胁厂商 2 不要当领导者：假设厂商 2 率先宣布自己的产量为 q_2，那么厂商 1 可以选择这样的一个产量 q_1（不一定是它的利润最大化产量），使得厂商 2 的利润为负，同时使得自己的利润为正。这就意味着下面两个不等式成立：

$$(100-0.5q_1-0.5q_2)q_1-5q_1>0$$
$$(100-0.5q_1-0.5q_2)q_2-0.5q_2^2<0$$

即：

$$q_1<190-q_2 \quad ①$$
$$q_1>200-2q_2 \quad ②$$

同时满足①、②两式的 q_1 要存在必须当且仅当 $190-q_2>200-2q_2$，即 $q_2>10$，这就意味着：作为领导者的厂商 2 的产量不能超过 10，否则厂商 1 总是可以选择某个产量使得厂商 2 亏损，使得自己盈利。这样给定企业 2 的产量 q_2（$q_2\leqslant10$），企业 1 的目标就是：

$$\max_{q_1}(100-0.5q_1-0.5q_2)q_1-5q_1$$

由一阶条件解得企业 1 的反应函数为：

$$q_1=95-0.5q_2 \quad ③$$

从而企业 2 的利润最大化问题为：

$$\max_{0\leqslant q_2\leqslant10}[100-0.5(95-0.5q_2)-0.5q_2]q_2-0.5q_2^2$$

从而得到企业 2 的最大利润为 918.75，这还不如企业 2 选择当追随者的利润高。以上分析表明企业 2 不会去当领导者。

下面再来分析企业 1 当领导者的情况。这时企业 2 也可以采取前面所述的策略来威胁企业 1，类似的分析表明：为了使企业 2 的策略无效，企业 1 的产量不能超过 180，即 $q_1 \leqslant 180$，否则厂商 2 总是可以选择某个产量使得厂商 1 亏损，使得自己盈利；同时，在这样的产量限制下，如果企业 1 当领导者，他的利润为 3266。综合上述分析可知，在这个市场上只有企业 1 是最终的领导者。

最后需要说明的是：这样的结果只有在无穷次的重复博弈中才会出现。因为每个企业在实行威胁策略的时候就意味着它要放弃获得最大利润的机会，所以如果博弈只进行一次，那么企业的策略就一定是选择使自己利润最大化的产量，而不会选择威胁策略，这就意味着博弈只进行一次的均衡一定是双方都生产古诺均衡的产量。进行有限次博弈的结果也一样（见第(2)问的回答）。只有博弈进行无穷次重复的时候，这时执行威胁策略牺牲的利益才有可能在未来凭借领导者的优势得到补偿。

(2)如果这个博弈只进行一次，则结果必然是一个古诺均衡，因为每一个参与者都有充当领导者的动机。如果这个博弈是有限次的重复博弈，则结果仍然是古诺均衡，因为在最后一期，参与者预期到这是最后一次，则必然会增加产量，争当领导者，结果是一个古诺均衡；倒数第二期，由于知道下期是一个古诺均衡，则结果必然是在倒数第二期就开始争当领导者，从而结果是一个古诺均衡，依次类推，因此在有限次的重复博弈中，其结局必然是古诺均衡。只有在无限重复博弈中才有可能得到一个斯塔克博格均衡。

12. 设一市场上只有两个生产者，产品稍有差别，但仍可以相互替代。寡头 1 所面临的市场逆需求函数为

$$p = 100 - 2q_1 - q_2$$

其成本函数为

$$c_1 = 2.5q_1^2$$

假定寡头 2 只想维持 1/3 的市场份额。

求：q_1、q_2、p_1 与 π_1。

解：由"寡头 2 只想维持 1/3 的市场份额"可知 $q_2 = 0.5q_1$，因此寡头 1 所面临的市场逆需求为 $p_1 = 100 - 2.5q_1$，于是寡头 1 的最大化问题为：

$$\max_{q_1} q_1(100 - 2.5q_1) - 2.5q_1^2$$

根据一阶条件解得 $q_1 = 10$，从而得到：

$$q_2 = 5, \ p_1 = 75, \ \pi_1 = 500$$

13. 考虑一个两期的垄断者问题。在第 1 期与第 2 期，市场需求函数都是 $q = 1 - p$。在时期 1 中，单位成本为 c；在时期 2 中，单位成本为 $c - q_1\lambda$，时期之间的贴现因子为 1，设 q_1 为时期 1 的产量。

求证：$q_1 = \dfrac{1-c}{2-\lambda}$。

证明：设两期的利润分别为 π_1、π_2，又因为贴现因子为 1，所以垄断者的利润为 $\pi = \pi_1 + \pi_2$，因此厂家的利润最大化问题就是：

$$\max_{q_1, q_2}[q_1(1 - q_1) + q_2(1 - q_2) - cq_1 - (c - q_1\lambda)q_2]$$

一阶条件是：

$$-2q_1 + \lambda q_2 + 1 - c = 0$$

$$\lambda q_1 - 2q_2 + 1 - c = 0$$

由此解得：

$$q_1 = \frac{1 - c}{2 - \lambda}$$

14. 测度厂商分布的一个方法是使用荷凡达尔(Herfindahl)指数，定义为

$$H = \sum \alpha_i^2$$

这里 α_i 是厂商 i 在总行业收益中的份额。证明如果行业中的所有厂商有不变规模收益的生产函数，且遵循古诺产出决策，总行业利润对总收益的比等于荷凡达尔指数除以需求的价格弹性。这一结果意味着行业集中与行业盈利之间有什么样的关系？

答：(1)证明：假设有 N 家厂商，由于所有的厂商都具有规模报酬不变的生产函数，所以厂商 i 的成本函数可以表示为 $c_i(q_i) = c_i q_i$，这里 $c_i > 0$，$i = 1, 2, \cdots, N$。对企业 i 而言，给定其他企业的产量，它的利润最大化问题为：

$$\max_{q_i} p\left(\sum_{k=1}^{N} q_k\right) q_i - c_i q_i$$

一阶条件为：

$$\frac{\mathrm{d}p(Q)}{\mathrm{d}Q} q_i + p = c_i \quad i = 1, 2, \cdots, N$$

即：

$$\left[\frac{\mathrm{d}p}{\mathrm{d}Q}\frac{q_i}{p} + 1\right] p = c_i$$

从而有：

$$\left[\frac{\mathrm{d}p}{\mathrm{d}Q}\frac{Q}{p}\alpha_i + 1\right] p = c_i$$

根据需求价格弹性的定义，就有：

$$p\left[1 - \alpha_i \frac{1}{|\varepsilon|}\right] = c_i$$

则：

$$\pi_i = pq_i - c_i q_i = p\alpha_i \frac{1}{|\varepsilon|} q_i = pQ\alpha_i^2 \frac{1}{|\varepsilon|}$$

则：

$$\pi = \sum_{i=1}^{N} \pi_i = pQ\frac{1}{|\varepsilon|}\sum_{i=1}^{N} \alpha_i^2 = pQ\frac{H}{|\varepsilon|}$$

最后得到：

$$\frac{\pi}{pQ} = \frac{H}{|\varepsilon|}$$

(2)由于 $H = \sum_{i=1}^{n} \alpha_i^2$,其中 $\sum_{i=1}^{n} \alpha_i = 1$。这样,当所有的 $\alpha_i(i = 1,2,\cdots,n)$ 都相等时,H 的值最小,为 $1/n$;当整个行业只有一家厂商时,H 的值最大,为 1。由此可知:对于集中程度高的行业,利润率也高,对于集中程度低的厂商,利润率也低。特别的,垄断行业的利润率最高;当 $n \to +\infty$ 时,进行古诺竞争的市场就会趋向于完全竞争的市场,此时 $H \to 0$,从而每个厂商的利润率也趋向于0,这就说明竞争行业的利润率最低。

15. 在克罗若克斯(Clorox)公司收购的案例中，宝洁是该市场惟一没有进入且有强劲实力进入的厂商，是否可以设计一个运用厂商的成本曲线与厂商所面对的需求曲线的方法来确认宝洁是不是一个 APE(actual potential entrant)？运用你的分析说明在这一反托拉斯的案例中，法庭应该寻找什么？

答：可以设计一个运用厂商的成本曲线与厂商所面对的需求曲线的方法，用来区别真正的进入者、潜在的进入者与没有进入者时的情况。分析如下：

首先介绍一下案例的背景：该案例是美国六十年代的一个反托拉斯案例 *Federal Trade Commission vs. Procter &Gambler*。当时 Clorox 公司在该市场占有 70% 的市场份额。而宝洁想收购该公司以进入此市场。最后最高法院阻止了收购，理由是，宝洁是该市场惟一没有进入、且有强劲实力进入的厂商，它的存在已经能使 Clorox 公司的行为保持一定的竞争性；而一旦收购成功，该产业的集中程度将升高，并且垄断性更强(尽管宝洁声称从未打算自己进入该市场)。该案的关键是确定宝洁是否在未进入该市场时仍能对 Clorox 公司保持“压力”。

一个 APE(actual potential entrant)需要满足的条件是：该厂商有经济动机进入该市场，而它不进入市场，也会使市场的在位者(incumbent)保持寡头垄断行为。

本题分析如下：

(1)如果宝洁的存在不对 Clorox 公司构成威胁，那么 Clorox 公司就是市场上的垄断者，从而它的定价行为就会遵从一个垄断厂商的做法，即产品的价格等于边际成本的加成，用公式表示就是：

$$p=\frac{MC}{1-1/|\varepsilon|} \qquad ①$$

所以可以根据厂商的成本曲线和需求曲线分别计算出边际成本和市场需求弹性，并代入①式中计算垄断价格，然后和市场价格相比较。如果计算出来的价格远高于市场价格，那么可以认为宝洁的存在使得 Clorox 公司压低了产品的价格——保持一定的竞争行为，法庭就应当阻止宝洁的进入；反之，如果计算出来的价格和市场价格比较接近，那么该市场就已经是垄断市场，宝洁的存在就没有对 Clorox 公司的产品价格产生压力。

(2)由以上的分析可知，法庭的证据寻找应当集中在市场的需求曲线和 Clorox 公司的成本曲线这两个方面。

16. 在一个中等城市中电话的需求为

$$Q=1000-50p$$

这里 Q 是家庭安装电话的数量(单位：千门)，p 是使用电话的每月租金(单位：美元)。电话系统的成本由下式给出：

$$TC=500\ln(0.1Q-20),\ Q>200$$

(1)本城市的电信业务是否是一个自然垄断的行业？

(2)在这种情况下，什么样的产出水平将产生一个无管制的垄断？消费者要支付的价格是多少？垄断利润是多少？

(3)如果允许活跃的竞争，价格会有什么变化？

解：(1)自然垄断行业是指该行业中企业的平均成本在相当大的产量范围内都是递减的。一般而言，自然垄断的情况常常出现在那些在生产的初始阶段需要大量固定投资，但以后的运营成本相对较低的行业。

本题中，电信业务的边际成本为 $MC=\dfrac{500}{Q-200}$，因为 $MC'_Q<0$，所以平均成本随产出增

大而减少，因此该行业是自然垄断行业。

(2)对于垄断厂商而言，其利润最大化的必要条件是边际收益等于边际成本，即：

$$MC = MR$$

即：

$$20 - \frac{1}{25}Q = \frac{50}{0.1Q - 20}$$

解得 $Q = 250$ 或 450。又因为 $Q = 250$ 时，$\frac{\partial^2 \pi}{\partial Q^2} > 0$，所以 $Q = 250$ 舍去。当 $Q = 450$ 时，市场价格为 $P = 20 - \frac{1}{50} \times 450 = 11$，厂商利润为 $\pi = 11 \times 450 - 500\ \ln(0.1 \times 450 - 20) \approx 3340.6$。

(3)如果允许竞争，那么在没有市场准入的限制下，短期内，会有新的厂商进入市场，从而市场上的各个厂商会进行寡头竞争，从而总产量上升，产品价格下降，同时单个厂商的产量下降，每个厂商都会发生不同程度的亏损；但是在长期内，只有那些资本实力雄厚的厂商会留存下来，而其他厂商会逐渐选择退出市场，所以市场最终又会回复到垄断状态。

17. 假定平板玻璃市场有 j 个厂商．它们的成本函数都是 cy_j，其中 y_j 代表第 j 个厂商的产量，c 为正的常数。市场的反需求函数 $p(y)$ 是递减函数。

(1)如果这个市场是完全竞争的，那么市场价格、每个企业的销售量和利润额将是多少?

(2)这个行业里的厂商认为低价“倾销”使它们的利润受损失，于是成立行业协会规定最低限价，那么将由什么原则决定各自的产量定额和自律价标准？它们各自的利润较实行价格自律前有多大变化?

(3)这种合谋定价，如果没有政府支持，可能长久吗？为什么？(用数学公式来表达)

(4)从社会经济效率的角度看，政府是否应该帮助此行业实行价格“自律”？为什么？

解：(1)完全竞争市场达到长期均衡时，每个企业的利润都为0，这意味着均衡的市场价格等于厂商的最低平均成本，由于长期平均成本为常数 c，所以均衡的市场价格也等于 c。此外，由于市场中的所有企业都是相同的，所以均衡时每个企业的产量都相等，假设这一产量等于 y^*，那么 y^* 就应该满足：$p(y^*) = c$，企业的利润为：$\pi = 0$。

(2) j 个厂商串谋的总利润最大化问题为：

$$\max_{y} p(y)y - cy$$

相应的一阶条件为：

$$\frac{\mathrm{d}p}{\mathrm{d}y}y + p = c \quad ①$$

从①式中解得总产量 y^*，由于所有的厂商都是相同的，所以它们的产量也相同，都是 $\frac{y^*}{j}$。此外如果假设需求曲线向下倾斜，那么 $\frac{\mathrm{d}p}{\mathrm{d}y} < 0$，从而由①式可知，串谋后的市场价格满足 $p(y^*) > c$，从而每个厂商都可以获得数量为 $[p(y^*) - c]\frac{y^*}{j}$ 的利润。

(3)这种合谋定价如果没有政府支持不可能长久，因为这时每个厂商都有扩大产量的动机。分析如下：

给定其他厂商的产量为$\frac{y^*}{j}$，厂商 i 的利润最大化问题为：

$$\max_{y_i} p\left(y_i+\frac{j-1}{j}y^*\right)y_i-cy_i$$

目标函数式对 y_i 求导并令导函数等于0，得：

$$p'\left(y_i+\frac{j-1}{j}y^*\right)y_i+p\left(y_i+\frac{j-1}{j}y^*\right)-c=0 \quad ②$$

特别地，把 $y_i=\frac{y^*}{j}$代入②式中，就有：

$$p'(y^*)\frac{y^*}{j}+p(y^*)-c>p'(y^*)y^*+p(y^*)-c=0$$

这说明厂商 i 扩大产量可以提高它的利润。

(4)从社会经济效率的角度来看，政府不应该帮助此行业实行价格“自律”。理由如下：由第(2)问可知 $p(y^*)>c$，即串谋后的市场价格高于产品的边际成本，所以串谋是缺乏效率的，因此政府不应该帮助此行业实行价格自律。

18. 判断对错并简要说明理由：

(1)当达到古诺均衡时，市场供求不一定相等。

(2)Bertrand 均衡时，价格等于边际成本。所以在现实的寡头市场中不应该看到超额利润。

(3)无论在竞争市场、垄断市场还是垄断竞争市场，厂商选择的原则都是边际收益等于边际成本。

(4)因为垄断竞争产量低于完全竞争产量，所以在长期厂商仍可获得超额利润。

答：(1)错误。因为古诺均衡的条件为：

①市场供求相等。

②在古诺竞争中，每个厂商都根据自己对其他厂商的产量的预测选择使自己利润最大化的产量，所以达到均衡时，每个厂商对其他厂商的产量预测等于这些厂商的实际产量。

(2)错误。Bertrand 均衡时，价格是等于边际成本，但现实中的寡头市场不一定满足 Bertrand 均衡存在的条件。比如说 Bertrand 均衡存在要求产品同质，但是现实中厂商的产品常常是有差异的。此外，对于进行 Bertrand 竞争的厂商，如果它们的边际成本不相等，那么较低边际成本的厂商总是可以获得超额利润。

(3)正确。这里需要注意的是，完全竞争厂商的最优产量满足的条件是价格等于边际成本，即 $p=MC$，但是这并不和边际收益等于边际成本相矛盾，因为对完全竞争的厂商而言，它们所面对的价格是确定的，所以产品价格就等于边际收益。

(4)错误。在短期内，垄断竞争市场可以存在超额利润。但是，在长期中，由于超额利润的存在会不断的吸收新的厂商的进入，因此在长期中，超额利润为0。另外，垄断竞争市场与完全竞争市场的区别不在于超额利润的存在，而在于产品是否同质。

9.2 强化习题详解

1. 一个行业有两个企业，这两个企业具有相同的成本函数 $c(y)=10y$。这个行业的反需求函数是 $p=110-0.5y$，其中 y 是这个行业的总产量。

(1)假设企业1是一个斯塔克博格博弈中的领头企业，即率先决定产出的数量，求在均

衡时这个企业的产出数量和利润。

(2)假设这两个企业同时决定价格，每个企业均衡时的产出水平和利润又各为多少？

(3)现在，如果两个企业同意共组一个卡特尔并且平分市场，这个时候每个企业的产出和利润各是多少？假定企业2不会背叛，那么企业1背叛时的最佳产出和利润各为多少？

解：(1)企业2的总利润为$\pi_2 = py_2 - c(y_2) = (110 - 0.5y_1 - 0.5y_2)y_2 - 10y_2$。对于作为追随者的企业2，由$MR_2 = MC_2$得$110 - 0.5y_1 - y_2 = 10$，从而有$y_2 = 100 - 0.5y_1$。对于领导企业1，其总利润为$\pi_1 = py_1 - c(y_1) = [110 - 0.5(y_1 + 100 - 0.5y_1)]y_1 - 10y_1$，再利用$MR_1 = MC_1$得到$60 - 0.5y_1 = 10$，解得$y_1 = 100$，进而就有：

$$y_2 = 50，p = 35，\pi_1 = (35 - 10) \times 100 = 2500$$

(2)假设两个企业同时决定价格，则它们都会根据$p = MC = 10$来定价，因为若其中一个企业定价高于10，那么其对手只要略微降低价格，就可以使得对高价企业的产品需求为0。所以，均衡时两个企业的产出水平总和为200，利润均为0。

(3)若两个企业结成卡特尔，那么它们先共同决定利润最大化的产出，根据边际收益等于边际成本，即$MR = 110 - y = MC = 10$，解得$y = 100$。然后，两个企业再平分产量，即$y_1 = y_2 = 50$，此时的市场价格为$p = 60$，各自的利润为$\pi_1 = \pi_2 = 50 \times (60 - 10) = 2500$。

若企业1背叛，那么给定企业2的产量为50，企业1面临的需求为：

$$p = 110 - 0.5y_2 - 0.5y_1 = 85 - 0.5y_1$$

从而企业1的边际收益为$MR = 85 - y_1$，令$MR = MC$，解得$y_1 = 75$，此时，市场价格为$p = 47.5$，企业1的利润为$\pi_1 = (47.5 - 10) \times 75 = 2812.5$。

2. 有两个捕鱼企业同时拥有当地惟一的一个湖泊。它们从湖中捕鱼的边际成本是每条0.2元(假设每条鱼的大小差不多)。市场对鱼的需求可以用需求函数来表示，即$q = 500 - 40p$，这里p是每条鱼的价格(单位：元/条)，q市场需求量(单位：条)。

(1)如果这两个企业在捕鱼的时候是充分竞争的，此时的总捕鱼量和鱼的市场价格是多少？

(2)如果是古诺博弈(数量同时博弈)，总捕鱼量和鱼的市场价格是多少？

(3)如果是伯特兰博弈(价格同时博弈)，总捕鱼量和鱼的市场价格是多少？

(4)如果两个企业合组一个卡特尔，这个卡特尔的捕鱼量和鱼的市场价格是多少？

(5)如果这两个企业合并成为一个企业，这时的总捕鱼量和鱼的市场价格又为多少？

(6)比较以上结果，说明哪一种市场结构是最有效的，哪一种市场结构是最不效率的，为什么？

解：(1)完全竞争时，价格等于边际成本$p = 0.2$，所以总需求为$q = 500 - 40 \times 0.2 = 492$

(2)当两个企业分别选择q_1、q_2的产量水平时，市场价格价格$p = (500 - q_1 - q_2)/40$，从而企业1的利润最大化问题为：

$$\max_{q_1} q_1(500 - q_1 - q_2)/40 - 0.2q_1$$

解得企业1的反应函数为$q_1 = 246 - 0.5q_2$，同理，由于两个企业的成本函数完全相同，第二个企业的反应函数为$q_2 = 246 - 0.5q_1$，联立解出$q_1 = q_2 = 164$，则$p = [500 - (164 + 164)]/40 = 4.3$，市场总产量为328。

(3)答案同第(1)问，因为价格博弈结果跟完全竞争市场一样。

(4)组建卡特尔后，两个企业的总利润最大化目标为：

$$\max_q q(500-q)/40-0.2q$$

解得 $q=246$，$p=6.35$。

(5)合并企业的最大化问题同卡特尔一样，市场结果也一样。

(6)第(1)和第(3)问的市场结构最有效，第(4)和第(5)问的市场结构最无效率。因为从社会总体角度看，在第(4)和第(5)问的市场结构下，企业额外生产一单位产品的成本 C 低于消费者愿意为这一单位产品支付的最高价格 P，所以如果企业和消费者为这额外一单位产品谈判出一个介于 C 到 P 之间的价格，那么企业多生产一单位的产品就是对双方境况的一个帕累托改进。

3. 一个垄断企业的成本函数是 $c(y)=y^2$，这个企业面临的反需求函数是

$$p(y)=120-y$$

(1)这个企业利润最大化的最佳产出是多少？价格是多少？利润又是多少？

(2)如果政府对这个企业征收100元的税收，这个企业的产出有什么变化？

(3)如果政府对这个企业的利润征收30%的利润税，对企业的均衡产出和价格有什么影响？税后利润又是多少？

(4)如果为了最大化消费者和生产者的总剩余，政府拟对这个企业的产品设定一个最高价格，那么这个最高价格应该是多少？给定这个最高限价，这个企业将会生产多少产品？

(5)如果政府对这个企业的产品征收每单位20元的从量税，这个企业利润最大化时的产出和价格各为多少？

解：(1)由于 $MR=120-2y$，$MC=2y$，而垄断企业的利润最大化产出满足边际收入等于边际成本，即 $120-2y=2y$，得到 $y=30$，$p=90$，$\pi=1800$。

(2)总额税不影响产出，这个企业的产出没有变化。

(3)利润税对均衡产出和价格无影响，但使利润下降为 $1800\times70\%=1260$。

(4)这种情况等价于完全竞争时价格等于边际成本的情形，即 $120-y=2y$，得到 $y=40$，$p=80$。

(5)相当于边际成本增加了20，即 $120-2y=2y+20$，得 $y=25$，消费者购买的价格为 $p=95$。

4. Consider two firms which produce a homegeneous product and compete in the same market. The market demand function is $P=80-Q$. Each firm has a constant and identical marginal cost of production equal to \$20. Each firm decides what output to produce given the market demand and their marginal cost.

(1) Suppose these two firms operate as Cournot duopolists and decide on their output simultaneously. What output should each firm produce? What is the corresponding market price? What profit does each firm make?

(2) Now suppose Firm 1 moves first and decides its output first. Firm 2 observes Firm 1's output and decides on its output next. What output would the two firms produce in this case? What is the market price? What profit does each firm make?

(3) Finally the two firms can collude and form a cartel. What output should the cartel produce? Assuming that the cartel output is divided equally between the two component firms, what output should each firm produce? What is the market price? What profit does each firm make?

解：（1）对于给定的市场需求函数和边际成本，两个企业的反应函数分别为：

$$\begin{cases} q_1 = 30 - 0.5q_2 \\ q_2 = 30 - 0.5q_1 \end{cases}$$

求解该方程组得 $q_1 = 20$，$q_2 = 20$，$p = 40$，$\pi_1 = \pi_2 = 400$。

（2）跟随者厂商 2 的反应函数为：$q_2 = 30 - 0.5q_1$，由此，领导者厂商 1 的总收益为：

$$[80 - (q_1 + q_2)] \times q_1 = [80 - (q_1 + 30 - 0.5q_1)] \times q_1 = (50 - 0.5q_1) \times q_1$$

令边际收益等于边际成本得到 $50 - q_1 = 20$，解得 $q_1 = 30$，从而有 $q_2 = 15$，$p = 35$，$\pi_1 = 450$，$\pi_2 = 225$。

（3）令卡特尔的边际收益等于边际成本 $80 - 2Q = 20$，得 $Q = 30$，两个共同平分产量就有 $q_1 = q_2 = 15$，$p = 50$，$\pi_1 = \pi_2 = 450$。

5．在一个双寡头市场上，两个厂商进行产量竞争，它们面临的市场总需求为 $p = 100 - q$，两个厂商的成本函数均为 $c = 4q$，请问：

（1）如果两个厂商按古诺方式进行产量竞争，那么市场均衡时的价格、两个厂商的产量以及利润分别是多少？

（2）如果厂商 1 是领导者，而厂商 2 采取追随策略，那么市场均衡时的价格、两个厂商的产量以及利润分别是多少？

（3）上述两种均衡状态，哪种资源配置状况更有效率？

解：（1）两个厂商进行古诺竞争，厂商 1 的利润函数为：

$$\pi_1 = (100 - q_1 - q_2)q_1 - 4q_1 = 96q_1 - q_1^2 - q_1q_2$$

厂商利润最大化的一阶条件为：

$$\frac{\partial \pi_1}{\partial q_1} = 96 - 2q_1 - q_2 = 0$$

得厂商 1 的反应函数为：

$$q_1 = 48 - \frac{q_2}{2}$$

同理可得厂商 2 的反应函数为：

$$q_2 = 48 - \frac{q_1}{2}$$

联立两个反应函数可得：$q_1 = q_2 = 32$

将 $q_1 = q_2 = 32$ 代入市场需求函数，可得价格 $p = 100 - (32 + 32) = 36$

将产量和市场价格代入各厂商的利润函数，可得厂商 1 和厂商 2 的利润均为 1024。

（2）如果两个厂商进行斯塔克伯格竞争，将厂商 2 的反应函数 $q_2 = 48 - \frac{1}{2}q_1$ 代入厂商 1 的利润函数，得：

$$\pi_1 = 96q_1 - q_1^2 - q_1\left(48 - \frac{1}{2}q_1\right) = -\frac{1}{2}q_1^2 + 48q_1$$

厂商 1 利润最大化的一阶条件为：

$$\frac{\mathrm{d}\pi_1}{\mathrm{d}q_1} = -q_1 + 48 = 0$$

解得：$q_1 = 48$

根据反应函数可得厂商 2 的产量为：$q_2=24$

市场均衡的价格为：$p=28$

将产量和市场价格代入各厂商的利润函数，可得厂商 1 和厂商 2 的利润分别为：

$$\pi_1=48\times28-4\times28=1152$$

$$\pi_2=28\times24-28\times4=576$$

(3)通过对比可以看出，两个厂商进行斯塔克伯格竞争时，生产的产品数量更多，市场价格更低，从而资源配置状况更有效率。

6. 假定一个行业的需求曲线函数为 $P=3-Q$，可变成本为 0。该行业的厂商数量达到了古诺均衡解的个数，则：

(1)当厂商数量为 2 个时的每个厂商分别的均衡价格和利润。

(2)假定每个厂商进入该行业有 0.05 的进入成本，计算厂商数量为 3 个时的每个厂商均衡的价格和利润。

(3)假设该行业有 N 个厂商，并且它们都认为自己能占到 $1/N$ 的产量，求长期均衡时候厂商的数量。假定每个厂商有 0.05 的进入成本。

解：(1)在该行业存在 2 个厂商的情况下，厂商 1 的利润函数为：

$$\pi_1=PQ_1-C$$

又因为 $C=0$，$P=3-Q$，所以：

$$\pi_1=(3-Q_1-Q_2)Q_1$$

对于厂商 1，利润最大化就是要求利润对 Q_1 的一阶导数为 0，也即：

$$3-2Q_1-Q_2=0$$

所以厂商 1 的反应曲线为：　$Q_1=3/2-1/2Q_2$

同样对于厂商 2 来说，其利润函数为：

$$\pi_2=(3-Q_1-Q_2)Q_2$$

利润最大化一阶条件为：

$$3-Q_1-2Q_2=0$$

所以厂商 2 的反应曲线为：$Q_2=3/2-1/2Q_1$

解上述两个反应曲线方程可得：

$$Q_1=1,\ Q_2=1$$

均衡价格：

$$P=3-Q_1-Q_2=3-2=1$$

厂商的利润为：

$$\pi_1=(3-Q_1-Q_2)Q_1=(3-2)\times1=1$$

$$\pi_2=(3-Q_1-Q_2)Q_2=(3-2)\times1=1$$

所以在两个厂商的情况下，均衡价格为 1，两厂商利润均为 1。

(2)在该行业存在三个厂商的情况下，厂商 1 的利润函数为：

$$\pi_1=PQ_1-C_1$$

又因为 $C_1=0.05$，$P=3-Q$，所以：

$$\pi_1=(3-Q_1-Q_2-Q_3)Q_1-0.05$$

对于厂商 1，利润最大化就是要求利润对 Q_1 的一阶导数为 0，也即：

$$3-2Q_1-Q_2-Q_3=0$$

所以厂商 1 的反应曲线为：　$Q_1 = 3/2 - 1/2Q_2 - 1/2Q_3$

同样，厂商 2 的利润函数为：

$$\pi_2 = (3 - Q_1 - Q_2 - Q_3)Q_2 - 0.05$$

厂商 2 的反应曲线为：　$Q_2 = 3/2 - 1/2Q_1 - 1/2Q_3$

厂商 3 的利润函数为：

$$\pi_3 = (3 - Q_1 - Q_2 - Q_3)Q_3 - 0.05$$

厂商 3 的反应曲线为：　$Q_3 = 3/2 - 1/2Q_1 - 1/2Q_2$

根据上面三个厂商的反应曲线可以解得：

$$Q_1 = 3/4,\ Q_2 = 3/4,\ Q_3 = 3/4$$

均衡价格：

$$P = 3 - Q_1 - Q_2 - Q_3 = 3 - 3/4 \times 3 = 3/4$$

厂商的利润为：

$$\pi_1 = (3 - Q_1 - Q_2 - Q_3)Q_1 - 0.05 = (3 - 3/4 \times 3) \times 3/4 - 0.05 = 0.5125$$

$$\pi_2 = (3 - Q_1 - Q_2 - Q_3)Q_2 - 0.05 = (3 - 3/4 \times 3) \times 3/4 - 0.05 = 0.5125$$

$$\pi_3 = (3 - Q_1 - Q_2 - Q_3)Q_3 - 0.05 = (3 - 3/4 \times 3) \times 3/4 - 0.05 = 0.5125$$

所以在三个厂商的情况下，均衡价格为 3/4，3 个厂商利润均为 0.5125。

(3)任一厂商的利润函数为：　$\pi = (3 - NQ)Q - 0.05$

利润最大化的一阶条件为：$3 - 2NQ = 0$，解得：$Q = \frac{3}{2N}$。

因为是在求长期均衡时的厂商的个数，所以每个厂商的长期利润为 0，将 Q 值代入函数，可得：

$$(3 - N \times \frac{3}{2N})\frac{3}{2N} - 0.05 = 0$$

解得：

$$N = 45$$

所以在长期均衡时该行业厂商的个数为 45 个。

第 10 讲　策略性博弈与纳什均衡

10.1　课后习题详解

1. 假设厂商 A 与厂商 B 的平均成本与边际成本都是常数，$MC_A = 10$，$MC_B = 8$，对厂商产出的需求函数是

$$Q_D = 500 - 20p$$

(1) 如果厂商进行 Bertrand 竞争，在纳什均衡下的市场价格是多少？

(2) 每个厂商的利润分别为多少？

(3) 这个均衡是帕累托有效吗？

解：(1) 如果厂商进行 Bertrand 竞争，纳什均衡下的市场价格是 $p_B = 10 - \varepsilon$，$p_A = 10$，其中 ε 是一个极小的正数。理由如下：

假设均衡时厂商 A 和 B 对产品的定价分别为 p_A 和 p_B，那么必有 $p_A \geqslant 10$，$p_B \geqslant 8$，即厂商的价格一定要高于产品的平均成本。其次，达到均衡时，p_A 和 p_B 都不会严格大于 10。否则，价格高的厂商只需要把自己的价格降得比对手略低，它就可以获得整个市场，从而提高自己的利润。所以均衡价格一定满足 $p_A \leqslant 10$，$p_B \leqslant 10$。但是由于 p_A 的下限也是 10，所以均衡时 $p_A = 10$。给定 $p_A = 10$，厂商 B 的最优选择是令 $p_B = 10 - \varepsilon$，这里 ε 是一个介于 0 到 2 之间的正数，这时厂商 B 可以获得整个市场的消费者。综上可知，均衡时的价格为 $p_A = 10$，$p_B = 10 - \varepsilon$。

(2) 由于厂商 A 的价格严格高于厂商 B 的价格，所以厂商 A 的销售量为零，从而利润也是零。下面来确定厂商 B 的销售量，此时厂商 B 是市场上的垄断者，它的利润最大化问题为：

$$\max_{\varepsilon > 0} pq - cq \quad ①$$

其中 $p = 10 - \varepsilon$，$q = 500 - 20(10 - \varepsilon)$，把这两个式子代入①式中，得到：

$$\max_{\varepsilon > 0}(10 - \varepsilon - 8)[500 - 20(10 - \varepsilon)]$$

解得 $\varepsilon = 0$，由于 ε 必须严格大于零，这就意味着 ε 可以取一个任意小的正数，所以厂商 B 的利润为：$[500 - 20(10 - \varepsilon)](10 - \varepsilon)$。

(3) 这个结果不是帕累托有效的。因为厂商 B 的产品的价格高于它的边际成本，所以如果厂商 B 和消费者可以为额外 1 单位的产品协商一个介于 8 到 $10 - \varepsilon$ 之间的价格，那么厂商 B 的利润和消费者的剩余就都可以得到提高，同时又不损害厂商 A 的剩余（因为 A 的利润还是零）。

2.（单项选择）在下面的支付矩阵（表 10－1）中，第一个数表示 A 的支付水平，第二个数表示 B 的支付水平，*a*、*b*、*c*、*d* 是正的常数。如果 A 选择“下”而 B 选择“右”，那么：

表 10－1　博弈的支付矩阵

		B	
		左	右
A	上	1, *a*	*c*, 1
	下	1, *b*	*d*, 1

(1) $b>1$ 且 $d<1$

(2) $c<1$ 且 $b<1$

(3) $b<1$ 且 $c<d$

(4) $b<c$ 且 $d<1$

(5) $a<1$ 且 $b<d$

答：选择(3)，理由如下：由于(下，右)是均衡策略，所以给定B选择“右”，“下”是A的最优选择，这就意味着 $c<d$；同样的，给定A选择“下”，“右”也是B的最优选择，这就意味着 $b<1$。

3. 史密斯与约翰玩数字匹配游戏。每一个人选择1、2或者3。如果数字相同，约翰支付给史密斯3美元。如果数字不同，史密斯支付给约翰1美元。

(1)描述这个对策的报酬矩阵，并且证明没有纯策略纳什均衡策略组。

(2)如果每一个局中人以 $\frac{1}{3}$ 的概率选择每一个数字，证明这个对策的混合策略确实有一纳什均衡。这个对策的值是什么？

解：(1)根据题意，构造如下的支付矩阵(表10－2)(其中每一栏中前一个数字是史密斯的支付，后一个数字是约翰的支付)：

表10－2　玩数字匹配游戏的支付矩阵

		约翰		
		1	2	3
史密斯	1	3, −3	−1,1	−1,1
	2	−1,1	3, −3	−1,1
	3	−1,1	−1,1	3, −3

首先由史密斯来选择，假设史密斯选择1，并期望约翰选择1，从而使自己得到3的支付。但是，如果史密斯选择1，则约翰一定会选择2或者3，从而使自己得到1，而不是－3。假设约翰选择2，他期望史密斯选择1或者3，以使得自己得到1，而实际上史密斯会选择2，使得约翰得到－3，等等。不断的循环反复，最终也无法达成一个使得双方都能够接受的方案。因此，这个对策没有一个纯策略纳什均衡。

(2)下面证明本题存在一个混合策略纳什均衡。

假设均衡时，约翰选择1、2、3的概率分别为 x_1、x_2 和 $1-x_1-x_2$，那么此时史密斯在选择1、2、3之间是没有区别的，即：

$$3x_1-x_2-(1-x_1-x_2)=-x_1+3x_2-(1-x_1-x_2)=-x_1-x_2+3(1-x_1-x_2)$$

从而解得

$$x_1=x_2=1-x_1-x_2=\frac{1}{3}$$

类似的方法可以解得史密斯在均衡状态下选择1、2、3的概率分别为1/3。

4. 假定世界上氪的整个供给由20个人控制，每一个人拥有这种强有力的矿物10000克。世界对氪的需求是

$$Q=1000-1000p$$

其中 p 是每克的价格。

(1)如果所有拥有者合谋控制氪的价格，他们设置的价格是多少？他们能够卖出的量是多少？

(2)为什么(1)中计算的价格是不稳定的？

(3)通过改变要求保持市场价格的产出，在没有厂商能够获利的意义下存在一个稳定的均衡时，氪的价格是多少？

解：(1)第一种解法：

合谋控制价格等价于垄断，由需求曲线知：

$$MR = 1000 - 2000p$$

又因为 $MC = 0$，由垄断定价的 $MR = MC$ 规则，得到价格为0.5，总供给量为500克，每个厂商的供应量为500/20=25克。

第二种解法：

总的利润最大化为：

$$\max_{Q} \pi = \left(1 - \frac{1}{1000}Q\right)Q$$

一阶条件为：

$$1 - \frac{1}{500}Q = 0$$

解得总供应量为 $Q = 500$ 克，此时 $p = 0.5$，每个厂商的供应量为500/20=25克。

(2)对第一个厂商而言，给定其他每个厂商的供应量为25克，那么他的利润最大化问题为：

$$\max_{q_1} \frac{525 - q_1}{1000} q_1$$

根据一阶条件解得：

$$q_1 = 262.5$$

可见在其他厂商的供应量为25克的条件下，厂商1增加供应量会提高自己的利润。类似的结论对市场上的其他厂商也成立，所以合谋是不稳定的。

(3)题目要求完全竞争市场的均衡结果。令 $p = MC$，得到氪的价格为零。市场上的总供给量为1000克，每个成员的出售量为50克。

5. 在下表所示的策略型博弈(表10-3)中，找出占优均衡。

表10-3　博弈的支付矩阵

		2		
		L	*M*	*R*
1	*U*	4,3	5,1	6,2
	M	2,1	8,4	3,6
	D	3,0	9,6	2,8

答：对于行为人2而言，*R* 优于 *M*，所以行为人2将会剔除掉 *M* 策略，只在 *R*、*L* 这两个策略中进行选择；对于行为人1来说，知道了行为人2会在 *L*、*R* 策略中选择，则 *U* 占优于 *M* 和 *D* 策略。当行为人2知道行为人1选择了 *U* 策略时，他则最终会选择 *L* 策略。所以，最终的占优均衡为(*U*, *L*)。

6. 模型化下述划拳博弈：两个老朋友在一起划拳喝酒，每个人有四个纯策略：杆子、老虎，鸡和虫子。输赢规则是：杆子降老虎，老虎降鸡，鸡降虫子，虫子降杆子。两个人同时出令。如果一个打败另一个，赢者的效用为1，输者的效用为 -1；否则，效用均为0。写出这个博弈的收益矩阵。这个博弈有纯策略纳什均衡吗？计算出混合策略纳什均衡。

答：(1)该题的支付矩阵(表10-4)为：

表10-4　划拳博弈的支付矩阵

		游戏者2			
		杆子	老虎	鸡	虫子
游戏者1	杆子	0,0	$\underline{1}$, -1	0,0	-1,$\underline{1}$
	老虎	-1,$\underline{1}$	0,0	$\underline{1}$, -1	0,0
	鸡	0,0	-1,$\underline{1}$	0,0	$\underline{1}$, -1
	虫子	$\underline{1}$, -1	0,0	-1,$\underline{1}$	0,0

(2)这是一个零和博弈，没有纯策略纳什均衡。这是因为：

对两个参与者，给定对方策略时，本方的占优策略对应的支付以下划线标注，均衡存在当且仅当在同一栏中出现两个下划线。由此可知，该博弈没有纯策略纳什均衡。

(3)记游戏者1分别选择各个策略的概率为$\{p_1, p_2, p_3, p_4\}$，游戏者2分别选择各个策略的概率为$\{q_1, q_2, q_3, q_4\}$。

当游戏者2分别以概率$\{q_1, q_2, q_3, q_4\}$选择四个策略时，游戏者1的四个策略的收益应该相等(根据同等支付原则)：

$$1\times q_2+(-1)\times q_4=(-1)\times q_1+1\times q_3=(-1)\times q_2+1\times q_4=1\times q_1+(-1)\times q_3$$

又因为$q_1+q_2+q_3+q_4=1$，可以得到：$q_1=q_2=q_3=q_4=\frac{1}{4}$。

同理，当对于游戏者1分别以概率$\{p_1, p_2, p_3, p_4\}$选择四个策略时，游戏者2的四个策略的收益应该相等(根据同等支付原则)：

$$1\times p_2+(-1)\times p_4=(-1)\times p_1+1\times p_3=(-1)\times p_2+1\times p_4=1\times p_1+(-1)\times p_3$$

又因为$p_1+p_2+p_3+p_4=1$，可以得到：$p_1=p_2=p_3=p_4=\frac{1}{4}$。

因此混合策略纳什均衡为：(σ_1, σ_2)，其中

$$\sigma_1=\left(\frac{1}{4}, \frac{1}{4}, \frac{1}{4}, \frac{1}{4}\right),\ \sigma_2=\left(\frac{1}{4}, \frac{1}{4}, \frac{1}{4}, \frac{1}{4}\right)$$

7. 巧克力市场上有两个厂商，各自都可以选择去市场的高端(高质量)，还是去低端(低质量)。相应的利润由如下收益矩阵(表10-5)给出：

表10-5　巧克力商的博弈

		厂商2	
		低	高
厂商1	低	-20, -30	900,600
	高	100,800	50,50

(1)如果有的话，哪些结果是纳什均衡？

(2)如果各企业的经营者都是保守的，并都采用最大最小化策略，结果如何？

(3)合作的结果是什么？

(4)哪个厂商从合作的结果中得好处最多？哪个厂商要说服另一个厂商需要给另一个厂商多少好处？

解：(1)纳什均衡的结果是(高，低)和(低，高)，相应的收益分别为(100，800)和(900，600)。

(2)如果1选择低，则有 $\min\{-20, 900\}=-20$；如果1选择高，则有 $\min\{100, 50\}=50$。

因此如果1想要最大化它的最小支付，其最优决策为：

$$\max\{\min\{-20, 900\}, \min\{100, 50\}\}=\max\{-20, 50\}=50$$

所以1会选择高。类似的分析表明2也会选择高，因此两个人都采用最大最小策略的均衡结果为(高，高)，相应的支付为(50，50)。

(3)如果双方进行合作，那么他们的目标就是总利润最大化，这样最终的结果就是(低，高)，相应的支付为(900，600)。

(4)厂商1从合作的结果中获得的好处多。为了使得厂商2不选择另外一个纳什均衡(高，低)，厂商1应当给厂商2一笔 $800-600=200$ 的支付。

8. 考虑在 c，f，g 三个主要汽车生产商之间的博弈。每一个厂商可以生产要么大型车，要么小型车，但不可同时生产两种型号的车。即，对于每一个厂商 i，$i=c, f, g$，他的行动集合为 $A^I=\{SM, LG\}$。用 α^i 代表 i 所选择的行动，$\alpha^i \epsilon A^I$，$\pi^I(\alpha^c, \alpha^f, \alpha^g)$ 代表厂商 i 的利润。假设，每个厂商的利润函数定义如下：

$\pi^i \equiv \gamma$，如果 $\alpha^j=LG$，$j=c, f, g$；

γ，如果 $\alpha^j=SM$，$j=c, f, g$；

α，如果 $\alpha^i=LG$，且 $\alpha^j=SM$，$j\neq i$；

α，如果 $\alpha^i=SM$，且 $\alpha^j=LG$，$j\neq i$；

β，如果 $\alpha^i=\alpha^j=LG$，且 $\alpha^k=SM$，$j\neq k\neq i$；

β，如果 $\alpha^i=\alpha^j=SM$，且 $\alpha^k=LG$，$j\neq k\neq i$；

(1)当 $\alpha>\beta>\gamma>0$ 时，是否存在纳什均衡？请证明。

(2)当 $\alpha>\gamma>\beta>0$ 时，是否存在纳什均衡？请证明。

证明：该博弈的支付矩阵如表10-6和10-7所示。

表10-6　g 汽车厂生产 SM 型汽车

		c汽车厂	
		SM	LG
f汽车厂	SM	γ,γ,γ	β,α,β
	LG	α,β,β	β,β,α

表10-7　g 汽车厂生产 LG 型的汽车

		c汽车厂	
		SM	LG
f汽车厂	SM	β,β,α	α,β,β
	LG	β,α,β	γ,γ,γ

(1)该博弈存在纳什均衡。首先考虑三家选择的行动相同，那么任一个厂家都将得到数

量为 γ 的利润。因为 $\alpha>\beta>\gamma$，所以任何厂商只要选择和其他两个工厂生产不同型号的产品，就可以获得更高的利润，所以三家工厂生产相同的产品不是纳什均衡。如果三个工厂生产不同的产品，比如说$(\alpha^c, \alpha^f, \alpha^g)=(SM, LG, SM)$，因为 $\alpha>\beta>\gamma$，所以 c 厂已经获得了它可能获得的最高利润，因此它不会背叛；给定其他厂商的选择，f 厂生产 LG 型号的汽车只能获得数量为 β 的利润，高于它生产 SM 型号的汽车获得的数量为 γ 的利润，所以 f 厂也不会背叛；给定其他厂商的选择，g 厂在生产两种型号的汽车之间是没有差异的，因为无论哪种情况下，他都只能获得数量为 β 的利润，所以 g 厂同样不会背叛。综上可知$(\alpha^c, \alpha^f, \alpha^g)=(SM, LG, SM)$是一个纳什均衡。类似的分析表明，只要三个工厂生产不同的产品，就是纳什均衡。

(2)只要三个工厂生产的汽车型号不完全相同，这样的结果就是纳什均衡。分析类似于第(1)问。

9. 考虑下列策略型博弈(表 10－8)：

表 10－8　博弈的支付矩阵

		B		
		L	M	R
A	U	1, －2	－2,1	0,0
	M	－2,1	1, －2	0,0
	D	0,0	0,0	1,1

请问，该博弈里有几个均衡？为什么？

答：(1)该博弈的纯策略均衡为(D, R)。

(2)下面分析混合策略均衡。设参与人 A 分别选择策略 U、M 和 D 的概率为$\{p_1, p_2, p_3\}$；设参与人 B 分别选择策略 L、M 和 R 的概率为$\{q_1, q_2, q_3\}$；下面分三种情况讨论：

①达到混合均衡时，如果参与人 A 分别选择策略 U、M 和 D 的概率都严格大于零，那么他选择策略 U、M 和 D 的期望收益就要相等，即：$q_1-2q_2=-2q_1+q_2=q_3$。从而解得 $q_1=q_2=-q_3$，矛盾，所以对参与人 B 而言，不存在使得 q_1，q_2，q_3同时大于零的混合均衡；对参与人 A 也有类似的结论成立。

②尽管如此，以上的分析并不能说明不存在混合均衡。因为达到均衡时，有可能存在参与人选择某一行动的概率为零的可能。对 A 而言，在 U、M、D 三个行动中选择某一行动的概率等于零的情况共有三种可能。对 B 也是一样，这样均衡时共有九种可能的情况，下面分别讨论：

a. A 选择行动 D 的概率为零，B 选择行动 R 的概率为零，即 $p_3=q_3=0$，从而得到如表 10－9 所示的支付矩阵：

表 10－9　博弈的支付矩阵

		B	
		L	M
A	U	1, －2	－2,1
	M	－2,1	1, －2

达到均衡时，A 选择 M 和 U 应当得到相同的期望支付，即 $q_1-2q_2=-2q_1+q_2$，整理得

到 $q_1 = q_2$；又因为 $q_3 = 0$，所以 $q_1 + q_2 = 1$。从而解得 $q_1 = q_2 = 0.5$；同理可得 $p_1 = p_2 = 0.5$。所以 $\{q_1 = 0.5,\ q_2 = 0.5,\ q_3 = 0\}$ 和 $\{p_1 = 0.5,\ p_2 = 0.5,\ p_3 = 0\}$ 就是一个混合均衡。

b. A 选择行动 D 的概率为零，B 选择行动 M 的概率为零，采用类似于 a 的做法可知，在这种情况下，不存在混合均衡。

c. A 选择行动 D 的概率为零，B 选择行动 L 的概率为零，采用类似于 a 的做法可知，在这种情况下，不存在混合均衡。

d. A 选择行动 M 的概率为零，B 选择行动 R 的概率为零，采用类似于 a 的做法可知，在这种情况下，不存在混合均衡。

e. A 选择行动 M 的概率为零，B 选择行动 M 的概率为零，采用类似于 a 的做法可知，在这种情况下，不存在混合均衡。

f. A 选择行动 M 的概率为零，B 选择行动 L 的概率为零，采用类似于 a 的做法可知，在这种情况下，不存在混合均衡。

g. A 选择行动 U 的概率为零，B 选择行动 R 的概率为零，采用类似于 a 的做法可知，在这种情况下，不存在混合均衡。

h. A 选择行动 U 的概率为零，B 选择行动 M 的概率为零，采用类似于 a 的做法可知，在这种情况下，不存在混合均衡。

i. A 选择行动 U 的概率为零，B 选择行动 L 的概率为零，采用类似于 a 的做法可知，在这种情况下，不存在混合均衡。

综合上述分析可知，惟一的混合均衡就是：$\sigma_A = \{0.5,\ 0.5,\ 0\}$，$\sigma_B = \{0.5,\ 0.5,\ 0\}$。

③均衡时，如果 A 选择某两个行动的概率都等于零，即 A 只能选择一个行动。这就要求在 B 的行动中，至少有一对行动可以给自己带来相同的支付，但是由支付矩阵可知，这一条件并不满足，这样均衡时，B 也只能选择一个行动，这就退化成了纯策略均衡。所以 A 选择某两个行动的概率都等于零的混合均衡是不存在的；同理 B 选择某两个行动的概率都等于零的混合均衡也是不存在的。

综合上述分析可知，该博弈只有惟一的混合均衡，即：

$$\{q_1 = 0.5,\ q_2 = 0.5,\ q_3 = 0\} \text{ 和 } \{p_1 = 0.5,\ p_2 = 0.5,\ p_3 = 0\}$$

10. 考虑如表 10－10 和 10－11 所示的策略型博弈

表 10－10　参与人 3 选择 A 时的支付矩阵

		2	
		L	R
1	U	0,0,10	－5，－5,0
	D	－5，－5,0	1,1，－5

表 10－11　参与人 3 选择 B 时的支付矩阵

		2	
		L	R
1	U	－2，－2,0	－5，－5,0
	D	－5，－5,0	－1，－1,5

每一格左边的数字是游戏者 1 的得益，中间的数字为游戏者 2 的得益，右边的数字为游

戏者 3 的得益。游戏者 3 的策略是选 A 矩阵或选 B 矩阵。

(1)上述博弈中有几个纯策略纳什均衡？为什么？

(2)如果三个游戏者中可以有两个人结盟共同对付另一个人，会出现什么结果？

解：(1)上述博弈中有两个纯策略纳什均衡。它们分别为(*U*，*L*，A)和(*D*，*R*，B)。对任意的参与人，给定其他两个参与者的行动，他的占优行动用下划线表示出来，由此可以得到这两个纯策略纳什均衡。

(2)若三人中有两人结盟，则不外乎下面三种情况：

①参与人 1 和 2 结盟，支付矩阵如表 10－12 所示，该博弈的均衡是(*DR*，B)。

表 10－12　参与人 1 和 2 结盟后博弈的支付矩阵

		参与人 3	
		A	B
结盟方	*UL*	0,10	－4,0
	UR	－10,0	－10,0
	DL	－10,0	－10,0
	DR	2，－5	－2,5

②参与人 1 和 3 结盟，支付矩阵如表 10－13 所示，该博弈的均衡是(*UA*，*L*)和(*DB*，*R*)。

表 10－13　参与人 1 和 3 结盟后博弈的支付矩阵

		参与人 2	
		L	*R*
结盟方	*UA*	10,0	－5，－5
	DA	－5，－5	－4,1
	UB	－2，－2	－5，－5
	DB	－5，－5	4，－1

③参与人 2 和 3 结盟，支付矩阵如表 10－14 所示，该博弈的均衡是(*LA*，*U*)和(*RB*，*D*)。

表 10－14　参与人 2 和 3 结盟后博弈的支付矩阵

		参与人 1	
		U	*D*
结盟方	*LA*	10,0	－5，－5
	RA	－5，－5	－4,1
	LB	－2，－2	－5，－5
	RB	－5，－5	4，－1

若参与人 1 和 2 结盟，博弈的结果只能是(*D*，*R*，*B*)。由于结果(*U*，*L*，*A*)对应的支付对每个人而言都优于(*D*，*R*，*B*)对应的支付，所以不结盟至少可以使每个人的境况和参与人 1，2 结盟时一样好，所以不结盟相对参与人 1 和 2 而言反而更优。

若参与人 1 和 3 结盟，博弈的结果完全同不结盟。

若参与人 2 和 3 结盟，博弈的结果完全同不结盟。

综合上述分析可知，在这个博弈中，任何两方都不会有结盟的动机。

11. 在表 10－15 所示的策略型博弈里，什么是占优解？什么是纯策略纳什(Nash)均衡解？

表 10－15　博弈的支付矩阵

		游戏者 2		
		L	*M*	*R*
游戏者 1	*T*	2,0	1,1	4,2
	M	3,4	1,2	2,3
	D	1,3	0,2	3,0

解：(1)这个博弈没有占优均衡。理由如下：在这个问题中，对于游戏者 1 而言，*T* 占优于 *D*，因此可以将 *D* 排除掉。此时博弈的支付矩阵如表 10－16 所示。当游戏者 1 的可选策略只有 *T* 和 *M* 时，对游戏者 2 而言，*R* 占优于 *M*，因此可以把 *M* 排除掉，此时博弈的支付矩阵如表 10－17 所示。至此，用剔除法寻找占优均衡的方法无法继续进行，所以这个博弈没有占优均衡。

表 10－16　排除掉 *D* 以后的支付矩阵

		游戏者 2		
		L	*M*	*R*
游戏者 1	*T*	2,0	1,1	4,2
	M	3,4	1,2	2,3

表 10－17　排除掉 *M* 以后的支付矩阵

		游戏者 2	
		L	*R*
游戏者 1	*T*	2,0	4,2
	M	3,4	2,3

(2)纯策略纳什均衡为(*M*，*L*)，(*T*，*R*)。由表 10－17 可知，当游戏者 2 选择 *L* 时，游戏者 1 的最优策略为 *M*；当游戏者 2 选择 *R* 时，游戏者 1 的最优策略是 *T*。同样，当游戏者 1 选择 *T* 时，游戏者 2 的最优策略是 *R*；当游戏者 1 选择 *M* 时，游戏者 2 的最优策略为 *L*。因此，纯策略纳什均衡为(*M*，*L*)，(*T*，*R*)，此时游戏者得到的支付为(3，4)，(4，2)。

12. 判断对错，并简要说明理由。

(1)占优均衡一定是纳什均衡。

(2)在囚徒困境中，如果每一个囚犯都相信另一个囚犯会抵赖，那么两个人都会抵赖。

(3)一个将军有两个纯策略，要么把所有的部队从陆地运输，要么把所有的部队从海洋上运输。那么把 1/4 的部队从陆地运输，把其余 3/4 的部队从海洋运输构成一个混合策略。

答：(1)正确。理由如下：如果在博弈中，每个参与人都有自己的占优策略，这就意味着对任何一个参与人而言，无论其他参与人的策略如何，该参与人的占优策略对他而言都是最优的，特别地，当其他的参与人也选择自己的占优策略时，该参与人的占优策略对他还是最优的，根据纳什均衡的定义，可知占优均衡一定是纳什均衡。

(2)错误。理由如下：在囚徒困境中，如果每一个囚犯都相信另一个囚犯会抵赖，那么对每个囚犯而言，坦白将是他的最优选择。如果两个囚犯都这样考虑，那么均衡的结果就是两个人都坦白。

(3)错误。因为混合策略是在纯策略集合上确定的一个概率分布，而在本题中，将军分割军队的决定事实上是扩大了纯策略的集合，即将军的决定仍然是一个纯策略。

13. 一个小镇中，有 N 个人，每人有 100 元钱，如果每人都向一个集资箱中捐一笔钱(可以为零)而共收集到 F 元，那么从一个基金中拿出相同数量的钱放入集资箱，最后当集资被分配时，每人获得 $2F/N$ 元，求解这一博弈的均衡。

解：假设参与人 i 的捐款为 F^i，他的收益为 π^i，又记 $F^{-i}=F-F^i$，那么给定 $F^{-i}=\overline{F}^{-i}$，参与人 i 的收益为：

$$\pi^i=\frac{2}{N}(F^i+\overline{F}^{-i})-F^i=\left(\frac{2}{N}-1\right)F^i+\frac{2}{N}\overline{F}^{-i}$$

特别地，π^i 是 F^i 的线性函数，所以：

①当 $N>2$ 时，$\frac{2}{N}-1<0$，所以参与人 i 的最优选择是 $F^i=0$。

②当 $N=2$ 时，$\frac{2}{N}-1=0$，所以无论参与人的捐款数量为多少，都不会影响他的收益，从而 $F^i\in(0,\ 100)$。

③当 $N=1$ 时，$\frac{2}{N}-1>0$，这时参与人的捐款数量会趋向于 100，即 $F^i\to 100$。

由于所有行动者的行为相同，所以当 $N>2$ 时，纳什均衡为 $F^i=0$，$i=1,\ 2,\ \cdots,\ N$；当 $N=2$ 时，纳什均衡为 $F^i\in(0,\ 100)$，$i=1,\ 2$；当 $N=1$ 时，纳什均衡为 $F^i\to 100$。

14. Frank 和 Nancy 约定下一周的某一天在小镇的咖啡厅见面，但他们如此兴奋以至于忘记了在哪一个咖啡厅约会，所幸的是小镇上只有两个咖啡厅，“夕阳”和“海湾”，并且他们知道彼此的偏好。事实上，如果二人都去了“夕阳”，Frank 的效用是 3 而 Nancy 的效用是 2，如果二人都去了“海湾”，Frank 的效用是 2 而 Nancy 的效用是 3，如果二人去的地方不同，则效用水平都是 0。

(1)这一博弈存在纯策略纳什均衡吗？存在混合均衡吗？

(2)这一博弈存在占优策略均衡吗？

答：(1)这一博弈存在纯策略纳什均衡和混合均衡。此博弈的支付矩阵如表 10－18 所示，根据支付矩阵可知该博弈的纯策略均衡为两个人都去相同的咖啡厅，即：(夕阳，夕阳)和(海湾，海湾)。下面求混合均衡：

假设 Frank 去夕阳咖啡厅的概率为 p，那么他去海湾咖啡厅的概率就是 $1-p$，均衡时的概率应当使得 Nancy 去夕阳或海湾咖啡厅的期望效用相等，即：

$$2p=3(1-p)$$

解得 $p=0.6$，则 $1-p=0.4$，即 Frank 去夕阳餐厅的概率为 0.6，去海湾餐厅的概率为 0.4；同理可得 Nancy 去夕阳餐厅的概率为 0.4，去海湾餐厅的概率为 0.6。

表 10－18　约会博弈的支付矩阵

		Frank	
		夕阳	海湾
Nancy	夕阳	2,3	0,0
	海湾	0,0	3,2

(2)这一博弈不存在占优策略均衡。若 Nancy 选择去夕阳，则 Frank 的最优策略是去夕阳；若 Nancy 去海湾，则 Frank 的最优策略是去海湾，因此对于 Frank 而言不存在占优策略。同样，对于 Nancy 来说也不存在一个占优策略，因此这一博弈不存在占优策略均衡。

10.2 强化习题详解

1. 给定表 10－19 所示的博弈支付矩阵：

表 10－19　博弈的支付矩阵

		B	
		L	R
A	T	(a,b)	(c,d)
	B	(e,f)	(g,h)

如果 (T, L) 是优超策略，但 (B, R) 是帕累托最优，则 $a-h$ 间应当满足什么条件？

解： 当且仅当 $a>e$，$c>g$ 时，T 是参与人 A 的优超策略。当且仅当 $b>d$，$f>h$ 时，L 是参与人 B 的优超策略。因此如果 (T, L) 是优超策略，则必有：

$$a>e,\ c>g,\ b>d,\ f>h$$

如果 (B, R) 是帕累托最优，则 (T, R) 和 (B, L) 不可能是 (B, R) 的帕累托改进，由 $c>g$，$f>h$ 可知必有 $h>d$，$g>e$。

类似的 (T, L) 也不可能是 (B, R) 的帕累托改进，一共有六种可能：

$$\{g>a,\ h>b\}\cup\{g>a,\ h=b\}\cup\{g>a,\ h<b\}\cup$$
$$\{g<a,\ h>b\}\cup\{g=a,\ h>b\}\cup\{g=a,\ h=b\}$$

归纳起来，可以写成：

$$\{g>a\}\cup\{h>b\}\cup\{g=a,\ h=b\}$$

综上可知，$a-h$ 间应当满足如下关系：

$$\{a>e,\ c>g,\ b>d,\ f>h\}\cap\{h>d,\ g>e\}\cap\{\{g>a\}\cup\{h>b\}\cup\{g=a,\ h=b\}\}$$

2. Firms A and B engage in a one-period game. Each firm's profit depends on how much output both firms produce, as is shown in table 10－20.

Table10－20 Each firm's profit in different condition

		Firm B	
		High Output	Low Output
Firm A	High Output	8, 8	Y, X
	Low Output	X, Y	10, 10

(1) Suppose we observe many pairs of firms playing this one-period game and all firms choose to produce a high level of output. What must be true about the values of *X* and *Y*? Be sure to explain your answer using the concept of Nash equilibrium (and, if relevant, dominant strategies).

(2) Each firm would earn higher profits if they both agreed to produce at the low output level. Why do the firms produce high levels of output in the equilibrium? (That is, explain the economic concepts behind your answer to part (1)).

答： (1) 在参与该博弈的所有企业的结果中，总是看到每个企业生产高产量的结果。这必定意味着（高，高）是该博弈惟一的纳什均衡。纳什均衡指的是在别的企业策略给定的情况下，每个企业都生产能使它们利润达到最大的产量。换言之，在一个企业知道另一个企业的行动的情况下，没有哪个企业有激励去改变它们的行为。

要使(高，高)成为该博弈中惟一的纳什均衡，X 与 Y 应满足一定的条件。首先，如果(高，高)是纳什均衡解，那么当企业 B 选择生产高产量时，企业 A 选择生产高产量所得的利润(8)必须要大于生产低产量的利润(X)，即 $X<8$ 成立。从企业 B 的角度来分析也能得出上述结果。其次，其他任何策略组合都不可能成为纳什均衡。首先考虑(低，低)，在企业 B 生产低产量时，若(低，低)不是纳什均衡，则企业 A 转而生产高产量所获利润(Y)必定要大于继续生产低产量所获利润(10)，即 $Y>10$。从企业 B 的角度分析同样得出上述结果。同理，也能得出(高，低)，(低，高)不可能成为纳什均衡的结论。

这两个条件也显示生产高产量对博弈双方来说，都是一个占优策略：不管对方产量如何，本企业生产高产量比生产低产量总能获得更大的利润。例如，如果企业 B 生产低产量，由于 $Y>10$，A 应该选择生产高产量而不是低产量。同理，当 B 生产高产量时，由于 $X<8$，A 生产高产量能比生产低产量获得更大的利润。

(2)具体地，在双头垄断市场结构中，如果一家企业能使另一家企业减少产量，那么该企业所面对的残差需求在市场总需求中所占比例将扩大，这会导致该企业的边际收益曲线外移。若该企业追求利润最大化，它的反应应该是增加产量。这样，遵守卡特尔协议即意味着该企业并没有最大化它的利润，因为在低产量水平，边际收益大于边际成本。该企业通过违反卡特尔协议，趁对方削减产量时，趁机扩大产量，能够比遵守协议获得更多利润。在该博弈中，如果一个企业生产低产量，那么另一个企业的最佳选择就是生产高产量，因为 $Y>10$。

(低，低)不可能成为纳什均衡解的另一原因是在一次性博弈中，采取欺骗行为的企业不会受到惩罚。在一个重复进行多次的博弈中，想要采取欺骗行为的厂商需要在以下两个选择中权衡取舍。一方面，如果它采取合作策略，它每期都能获得10单位的利润；另一方面，如果它采取一次欺骗策略，它本期利润将为 $Y(>10)$，但是在以后每期，它只能获得8单位的利润(这是其他企业为报复而采取非合作策略的惩罚)。在某些情况下，它仍会采取欺骗策略(如博弈次数足够少或者 Y 足够大)，在另一些情况下(如博弈要重复进行多次或 Y 不够大)，合作也许是一个利润最大化的策略。

3. 有两个企业正在考虑要不要进入饮料行业，而且这两个企业必须同时决定是否进入。如果一个企业不进入，其报酬为0。如果两个企业同时进入，每个企业的报酬是 A。如果只有一个企业选择进入，这个企业的报酬是 B。写出这个博弈的报酬矩阵，并找出这个博弈可能的纳什均衡(需说明纳什均衡与 A 和 B 之间的关系，并注意 A 与 B 之间的经济合理性)。

答：博弈的收益矩阵如表10－21所示。

表10－21　博弈的支付矩阵

		企业2	
		进入	不进入
企业1	进入	A，A	B，0
	不进入	0，B	0，0

经济上的合理性要求① $B>0$；② $A<B$。所以当 $A>0$ 时，纳什均衡为(进入，进入)；当 $A<0$ 时，纳什均衡为(进入，不进入)和(不进入，进入)。下面求解混合策略均衡，假设企

业2进入的概率为 p，则它不进入的概率为 $1-p$，达到混合均衡时，企业1选择进入和不进入的期望收益相同，即：$pA+(1-p)B=0$。

解得 $p=\dfrac{B}{B-A}$；同理，达到混合均衡时，企业1选择进入的概率也是 $\dfrac{B}{B-A}$。特别地，由于 $p\in(0,1)$，所以 $A<0$。

4. 一个老人要过马路，但她需要有人帮助才能过马路。这时，两个互不相识的路人(一个叫因荷，另一个叫得藕)正好路过，他们两个人需要同时决定谁将去帮助那位老人过马路。不管谁帮忙，只要这位老人成功地过了马路，每个人都会感到很欣慰，这样的欣慰值3个单位。帮忙扶老人过马路的成本(如时间成本)是1个单位。

(1)这一事件用博弈树来表示，并写出这个博弈的报酬矩阵。

(2)求出因荷和得藕的最佳反应曲线。

(3)找出因荷和得藕的占优策略?

(4)这个博弈的纳什均衡(包括纯策略均衡和混合策略均衡)是什么?

答：(1)博弈树如图10-1所示。

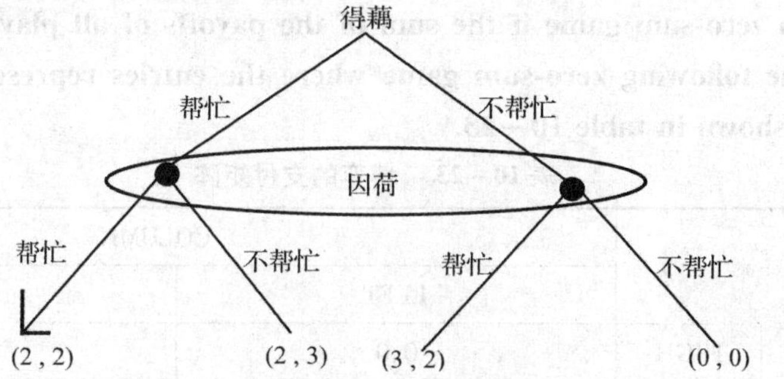

图10-1　博弈树

博弈的报酬矩阵如表10-22所示：

表10-22　博弈的支付矩阵

		因荷	
		帮忙	不帮忙
得藕	帮忙	2，2	2，3
	不帮忙	3，2	0，0

(2)情况1：纯策略的情形：

因荷的最佳反应曲线为：若得藕帮忙扶老人过马路，则因荷选择“不帮忙”；若得藕不帮忙扶老人过马路，则因荷选择“帮忙”。

得藕的最佳反应曲线为：若因荷帮忙扶老人过马路，则得藕选择“不帮忙”；若因荷不帮忙扶老人过马路，则得藕选择“帮忙”。

情况2：混合策略的情形：

因荷的最佳反应曲线为：当得藕选择“帮忙”的概率大于2/3时，因荷选择“不帮忙”；当得藕选择“帮忙”的概率小于2/3时，因荷选择“帮忙”；当得藕选择“帮忙”的概率等于2/3时，因荷选择“帮忙”“不帮忙”均可。

得藕的最佳反应曲线为：当因荷选择“帮忙”的概率大于2/3时，得藕选择“不帮忙”；

当因荷选择“帮忙”的概率小于2/3时，得藕选择“帮忙”；当因荷选择“帮忙”的概率等于2/3时，得藕选择“帮忙”“不帮忙”均可。

如图10－2所示(其中p、q分别代表因荷和得藕选择帮老人过马路的概率)。

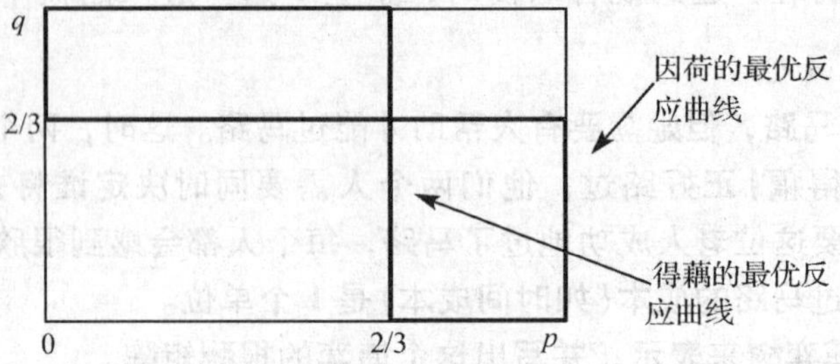

图10－2　反应曲线

(3)因荷和得藕都没有占优策略。

(4)这个博弈的纯策略纳什均衡是：(帮忙，不帮忙)，(不帮忙，帮忙)。混合策略纳什均衡是：因荷和得藕都以2/3的概率选择“帮忙”。

5. A game is a zero-sum game if the sum of the payoffs of all players is 0 for any outcome. Consider the following zero-sum game where the entries represent the payoff of the row player, as is shown in table 10－23.

表10－23　博弈的支付矩阵

		COLUMN	
		LEFT	RIGHT
ROW	HIGH	0,0	$X, -X$
	LOW	$Y, -Y$	$Z, -Z$

The numbers X, Y, and Z are all positive. What relations between these numbers (for example, $X<Y\leqslant Z$) must hold for each of the following cases to arise?

(1) At least one of the players has a dominant strategy.

(2) No players has a dominant strategy, but there is a pure-strategy Nash equilibrium.

(3) There is no pure-strategy Nash equilibrium, but there is a mixed-strategy Nash equilibrium.

(4) Given that case (3) holds, give a formula (in terms of X, Y, and Z) for Row's probability of choosing HIGH.

答：(1)如果HIGH是ROW的占优策略，那么无论COLUMN选什么，ROW选HIGH总比他选LOW得到的支付多，即$Y<0$和$Z<X$同时成立，对于ROW和COLUMN的其他策略也有类似的结论。这些结果中的任何一个都可以保证至少存在一个占优策略。

(2)如果HIGH不是ROW的占优策略，那么由第(1)问，可知必有$\{Y>0\}\cup\{Z>X\}$，这里符号∪表示$\{Y>0\}$和$\{Z>X\}$中至少有一个成立。类似的，对ROW和COLUMN的其他策略，也有类似的结论成立，从而得到下面四个结论：

$$\{Y>0\}\cup\{Z>X\} \quad ①$$

$$\{Y<0\}\cup\{Z<X\} \quad ②$$

$$\{X<0\}\cup\{Y>Z\} \quad ③$$

$$\{X>0\}\cup\{Y<Z\} \quad ④$$

如果①式中$\{Y>0\}$成立，则②式中$\{Z<X\}$必成立；如果③式中$\{X<0\}$成立，则④式中$\{Y<Z\}$必然成立，这就意味着$\{Y>0\}\cap\{Z<X\}\cap\{X<0\}\cap\{Y<Z\}$，但这会得出$0<Y$和$Y<0$同时成立，矛盾。所以只能是③式中$\{Y>Z\}$成立，④式中$\{X>0\}$成立，从而得到不存在占优均衡的条件是：$\{Y>0\}\cap\{Z<X\}\cap\{X>0\}\cap\{Y>Z\}$。

但是在这组条件下，不存在纯策略的纳什均衡。如表10－24所示(纳什均衡存在当且仅当有下划线的字母出现在同一个数字栏中)。

表10－24　博弈的支付矩阵

		COLUMN	
		LEFT	RIGHT
ROW	HIGH	$0,\underline{0}$	$\underline{X},-X$
	LOW	$\underline{Y},-Y$	$Z,\underline{-Z}$

对其他情况的讨论也表明，不存在纯策略纳什均衡但存在混合策略纳什均衡是不可能发生的。

(3)当$\{Y>0\}\cap\{Z<X\}\cap\{X>0\}\cap\{Y>Z\}$时，不存在纯策略纳什均衡但存在混合策略纳什均衡，下面证明：

如表10－24所示，在这个条件下不存在纯策略均衡，下面求解混合策略均衡，假设COLUMN选择LEFT的概率为p，则他选择RIGHT的概率为$1-p$，达到混合均衡时，ROW选HIGH和LOW的期望收益相同，即：$(1-p)X=pY+(1-p)Z$。

解得$p=(X-Z)/(X+Y-Z)$，在题设条件下，这个数字介于0到1之间。类似的方法表明ROW也有均衡概率，所以存在混合策略均衡。

(4)由第(3)问可知，Row选择High的概率为：$\dfrac{X-Z}{X+Y-Z}$。

6.“性别之战”博弈：Michelle和Roger非常希望待在一起，但是他们俩人有不同的娱乐偏好。Roger喜欢看女子泥地摔跤，而Michelle则喜欢听意大利歌剧。他们在计划下个星期六晚上的娱乐活动。对于每个人来说，有两种可能的选择，去看摔跤比赛或去听歌剧。如果他们两个人都去看摔跤比赛，Roger会非常高兴。他的次优选择是两个人都去剧院。Michelle则更偏好两个人都去剧院。她的次优选择是两个人都去看泥地摔跤。他们俩人都认为最坏的情况是两个人去的地方不一样。如果这种情况发生，他们俩人都会待在家里生闷气，如表10－25所示。

表10－25　博弈的支付矩阵

		Michelle	
		摔跤	歌剧
Roger	摔跤	2,1	0,0
	歌剧	0,0	1,2

(1)Michelle和Roger在所有结果中得到的支付总和是常数吗？(如果是常数，那就称为“零和博弈”。否则称为“非零和博弈”)这个博弈有优超策略均衡吗？

(2)找出这个博弈的两个纯策略纳什均衡。

(3)找出混合策略纳什均衡。

答：(1)Michelle和Roger在所有结果中得到的支付总和不是常数。这个博弈没有优超策略均衡。

（2）这个博弈的两个纯策略纳什均衡是：（摔跤，摔跤），（歌剧，歌剧）。

（3）混合策略纳什均衡：Michelle 以 1/3 的概率选择去看摔跤，2/3 的概率选择去听歌剧；Roger 以 2/3 的概率选择去看摔跤，1/3 的概率选择去听歌剧。

7.“胆小鬼”博弈：两个少年开车开足马力驶向对方。第一个转向的人是“胆小鬼”。最好的情况是另外一个少年转向而你不转向。这样你就是英雄而另外那个少年则是胆小鬼。如果你们两个人都转向，那么你们俩人都是胆小鬼。如果俩人都不转向，那么俩人都会受伤进医院。胆小鬼类型博弈的支付矩阵如表 10－26 所示：

表 10－26　博弈的支付矩阵

		Leroy	
		转向	不转向
Joe Bob	转向	1，1	1，2
	不转向	2，1	0，0

（1）这个博弈有优超策略吗？两个纯策略纳什均衡是什么？

（2）找出这个博弈的混合策略纳什均衡。

答：（1）这个博弈没有优超策略。两个纯策略纳什均衡是（转向，不转向），（不转向，转向）。

（2）混合策略纳什均衡是：两人都以 1/2 的概率选择转向，1/2 的概率选择不转向。

8. Ned 和 Ruth 喜欢玩捉迷藏的游戏。这是一个简单但有趣的游戏。Ruth 藏在楼上或楼下。Ned 可以去楼上或楼下找，但是不能两个地方都去。如果他找到了 Ruth，Ned 会得到一勺冰激凌而 Ruth 什么也得不到。如果 Ned 找不到 Ruth，那么 Ruth 会得到一勺冰激凌而 Ned 什么也得不到。试填表 10－27 所示支付矩阵：

表 10－27　博弈的支付矩阵

		Ruth	
		楼上	楼下
Ned	楼上		
	楼下		

（1）这是个零和博弈吗？纯策略纳什均衡是什么？

（2）找出这个博弈的混合策略纳什均衡。

（3）在这个游戏玩了几年之后，Ned 和 Ruth 想出了一个改进的办法。现在如果 Ned 在楼上找到 Ruth，他会得到两勺冰激凌，而如果他在楼下找到她，那么他只能得到一勺冰激凌。如果 Ruth 被 Ned 找到，那么她什么也得不到，如果 Ned 找不到 Ruth，则她可以得到一勺冰激凌。试填表 10－28 所示支付矩阵：

表 10－28　博弈的支付矩阵

		Ruth	
		楼上	楼下
Ned	楼上		
	楼下		

（4）现在有没有纯策略纳什均衡？你能找到什么混合策略纳什均衡？　如果两个人都采

用均衡策略，Ned 找到 Ruth 的概率是多少？

答：(1)支付矩阵如表 10－29 所示：

表 10－29　博弈的支付矩阵

		Ruth	
		楼上	楼下
Ned	楼上	$\underline{1}$,0	0,$\underline{1}$
	楼下	0,$\underline{1}$	$\underline{1}$,0

这是个零和博弈。不存在纯策略纳什均衡。

(2)混合策略纳什均衡是：两人都以 1/2 的概率选择楼上，以 1/2 的概率选择楼下。

(3)新的支付矩阵如表 10－30 所示：

表 10－30　博弈的支付矩阵

		Ruth	
		楼上	楼下
Ned	楼上	2,0	0,1
	楼下	0,1	1,0

(4)现在仍然没有纯策略纳什均衡。混合策略纳什均衡是：Ruth 以 1/3 的概率选择楼上，以 2/3 的概率选择楼下；Ned 以 1/2 的概率选择楼上，以 1/2 的概率选择楼下。如果两个人都采用均衡策略，Ned 找到 Ruth 的概率是 1/2。

9. A、B 两企业利用广告进行竞争。若 A、B 两企业都做广告，在未来的销售中，A 企业可以获得 20 万元利润，B 企业可以获得 8 万元利润；若 A 企业做广告，B 企业不做广告，A 企业可以获得 25 万元利润，B 企业可以获得 2 万元利润；若 A 企业不做广告，B 企业做广告，A 企业可以获得 10 万元利润，B 企业可以获得 12 万元利润；若 A、B 两企业都不做广告，A 企业可以获得 30 万元利润，B 企业可以获得 6 万元利润。

试：(1)画出 A、B 企业的支付矩阵。

(2)求纳什均衡。

答：(1)由题中所提供的信息，可知两企业的支付矩阵如表 10－31 所示。

表 10－31　企业做广告的博弈　　　　（单位：万元）

		企业 B	
		做广告	不做广告
企业 A	做广告	20,8	25,2
	不做广告	10,12	30,6

(2)由于这是简单的完全信息静态博弈，对于纯策略纳什均衡解可以运用划横线法来求解。

假如 A 厂商做广告的话，那么对于厂商 B 来说，其最优选择是做广告，因为做广告所获得的利润 8 万元大于不做广告获得的利润 2 万元，所以在 8 万元下面划一横线。

假如 A 厂商不做广告的话，那么对于厂商 B 来说，其最优选择是做广告，因为做广告所获得的利润 12 万元大于不做广告获得的利润 6 万元，所以在 12 万元下面划一横线。

假如B厂商做广告的话，那么对于厂商A来说，其最优选择是做广告，因为做广告所获得的利润20万元大于不做广告获得的利润10万元，所以在20万元下面划一横线。

假如B厂商不做广告的话，那么对于厂商A来说，其最优选择是不做广告，因为不做广告所获得的利润30万元大于做广告获得的利润25万元，所以在30万元下面划一横线。

这样支付矩阵如表10－32所示：

表10－32　企业做广告的博弈　　（单位：万元）

		企业B	
		做广告	不做广告
企业A	做广告	(20, 8)	(25,2)
	不做广告	(10,12)	(30,6)

显然，最终的纯策略纳什均衡就是A、B两厂商都做广告。

10. 假设 A 为应纳税款，C 为检查成本，F 是偷税罚款。假定 $C<A+F$。S 为税务机关检查的概率，E 为纳税人逃税概率。不存在纯战略纳什均衡。

(1)写出支付矩阵。

(2)分析混合纳什均衡。

解：首先区别一下纯战略均衡和混合战略均衡：

如果一个战略规定参与人在每一个给定的信息情况下只选择一种特定的行动，称为纯战略。

如果一个战略规定参与人在给定的信息情况下以某种概率分布随机地选择不同的行动，称为混合战略。

(1)支付矩阵(如表10－33所示)

表10－33　纳税检查博弈

		纳税人	
		逃税	不逃税
税收机关	检查	$A-C+F, -A-F$	$A-C, -A$
	不检查	0,0	$A, -A$

(2)因为 S 为税务机关检查的概率，E 为纳税人逃税概率。给定 E，税收机关选择检查与否的期望收益：

$$K(1, E)=(A-C+F)E+(A-C)(1-E)=EF+A-C$$

$$K(0, E)=0E+A(1-E)=A(1-E)$$

令 $K(1, E)=K(0, E)$，得：$E=C/(A+F)$。所以，如果纳税人逃税概率小于 E，税收机关的最优决策是不检查，否则相反。

给定 S，纳税人选择逃税与否的期望收益是：

$$K(S, 1)=(-A-F)S+0(1-S)=-(A+F)S$$

$$K(S, 0)=-AS+(-A)(1-S)=-A$$

令 $K(S, 1)=K(S, 0)$，得 $S=A/(A+F)$，即如果税收机关检查的概率小于 S，纳税人的最优选择是逃税，否则交税。

混合纳什均衡是 S, E，即税收机关以 S 的概率查税，而纳税人以 E 的概率逃税。

第11讲　广延型博弈与反向归纳策略

11.1　课后习题详解

1. 考虑图11－1所示的房地产开发博弈的广延型表述：

(1)写出这个博弈的策略式表述。

(2)求出纯策略纳什均衡。

(3)求出子博弈完美纳什均衡。

解：(1)开发商A的策略为：①开发，②不开发。

开发商B的策略为：

①无论A怎样选择，B都会选择开发；用(开发，开发)表示。

②当A选择开发时，B选择开发；当A选择不开发时，B选择不开发；用(开发，不开发)表示。

③当A选择开发时，B选择不开发；当A选择不开发时，B选择开发；用(不开发，开发)表示。

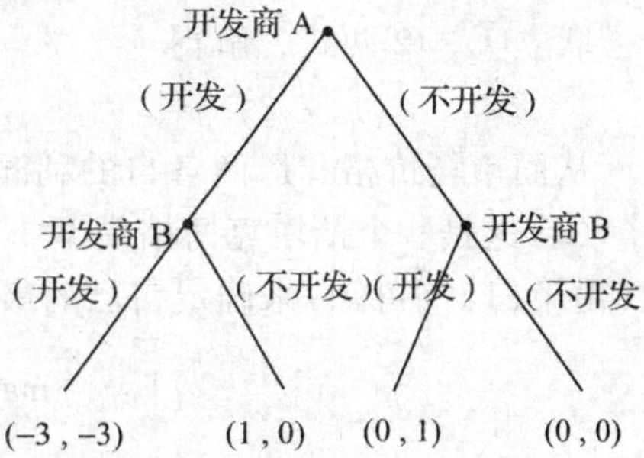

图11－1　房地产开发商之间的博弈

④无论A怎样选择，B都会选择不开发；用(不开发，不开发)表示。

房地产开发博弈的策略式表述如表11－1所示：

表11－1　房地产开发商之间的博弈

		开发商B			
		开发，开发	开发，不开发	不开发，开发	不开发，不开发
开发商A	开发	－3，－3	－3，－3	$\underline{1}$，$\underline{0}$	$\underline{1}$，$\underline{0}$
	不开发	$\underline{0}$，$\underline{1}$	$\underline{0}$，0	0，$\underline{1}$	0，0

(2)对于任意的参与人，给定对手的策略，在他的最优策略对应的支付下面画一条横线。对均衡的策略组合而言，相应的数字栏中有两条下划线，所以本题共有三个纯策略纳什均衡(如表11－1所示)，它们分别为：

①{不开发，(开发，开发)}；②{开发，(不开发，开发)}；③{开发，(不开发，不开发)}。

(3)利用反向归纳法可知，子博弈完美的纳什均衡为{开发，(不开发，开发)}。

2. 你是一个相同产品的双寡头厂商之一，你和你的竞争者生产的边际成本都是零。而市场的需求函数是：

$$p = 30 - Q$$

(1)假设你们只有一次博弈，而且必须同时宣布产量，你会选择生产多少？你期望的利润为多少？为什么？

(2)若你必须先宣布你的产量，你会生产多少？你认为你的竞争者会生产多少？你预计你的利润是多少？先宣布是一种优势还是劣势？为了得到先宣布或后宣布的选择权，你愿意

付出多少？

(3)现在假设你正和同一个对手进行十次系列博弈中的第一次，每次都同时宣布产量。你想要十次利润的总和(不考虑贴现)最大化，在第一次你将生产多少？你期望第十次生产多少？第九次呢？为什么？

解：(1)由于只有一次博弈，所以这里的产量为古诺解。给定厂商2的产量Q_2，厂商1的利润最大化问题为：

$$\max_{Q_1} Q_1(30-Q_1-Q_2)$$

由一阶条件得到厂商1的反应函数为：

$$Q_1=15-0.5Q_2 \quad ①$$

同理得到厂商2的反应函数为：

$$Q_2=15-0.5Q_1 \quad ②$$

联立①、②两式，解得

$$Q_1=10；\ Q_2=10$$

从而市场价格和厂商各自的利润为：$p=10$；$\pi_1=100$，$\pi_2=100$。

(2)这是一个斯塔克博格模型。在这个模型中，市场的领导者会根据竞争对手的反应函数(由第(1)问可知)来确定自己的最优产量，即：

$$\max_{Q_1}\left(30-Q_1-\frac{30-Q_1}{2}\right)Q_1$$

一阶条件为：$\dfrac{\partial\pi_1}{\partial Q_1}=15-Q_1=0$

从而解得：$Q_1=15$；$Q_2=7.5$；$p=7.5$；$\pi_1=112.5$；$\pi_2=56.25$

由以上的计算可知，先宣布产量是一种优势，为了得到先宣布产量的选择权，领导者愿意付出的代价应不大于两种情况下的利润差，即$112.5-100=12.5$。

(3)当两企业进行有限次的博弈时，按照古诺模型确定的产量是各自的最优选择，所以在每次博弈中，两个企业的产量都为10。这是因为两企业为了实现利润最大的最优选择原本应是按照联合定价的卡特尔模型行事，但在第十次生产时，双方都知道这是最后一次博弈，为实现自身的利润最大，都会选择背叛，即实行先宣布产量的战略，从而使得市场的最后均衡为古诺均衡，而第九次博弈时，既然双方都知道在第十次博弈时，对方一定会背叛自己，那就没有理由在第九次博弈中合作，而市场的最终结果还是古诺均衡。依次类推，可知古诺产量是每一次博弈的均衡解。

3. 考虑下列三个广延型博弈(如图11-2)，哪一个博弈有多重反向归纳策略？

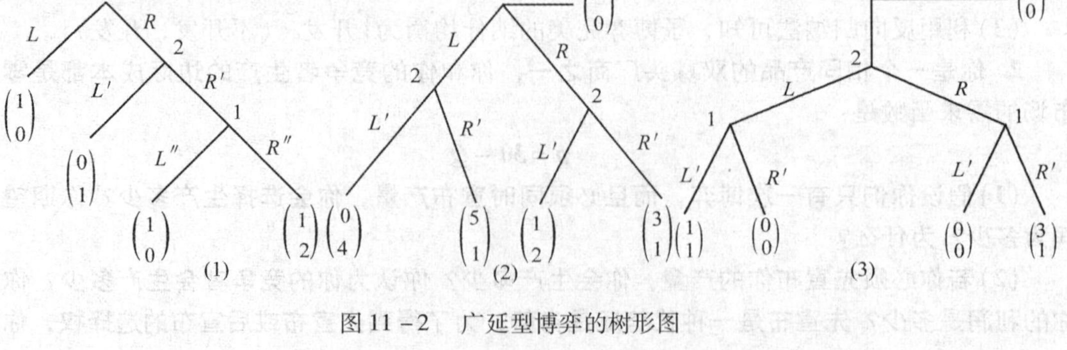

图11-2　广延型博弈的树形图

答：(1)有多重反向归纳策略。分析如下：这个动态博弈的子博弈完美的纳什均衡为：①$\{(L, L''), L'\}$；②$\{(R, R''), R'\}$；③$\{(L, R''), R'\}$(相应的均衡路径如图 11－3 中①L；②$R-R'-R''$；③L 所示)。

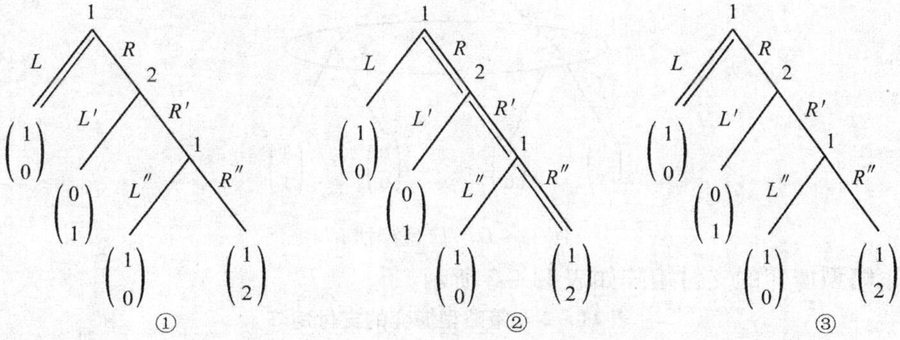

图 11－3　博弈的均衡路径

(2)只有单重的反向归纳策略。分析如下：当 1 选择 L 后，2 有两种选择：(L', R')，对应的支付为$\{(0, 4), (5, 1)\}$。此时 2 肯定会选择 L'使自己得到数量为 4 的支付，从而 1 只能得到数量为零的支付。这对于 1 来说是不合意的，不如选择 T 得到的支付多。同理，如果 1 选择 R，2 也有两种选择：(L', R')，对应的支付为$\{(1, 2), (3, 1)\}$。2 肯定会选择 L'，使得自己得到数量为 2 的支付，此时 1 只能得到数量为 1 的支付，这还是比 1 选择 T 的支付少。所以均衡的结果为 1 选择 T，然后博弈就此结束。如图 11－4 所示。

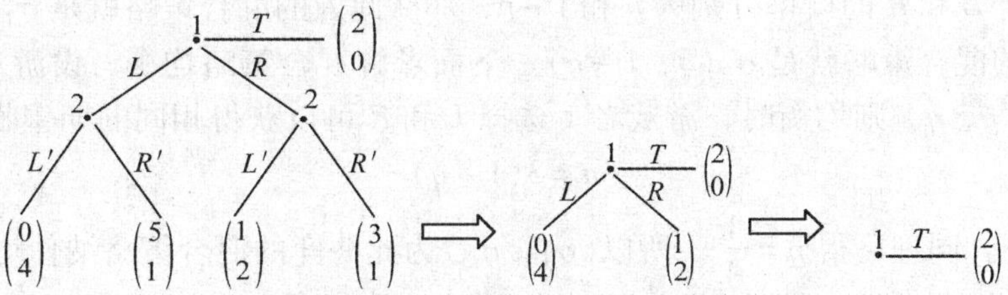

图 11－4　利用反向归纳法得到均衡的结果

(3)有多重的反向归纳策略。分析如下：如果 2 选择 L，那么 1 肯定会选择 L'，因为这样可以使他比选择 R'获得更多的支付，此时 2 得到数量为 1 的支付；同样的原因，当 2 选择 R 时，1 肯定会选择 R'，这样，2 得到的支付仍然为 1；可见 2 选择 L 和 R 对他是没有区别的，并且得到的支付都比他选择 T 所得到的支付(2 选择 T 只能得到数量为 0 的支付)多，所以均衡的结果是 2 选择 L 或 R。如图 11－5 所示。

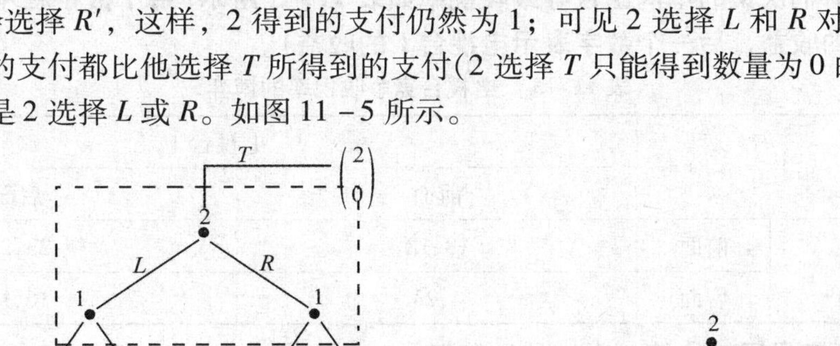

图 11－5　利用反向归纳法得到均衡的结果

4. 请将图 11－6 所示的广延型博弈转化为策略型博弈，并求纳什均衡。

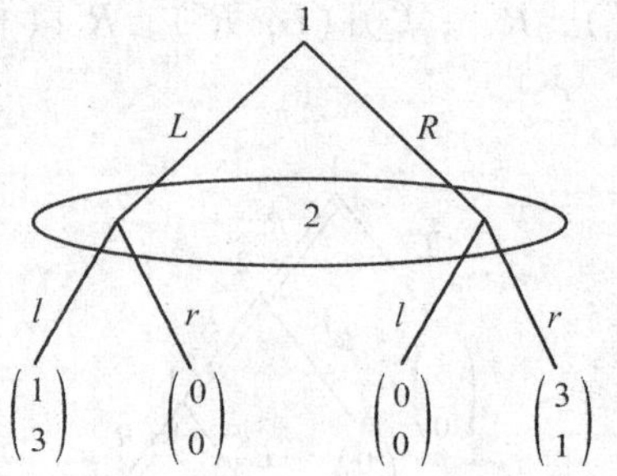

图 11－6　广延型博弈

解：策略型博弈的支付矩阵如表 11－2 所示。

表 11－2　策略型博弈的支付矩阵

		1	
		L	R
2	l	$\underline{1},\underline{3}$	0,0
	r	0,0	$\underline{3},\underline{1}$

(1) 纯策略纳什均衡为：(L, l) 和 (R, r)。

(2) 混合策略就是一个概率分布，表明参与人实行每个纯策略的概率。比如在本题中，设参与人 1 实行 L 和 R 的概率分别为 p 和 $1-p$，那么此人的混合策略就是 $\sigma_1(p, 1-p)$，类似的参与人 2 的混合策略就是 $\sigma_2(q, 1-q)$。下面求解混合策略均衡，设游戏者 1、2 选 L、l 的概率分别为 p、q，则均衡时，游戏者 1 选择 L 和 R 可以获得相同的期望收益，即：

$$q=3(1-q)$$

解得 $q=\frac{3}{4}$。同理可得 $p=\frac{1}{4}$。所以 (σ_1, σ_2) 为此博弈的混合策略纳什均衡，其中 $\sigma_1=\left(\frac{1}{4}, \frac{3}{4}\right)$，$\sigma_2=\left(\frac{3}{4}, \frac{1}{4}\right)$。

5. 两家电视台竞争周末黄金时段晚 8 点到 10 点的收视率，可选择把较好的节目放在前面还是后面。它们决策的不同组合导致收视率如表 11－3 所示（每个数字栏中，前一个数字表示电视台 2 的收益，后一个数字表示电视台 1 的收益）。

表 11－3　电视台竞争收视率的博弈

		电视台 1	
		前面	后面
电视台 2	前面	18,18	23,20
	后面	4,23	16,16

(1) 如果两家是同时决策，有纳什均衡吗？

(2) 如果双方采用规避风险的策略，均衡的结果是什么？

(3) 如果电视台 1 先选择，结果有什么？若电视台 2 先选择呢？

(4) 如果两家谈判合作，电视台 1 许诺将好节目放在前面，这许诺可信吗？结果可能是什么？

解：(1)如果两家同时决策，存在纳什均衡，均衡策略组合为：电视台1选择在后面播放，电视台2选择在前面播放，即(后面，前面)。

(2)风险回避的策略也就是最大最小策略。

当电视台2选择前面时，它获得的最小收益为min(18，23)=18。

当电视台2选择后面时，它获得的最小收益为min(4，16)=4。

那么电视台2的最大最小策略就是max{min(18，23)，min(4，16)}=18，即电视台2会选择前面；同理可以知道电视台1也会选择前面。所以均衡策略为：(前面，前面)，其收益为(18，18)。

(3)如果电视台1先选择，那么利用反向归纳法，可知电视台1和2的选择分别为：(后面，前面)。如图11－7所示。

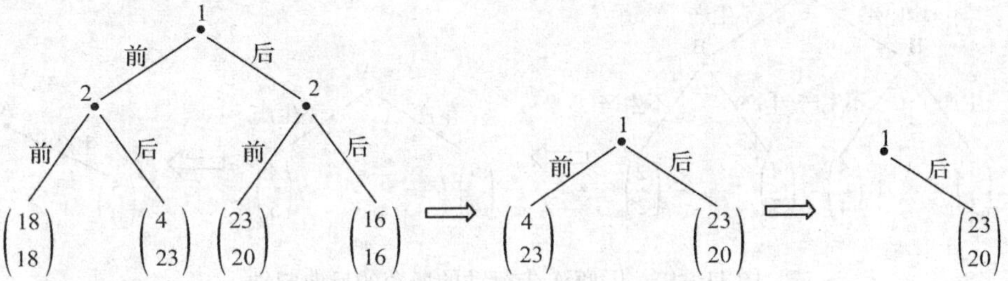

图11－7　电视台1先决策的动态博弈

如果电视台2先选择，结果同1先选择的情况，如图11－8所示。

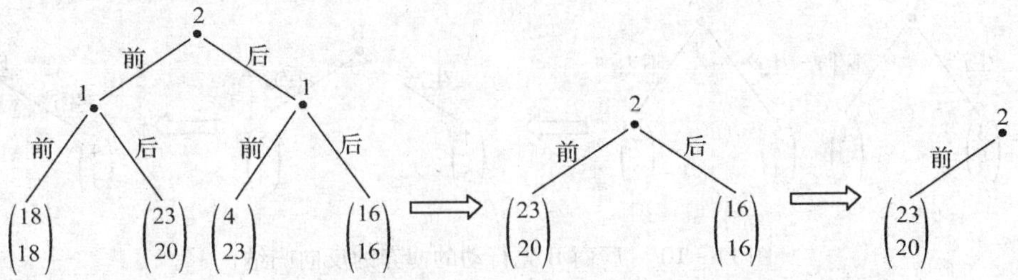

图11－8　电视台2先决策的动态博弈

(4)电视台1将好节目放在前面的许诺不可信。这是因为对电视台2而言，“前”是其占优策略，所以在电视台1确定电视台2会选择“前面”时，电视台1只会选择“后面”来最大化它的收益。

6. 两个厂商(A与B)考虑健康雪茄的竞争品牌。厂商报酬如表11－4所示(A的利润首先给定)。

表11－4　生产雪茄的厂商之间的博弈

		厂商B	
		生产	不生产
厂商A	生产	3,3	5,4
	不生产	4,5	2,2

(1)这个对策有纳什均衡吗？

(2)这个对策对于厂商A或者厂商B有先动优势吗？

(3)厂商B发现欺骗厂商A，能把它赶出市场吗？

答：(1)该博弈存在纳什均衡，均衡的策略组合为：(生产，不生产)，(不生产，生产)。当厂商B选择生产时，厂商A的最优策略为不生产；当厂商B选择不生产时，厂商A的最优策略是选择生产。当厂商A选择生产时，厂商B的最优策略为不生产；当厂商A选择不生产时，厂商B的最优策略为生产。因此，最终存在两个纳什均衡(生产，不生产)，(不生产，生产)，对应的支付为(5，4)，(4，5)。

(2)如果厂商A先行动(如图11-9所示)，根据反向归纳法，这个动态博弈的均衡为(生产，不生产)；如果厂商B先行动(如图11-10所示)，根据反向归纳法，这个动态博弈的均衡为(不生产，生产)。可见每个厂商选择先行动都比选择后行动可以获得更高的收益，所以厂商A和厂商B都有先动优势。

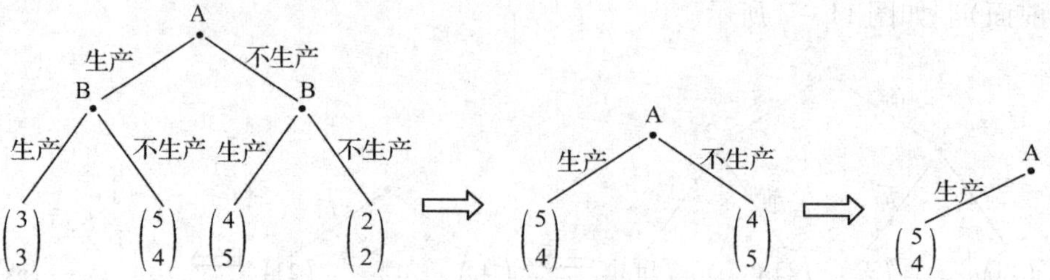

图11-9　厂商A先行动的博弈的反向归纳

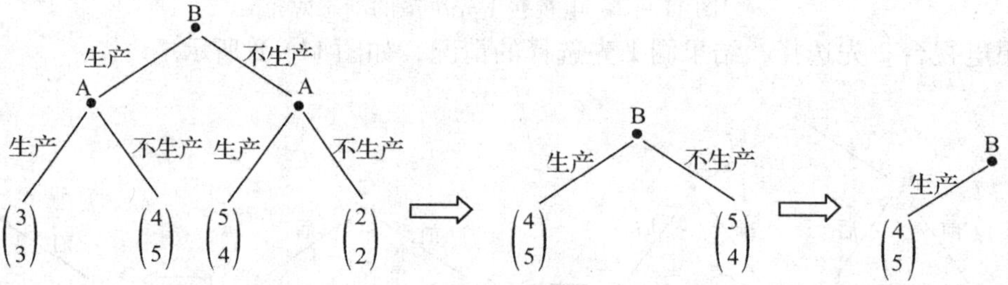

图11-10　厂商B先行动的博弈的反向归纳

(3)厂商B不能把厂商A赶出市场，这是因为无论厂商B实行什么策略，厂商A总是可以获得正的利润。

7. WET公司垄断了震动充水床垫的生产。这种床垫的生产是相对缺乏弹性的——当价格为每床1000美元时，销售25000床；当价格为每床600美元，销售30000床。生产充水床垫的惟一成本是最初的建厂成本。WET公司已经投资建设生产能力达到25000床的工厂，滞留成本与定价决策无关。

(1)假设进入这个行业能够保证得到一半市场，但是要投资10000000美元建厂。构造WET公司($p=1000$或者$p=600$)和潜在进入者(进入或者不进入)博弈的支付矩阵。这个对策有纳什均衡吗？

(2)假设WET公司投资5000000美元将现有工厂的生产能力扩大到生产40000床充水床垫。阻止竞争对手的进入是有利可图的策略吗？

解：(1)由于WET公司是在位者，所以在本题的博弈中WET公司是先行者，当它把产品价格定为1000美元时：

如果此时WET垄断市场，那么$\pi_{WET}=1000\times25000=25000000$美元

如果竞争对手进入市场，那么可得：

$\pi_{WET} = 1000 \times 12500$

$= 12500000$ 美元

$\pi_{ENTREANT} = 1000 \times 12500 - 10000000$

$= 2500000$ 美元

当 WET 公司把产品价格定为 600 美元时：

如果此时 WET 垄断市场，那么 $\pi_{WET} = 600 \times 25000 = 15000000$ 美元

如果竞争对手进入市场，那么可得：

$$\pi_{WET} = 600 \times 15000 = 9000000 \text{ 美元}$$

$$\pi_{ENTREANT} = 600 \times 15000 - 10000000 = -1000000 \text{ 美元}$$

博弈的扩展型表述如图 11－11 所示（支付的单位是百万）。

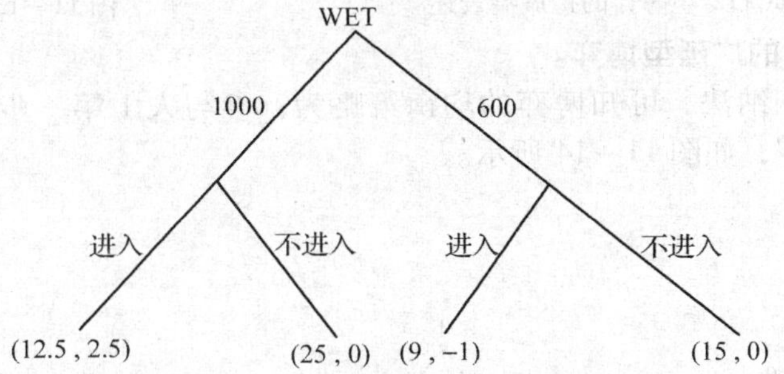

图 11－11　博弈的扩展型表述

博弈的策略表达式如表 11－5 所示（支付的单位是百万）。

表 11－5　动态博弈的策略式表述　　（单位：百万）

		ENTRANT			
		进入，进入	进入，不进入	不进入，进入	不进入，不进入
WET	1000	12.5，2.5	12.5，2.5	25，0	25，0
	600	9，－1	15，0	9，－1	15，0

纳什均衡为{1000，（进入，进入）}、{600，（进入，不进入）}，子博弈完美的纳什均衡为{600，（进入，不进入）}。

（2）WET 投资新建厂的策略是无利可图的。理由如下：WET 公司扩大产能以后，当它把产品价格定为 1000 美元时：

如果此时 WET 公司垄断市场，那么 $\pi_{WET} = 1000 \times 25000 - 5000000 = 20000000$ 美元。

如果竞争对手进入市场，那么可得：

$$\pi_{WET} = 1000 \times 12500 - 5000000 = 7500000 \text{ 美元}$$

$$\pi_{ENTREANT} = 1000 \times 12500 - 10000000 = 2500000 \text{ 美元}$$

当 WET 公司把产品价格定为 600 美元时：

如果此时 WET 公司垄断市场，那么 $\pi_{WET} = 600 \times 30000 - 5000000 = 13000000$ 美元

如果竞争对手进入市场，那么：

$$\pi_{WET} = 600 \times 15000 - 5000000 = 4000000 \text{ 美元}$$

$$\pi_{ENTREANT} = 600 \times 15000 - 10000000 = -1000000 \text{ 美元}$$

博弈的扩展型表述如图 11－12 所示（支付的单位是百万）：

子博弈完美的纳什均衡为{600，（进入，不进入）}，此时 WET 公司的利润为 13000000，比扩大产能之前低。

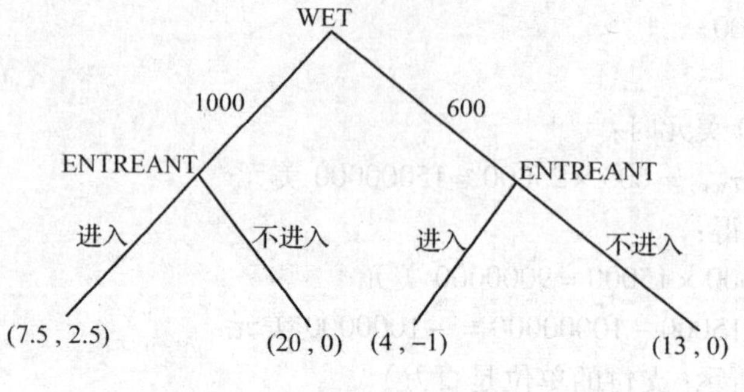

图 11－12　博弈的扩展型表述

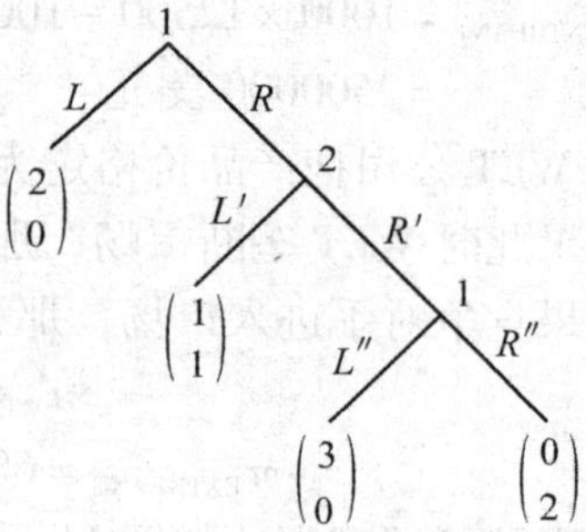

图 11－13　广延型博弈

8. 解图 11－13 的广延型博弈。

解：利用反向归纳法，可知博弈的均衡策略为：参与人 1 第一步选择 L，第三步选择 L''；参与人 2 选择 L'，如图 11－14 所示。

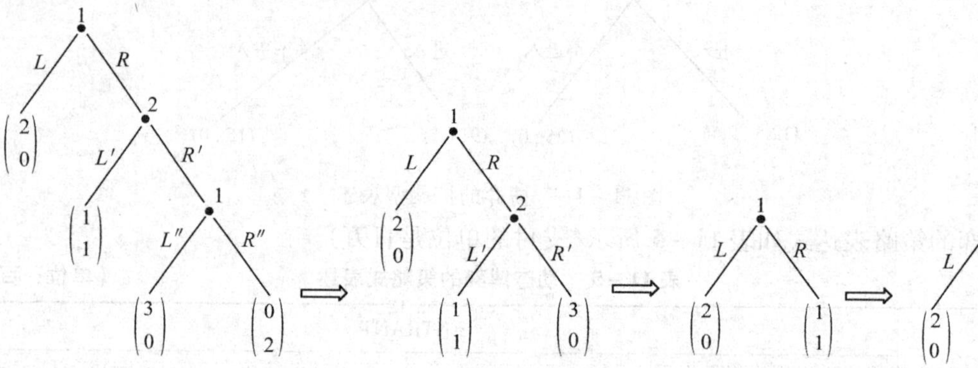

图 11－14　利用反向归纳法解广延型博弈

在图 11－13 的广延型博弈中，由于第一步和最后一步都是参与者 1 先行动，因此可从最后一步即第三步开始考虑，在第三步，对于参与者 1 来说 L''是最优策略，此时支付组合为(3，0)，由于参与者 2 知道在第三步中参与者 1 会选择 L''，此时自己得到的支付为 0，因此在第二步时，参与者 2 会选择 L'结束博弈，此时参与者 2 得到支付 1，参与者 1 只得到支付 1。参与者 1 如果知道参与者 2 在第二步选择 L'，则为了使自己支付最大化，参与者 1 会在第一步直接选择 L 结束博弈，此时参与者 1 得到支付 2，参与者 2 得到 0。

所以，这个广延型博弈的均衡为(2，0)，即由参与者 1 选择 L 来直接结束博弈过程。

9. 讨论本讲中的“蜈蚣博弈”（见图 11－15），若三方都采取“向前看”的态度，有没有“妥协”并使三方都获利的可能？这对讨论中国的“债转股”问题有什么启发？

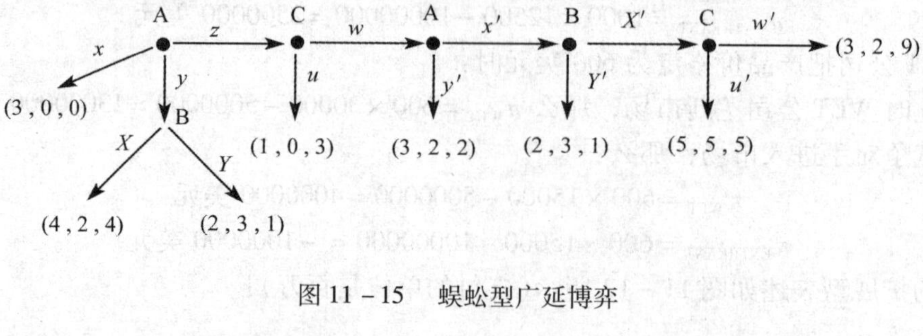

图 11－15　蜈蚣型广延博弈

答：(1)在理论上有一种可能，如图 11－16 所示：若 A、B、C 三人都向前看且具有妥协性，则 A 先妥协选择策略 z，然后 C 妥协选择 w，然后 A 再次妥协选择 x'，B 将选择 X'，最后 C 再次妥协选择 u'，此时可以使三方都获利，支付组合为(5，5，5)。

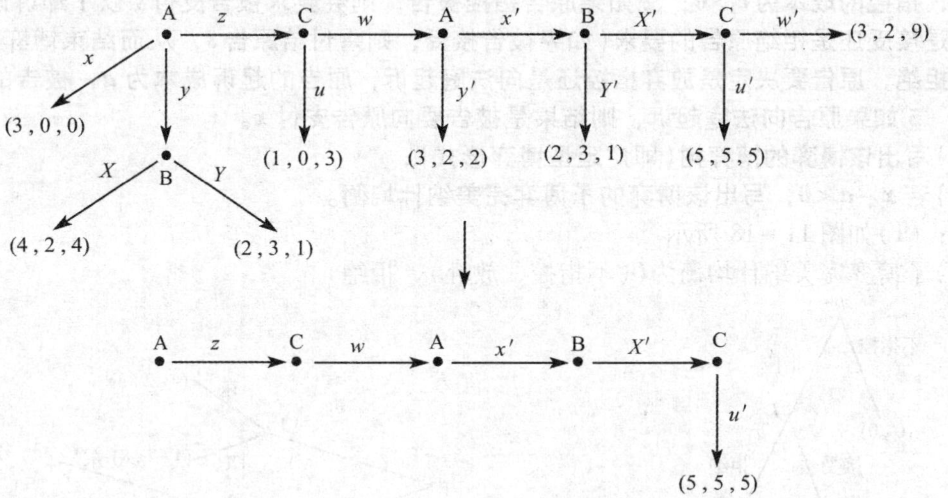

图 11－16　三方都采取“向前看”的态度时的均衡

(2)在中国的债转股市场上，主要处理的是四大国有银行对大型国有企业的贷款问题。如果四大国有银行逼国有企业还款，则国有企业由于无法还清银行的贷款而可能被诉诸法庭并且其财产可能会被法庭强制变卖以偿还银行贷款，最终会导致企业和银行双方都遭殃。但是，如果银行能够同意将贷款转换为国有企业的股份，则可以使国有企业摆脱困境并且重新走上盈利之路。因此，蜈蚣博弈对于债转股还是有很大启发的。

10. 考虑下列广延型博弈(如图 11－17 所示)：

(1)写出该博弈的策略型博弈形式。

(2)该策略型博弈中有纳什均衡吗？

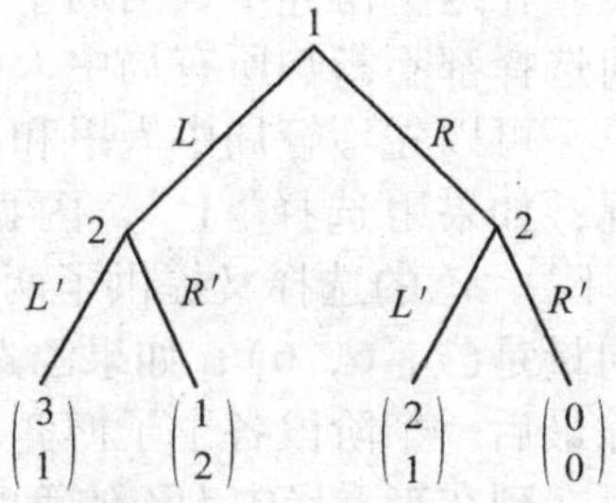

图 11－17　广延型博弈

解：(1)参与人 1 的策略：①选左；②选右。

参与人 2 的策略：

①无论参与人 1 的选择是什么，参与人 2 都选择左。

②如果参与人 1 选择左，参与人 2 也选择左；如果参与人 1 选择右，那么参与人 2 也选择右。

③如果参与人 1 选择左，那么参与人 2 就选择右；如果参与人 1 选择右，那么参与人 2 就选择左。

④无论参与人 1 的选择是什么，参与人 2 都选择右。

博弈的策略型表述如表 11－6 所示。

表 11－6　博弈的策略型表述

		2			
		(L', L')	(L', R')	(R', L')	(R', R')
1	L	$\underline{3}$,1	$\underline{3}$,1	1,$\underline{2}$	$\underline{1}$,$\underline{2}$
	R	2,$\underline{1}$	0,0	$\underline{2}$,$\underline{1}$	0,0

(2)该博弈的纯策略均衡为{左，(右，右)}和{右，(右，左)}，因而有纳什均衡。

11.2 强化习题详解

1. 一个诉讼博弈有两个参与人：原告 P 和被告 D。行动顺序如下：①原告决定是否指控被告，指控的成本为 $c>0$；②如果原告指控被告，则会要求被告支付 s 以了却诉讼；③被告决定是接受还是拒绝原告的要求（如果被告接受，则需付给原告 s，从而结束博弈）；④如果被告拒绝，原告要决定是放弃指控还是向法庭起诉，原告的起诉成本为 a，被告的辩护成本为 b；⑤如果原告向法庭起诉，则结果是被告要向原告支付 x。

(1)写出该博弈的博弈树（即广延型博弈形式）；

(2)若 $x-a<0$，写出该博弈的子博弈完美纳什均衡。

答：(1)如图 11－18 所示。

(2)子博弈完美纳什均衡为((不指控，放弃)，拒绝)。

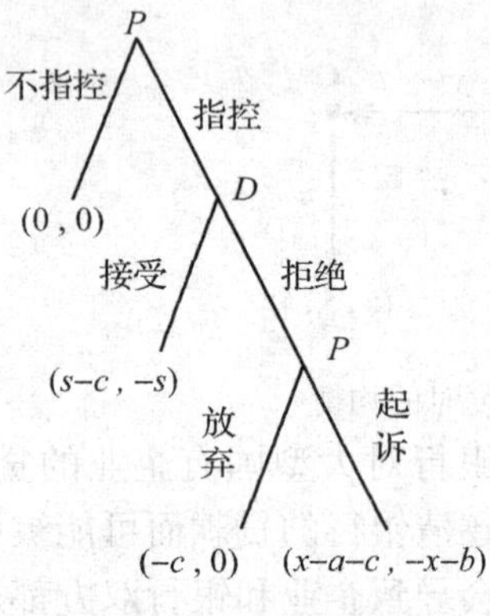

图 11－18　博弈的树形图

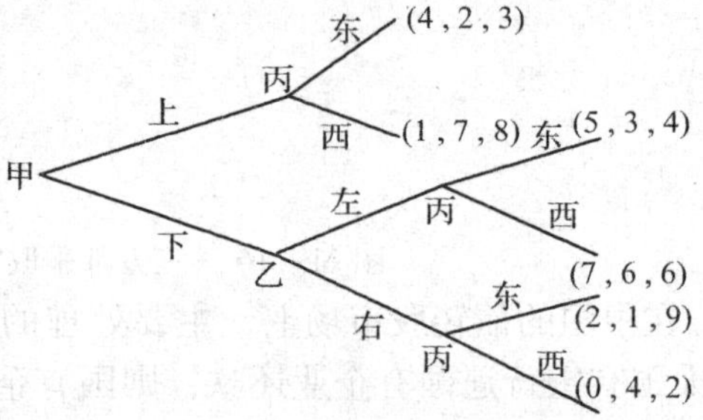

图 11－19　策略型博弈

2. 试求图 11－19 所示博弈的均衡。

答：该博弈惟一的子博弈完美均衡路径是(下，左，西)，分析如下：

在这个博弈中，当局中人甲选择“上”时，乙没有选择的权利。或者说，此时乙无论作何选择都不影响所有局中人的支付。

可以先不管局中人甲和乙作何种选择，只看博弈的最后阶段丙将如何应对各种可能的情况：如果甲选择“上”，丙显然应选“西”，这导致(1，7，8)这一支付向量；如果甲选择“下”，乙的选择又提供了两种可能：如果乙选择“左”，丙的最优选择是“西”，相应的支付向量是(7，6，6)；如果乙选择“右”，丙则应选择“东”，相应的支付向量为(2，1，9)。排除最后一个阶段各个子博弈中局中人丙的劣策略，这个博弈就相当于图 11－20 所示的博弈。

现在来看局中人乙的策略。在甲选择“下”的情况下，图 11－20 上明确地显示，乙的最佳应对是“左”，相应支付向量是(7，6，6)。所以，可以将图 11－20 进一步简化为图11－21。

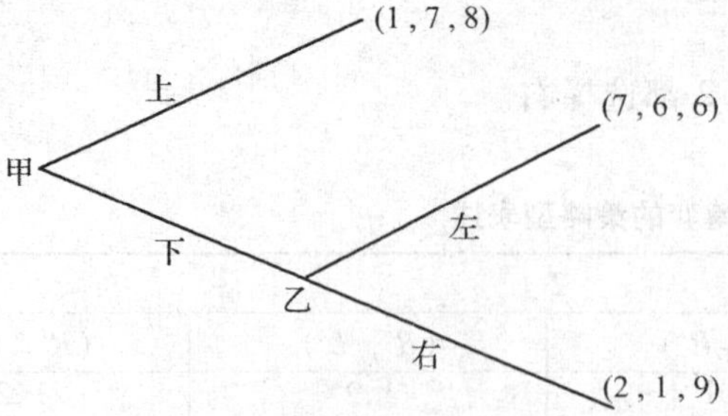

图 11－20　甲与乙的策略

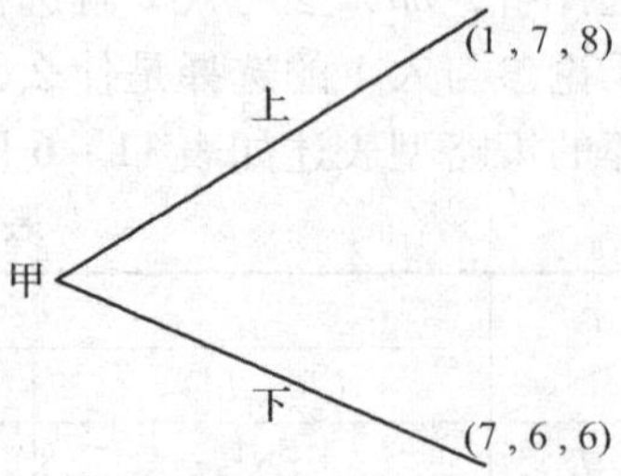

图 11－21　甲的策略

因此，甲的最优选择是“下”。

结合上面各步骤的分析，该博弈惟一的子博弈完美均衡路径是(下，左，西)，对应的均衡支付是(7，6，6)。

3. Consider the following game in extensive form (as is shown in picture 11 - 22):

(1) Apply backwards induction in this game. State the rationality/knowledge assumptions necessary for each step in this process.

(2) Write this game in normal-form.

(3) Find all the rationalizable strategies in this game—use the normal form. State the rationality/knowledge assumptions necessary for each elimination.

(4) Comparing your answers to parts (1) and (3), briefly discuss whether or how the rationality assumptions for backwards induction and rationalizability differ.

(5) Find all the Nash equilibria in this game.

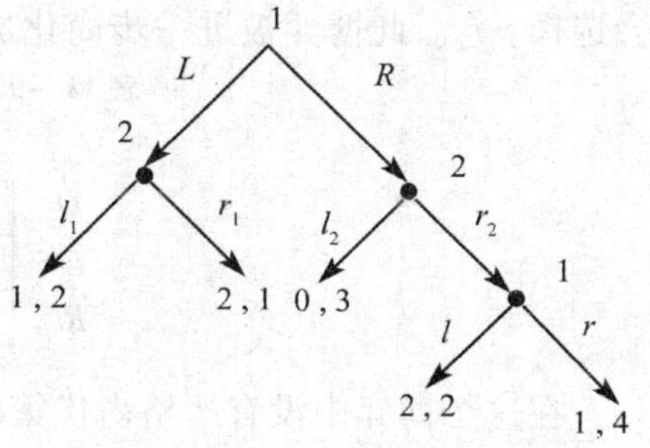

图 11 - 22　博弈树

答：(1)反向归纳结果如下：首先剔除游戏者2的行动r_1，因为游戏者2是序贯理性的，因此他不会选择r_1，因为r_1在此时被l_1占优。同理，剔除游戏者1的行动r，因为游戏者1是序贯理性的，且这时r被l占优。其次，假定游戏者2是序贯理性的，且游戏者2知道游戏者1也是序贯理性的，剔除r_2，这是因为游戏者2知道游戏者1是序贯理性的，则2知道1不会选择行动r，因为行动r_2带来的收益是2，行动l_2带来的收益是3，游戏者2作为序贯理性的游戏者，她必然选择行动l_2。最后，假定：①游戏者1是序贯理性的；②游戏者1知道游戏者2是序贯理性的；③游戏者1知道游戏者2知道游戏者1是序贯理性的。剔除R。这是因为②和③使游戏者1得出游戏者2会选择l_1和l_2的结论，且由于①，他会选择L，如图11 - 23所示。

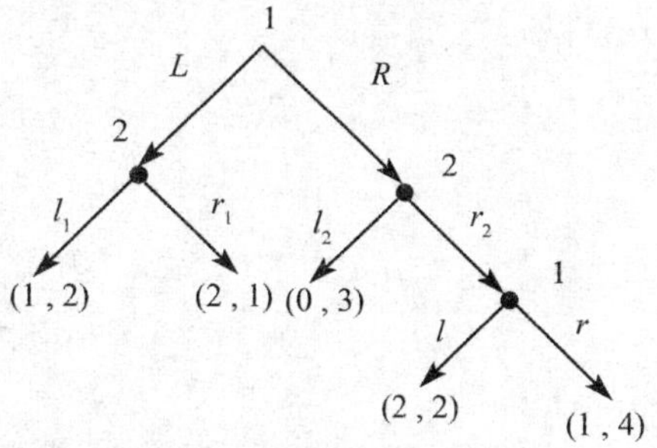

图 11 - 23　子博弈完美的纳什均衡

(2)每个游戏者有4个策略(用采取的行动来命名)，如表11 - 7所示。

表 11 - 7　博弈的标准型

	l_1l_2	l_1r_2	r_1l_2	r_1r_2
Ll	1,2	1,2	2,1	2,1
Lr	1,2	1,2	2,1	2,1
Rl	0,3	2,2	0,3	2,2
Rr	0,3	1,4	0,3	1,4

(3)首先，Rr被以0.5的概率选Ll，0.5的概率选择Rl的混合策略占优。假定游戏者1是理性的，得出结论他不会选择Rr，因此，剔除Rr，该博弈可简化为如表11 - 8所示。

表 11 - 8　剔除被占优的策略后的支付矩阵

	l_1l_2	l_1r_2	r_1l_2	r_1r_2
Ll	1,2	1,2	2,1	2,1
Lr	1,2	1,2	2,1	2,1
Rl	0,3	2,2	0,3	2,2

现在 r_1r_2 被 l_1l_2 严格占优，因此，假定：①游戏者 2 是理性的；②游戏者 2 知道游戏者 1 是理性的。剔除 r_1r_2，这是因为由于②，游戏者 2 知道 1 不会选择 Rr，并且由于①，她不会选择 r_1r_2。此博弈被进一步简化成如表 11－9 所示。

表 11－9　剔除被占优的策略后的支付矩阵

	l_1l_2	l_1r_2	r_1l_2
Ll	1,2	1,2	2,1
Lr	1,2	1,2	2,1
Rl	0,3	2,2	0,3

在这个博弈中没有严格占优策略。因此,剩下的所有策略都是理性的。

(4)反向归纳法提供了与理性法相比要犀利得多的预测,这是因为序贯理性的概念比理性本身要强的多。

(5)惟一的纳什均衡解是游戏者 1 在策略 Ll 和 Lr,而游戏者 2 在策略 l_1l_2 和 l_1r_2 中选择,其中 l_1l_2 概率更大的混合策略纳什均衡。

$$NE=\{(\sigma_1,\sigma_2)\mid\sigma_1(Ll)+\sigma_1(Lr)=1,\sigma_2(l_1l_2)+\sigma_2(l_1r_2)=1,\sigma_2(l_1r_2)\leqslant 1/2\}$$

第12讲 子博弈与完美性

12.1 课后习题详解

1. 在Bertrand价格博弈中，假定有n个生产企业，需求函数为$p(Q)=a-Q$，其中p是市场价格，Q是n个生产企业的总供给量。假定博弈重复无穷多次，每次的价格都立即被观测到，企业使用“触发策略”（一旦某个企业选择垄断价格，则执行“冷酷策略”）。求使垄断价格可以作为完美均衡结果出现的最低贴现因子σ？解释σ与n的关系。

解：(1)①当n个企业合谋时：

假设该行业中任一企业的边际成本恒为c，$a>c>0$。n个生产企业的总利润函数为：

$$\pi=pQ-cQ=(a-Q)Q-cQ=-Q^2+(a-c)Q$$

利润最大化的一阶条件为：$\frac{\mathrm{d}\pi}{\mathrm{d}Q}=-2Q+a-c=0$，解得垄断总产出为$Q^m=\frac{a-c}{2}$。

此时垄断价格为：

$$p^m=a-Q^m=\frac{a+c}{2}$$

从而垄断的总利润和每个厂商的利润分别为：

$$\pi^m=\frac{(a-c)^2}{4}\quad \pi_i^m=\frac{(a-c)^2}{4n},\ i=1,\ 2,\ \cdots,\ n$$

考虑时期t企业i的选择，给定其他企业按照垄断条件生产，若企业仍遵守垄断定价，那么它从t期开始的利润的现值为：

$$\pi_i(m)=\frac{(a-c)^2}{4n(1-\sigma)}$$

②当有企业背叛时：

给定其他企业按照垄断条件生产，即$Q_{-i,t}^m=\frac{n-1}{2n}(a-c)$。若企业$i$选择背离垄断价格，那么它的利润最大化问题就是：

$$\max\ Q_{i,t}(a-Q_{i,t}-Q_{-i,t}^m)-cQ_{i,t}$$

由一阶条件得：

$$Q_{i,t}=\frac{n+1}{4n}(a-c)$$

厂商i相应的利润为：

$$\pi_{i,t}=\frac{(n+1)^2(a-c)^2}{16n^2}$$

又因为在t期，企业i不遵守垄断定价规则，所以从$t+1$期开始，它的利润就恒为零。因此$\pi_i(b)=\pi_{i,t}$，其中b代表背叛垄断定价。

为了使垄断价格可以作为子博弈完美纳什均衡的结果出现，那么合谋时企业利润的现值就不应当低于背叛时的现值，即$\pi_i(m)\geqslant\pi_i(b)$，从而解得贴现因子的最小值为：

$$\sigma_{\min} = \left(1 - \frac{2}{n+1}\right)^2$$

(2)因为$\sigma_{\min}$关于n单调递增，这就意味着：n越大，即行业中的企业越多时，不遵守垄断规则，图一时好处的吸引力就越大，因此，只有通过更高的折现率来提高未来收益在利润中的权重，才能保持厂商遵守垄断规则。

2. 表12－1给出了一个两人的同时博弈，若这个同时博弈进行两次，第二次博弈是在知道第一次博弈的前提下进行的，并且不存在贴现因子。收益(4，4)能够在纯策略的子博弈完备的纳什均衡中作为第一次博弈的结果吗？如果它能够，给出策略组合；如果不能够，请说明为什么不能？

表12－1　博弈的支付矩阵

	L	C	R
T	3,1	0,0	5,0
M	2,1	1,2	3,1
B	1,2	0,1	4,4

答：(1)收益(4，4)能够在纯策略的子博弈完备的纳什均衡中作为第一次博弈的结果出现。

假定支付矩阵的左侧表示参与人1的策略，支付矩阵的上侧表示参与人2的策略选择。那么，当参与人1选择B时，参与人2的最优策略为R；当参与人2选择R时，参与人1的最优策略为B。因此，策略组合(B，R)为第一次博弈的结果，对应的支付为(4，4)。故收益(4，4)能够在纯策略的子博弈完备的纳什均衡中作为第一次博弈的结果。

(2)每个人的策略如下：

参与人1的策略：

第一次博弈：选择B

第二次博弈：若自己首次选择的是B，那么这次就选T；若自己首次未选B，那么这次就选M。

参与人2的策略：

第一次博弈：选择R

第二次博弈：若参与人1在第一次博弈中选择的是B，那么参与人2这次就选L；若参与人1在第一次博弈中未选择B，那么参与人2这次就选C。

给定上述策略，子博弈完美的纳什均衡的结果为：第一次博弈中，参与人1选择B，参与人2选择R；第二次博弈中，参与人1选择T，参与人2选择L。下面来证明：

首先看第二阶段的博弈。支付矩阵表明(T，L)和(M，C)是该博弈的纳什均衡。再根据两个参与人的策略可知，如果上一局出现了合作的结果，那么在第二局参与人1和2的选择就分别是(T，L)；如果上一局出现其他结果，那么本局两个人的选择就分别是(M，C)。所以每个人的策略在最后一局的博弈中都是自己的最优策略。

再来看第一阶段的博弈。给定两个参与人在第2阶段的策略和参与人1在第1阶段的策略，如果2选择R，则他在两局的博弈共可以得到$4+1=5$的支付；如果2不选择R，则他在两局的博弈中最多只能得到数量为3的支付，所以R是参与人2在第1阶段的最优选择；给定两个参与人在第2阶段的策略和参与人2在第1阶段的策略，如果参与人1选择B，则他在两局的博弈共可以得到 $4+3=7$ 的支付；如果参与人 1 不选择 B，则他在两局的博弈中最多只能得到数量为 6 的支付，所以 B 是参与人 1 在第一阶段的最优选择。

综合上述分析可知，每个参与人的策略的确是子博弈完美的纳什均衡策略。

3. 什么是重复博弈中的策略？什么是一个重复博弈中的子博弈？什么是一个子博弈完美纳什均衡？

答：(1)重复博弈中的一个策略规定了第一次博弈的选择的策略，规定了在除第一次博弈外的任何一次博弈中，对应该次博弈前任一策略组合序列，所要选择的策略。

[或：记重复博弈为 $\Gamma(n)$，它的任一次博弈记为 $\Gamma_N[I,\ S,\ \{u(\cdot)\}]$，$I$ 为参与者的集合，S 和 $u(\cdot)$ 分别标志所有参与者的策略集的幂集和该参与者在给定策略组合时的收益。记 $H_t=\prod_{t=1}^{t-1}S_t$ 为在 t 时期的博弈"历史"，又记 $H=\bigcup_{t=1}^{n}H_t$。若 S_i 为参与者 i 在一次博弈中的策略集，那么映射 $H\to S_i$ 为行动者 i 在重复博弈 $\Gamma(n)$ 中的策略。博弈为无限次重复时，定义方式类似。]

(2)重复博弈的子博弈，是某次博弈的一个策略组合以及该次博弈后的所有博弈。

(3)重复博弈的子博弈完美纳什均衡，是对该重复博弈的任何子博弈来说都是纳什均衡的策略组合。

4. 在一个由 n 个企业组成的古诺寡头经济中，市场需求的反函数为 $p(Q)=a-Q$，这里 $Q=q_1+\cdots q_n$。考虑以此为基础的一个无穷期重复博弈。为了在一个子博弈完美纳什均衡中运用"触发策略"(一旦某企业违背了产量卡特尔定下的额度，则另外全体企业都会执行冷酷战略，实行古诺模式中的个别企业的最优产量)，贴现因子 δ 最低应等于多少？当 n 变化时，δ 的最低值要求会有什么变化？

解：(1)本题的解法同第 1 题，只是在对背叛企业实行惩罚时，每个企业生产古诺均衡的产量，而不是 Bertrand 均衡的产量。对于任意的一个企业，它在不同条件下的产量、价格和利润分别为：

表 12-2　厂商实行不同策略时的产量和收益

	产量	利润
背叛	$\frac{n+1}{4n}(a-c)$	$\left(\frac{n+1}{4n}\right)^2(a-c)^2$
古诺竞争	$\frac{a-c}{n+1}$	$\frac{1}{(n+1)^2}(a-c)^2$
合作	$\frac{a-c}{2n}$	$\frac{1}{4n}(a-c)^2$

为了使垄断价格可以作为子博弈完美纳什均衡的结果出现，那么合谋时企业利润的现值就不应当低于背叛时的现值，即：

$$\left(\frac{n+1}{4n}\right)^2(a-c)^2+\frac{1}{(n+1)^2}(a-c)^2\frac{\delta}{1-\delta}\leqslant\frac{1}{4n}(a-c)^2\frac{1}{1-\delta}$$

从而解得贴现因子的最小值为：

$$\delta_{\min}=\frac{(n+1)^2}{(n+1)^2+4n}$$

(2)因为 $\delta_{\min}$ 关于 n 单调递增，这就意味着：n 越大，即行业中的企业越多时，不遵守垄断规则，图一时好处的吸引力就越大，因此，只有通过更高的折现率来提高未来收益在利润中的权重，才能保持厂商遵守垄断规则。

5. 考虑下列三阶段的谈判博弈(分1美元)：

(1)①在第一阶段开端，游戏者1拿走了1美元中s_1部分，留给游戏者2为$(1-s_1)$；②游戏者2或接受$(1-s_1)$(如这样，则博弈结束)或拒绝接受$(1-s_1)$(若这样，则博弈继续下去)。

(2)①在第二阶段开始，游戏者2提出，游戏者1得s_2，游戏者2得$(1-s_2)$。

②游戏者1或接受这个s_2(若这样，则博弈结束)或拒绝接受s_2(若这样，则博弈进入第三阶段)。

(3)在第三阶段开始，游戏者1获s，留给游戏者2的是$(1-s)$，这里$0<s<1$。任意两个时期之间的贴现因子为δ，这里$0<\delta<1$。

请你按"反向归纳"法，解出s_1^*。

答：第三阶段：此时，游戏者1获得s美元，游戏者2获得$1-s$美元。

第二阶段：由于游戏者1只需等到第三阶段就可以获得全部的s美元，所以在本阶段，为了使游戏者1接受游戏者2的提议，游戏者1至少要得到数量为$s\delta$的支付，同时游戏者2为了使自己的收入尽可能的大，他会使游戏者1获得的支付恰好等于$s\delta$，从而游戏者2得到$1-s\delta$的支付，显然这个方案使游戏者2获得的收入要比他坐等到第三阶段后由游戏者1提出分配方案获得的收入多，所以$(s\delta, 1-s\delta)$的确是游戏者2的最优选择。

第一阶段：由于游戏者2只需等到第二阶段就可以获得数量为$1-s\delta$的支付，所以在本阶段，为了使游戏者2接受游戏者1的提议，游戏者2至少要得到数量为$\delta(1-s\delta)$的支付，同时游戏者1为了使自己的收入尽可能的大，他会使游戏者2获得的支付恰好等于$\delta(1-s\delta)$，从而游戏者1得到$1-\delta(1-s\delta)$的支付，特别地，$1-\delta(1-s\delta)>s\delta^2$，这说明游戏者1在第一阶段提出$(1-\delta(1-s\delta), \delta(1-s\delta))$的分配方案获得的收入要比他坐等到游戏者2提出收入分配方案的现值大，所以$(1-\delta(1-s\delta), \delta(1-s\delta))$的分配方案的确是游戏者1的最优选择。

6. 将题5中的谈判博弈重复无穷次。令$s^*=\dfrac{1}{1+\delta}$。游戏者1一直会提出$(s^*, 1-s^*)$这一方案，只有当$s\geqslant\delta s^*$时才接受$(s, 1-s)$。游戏者2一直会提出$(1-s^*, s^*)$的方案，只有当$(1-s)\geqslant\delta s^*$时才会接受$(s, 1-s)$。

证明：上述两人的策略是一个纳什均衡；并且这个纳什均衡是子博弈完美的。

证明：子博弈完美的纳什均衡策略是说在任意的一个子博弈中，给定其他参与人的策略，该策略对它的执行者都是最优的。该博弈如图12-1所示。下面来证明本题中每个人的策略都是子博弈完美的纳什均衡策略。证明之前，需要注意两点：

(1)从该博弈的每一节点开始，都是一个子博弈。

(2)如果每个人按照均衡策略行事，那么博弈在第一阶段就会结束，1和2的收益分别为s^*和δs^*。

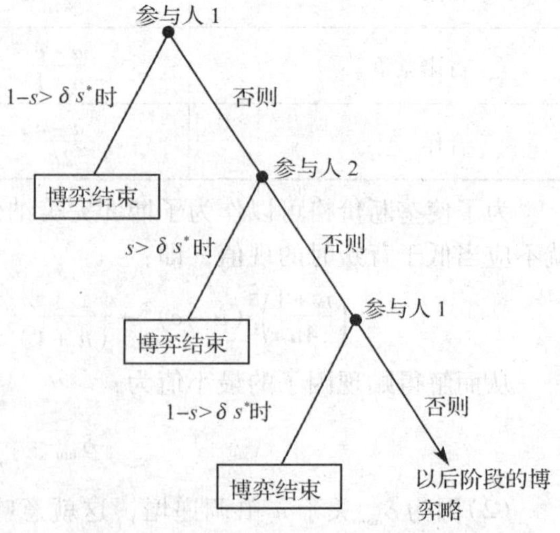

图12-1 讨价还价博弈的树形图

第一阶段：给定参与人 2 的策略，如果参与人 1 的分配方案为$(s, 1-s)$，那么当$1-s \geqslant \delta s^*$时，参与人 2 接受 1 的提议，此时博弈结束，1 和 2 的收益分别为$(s, 1-s)$，特别地，在这种情况下，参与人 1 的收益上限为$1-\delta s^*=s^*$；当$1-s<\delta s^*$时，参与人 2 拒绝 1 的提议，博弈进入第二阶段，此时每个人按照自己的均衡策略行事，博弈在第二阶段结束，此时，每个人的支付为$(s^*, \delta s^*)$。把这一收入贴现到第一阶段，那么参与人 1 的收益为δs^*，小于均衡策略下他的收益s^*。

第二阶段：类似于第一阶段对参与人 1 的分析，可知均衡策略依然是 2 的最优策略。

依次类推，可知在每个子博弈中，题中所述的策略对其执行者都是最优的，因此这是一个子博弈完美的纳什均衡策略。

12.2　强化习题详解

1. 在下面的序贯博弈中，小王和小张需要决定结婚后去哪里找工作，他们有两个选择，北京(B)或上海(S)。小王喜欢北方干燥的气候而小张喜欢南方湿润的气候。当然，他们都希望能够待在同一个城市。小王先于小张毕业，所以小王必须先作决定(如表 12－3 所示)。

表 12－3　博弈的树形图

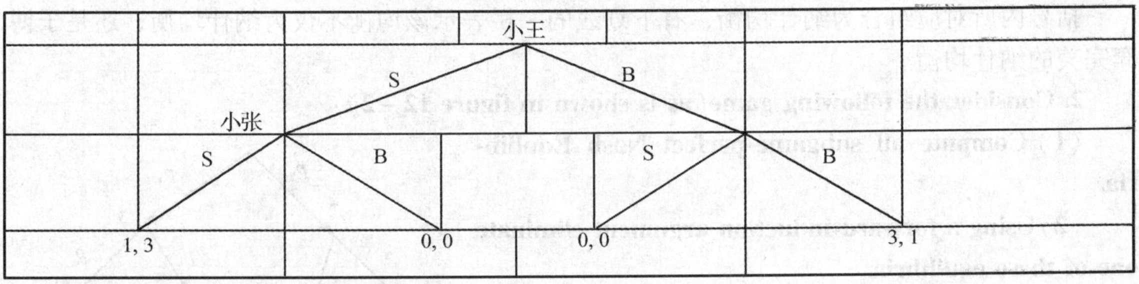

(1)写出这个博弈的报酬矩阵。

(2)找出纳什均衡。

(3)如果小张先决定，你的答案会有什么变化吗?

答：本题是序贯博弈，不是静态博弈，因此策略也不相同。

(1)小王的策略：B，S；

小张的策略：

1. 若小王选 B，小张选 B；若小王选 S，小张选 B；
2. 若小王选 B，小张选 B；若小王选 S，小张选 S；
3. 若小王选 B，小张选 S；若小王选 S，小张选 B；
4. 若小王选 B，小张选 S；若小王选 S，小张选 S。

则博弈的报酬矩阵如表 12－4 所示。

表 12－4　博弈的标准型表示

		小张			
		1	2	3	4
小王	B	**(3,1)**	(**3** , **1**)	**0,0**	**0, 0**
	S	**0,0**	**1,3**	**0,0**	**(1, 3)**

(2)以上报酬矩阵中，括号内所对应的策略组合为纳什均衡，有下划线的一栏表示该均

衡不仅为纳什均衡，还是子博弈完美的纳什均衡。

(3)如果小张先决定，则策略分别为：

小张的策略：B，S；

小王的策略：

1. 若小张选 B，小王选 B；若小张选 S，小王选 B；
2. 若小张选 B，小王选 B；若小张选 S，小王选 S；
3. 若小张选 B，小王选 S；若小张选 S，小王选 B；
4. 若小张选 B，小王选 S；若小张选 S，小王选 S。

报酬矩阵及纳什均衡如表 12－5 所示。

表 12－5　博弈的标准型表示

		小王			
		1	2	3	4
小张	B	(1,3)	1,3	0,0	0, 0
	S	0,0	(<u>3</u> , <u>1</u>)	0,0	(3, 1)

括号内所对应组合为纳什均衡，有下划线的一栏表示该均衡不仅为纳什均衡，还是子博弈完美的纳什均衡。

2. Consider the following game (as is shown in figure 12－2):

(1) Compute all subgame-perfect Nash Equilibria.

(2) Using a forward-induction argument eliminate one of these equilibria.

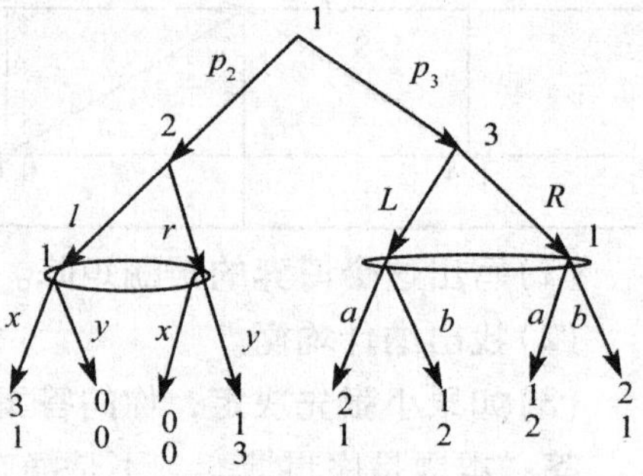

图 12－2　博弈的树形图

答：(1)共有三个子博弈：[A]在游戏者 1 选择了 p_2 后，从游戏者 2 的决策点开始的子博弈；[B]在游戏者 1 选择了 p_3 后，从游戏者 3 的决策点开始的子博弈；[C]整个博弈。

对于子博弈[A]，能找到三个纳什均衡：两个纯策略纳什均衡(x, l)和(y, r)，对应收益分别为(3，1)和(1，3)，还有一个混合策略纳什均衡：$(\frac{3}{4}x+\frac{1}{4}y, \frac{1}{4}l+\frac{3}{4}r)$，对应收益为$(\frac{3}{4}, \frac{3}{4})$；对于子博弈[B]，有惟一的纳什均衡$(\frac{1}{2}a+\frac{1}{2}b, \frac{1}{2}L+\frac{1}{2}R)$，对应收益为$(\frac{3}{2}, \frac{3}{2})$。

对于整个博弈[C]，要考虑以下三种情况：

①对于子博弈 A 的第一个结果，游戏者 1 会选择 p_2。

②对于第二个结果，他会选择 p_3。

③对于第三个结果，他会选择 p_3。

因此，该博弈的子博弈完美纳什均衡为：

$$\left\{\left[p_2, x, \left(\frac{1}{2}a+\frac{1}{2}b\right)\right], l, \frac{L+R}{2}\right\}$$

$$\left\{\left[p_3, y, \left(\frac{1}{2}a+\frac{1}{2}b\right)\right], r, \frac{1}{2}L+\frac{1}{2}R\right\}，和$$

$$\left\{\left[p_3,\ \left(\frac{3}{4}x+\frac{1}{4}y\right),\ \left(\frac{1}{2}a+\frac{1}{2}b\right)\right],\ \frac{1}{4}l+\frac{3}{4}r,\ \frac{1}{2}L+\frac{1}{2}R\right\}$$

(2)考虑子博弈 A 开始的节点。在这个节点处，如果它能被到达，则游戏者 2 会相信游戏者 1 具有序贯理性，并且预见到 1 会选择 x，因为游戏者 1 若选择 y，他至多得到 1（这少于选择 p_3 时的收益 1.5，这是假定游戏者 3 的选择后采取最佳反应的最小收益），游戏者 2 会选择 l。因此，第二个子博弈完美纳什均衡与前向归纳不一致。同理，第三个均衡也能被剔除。

3. Consider the following "repeated" Stackelberg duopoly, where a long-run firm plays against many short-run firms, each of which is in the market only for one date, while the long-run firm remains in the market throughout the game. At each date t, first, the short run firm sets its quantity x_t; then, knowing x_t, the long-run firm sets its quantity y_t; and each sells his good at price $p_t = 1-(x_t+y_t)$. The marginal costs are all 0. The short-run firm maximizes its profit, which incurs at t. The long-run firm maximizes the present value of its profit stream where the discount rate is $\delta = 0.99$. At the beginning of each date, the actions taken previously are all common knowledge.

(1) What is the subgame perfect equilibrium if there are only finitely many dates, i. e., $t \in \{0, 1, \cdots, T\}$.

(2) Now consider the infinitely repeated game. Find a subgame perfect equilibrium, where $x_t = 1/4$ and $y_t = 1/2$ at each t on the path of equilibrium play, namely in the contingencies that happen with positive probability given the strategies.

答：(1)首先，可以用反向归纳法先找出阶段博弈的子博弈完美纳什均衡。长期企业观察到短期企业的产量 x_t，会选择产量 y_t 来最大化自己的利润：

$$\pi_t^L = y_t[1-(x_t+y_t)]$$

解一阶条件，得最优解为：

$$y_t^*(x_t^*) = \frac{1-x_t^*}{2}$$

短期企业会选择产量 x_t 来最大化自己的利润：

$$\pi_t^s = x_t[1-(x_t+y_t)]$$

短期企业知道如果它选择 x_t，长期企业将做出以下反应：

$$y_t^*(x_t) = \frac{1-x_t}{2}$$

因此，短期企业的目标函数能够写成关于 x_t 的函数：

$$\pi_t^s = x_t\left[1-\left(x_t+\frac{1-x_t}{2}\right)\right]$$

解一阶条件，得最优解为：

$$x_t^* = \frac{1}{2}$$

因此，该博弈的子博弈完美纳什均衡为：

$$x_t^* = \frac{1}{2},\ y_t^*(x_t) = \frac{1-x_t}{2} = \frac{1}{4}$$

现在用反向归纳法来解决若干次重复博弈的子博弈完美纳什均衡。在最后一期，即 $t=T$ 期，参与者不关心未来，他们只关心本期收益，因此他们一定会采取子博弈完美纳什均衡策略，而不管过去发生了什么。在 $t=T-1$ 期，参与者知道他们此期的行动不会影响未来的结果，因此他们只关心本期收益，因此，他们再次采取子博弈完美纳什均衡策略。这可以一直重复至第一期，因此，该若干次重复博弈的子博弈完美纳什均衡解为：

$$x_t^*=\frac{1}{2},\ y_t^*(x_t)=\frac{1-x_t}{2}=\frac{1}{4}$$

(2)考虑下面的触发策略：

[长期企业]

①从以下策略开始(*)：

$$y(x)=1/2 \quad x_t\leqslant 1/2$$

$$y(x)=1-x_t \quad x_t\geqslant 1/2$$

只要短期企业不背离这一策略，那么长期企业也选择不背离。

②如果短期企业背离上述策略至少一次，那么长期企业选择策略：$y_t(x_t)=\dfrac{1-x_t}{2}$

[短期企业]

①如果长期企业之前没有背离上述(*)策略，短期企业就选择 $x_t=0.25$。

②如果长期企业背离上述(*)策略至少一次，长期企业就选择 $x_t=0.5$。

为了说明这是一个子博弈完美纳什均衡，先考虑背离的激励。首先，考虑从没有背离过上述(*)策略的长期企业的激励。

第一种情况：$x_t\leqslant 1/2$。

如果它遵循该策略，选择 $y_t=1/2$，长期企业的现期利润是：

$$\frac{1}{2}\left[1-\left(\frac{1}{2}+x_t\right)\right]$$

从下期开始，每期结果将是 $x_t=1/4$ 和 $y_t=1/2$，且长期企业的每期利润是1/8，因此利润流的现值为：

$$\frac{1}{2}\left[1-\left(\frac{1}{2}+x_t\right)\right]+\frac{\delta}{8(1-\delta)}$$

如果它选择背离，现在它的最优策略是：

$$y_t=\left(\frac{1-x_t}{2}\right)$$

收益是：

$$\frac{(1-x_t)^2}{4}$$

然而，从下期开始结果将是 $x_t=1/2$ 和 $y_t=1/4$，且长期企业的每期利润为1/16。因此利润流的现值为：

$$\frac{(1-x_t)^2}{4}+\frac{\delta}{16(1-\delta)}$$

如果 $\delta=0.99$，则：

$$\frac{1}{2}\left[1-\left(\frac{1}{2}+x_t\right)\right]+\frac{\delta}{8(1-\delta)}>\frac{(1-x_t)^2}{4}+\frac{\delta}{16(1-\delta)}$$

因此坚持均衡策略比背叛要好。

第二种情况：$x_t > \frac{1}{2}$。

如果它遵循该策略，那么 $p_t = 0$ 并且现期收益为 0，且每期结果将为 $x_t = 1/4$ 和 $y_t = 1/2$，从下期开始，长期企业的每期利润为 1/8，因此利润流的现值为：

$$\frac{\delta}{8(1-\delta)}$$

如果它背叛，现在它的最佳策略为 $y_t = \frac{1-x_t}{2}$，且收益为 $\frac{(1-x_t)^2}{4}$，然而，从下期开始，结果将为 $x_t = 1/2$ 和 $y_t = 1/4$，且长期企业的每期利润为 1/16。因此利润流的现值为：$\frac{(1-x_t)^2}{4} + \frac{\delta}{16(1-\delta)}$。

当 $x_t = 1/2$ 时，此值最大，且和 $\frac{1}{16} + \frac{\delta}{16(1-\delta)}$ 相等。如果 $\delta = 0.99$，因此坚持均衡策略比背叛要好。

其次，考虑长期企业之前背离过（＊）策略的激励。根据策略集，未来结果并不依赖于现在的行为。因此长期企业只关心现期的利润。的确，通过该策略，它是在对短期企业做的最好的反应。

最后，考虑短期企业的激励。因为它从不关心未来收益，它一定会对长期企业的策略做出最好的反应。

4. Assuming that the discount rate is $\delta = 0.99$, check whether the strategy profiles below are subgame perfect Nash equilibria (SPNE) in the infinitely repeated game where the stage game is the following prisoners' dilemma game:

表 12－6　囚徒困境博弈的支付矩阵

	C	D
C	5,5	0,6
D	6,0	1,1

(1) Each player always plays C.

(2) Each player always plays D.

(3) Player 1 alternates between C and D, while player 2 always plays C; if any player deviates from this scenerio, then each plays D thereafter.

(4) Each player plays C, and if a player deviates, then he plays C and the other player plays D thereafter.

(5) There are four modes, CC; P_1, P_2, and DD. We start in CC mode, when each player plays C. If a player i plays D in CC mode while the other plays C, then we go to Pi mode. In Pi mode, player i plays C while the other player plays D. Once we are in Pi mode we will stay in Pi mode until player i plays C five times in a row, at which point we go back to CC mode. If both players play D in CC mode, then we go to DD mode, and stay there forever. In DD mode, each plays D.

答：(1)不是。

当其他参与者选择 D 时，选择背叛是有利可图的(因为 $6>5$)，所以，这不是一个子博弈完美纳什均衡。

(2)是的。

因为背叛并不比选择 D 带来更高的收益($0<1$)，所以这是一个子博弈完美纳什均衡。

(3)是的。

先考察参与者 1 的激励。他本应选 C，如果他背叛而选 D，那此时他的收益将少于他坚持均衡解的情况。即：

$$6+\delta\cdot 1+\delta^2\cdot 1+\delta^3\cdot 1+\cdots=6+\frac{\delta}{1-\delta}<5+\delta\cdot 6+\delta^2\cdot 5+\delta^3\cdot 6+\cdots=\frac{5}{1-\delta^2}+\frac{6\delta}{1-\delta^2}$$

因此很清楚，他没有激励去背离上述选择。

接下来，考察参与者 2 的激励。

①在参与者 1 选 C 的情况下，如果他背叛，选择 D，则他的收益将少于他坚持均衡解的情况。即：

$$6+\delta\cdot 1+\delta^2\cdot 1+\delta^3\cdot 1+\cdots=6+\frac{\delta}{1-\delta}<5+\delta\cdot 0+\delta^2\cdot 5+\delta^3\cdot 0+\cdots=\frac{5}{1-\delta^2}$$

②在参与者 1 选 D 时，如果他背离去选择 D，再一次地，他的背离是无利可图的，因为：

$$1+\delta\cdot 1+\delta^2\cdot 1+\delta^3\cdot 1+\cdots=\frac{1}{1-\delta}<0+\delta\cdot 5+\delta^2\cdot 0+\delta^3\cdot 5+\cdots=\frac{5\delta}{1-\delta^2}$$

因为背叛对双方来说都是无利可图的，因此这是一个子博弈完美纳什均衡。

(4)不是。

假设一个参与者背离了之前各期的策略，且坚持背离策略，那么从下期开始，他的收益为：$\delta\cdot 0+\delta^2\cdot 0+\cdots+\delta^5\cdot 0+\cdots=0$。如果他背离策略集(C，D)并选择 D，他将得到严格为正的收益，这使得背叛是有利可图的。因此，这不是一个子博弈完美纳什均衡。

(5)不是。

在 DD 策略中，双方都没有激励选择背叛。在 CC 策略中，假设一个参与者选择背叛，选择 D。如果双方都坚持本问中描述的策略，他将获得：

$$6+\{\delta\cdot 0+\delta^2\cdot 0+\delta^3\cdot 0+\delta^4\cdot 0+\delta^5\cdot 0\}+\{\delta^6\cdot 6+\delta^7\cdot 6+\cdots\}=6+\frac{6\delta^6}{1-\delta}$$

这个结果少于他坚持均衡解的收益。现在考虑 P1 策略。在这个惩罚模型中，如果参与者 1 背叛而选择 D，而不是选择 C，那么他的收益将大于：

$$\delta\cdot 0+\delta^2\cdot 0+\delta^3\cdot 0+\delta^4\cdot 0+\delta^5\cdot 0=0$$

这是他坚持本问中的策略所得的收益。因此在 P1 策略中，参与者 1 背叛是有利可图的(根据博弈的对称性质，能对 P2 策略应用相同的结论。)总之，这不是一个子博弈完美纳什均衡。

5. Consider the game, which is depicted in table 12 - 7:

表 12－7　博弈的支付矩阵

1/2	*L*	*M*	*R*
T	3,2	4,0	1,1
M	2,0	3,3	0,0
B	1,1	0,2	2,3

(1) Iteratively eliminate all the strictly dominated strategies.

(2) State the rationality/knowledge assumptions corresponding to each elimination.

(3) What are the rationalizable strategies?

(4) Find all the Nash equilibria.（Don't forget the mixed-strategy equilibrium!）

答：(1)对于参与者 1，T 严格占优于 M，因此剔除参与者 1 的 M 策略，如表 12－8 所示：

表 12－8　剔除被占优策略后的支付矩阵

1/2	*L*	*M*	*R*
T	3,2	4,0	1,1
B	1,1	0,2	2,3

现在对于参与者 2 来说，R 严格占优于 M，因此剔除参与者 2 的 M 策略，如表 12－9 所示：

表 12－9　剔除被占优策略后的支付矩阵

1/2	*L*	*R*
T	3,2	1,1
B	1,1	2,3

(2)对于第一次剔除，假定参与者 1 是理性的，因此他不会选一个严格被占优的策略。对于第二次剔除，假定参与者 2 是理性的，并且他知道参与者 1 是理性的。

(3)参与者 1 的理性策略为$(T,\ B)$，参与者 2 的理性策略为$(L,\ R)$。

(4)纯策略纳什均衡为：$(T,\ L)$和$(B,\ R)$。混合策略纳什均衡为：

$$[\sigma(T)=2/3;\ \sigma(B)=1/3;\ \sigma(L)=1/3;\ \sigma(R)=2/3]$$

6. Consider the extensive form game which is depicted as figure 12－3:

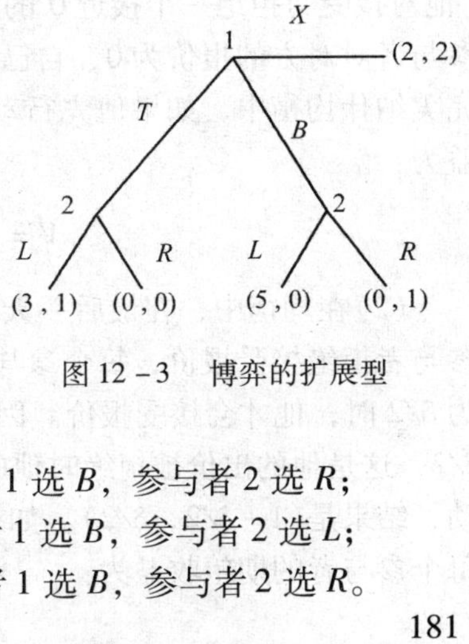

图 12－3　博弈的扩展型

(1) Find the normal form representation of this game.

(2) Find all pure strategy Nash equilibria.

(3) Which of these equilibria are subgame perfect?

答：(1)参与者 1 有 3 个策略：$\{X,\ T,\ B\}$；参与者 2 有以下四个策略：

$LL=L$，如果参与者 1 选 T，参与者 2 选 L，如果参与者 1 选 B，参与者 2 选 L；

$LR=L$，如果参与者 1 选 T，参与者 2 选 L，如果参与者 1 选 B，参与者 2 选 R；

$RL=R$，如果参与者 1 选 T，参与者 2 选 R，如果参与者 1 选 B，参与者 2 选 L；

$RR=R$，如果参与者 1 选 T，参与者 2 选 R，如果参与者 1 选 B，参与者 2 选 R。

因此博弈的标准型如表 12－10 所示：

表 12－10　博弈的标准型

1/2	*LL*	*LR*	*RL*	*RR*
X	2,2	2,2	2,2	2,2
T	3,1	3,1	0,0	0,0
B	5,0	0,1	5,0	0,1

(2)纯策略纳什均衡为：{*T*，*LR*}，{*X*，*RR*}。

(3){*T*，*LR*}是子博弈完美的，{*X*，*RR*}不是子博弈完美。

7. Consider two agents {1, 2} owning one dollar which they can use only after they divide it. Each player's utility of getting x dollar at t is $\delta^t x$ for $\delta \in (0, 1)$. Given any $n>0$, consider the following n-period symmetric, random bargaining model. Given any date $t \in \{0, 1, \cdots, n-1\}$, we toss a fair coin; if it comes Head (which comes with probability 1/2), we select player 1; if it comes Tail, we select player 2. The selected player makes an offer $(x, y) \in [0, 1]^2$ such that $x+y \leqslant 1$. Knowing what has been offered, the other player accepts or rejects the offer. If the offer (x, y) is accepted, the game ends, yielding payoff vector $(\delta^t x, \delta^t y)$. If the offer is rejected, we proceed to the next date, when the same procedure is repeated, except for $t=n-1$, after which the game ends, yielding (0, 0). The coin tosses at different dates are stochastically independent. And everything described up to here is common knowledge.

(1) Compute the subgame perfect equilibrium for $n=1$. What is the value of playing this game for a player? (That is, compute the expected utility of each player before the coin-toss, given that they will play the subgame-perfect equilibrium.)

(2) Compute the subgame perfect equilibrium for $n=2$. Compute the expected utility of each player before the first coin-toss, given that they will play the subgame-perfect equilibrium.

(3) What is the subgame perfect equilibrium for $n \geqslant 3$.

答：(1)如果一参与者拒绝接受，他将一无所获，因此他必定会接受任何大于 0 的结果（他对接受与拒绝一个接近 0 的支付无差异，但是拒绝这样的支付与均衡不一致）。因此该参与者对对方的报价为 0，自己拿走这一美元；并且他的报价将被接受。因此在任何子博弈完美纳什均衡中，如果他先行动，结果是(1，0)；如果他后行动，结果是(0，1)。期望收益为：

$$V=\frac{1}{2}(1,\ 0)+\frac{1}{2}(0,\ 1)=\left(\frac{1}{2},\ \frac{1}{2}\right)$$

(2)在均衡中，在最后一天，他们将按第(1)部分那样行动。因此在第一天，如果一个参与者拒绝接受报价，每个参与者的期望收益为 $\delta \cdot 1/2=\delta/2$。因此当且仅当向他出价至少为 $\delta/2$ 时，他才会接受报价。因此该参与者会向对方报价 $\delta/2$，将 $1-\delta/2$ 留给自己，这多于 $\delta/2$，这是他的出价被拒绝时他的期望收益。因此在任何博弈完美纳什均衡中，如果他先行动，结果是$(1-\delta/2,\ \delta/2)$。如果他后行动，结果是$(\delta/2,\ 1-\delta/2)$。在首枚硬币抛掷之前，每个参与者的期望收益为：

$$\frac{1}{2}(1-\delta/2)+\frac{1}{2}(\delta/2)=\frac{1}{2}$$

(3)第(2)问显示，如果在第 $t+1$ 天之初，每个参与者的期望收益为 $\delta/2$；在第 t 天之初，每个参与者的期望收益为 $\delta/2$。因此均衡解如下：

在 $t<n-1$ 的任何一天，参与者向对方提供 $\delta/2$，将 $1-\delta/2$ 留给自己，如果对方所得至少为 $\delta/2$，对方就会接受这一出价且在第 $n-1$ 天，一个参与者会接受任何报价，因此他向对方报价为0，将1美元全留给自己。

8. Consider two players A and B, who own a firm and want to dissolve their partnership. Each owns half of the firm. The value of the firm for players A and B are v_A and v_B respectively, where $v_A > v_B > 0$. Player A sets a price p for half of the firm. Player B then decides whether to sell his share or to buy A's share at this price, p. If B decides to sell his share, then A owns the firm and pays p to B, yielding playoffs $v_A - p$ and p for players A and B, respectively. If B decides to buy, then B owns the firm and pays p to A, yielding playoffs p and $v_B - p$ for players A and B, respectively. All these are common knowledge. Find the subgame perfect equilibrium of this game.

答：(1)给定价格 p，B 的最优反应为：

$$\begin{cases}\text{买} & p<v_B/2\\ \text{卖} & p>v_B/2\\ \text{或买或卖} & p=v_B/2\end{cases}$$

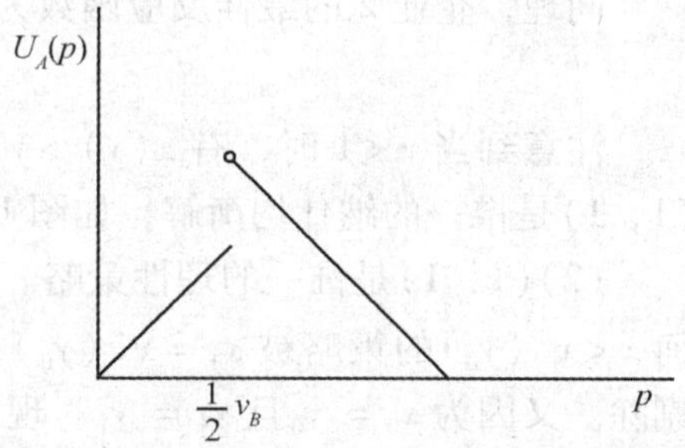

图 12－4　A 得到的支付图

在均衡中，B 必定以价格 $p=v_B/2$ 出售。这是因为如果 B 购买，那么 A 关于 p 的收益函数为：

$$\begin{cases}p & p\leqslant v_B/2\\ v_A-p & p>v_B/2\end{cases}$$

如图 12－4 所示。除此之外，没有其他价格能够使 A 的收益最大。这与均衡解不一致。(在均衡中，A 按照他的期望使收益最大。)因此 B 的均衡策略为：

$$\begin{cases}\text{买} & p<v_B/2\\ \text{卖} & p\geqslant v_B/2\end{cases}$$

在这种情况下，A 关于 p 的收益函数为：

$$\begin{cases}p & p<v_B/2\\ v_A-p & p\geqslant v_B/2\end{cases}$$

该函数在 $p=\frac{v_B}{2}$ 时取得最大值。A 把价格定为 $p=\frac{v_B}{2}$，如图 12－5 所示。

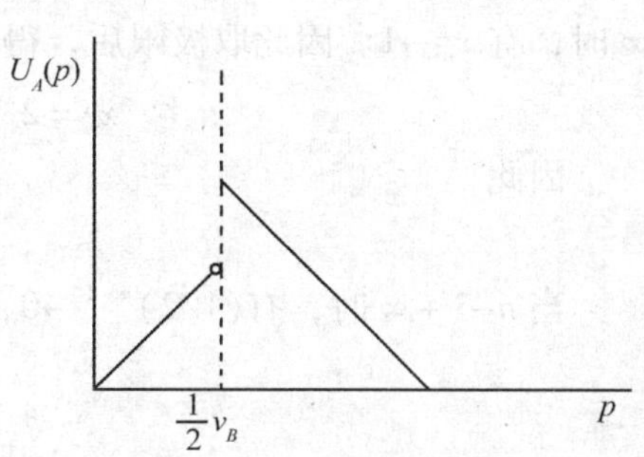

图 12－5　A 的最优选择

9. Two start ups are competing for leadership in a software market. The leader wins, and the other loses. Each firm can invest some $x\in[0.001, 1]$ unit for research and development by paying cost of $x/4$. If a firm invests x units and the other firm invests y units, the former wins with probability $x/(x+y)$. Therefore, the payoff of the former start up will be:

$$\frac{x}{x+y}-x/4$$

All these are common knowledge:

(1) Compute all pure strategy Nash equilibria.

(2) Compute all rationalizable strategies.

答: (1) 称它们为企业1、企业2。企业1的最大化函数为:

$$\frac{x}{x+y}-x/4$$

其中，x 为自变量。企业2最大化函数为:

$$\frac{y}{x+y}-y/4$$

其中，y 为自变量。企业1关于 y 的最佳反应函数为:

$$0=\frac{\partial}{\partial x}\left(\frac{x}{x+y}-x/4\right)=\frac{\partial}{\partial x}\left(1-\frac{y}{x+y}-x/4\right)=\frac{y}{(x+y)^2}-1/4$$

即有：$x^*(y)=2\sqrt{y}-y$。

同理，企业2的最佳反应函数为:

$$y^*(x)=2\sqrt{x}-x$$

注意到当 $y<1$ 时，有 $x(y)>y>0$ 成立。因此 x^* 和 y^* 的曲线相交于 $x=y=1$。因此，(1, 1)是惟一的纳什均衡解，如图12－6所示。

(2)(1, 1)是惟一的理性策略。由于 $y \geqslant y_0 \equiv 0.001$，任何 $x<x^*(y_0)$ 的策略被 $x_1=x^*(y_0)$ 严格占优，因此可将其剔除。又因为 $x_0=y_0$ 且 $x_1=y_1$。现在每一个参与者剩下的策略空间为 $[x_1, 1]$。注意到 $x_1=x_1^*(0.001)>0.001=x_0$。同理，剔除任何有 $x<x_2\equiv x^*(y_1)$ 的策略。重复进行上述过程，经过 n 次剔除后，得一个策略空间 $[x_n, 1]$，此时:

$$x_n=2\sqrt{x_{n-1}}-x_{n-1}$$

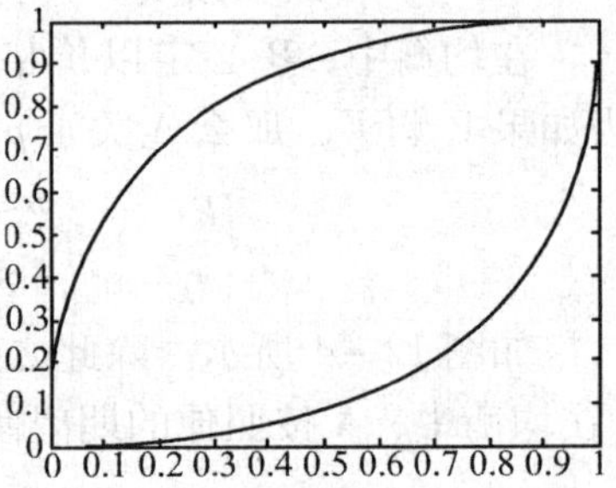

图12－6　反应曲线

且 $x_0=0.001$。在图12－6中可以清楚得看到当 $n\to+\infty$ 时，有 $x_n\to 1$。因此取极限后，得到策略空间$\{1\}$。更正式地:

$$x_n=2\sqrt{x_{n-1}}-x_{n-1}>\sqrt{x_{n-1}}=x_{n-1}^{1/2}$$

因此

$$1>x_n>x_0^{(1/2)^{n-1}}$$

当 $n\to+\infty$ 时，有 $(1/2)^{n-1}\to 0$，所以 $x_0^{(1/2)^{n-1}}\to 1$，得 $x_n\to 1$。

第13讲 委托—代理理论初步

13.1 课后习题详解

1. 一家厂商的短期收益由 $R=10e-e^2x$ 给出，其中 e 为一个典型工人(所有工人都假设为是完全一样的)的努力水平。工人选择他减去努力以后的净工资 $w-e$(努力的边际成本假设为1)最大化的努力水平。根据下列每种工资安排，确定努力水平和利润水平(收入减去支付的工资)。解释为什么这些不同的委托—代理关系产生不同的结果。

(1)对于 $e\geqslant1$，$w=2$；否则 $w=0$。

(2)$w=R/2$。

(3)$w=R-12.5$。

解：(1)工人的净工资为：

$$w-e=\begin{cases}2-e & e\geqslant1\\ -e & e<1\end{cases}$$

所以 $e^*=1$ 时，工人的净工资最大。

雇主利润为：

$\pi^*=R-w=10e-e^2x-2=10-x-2=8-x$，如图13-1所示。

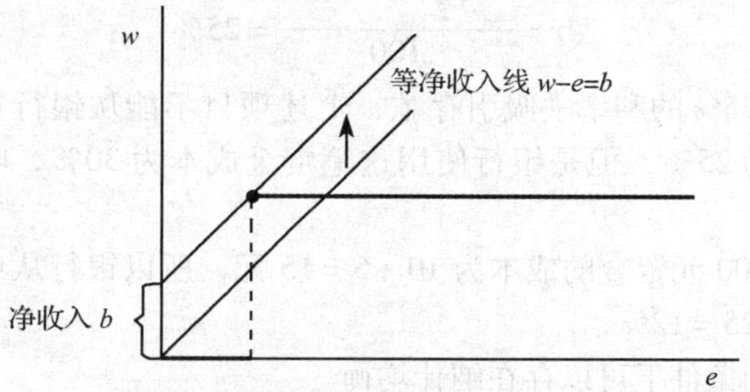

图13-1 代理人的净收入最大化

(2)当 $w=R/2$ 时，工人的净收入最大化问题为：

$$\max_e(w-e)=\max_e(5e-\frac{1}{2}e^2x-e)$$

解得 $e^*=\frac{4}{x}$，雇主利润 $\pi^*=R-\frac{1}{2}R=\frac{1}{2}R=\frac{1}{2}\left[10\times\frac{4}{x}-\left(\frac{4}{x}\right)^2\cdot x\right]=\frac{12}{x}$。

(3)当 $w=R-12.5$ 时，工人的净收入最大化问题为：

$$\max\ (w-e)=\max\ (10e-e^2x-12.5-e)$$

解得 $e^*=\frac{4.5}{x}$，雇主利润 $\pi^*=R-(R-12.5)=12.5$。

(4)这些不同的委托—代理关系之所以会产生不同的结果是因为：无论是代理人还是委托人，他们的行动标准都是实现自身利益的最大化，但两者的利益最大化目标有时会发生冲突，委托人制定激励机制正是要解决这一问题。而以上的不同的工资制度所得到的不同的结果反映了委托人在这方面的努力，同时也说明了各种制度所激发的代理人的努力程度不同。第一个小题反映的是对工人设计一个激励机制，并且假设工人是风险回避的，厂商承担了所有的风险。第二个小题假设工人是风险中性的，由工人与厂商共同承担风险。第三个小题假设厂商是风险回避的，因此厂商只得到固定的收益，而由工人承担全部的风险。

2. 假定有几位企业家，每位企业家都有一个投资项目。每个项目的总收益 R，它服从于$[a, b]$上的均匀分布，这里 $a=100$，$b=150$。每个项目的成本为 100，而所有的企业家都没有自有资金。若银行向企业家贷款，银行是委托人，企业家则成了代理人。银行为了观察与监督企业家对资金的使用情况，则要在每一项目上花费 5(观察的成本)。

问：

(1)项目的期望毛收益 $E(R)$为多少？

(2)如果银行需要以 25%为利率去吸引存款，上述项目能从银行贷到资金吗？说明你的理由。

(3)如银行以 10%的利率去吸引存款，又要监管所有项目，则银行从项目的收益 R 中要分多高的百分比才能使银行收支相抵？

(4)(3)问中的分享合约在有监督成本的条件下能产生纳什均衡吗？为什么？

答：(1)每个项目的总收益为 R，其服从$[100, 150]$上的均匀分布，故项目的期望毛收益为 $E(R)=\frac{100+150}{2}=125$。

(2)银行的期望收益率为：

$$r=\frac{\frac{150+100}{2}-100}{100}=25\%$$

如果银行需要以 25% 的利率去吸引存款，上述项目不能从银行贷到资金。因为此时每 100 元贷款的收益率为 25%，但是银行使用这笔资金成本为 30%，收益小于成本，对外贷款会使银行亏损。

(3)银行使用每 100 元资金的成本为 10+5=15 元，所以银行从项目的回报 R 中分得的百分比不能低于 15/125=12%。

(4)在第三小题的条件下可以存在纳什均衡。

在这里监督成本是固定的，且利率加监督成本之和为 15%，而企业的项目收益率为 25%，这样在 15% 到 25% 之间的任何一种分配方式都是可行的。

3. 考虑一个道德风险模型。在这里，所有者是风险中立的，而代理人的偏好是被定义于其收入 w 的均值与方差以及其付出的努力 e 之上的，代理人的期望效用为

$$E(u)=E(w)-\varphi \mathrm{Var}(w)-g(e)$$

这里，$g(e)$代表代理人的努力成本，且 $g'(0)=0$；$g'(e)$，$g''(e)$，$g'''(e)\gg 0$，当 $e>0$ 时，并且 $\lim_{e\to\infty} g'(e)=\infty$，$e$ 的可能值为 $e\in R_+$。利润 π 是取决于 e 的，并且 π 服从正态分布，其均值为 e，方差为 σ^2。

(1)考虑线性契约：$w(\pi)=\alpha+\beta\pi$，证明：当 $w(\pi)$，e 与 σ^2 给定时，代理人的期望效用为

$$\alpha+\beta e-\varphi\beta^2\sigma^2-g(e)$$

(2)推导：当 e 可观察时的最优契约。

(3)当 e 是不可观察时，请导出最优线性契约。

解：(1)收入 w 的均值与方差分别为：

$$E(w)=E(\alpha+\beta\pi)=\alpha+\beta E(\pi)=\alpha+\beta e \quad ①$$

$$\mathrm{Var}(w)=\mathrm{Var}(\alpha+\beta\pi)=\beta^2\mathrm{Var}(\pi)=\beta^2\sigma^2 \quad ②$$

把①、②两式代入代理人的期望效用的表达式，就有：

$$E(u)=\alpha+\beta e-\varphi\beta^2\sigma^2-g(e)$$

(2)当 e 可以观察时，委托人可以直接规定利润最大化的努力水平，并在达到最优努力水平时给予代理人达到保留效用水平的工资，即：

$$\max_{\alpha,\beta,e} EU=e-\alpha-\beta e$$

$$s.t.\ \alpha+\beta e-\varphi\beta^2\sigma^2-g(e)=0$$

从约束条件中解出 α 的表达式，并代入目标函数式中，就有：

$$\max_{\beta,e} e-\varphi\beta^2\sigma^2-g(e)$$

从而解得 $\beta^*=0$，e^* 满足 $g'(e^*)=1$，$\alpha=g(e^*)$，于是最优激励机制就是：若代理人的努力水平为 e^*，那么 $w=g(e^*)$；否则，$w=0$。

(3)当代理人的努力不可观察时，对于给定的激励(即工资表达式中的 α，β 是给定的)，代理人的最大化问题是：

$$\max_{e}[\alpha+\beta e-\varphi\beta^2\sigma^2-g(e)]$$

解得：

$$g'(e)=\beta \quad ③$$

由于 $g'(e)$ 单调，所以给定任何一个 β，都存在惟一的努力水平满足③式，记该函数关系为 $e(\beta)$，它有以下三条性质：

(a)由于 $g'(0)=0$，所以 $e(0)=0$，并且 $e(\beta)$ 在 $[0,+\infty)$ 上有连续的二阶导数。

(b)③式两边关于 β 求导得到 $g''(\cdot)e'(\beta)=1$，从而解得 $e'(\beta)=\dfrac{1}{g''(\cdot)}>0$。

(c)等式 $e'(\beta)=\dfrac{1}{g''(\cdot)}$ 的两边关于 β 求导得到 $e''(\beta)=\dfrac{-g'''(\cdot)e'(\beta)}{[g''(\beta)]^2}<0$。

给定代理人的努力水平 $e(\beta)$，委托人的最大化目标为：

$$\max_{\alpha,\beta} E[e(\beta)]-E(w)=(1-\beta)e(\beta)-\alpha$$

$$s.t.\ EU=\alpha+\beta e(\beta)-\varphi\beta^2\sigma^2-g[e(\beta)]=0 \quad ④$$

从④式中解出 α 的表达式，并代入目标函数式中，就有：

$$\max_{\beta} e(\beta)-\varphi\beta^2\sigma^2-g[e(\beta)]$$

根据一阶条件可得：

$$e'(\beta)-2\varphi\beta\sigma^2-g'[e(\beta)]e'(\beta)=e'(\beta)-2\varphi\beta\sigma^2-\beta e'(\beta)=0 \quad ⑤$$

从⑤式中解得 $\beta=\beta^{**}$，把该式代入④式中进而得到：

$$\alpha=\alpha^{**}=g[e(\alpha^{**})]+\varphi(\beta^{**})^2\sigma^2-\beta^{**}e(\beta^{**})$$

所以最优激励为：

$$w=\alpha^{**}+\beta^{**}\pi$$

最后补充证明⑤式中解出的 β^{**} 是惟一的。令 $f(\beta)=\beta-\dfrac{e'(\beta)}{e'(\beta)+2\varphi\sigma^2}$，则由 $e(\beta)$ 的三

条性质可知$f(\beta)$在$[0, +\infty)$上有连续的导数。当$\beta \geqslant 1$时：

$$f(\beta)=\beta-\frac{e'(\beta)}{e'(\beta)+2\varphi\sigma^2}\geqslant 1-\frac{e'(\beta)}{e'(\beta)+2\varphi\sigma^2}>0$$

当$0\leqslant\beta<1$时：

$$f'(\beta)=1-\frac{2\varphi\sigma^2 e''(\beta)}{(e'(\beta)+2\varphi\sigma^2)^2}$$

由$e''(\beta)<0$可知$f'(\beta)>0$，从而$f(\beta)$在$[0, 1]$上是单调增加的。又因为：

$$f(0)=-\frac{e'(0)}{e'(0)+2\varphi\sigma^2}<0$$

$f(1)>0$，这就说明$f(\beta)=0$在区间$[0, 1]$中有惟一的解，即$e'(\beta)-2\varphi\beta\sigma^2-\beta e'(\beta)=0$有惟一的解。

4. 考虑下列“道德风险”模型：代理人的行为有三种可能：$E=\{e_1, e_2, e_3\}$；而利润π的结果只有两种：$\pi_L=0$与$\pi_H=10$。高水平的π_H是取决于努力水平e的，具体的条件概率为

$$f(\pi_H \mid e_1)=\frac{2}{3}$$

$$f(\pi_H \mid e_2)=\frac{1}{2}$$

$$f(\pi_H \mid e_3)=\frac{1}{3}$$

代理人的努力成本函数是

$$g(e_1)=\frac{5}{3}$$

$$g(e_2)=\frac{8}{5}$$

$$g(e_3)=\frac{4}{3}$$

代理人的效用函数为$v(w)=\sqrt{w}$，并且代理人的保留效用为$u=0$。

求解：

(1)当e是可观察时，什么是最优契约？

(2)证明：若e不可观察，则e_2是不会被代理人付诸实施的。$g(e_2)$要等于多少才能使e_2被代理人付诸实施？(提示：应关注在e_2时，什么是代理人的效用水平，而不要只看其工资水平。)

(3)假定$g(e_1)=\sqrt{8}$，且$f(\pi_H \mid e_1)=x\in(0, 1)$，如果$e$是可观察的，什么是当$x\to 1$时的最优契约？

解：(1)若代理人的行动e可观察，当代理人采取行为i时，委托人制定最优工资计划的问题可以描述为：

$$\pi_i=\max_{W_H,W_L}\alpha_i(\pi_H-W_H)+(1-\alpha_i)(\pi_L-W_L)$$

$$s.t.\ \alpha_i\sqrt{W_H}+(1-\alpha_i)\sqrt{W_L}-g(e_i)=0$$

其中α_i是当代理人采取行动i时，产生高利润π_H的概率。从而解得三种行为下的最优工资计划和委托人相应的收入如表13－1所示：

表 13－1　不同行为下的最优工资计划和委托人相应的利润

	W_H	W_L	π_i
e_1	25/9	25/9	35/9
e_2	64/25	64/25	61/25
e_3	16/9	16/9	14/9

由表 13－1 可见，当委托人的工资计划为 $W_H = W_L = 25/9$ 时，代理人采取行动 1，这时委托人获得最高利润 35/9。

(2)①若 e_2 是某种工资计划下代理人的最优行动选择，这就意味着：

$$\begin{cases}1/2\ \sqrt{W_H}+1/2\ \sqrt{W_L}-8/5>1/3\ \sqrt{W_H}+2/3\ \sqrt{W_L}-4/3\\1/2\ \sqrt{W_H}+1/2\ \sqrt{W_L}-8/5>2/3\ \sqrt{W_H}+1/3\ \sqrt{W_L}-5/3\end{cases}$$

其中，第一个不等式是说行动 2 给代理人带来的净效用大于行动 3 给代理人带来的净效用；第二个不等式是说行动 2 给代理人带来的净效用大于行动 1 给代理人带来的净效用。整理这两个不等式得：

$$\begin{cases}1/6\ \sqrt{W_H}-1/6\ \sqrt{W_L}>4/15\\1/6\ \sqrt{W_H}-1/6\ \sqrt{W_L}<1/15\end{cases}$$

进而得到：

$$1/15>1/6\ \sqrt{W_H}-1/6\ \sqrt{W_L}>4/15$$

矛盾，所以 e_2 是不会被代理人付诸实施的。

②e_2 若要被付诸实施，该行为的成本要满足：

$$\begin{cases}1/2\ \sqrt{W_H}+1/2\ \sqrt{W_L}-g(e_2)>1/3\ \sqrt{W_H}+2/3\ \sqrt{W_L}-4/3\\1/2\ \sqrt{W_H}+1/2\ \sqrt{W_L}-g(e_2)>2/3\ \sqrt{W_H}+1/3\ \sqrt{W_L}-5/3\end{cases}$$

整理得：

$$\begin{cases}1/6\ \sqrt{W_H}-1/6\ \sqrt{W_L}>g(e_2)-4/3\\1/6\ \sqrt{W_H}-1/6\ \sqrt{W_L}<5/3-g(e_2)\end{cases}$$

为了使上面的不等式存在解，就有：

$$g(e_2)-4/3<5/3-g(e_2)$$

即

$$g(e_2)<1.5。$$

(3)当 $x\to1$ 时，代理人采取行动 1 的情况下，委托人的收益为 $10x-8\to2$。代理人采取行动 2 和 3 对应的收益见第(1)问。由此可知，当 $x\to1$ 时，最优契约应当导致代理人采取行动 2，即：若代理人采取行动 2，则无论利润如何，其工资都是 64/25；若代理人采取其他行动，则他的工资为零。

5. 考虑下列基本的代理人模型

$$y=k\cdot\alpha+\varepsilon\quad(\varepsilon\sim N(0,\ \sigma^2))$$

这里，y 为代理人对委托人的贡献，α 是代理人的努力程度，$k>0$ 为参数(k 可代表委托人为代理人所创造的工作环境与技术装备，k 越高，则给定 α 会产生更大的贡献。)又假定，委托人与代理人都是风险中立的。代理人的努力成本函数为 $C(\alpha)$。

求解：

(1)假定委托人与代理人之间签订一个线性合约：$w=s+by$，代理人会采取什么行动？代理人的行动"α"会如何随 b 而发生变化？代理人的行动会如何随 k 而发生变动？

(2)现在假定代理人的效用函数形式为

$$u(x)=-e^{-rx}$$

又假定代理人的努力成本函数为 $C(\alpha)=\frac{1}{2}\alpha^2$

证明：最优线性契约中的激励系数 b^* 必满足：

$$b^*=\frac{k^2}{k^2+r\sigma^2}$$

解：(1)代理人的期望净收入为：

$$s+bEy-C(\alpha)=s+bk\alpha-C(\alpha)$$

相应的净收入最大化问题为：

$$\max_{\alpha} s+bk\alpha-C(\alpha)$$
$$s.t.\ \ s+bk\alpha-C(\alpha)\geqslant 0$$

不考虑约束，从无约束条件最大化的一阶条件得到：

$$C'(\alpha)=bk$$

记满足该条件的 $\alpha=\alpha^*$，如果 $s+bk\alpha^*-C(\alpha^*)\geqslant 0$，代理人会将工作努力保持在边际成本等于 bk 的水平上。由于(一般情况下)$C''(\alpha)>0$，因此，随着 b、k 的增加，α 也会增加。

若 $s+bk\alpha^*-C(\alpha^*)\geqslant 0$ 的条件不满足，代理人将选择 $\alpha=0$，且 b、k 的变化均不影响努力水平。

(2)令 $x=w=s+by=s+bk\alpha+b\varepsilon$，则：

$$Eu(w)=\exp\left\{s+bk\alpha-\frac{rb^2\sigma^2}{2}\right\}$$

因此对于满足代理人参与约束的 b、s，代理人的个人效用最大化问题为：

$$\max_{b} s+bk\alpha-\frac{rb^2\sigma^2}{2}-\frac{1}{2}\alpha^2$$

解得 $\alpha=bk$。此时，代理人的效用水平为 $s+\frac{b^2}{2}(k^2-r\sigma^2)$。

委托人的问题是：

$$\max_{b,s}(1-b)k^2b-s$$
$$s.t.\ \ s+\frac{b^2}{2}(k^2-r\sigma^2)\geqslant 0$$

构造拉格朗日函数，并解得：

$$b^*=\frac{k^2}{k^2+r\sigma^2}$$

这就是最优线性激励中的激励系数 b^* 满足的条件。

6. 与第5题的情况类似，代理人对委托人的贡献为

$$y=a+\varepsilon,\ (\varepsilon\sim N(0,\sigma^2))$$

委托人与代理人都对风险中立。只是代理人的努力成本函数为

$$C(a)=ma^2\,(m>0)$$

问：

(1) 若委托人与代理人签订一个线性合约 $w = s + by$。代理人会采取什么样的"a"？"a"会怎样随 b 而发生变动？"a"会如何随 m 而变动？

(2) 现在假定，代理人是风险规避型的，其效用函数为 $u(x) = -e^{-rx}$。证明：在最优线性契约中，激励系数 b^* 必满足：

$$b^* = \frac{1}{1+2mr\sigma^2}$$

解：(1)代理人的期望净收益为 $E(w-C(a)) = s + ba - ma^2$，所以代理人的期望净收益最大化问题为：

$$\max_a s + ba - ma^2$$

$$s.t.\ \ s + ba - ma^2 \geqslant 0$$

不考虑约束，从无条件最大化的一阶条件中得到 $a = \frac{b}{2m}$。下面分情况讨论：

①如果 $s + \frac{b^2}{4m} \geqslant 0$，代理人将选择 $a = \frac{b}{2m}$，并且 a 随着 b 的增加而增加，随着 m 的增加而减少。

②如果 $s + \frac{b^2}{4m} < 0$，代理人将选择 $a = 0$，并且 a 的取值不受 b、m 变化的影响。

(2)给定 b 、s 满足个人参与约束，代理人的效用最大化问题为：

$$\max_a s + ba - ma^2 - \frac{rb^2\sigma^2}{2}$$

从一阶条件中解得 $a = \frac{b}{2m}$，此时代理人的效用为 $s + \frac{b^2}{4m} - \frac{rb^2\sigma^2}{2}$。

委托人的利润最大化问题为：

$$\max_{b,s} \frac{b}{2m} - \frac{b^2}{2m} - s$$

$$s.t.\ \ s + \frac{b^2}{4m} - \frac{rb^2\sigma^2}{2} \geqslant 0$$

构造拉格朗日函数，并解得：

$$b^* = \frac{1}{1+2mr\sigma^2}$$

这就是最优线性激励中的激励系数 b^* 满足的条件。

13.2　强化习题详解

一个委托—代理模型如下：

$$y = a + \varepsilon \quad w = s + b \cdot y \quad c(a) = \frac{1}{2}a^2$$

$$K(a,\ b) = 1 + mb^2 - (1-a) \cdot b\,(m > 0)$$

其中 y 是代理人的产出；w 是委托人付给代理人的工资；$c(a)$ 是代理人的努力成本，$K(a,\ b)$ 是委托人制订契约的成本。在本模型中，委托人的目标函数是 $[y - w - K(a,\ b)]$ 的极大化。委托人与代理人都是风险中立的。在本模型中，委托人与代理人将进行多期的合作。由于信息阻塞，委托人在每一期中对契约的制定将根据代理人上一期所做的努力而定

（即委托人假定代理人本期还将采取与上一期的努力程度）。同样，代理人在每一期中对努力程度的选择将根据委托人上一期制订的契约而定（即代理人假定委托人本期还将采取与上一期相同的契约）。

（1）假定 $m=1$，给定第 0 期中 $a_0=b_0=\frac{1}{2}$，请问第 7 期中委托人和代理人的选择，即 a_7，b_7，s_7 各为多少？请问在无穷期委托人和代理人的选择是否收敛？（即当 $n\to+\infty$ 时，a_n，b_n，s_n 是否有极限？）若收敛，则收敛到哪里？（即求当 $n\to+\infty$ 时，a_n，b_n，s_n 的极限）

（2）假定 $m=1$，a_0，$b_0\in(0, 1)$。请问在无穷期委托人和代理人的选择是否收敛？若收敛，则收敛到哪里？

（3）a_0，$b_0\in(0, 1)$，请问 m 满足什么条件时，在无穷期委托人和代理人的选择才收敛？收敛到哪里？

解：对代理人来说，他是要在本期 b、s 给定的情况下决定本期的 a，以使得他的期望收益最大化。根据题目说明，在代理人选择本期的 a 的时候，他是假定本期的 b、s 与上期的 b_{-1}、s_{-1} 相等。因此，代理人的收益为：

$$\pi_{代理人}=w-c(a)$$

其中 $$w=s_{-1}+b_{-1}\cdot y,\ y=a+\varepsilon,\ c(a)=\frac{1}{2}a^2$$

所以代理人的期望收益为

$$E(\pi_{代理人})=s_{-1}+b_{-1}\cdot a-\frac{1}{2}a^2$$

代理人要使其期望效应极大化，由于代理人风险中立，只须使其期望收益极大化，有：

$$\max_a E(\pi_{代理人})=\max_a(s_{-1}+b_{-1}\cdot a-\frac{1}{2}a^2)$$

对 a 求导令其为零得到

$$a^*=b_{-1}$$

对委托人来说，他是要在本期 a 给定的情况下决定本期的 s、b，以使得他的期望收益最大化。根据题目说明，在委托人选择本期的 s、b 的时候，他是假定本期的 a 与上期的 a_{-1} 相等。因此委托人的收益为

$$\pi_{委托人}=y-w-K(a_{-1},\ b)$$

其中 $$y=a_{-1}+\varepsilon,\ w=s+b\cdot y,\ K(a_{-1},\ b)=1+mb^2-(1-a_{-1})\cdot b$$

所以委托人的期望收益为：

$$E(\pi_{委托人})=a_{-1}-s-b\cdot a_{-1}-1-mb^2+(1-a_{-1})\cdot b$$

代理人要使其期望效应极大化，由于代理人风险中立，只须使其期望收益极大化，有：

$$\max_{s,b} E(\pi_{委托人})=\max_{s,b}[a_{-1}-s-b\cdot a_{-1}-1-mb^2+(1-a_{-1})\cdot b]$$

同时，委托人还要满足对代理人的“个人理性”约束，即 $E(\pi_{代理人})\geqslant \underline{U}$，也就是 $s+b\cdot a_{-1}-\frac{1}{2}a_{-1}{}^2\geqslant \underline{U}$。

当委托人求其期望收益极大化时，必然会在 b 选定的情况下最小化 s，最终使得

$$s=-b\cdot a_{-1}+\frac{1}{2}a_{-1}{}^2+\underline{U} \quad ①$$

将其代入委托人的期望收益表达式中，得到

$$\max_b E(\pi_{委托人}) = \max_b [a_{-1} - \frac{1}{2}a_{-1}^2 - \underline{U} - 1 - mb^2 + (1 - a_{-1}) \cdot b]$$

对 b 求导并令其等于零，得到

$$-2mb + 1 - a_{-1} = 0$$

所以有：

$$b^* = \frac{1 - a_{-1}}{2m}$$

用时期 t 来替换下标则有：

$$a_t = b_{t-1} \quad ②$$

$$b_t = \frac{1 - a_{t-1}}{2m} \quad ③$$

其中 $t = 1, 2, 3, \cdots\cdots$

(1)因为 $m = 1$，所以有：

$$a_t = b_{t-1},\ b_t = \frac{1 - a_{t-1}}{2}$$

进一步可以得到

$$a_t = \frac{1 - a_{t-2}}{2} \quad ④$$

$$b_t = \frac{1 - b_{t-2}}{2} \quad ⑤$$

$t = 1$ 时，有 $$b_1 = \frac{1 - a_0}{2} = \frac{1}{4},\ a_1 = b_0 = \frac{1}{2}。$$

所以 $$b_3 = \frac{3}{8},\ b_5 = \frac{5}{16},\ b_7 = \frac{11}{32};$$

$$a_3 = \frac{1}{4},\ a_5 = \frac{3}{8},\ a_7 = \frac{5}{16}。$$

再根据①式，有：

$$s_7 = -b_7 \cdot a_6 + \frac{1}{2}a_6^2 + \underline{U} = \underline{U} - \frac{15}{256}$$

当 $t \to \infty$ 时，委托人和代理人的选择都收敛

$$a_\infty = b_\infty = \frac{1}{3},\ s_\infty = \underline{U} - \frac{1}{18}$$

具体理由见第(2)问的解答。

(2)由④式 $a_t = \frac{1 - a_{t-2}}{2}$ 可得：

$$a_t - \frac{1}{3} = -\frac{1}{2} \cdot \left(a_{t-2} - \frac{1}{3}\right),\ b_t - \frac{1}{3} = -\frac{1}{2} \cdot \left(b_{t-2} - \frac{1}{3}\right)$$

由于 a_0，$b_0 \in (0, 1)$，所以上式当 $t \to \infty$ 有

$$a_\infty = b_\infty = \frac{1}{3},\ s_\infty = \underline{U} - \frac{1}{18}$$

(3)根据②、③两式

$$a_t = b_{t-1}$$

$$b_t=\frac{1-a_{t-1}}{2m}$$

从而得到

$$a_t=\frac{1-a_{t-2}}{2m}$$

$$b_t=\frac{1-b_{t-2}}{2m}$$

进而得到

$$a_t-\frac{1}{1+2m}=-\frac{1}{2m}\cdot\left(a_{t-2}-\frac{1}{1+2m}\right)$$

$$b_t-\frac{1}{1+2m}=-\frac{1}{2m}\cdot\left(b_{t-2}-\frac{1}{1+2m}\right)$$

其收敛的充要条件为$2m>1$，即$m>\frac{1}{2}$。此时

$$a_\infty=b_\infty=\frac{1}{1+2m},\ s_\infty=\underline{U}-\frac{1}{2(1+2m)^2}$$

第 14 讲　信息不对称、逆向选择与信号博弈

14.1　课后习题详解

1. 假定二手车的质量 q 是服从于下列均匀分布的

$$q \sim u[t, z](t>0)$$

证明：如果卖主和买主的效用函数分别为 $u_1 = M + qn$ 和 $u_2 = M + \frac{3}{2}qn$，预算约束分别为 $y_1 = M + p \cdot n$ 和 $y_2 = M + p \cdot n$，那么：

(1)当市场价格为 p 时，平均质量必为：

$$\mu = \left(\frac{1}{2}t + \frac{1}{2}p\right)(p \geqslant t)$$

(2)市场不会彻底萎缩。

(3)与信息完全相对照，关于 q 的信息不对称使交易缩小了多少？使买卖双方的利益损失了多少？

证明：(1)考虑卖主的决策问题，卖主的效用函数为 $u_1 = M + qn$，其中 q 对于卖主来说是确定的，因此，将卖主的预算约束代入效用函数之中可以得到：

$$u_1 = y_1 + (q-p)n$$

当且仅当 $q>p$ 时卖主才不会将车卖出，因此，一定有 $q \leqslant p$，此时 $n=0$，即出售二手车。因此有：

$$\mu = Eq = \frac{p+t}{2}(p \geqslant t)$$

(2)把卖主的预算约束 $y_1 = M + p \cdot n$ 代入他的效用函数中，就有：

$$u_1 = y_1 + (q-p)n$$

当且仅当出售汽车可以带给他更高的效用时，卖主选择出售汽车，即：

$$y_1 + (q-p)n \leqslant y_1$$

从而解得 $p \geqslant q$，即市场价格不低于汽车质量时，卖主会出售汽车，这就意味着，当对于给定的市场价格 p，只有质量低于 p 的汽车会出售。

把买主的预算约束 $y_2 = M + p \cdot n$ 代入他的效用函数中，就有 $u_2 = y_2 + \left(\frac{3}{2}q - p\right)n$，由于买主不清楚市场上每辆汽车的具体质量，所以他只能最大化自己的期望效用，即：

$$Eu_2 = y_2 + \left(\frac{3}{2}\mu - p\right)n$$

这里 $\mu = E(q)$。当且仅当买车可以带给他更高的效用时，买主购买汽车，即：

$$y_2 + \left(\frac{3}{2}\mu - p\right)n \geqslant y_2$$

其中 $\mu = E(q)$。从而得到 $p \leqslant \frac{3}{2}\mu$，这就意味着买主的保留价格不会高于市场上汽车平

均质量的1.5倍。

下面来求解市场均衡，分两种情况讨论：

①$z \geqslant 3t$ 时，假设均衡时市场上汽车的质量服从 $U[t, x]$，那么市场上汽车的平均质量为$\frac{t+x}{2}$，此时买主的保留价格为$\frac{3}{2} \times \frac{t+x}{2} = \frac{3}{4}(t+x)$，均衡时，买主的保留价格必然等于市场上最好的汽车的质量，即：

$$x = \frac{3}{4}(t+x)$$

解得 $x = 3t$。所以均衡的结果是：市场上质量位于区间$[t, 3t]$上的汽车都会被出售，而每辆车的成交价格位于区间$[t, 3t]$。

②$z < 3t$ 时，此时市场上汽车的平均质量为$\frac{t+z}{2}$，消费者的保留价格为：

$$\frac{3}{2} \times \frac{t+z}{2} = \frac{3}{4}(t+z)$$

特别地，此时不等式$\frac{3}{4}(t+z) > z$ 成立，这就意味着消费者愿意支付的最高价格超过了市场上最好的汽车的质量，所以均衡的结果是：市场上所有的汽车都会被出售，而每辆车的成交价格位于区间$\left[z, \frac{3}{4}(t+z)\right]$。

综合上述分析可知，市场不会萎缩。

(3)当 $z \geqslant 3t$ 时，信息不对称市场的交易规模比信息对称市场减少了 $z-3t$，此时买主和卖主的总剩余为：

$$\int_t^{3t}(3t-q)\mathrm{d}q = 2t^2$$

较之信息对称市场上买主和卖主的总剩余$\int_t^z\left(\frac{3}{2}q - q\right)\mathrm{d}q = \frac{1}{4}(z^2 - t^2)$，信息不对称市场上买主和卖主的总剩余减少了$\frac{1}{4}(z^2 - 9t^2)$。

$z < 3t$ 时，交易规模不变，买卖双方的总剩余$\frac{3}{4}(z+t)(z-t) - \int_t^z q\mathrm{d}q = \frac{1}{4}(z^2 - t^2)$，和信息对称条件下总剩余相同。

2. 假定二手车市场上的质量服从 $[0, 2]$ 上的均匀分布，但卖主与买主一样不知道产品质量。如果卖主和买主的效用函数分别为 $u_1 = M + qn$ 和 $u_2 = M + \frac{3}{2}qn$，预算约束分别为 $y_1 = M + p \cdot n$ 和 $y_2 = M + p \cdot n$，请证明：市场均衡时有 $p > 0$，$q > 0$，并且不存在逆向选择。

证明：在双方都不知道二手车的质量的情况下，买主的效用函数与以前一样：

$$Eu_2 = y_2 + \left(\frac{3}{2}\mu - p\right)n$$

要使得买主买车，即 $n = 1$ 必须有：$\frac{3}{2}\mu \geqslant p$。

卖主的效用函数为：$Eu_1 = y_1 + (\mu - p)n$。

要使得卖主卖车，必须有：$\mu \leqslant p$。

所以有：$\mu \leqslant p \leqslant \frac{3}{2}\mu$。

因此均衡时，每辆车的市场价格介于区间$\left[\mu, \frac{3}{2}\mu\right]$上，并且市场上所有的车都会被出售。

3. 在萨洛普与斯蒂格茨一时期的质量模型中，如果

$$\alpha p < c_1 - (1-\alpha) c_0$$

证明：

在均衡时，只有无信息的那部分消费者才会购买；而垄断的供货者则在高质量与低质量之间随机选择。

证明：(1)萨洛普与斯蒂格茨一时期的质量模型

设在一时期内，已有 α 部分的消费者完全获知了商品的信息，α 为外生。假定消费者的偏好为

$$u = \theta s - p$$

对于 α 这一部分消费者来说，当他们发现 $s=1$(质优)时，就愿意付 $p=\theta$ 去购买；当他们发现 $s=0$，就不会买，另外$(1-\alpha)$部分的消费者只有当他们购买了商品之后才能知道商品质量。因此，有信息的群体只有当他们知道 $s=1$ 时才购买。假定垄断者的索价 $p\in[0, \theta]$，如果有信息的人群 α 买了，那一定表示该物是优质品，所以成本 $c=c_1$，垄断者从 α 群体上获得的利润为：

$$(1-\alpha)(p-c_0)\text{(如果他提供了劣质品)}$$

可知当且仅当：

$$p-c_1 \geqslant (1-\alpha)(p-c_0)$$

即：

$$\alpha p \geqslant c_1 - (1-\alpha) c_0$$

时，垄断者才改进质量，$s=1$。

(2)如果 $\alpha p < c_1 - (1-\alpha) c_0$，这说明厂商通过提供次品得到的利润大于通过提供正品得到的利润，因此知道消息的消费者就有理由相信厂商提供的产品是次品，因此他们不会购买。不知道消息的消费者则由于不知道厂商提供的产品是次品，因而继续购买。

对于垄断的卖者来讲，由于他可以通过提供次品而获得更大的利益，因此，他就会有动机去欺骗消费者，向市场提供次品。但是这样一来，又会完全丧失掌握信息的那部分消费者，因此，厂商又有动机提供正品。所以，在均衡时，只有无信息的那部分消费者才会购买；而垄断的供货者则在高质量与低质量之间随机选择。

4. 工人或者具有高能力(H)，或者具有低能力(L)。一项高质量的教育(e)能够提高工人们的生产率(y)；高能力的人受了此项教育之后的生产率为：$y=H+de$；低能力的人受了此项教育之后的生产率为：$y=L+de$。假定学费与教育质量无关，所以我们抽象掉学费。为了获得这项教育，低能力(L)的人要承受的非货币的成本为 $C(e)=e$；而对高能力(H)的人来说，该成本为 $C(e)=ke$，$0<d<k<1$。对工人的报酬是 $W-C(e)$；而企业则获得：$y-W$。

如果企业不知道工人们的生产率。只有工人知道自己的生产率，企业则只有把受教育当作信号来辨别 H 或 L。

假定企业相信，只有 H 型的工人才会选择 $e \geqslant e^*$ 的教育，而 L 型的工人则只会选择 $e<e^*$ 的教育，那么，e^* 值应等于多少才合适？（编者注：本题应当加上“企业处在完全竞争的劳动市场”这一条件。）

解：由于高能力的人为企业带来的贡献为 $y=H+de$，因此，企业给他的报酬为 $y=H+de$；同时，低能力的人为企业带来的贡献为 $y=L+de$，因此，企业给他的报酬为 $y=L+de$。

由于 e^* 将 H、L 两类工人区别开，所以，均衡的工资计划为：

$$W=\begin{cases}H+de, & e \geqslant e^* \\ L+de, & e<e^*\end{cases}$$

对 L 型的工人而言，他若选择 $e<e^*$，则意味着 $e=0$，因为 $e>0$ 时，$L+de-e<L$；同理，对 H 型的工人而言，$e \geqslant e^*$ 则意味着 $e=e^*$，因为当 $e>e^*$ 时，$H+de-ke<H+de^*-ke^*$

此外 L 型的工人不选择 $e=e^*$ 是因为：$L>H+de^*-e^*$

H 型的工人不选择 $e=0$ 是因为：$H+de^*-ke^*>L$

综合上述分析可知 e^* 的合理区间为：$\dfrac{H-L}{1-d}<e^*<\dfrac{H-L}{k-d}$。

5. 目前我国商品房交易中普遍存在着对商品房质量的信息不对称现象，即房地产开发商对商品房质量的了解程度远比购房的居民多。

(1)假定买卖双方对商品房质量都有充分的了解，试作图说明高质量房和低质量房的市场供求状况。

(2)在信息不对称条件下，试作图分析高质量房和低质量房的市场供求变动情况。

(3)根据经济学原理，简要讨论如何解决我国商品房交易中由于信息不对称造成的问题。

解：(1)如图14-1所示，其中 S_H 和 S_L 分别表示高质量和低质量商品房的供给曲线，D_H 和 D_L 分别表示高质量和低质量商品房的需求曲线，高质量商品房的供需平衡点为A，低质量商品房的供需平衡点为B。由图14-1可知，高质量的商品房在价格和需求量上都超过低质量的商品房，此时市场上主要是高质量的商品房，低质量的商品房难以对高质量的商品房的供给产生威胁，因为此时买卖双方对商品质量都有充分的了解，因而低质量的商品房竞争力不如高质量的商品房。

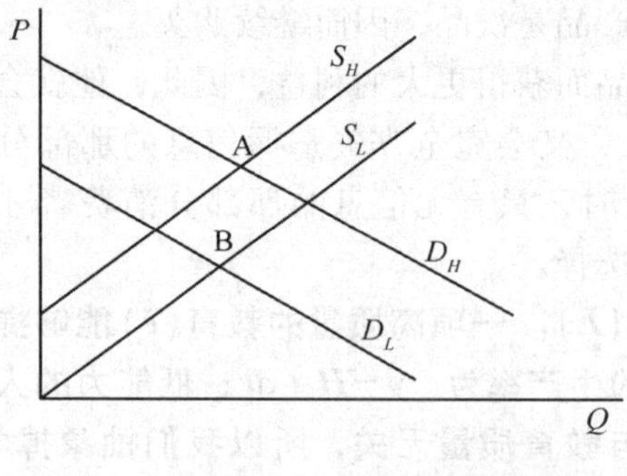

图14-1 信息对称条件下商品房市场的均衡

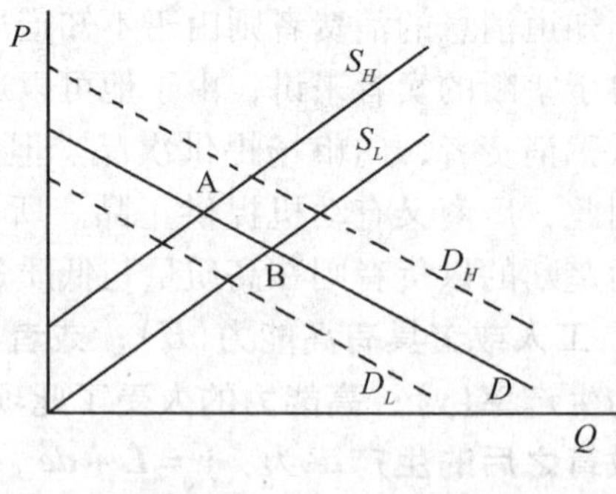

图14-2 信息不对称条件下商品房市场的均衡

(2)如图14-2所示，其中 S_H 和 S_L 分别表示高质量和低质量商品房的供给曲线，D_H 和 D_L 分别表示信息对称情况下高质量和低质量商品房的需求曲线，D 表示信息不对称情况下对商品房的需求(注意，这时对两种质量的商品房的需求是相同的，因为消费者不能区分高质量和低质量的房子)，高质量商品房的供需平衡点为A，低质量商品房的供需平衡点为B。

对比可知，在信息不对称条件下，高质量商品房的销售量和销售价格都下降，而低质量商品房的销售价格和销售量都有所上升。可见在信息不对称的条件下，低质量的房子把高质量的房子挤出了市场。

(3)我国商品房交易中由于信息不对称造成的问题的解决对策

①建立第三方中介机构来专门负责信息披露，并且可以作为业主的经纪人直接与开发商谈判。

②建立专门的政府监管机构来负责信息的搜集与披露，解决信息不对称的问题。

③在开发商与业主之间的购买合同上规定一个长期的权利与义务关系，通过约束双方的行为来达到一个共同承担风险的机制。

④在房地产广告方面，规定新闻媒介要对虚假的房地产广告负责，使新闻媒体成为虚假房地产广告的一道防火墙。

6. 一个消费者的初始收入为 I，如果发生事故，他会损失 L，设出现事故的概率为 θ；不发生事故的概率为 $1-\theta$。消费者在不发生事故时不会有损失。消费者是严格厌恶风险的。保险公司是风险中立者。他要求消费者在投保时付费为 p，但保证在发生事故时赔偿 s。

(1)写出投保人的 EU；写出保险公司的期望利润。

(2)如果保险公司要选择 s 与 p，来确保

$$\max_{s,p}(p-s\theta)$$

应该满足投保人什么样的"约束"？

(3)解由(2)列出的数学规划，证明最优赔偿金 s 应满足：$s=L$。

解：(1)假设投保人的效用函数为 $\nu(x)$，这个效用函数呈凹性(因为消费者是风险回避的)，即 $\nu'>0$，$\nu''<0$，则他的期望效用为：

$$EU=\theta\nu(I-p-L+s)+(1-\theta)\nu(I-p)$$

保险公司的期望利润为：

$$E\pi=\theta(p-s)+(1-\theta)p=p-\theta s$$

(2)如果保险公司的目标是追求利润最大化，那么它的保险计划至少要使投保人的境况和不投保时一样好，即：

$$EU(p,\ s)\geqslant EU(0,\ 0)$$

也就是：

$$\theta\nu(I-p-L+s)+(1-\theta)\nu(I-p)\geqslant\theta\nu(I-L)+(1-\theta)\nu(I)$$

整理得：

$$\theta[\nu(I-p-L+s)-\nu(I-L)]+(1-\theta)[\nu(I-p)-\nu(I)]\geqslant 0$$

(3)保险公司的利润最大化问题为：

$$\max_{p,s}(p-s\theta)$$

$$s.t.\ \theta[\nu(I-p-L+s)-\nu(I-L)]+(1-\theta)[\nu(I-p)-\nu(I)]\geqslant 0$$

构造这个问题的拉格朗日函数：

$$L=p-s\theta-\lambda\{(1-\theta)[v(I)-v(I-p)]+\theta[v(I-L)-v(I-L-p+s)]\}$$

一阶条件为：

$$\frac{\partial L}{\partial p}=1-\lambda(1-\theta)\nu'(I-p)-\lambda\theta\nu'(I-p+s-L)=0 \quad ①$$

$$\frac{\partial L}{\partial s}=-\theta+\lambda\theta\nu'(I-p+s-L)=0 \quad ②$$

由②式得到：

$$1=\lambda\nu'(I-p+s-L)$$

代入①式中，就有：

$$1=\lambda\nu'(I-p)$$

综上就有：

$$\nu'(I-p+s-L)=\nu'(I-p)$$

又因为 $\nu''(\cdot)<0$，这说明 $\nu'(\cdot)$ 严格递减，所以 $I-p+s-L=I-p$，即 $s=L$。

7. 福格小姐计划花 10000 美元去旅行。她的效用函数形式为 $u(Y)=\ln Y$。她在旅行中丢失 1000 美元的可能性为 25%。福格小姐相当愿意为了防止在她的环球旅行中有 25% 的概率丢失 1000 美元现金而去买保险。假如买了这种保险的人在管理现金方面都趋向于变得更粗心，那么，他们丢失 1000 美元的概率就会上升到 30%。在这种情况下，实际的公平保险费率是多少？福格小姐现在会买保险吗？（请注意，本问题与下一个问题都涉及道德风险）

解：由于福格小姐购买保险后变得更加粗心，所以实际的公平保费为 $1000\times30\%=300$（美元）。在这样的保费下，福格小姐购买保险的期望效用就是：

$$0.3\ln(10000-1000-300+1000)+0.7\ln(10000-300)=\ln 9700\approx9.17988$$

而她不购买保险的期望效用为：

$$0.25\ln 9000+0.75\ln 10000\approx9.184$$

可见购买保险的期望效用要比不购买保险的期望效用低，所以福格小姐会选择不投保。

8. 本讲第 4 节研究了费用分担的健康保险政策，并且表明风险厌恶者会愿意购买全额保险。然而，假定买了费用分担保险的人会更好地照顾他们自己的健康，这样，他们在生病时所遭受的损失就由 10000 美元下降到 7000 美元。现在，费用分担保险的公平价格实际上会是多少？与全额保险相比，一些人会偏爱费用分担保险，这是可能的吗？什么会决定个人是否会有这种偏好？（对于本题，只用图形来说明就可以了。）

解：(1)假设某风险厌恶者生病的概率从 θ 下降为 θ'，生病给此人带来的损失为 L。投了费用分担的健康保险后，由于更注意照顾自己的健康，所以生病的损失下降为 L'。因此公平的保费应当按照损失 L' 来制定，即 $p=\theta'L'=7000\theta'$。

(2)与全额保险相比，一些人可能会偏爱费用分担保险，如图 14－3 所示，其中横坐标表示生病时消费者的收入，纵坐标表示健康时消费者的收入，由于公平的保费使得消费者无论生病与否都可以获得相同的收入，因此公平保费位于第一象限的角平分线上。

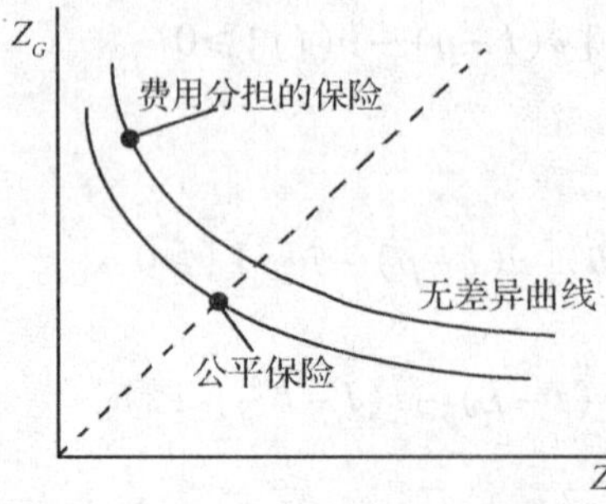

图 14－3　消费者偏好于费用分担保险

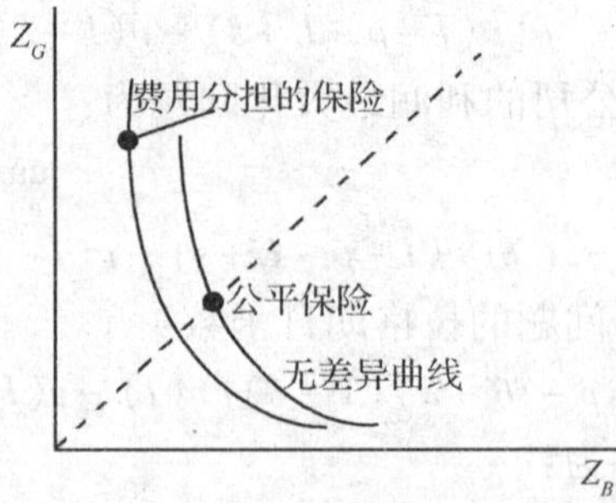

图 14－4　消费者偏好于公平保险

(3)个人是否偏好于费用分担的保险取决于其效用函数的具体形式，比如在图 14－4 中，消费者面临和图 14－3 中的消费者相同的保险，但是由于偏好不同(即无差异曲线的形状不同)，图 14－4 中的消费者偏好于公平保险。

9. 蓝眼睛的人会比棕眼睛的人更容易丢失他们的贵重手表。具体地说，蓝眼睛的人在一年之内就会丢失他们 100 美元的手表的概率为 80%，而棕眼睛的人同样的概率却只有 20%，蓝眼睛的人和棕眼睛的人在人口中有同样的代表性。

(1)如果保险公司假定蓝眼睛的人和棕眼睛的人具有同样的可能去买手表丢失保险(即保险公司的保险以 0.5 的概率被蓝眼睛的人购买，以 0.5 的概率被棕眼睛的人购买)，实际上公平的保险费率会是多少?

(2)如果蓝眼睛与棕眼睛的人有对数效用—财富函数，并且每个人当前的财富都是 10000 美元，那么，这些人会不会以(1)中的保险费率购买手表保险?

(3)给定(2)的结果，能否正确计算保险费率?它应该等于什么?每一类型的人的效用会怎样?

(4)假定保险公司对蓝眼睛的人和棕眼睛的人要收不同的保险费率。这些人的最大化效用与(2)与(3)中所计算的效用相比会怎样?(该问题是保险业中的逆向选择的例子。)

答: (1)公平保费是使得保险公司的期望利润为零的保费，由于保险公司认为投保人中，蓝眼睛的和棕眼睛的各占一半，所以公平保费 p 就应当满足:

$$0.5\times\{0.8\times(p-100)+0.2\times p\}+0.5\times\{0.2\times(p-100)+0.8\times p\}=0$$

解得 $p=50$，故实际上公平的保险费率是 $50/100=50\%$。

(2)购买保险的人的期望效用为 $\ln(10000-50)\approx 9.2053$。对于蓝眼睛的人而言，不购买保险的期望效用为 $0.8\ln 9900+0.2\ln 10000\approx 9.2023$；对于棕眼睛的人而言，不购买保险的期望效用为 $0.2\ln 9900+0.8\ln 10000\approx 9.2083$。因此，蓝眼睛的人会购买保险，而棕眼睛的人不会购买保险。

(3)在第(2)问中，只有蓝眼睛的人会购买保险，给定这样的结果，可以计算正确的保险费率，它应当是 $p=100\times 0.8=80$。在这样的费率下，蓝眼睛人的效用为 $\ln 9920\approx 9.20231$；棕眼睛的人依然不购买保险，所以他的效用为 $0.2\ln 9900+0.8\ln 10000\approx 9.20833$。

(4)如果保险公司针对不同的人制定不同的保险，那么针对蓝眼睛人的保险费率就是 80，他的期望效用为 $\ln 9920\approx 9.20231$；针对棕眼睛人的保险费率就是 20，他的效用为 $\ln 9980\approx 9.208338$。此时，每个人的效用都得到了提高。这个例子说明，由于存在逆向选择，低风险的投保人(棕眼睛的人)被驱逐出了市场，同时社会总福利也比信息对称时变差。

10. 假定有两类工人，高能力的工人和低能力的工人。工人的工资由他的能力决定，高能力的工人赚 50000 元，低能力的赚 30000 元。厂商不能测度工人的能力，但是它却可以了解到工人是否有高中文凭。工人的效用由他们在工资上与为获得文凭所支付的费用上的差异所决定。

(1)如果高能力工人与低能力工人在获取高中文凭中的花费是一样的，那么，在这种情况下，是否可以存在一种高能力工人拿高工资、低能力工人拿低工资的分离的均衡?

(2)高能力工人为了获得高中文凭所愿意支付的费用最大数量是多少?如果有一种文凭可以让雇主去识别高能力工人的话，为什么对于低能力的工人来说，这种文凭一定要使其花费更多?

解: (1)如果高能力的工人与低能力的工人在获取高中文凭时的花费是一样的，那么，在这种情况下，不可能存在一种高能力工人拿高工资、低能力工人拿低工资的分离的均衡。

理由如下：假设两个人受教育的成本分别为 C_H 和 C_L，那么分离均衡存在的条件是：

①高能力工人的参与相容约束，即高能力工人选择接受教育后获得的净收入要大于其他可能的工作机会带给他的净收入，如果再假设除了这份工作外，工人们不可能获得其他的工作机会，那么高能力工人的参与相容约束就是：

$$50000 - C_H \geqslant 0 \quad ①$$

②低能力工人的参与相容约束，即低能力工人选择接受教育后获得的净收入要大于其他可能的工作机会带给他的净收入，如果再假设除了这份工作外，工人们不可能获得其他的工作机会，那么低能力工人的参与相容约束就是：

$$30000 - C_L \geqslant 0 \quad ②$$

③高能力工人的激励相容约束，即高能力的工人伪装成低能力的工人不会带给他更高的效用：

$$50000 - C_H > 30000 \quad ③$$

④低能力工人的激励相容约束，即低能力的工人伪装成高能力的工人不会带给他更高的效用：

$$30000 > 50000 - C_L \quad ④$$

当 $C_H = C_L$ 时，③、④两式不能同时满足，所以如果高能力的工人与低能力的工人在获取高中文凭时的花费是一样的，不会存在分离均衡。

(2)在分离均衡中，高能力工人受教育的成本必须同时满足①、③两式，从中解得 $C_H < 20000$，所以高能力工人为获取文凭最多愿意花费 20000。

此外，从③、④两式中解得 $C_H < 20000$，$C_L > 20000$，因此如果存在分离均衡，那么必有 $C_L > C_H$，即低能力的工人为了获得文凭必须花费更多。

14.2 强化习题详解

1. 两家旧车行在一条大路旁并排竞争。第一家是亨利车行，他出售经过仔细检查并在必要时进行修理的高质量轿车。亨利车行平均要花 8000 美元购买和修理出售的每一辆车。第二家是杰克车行，他出售低质量轿车。杰克车行出售的车平均每辆的成本只有 5000 美元。如果消费者知道他们所买轿车的质量的话，那么他们会很高兴的以平均每辆 10000 美元购买亨利车行出售的车，并仅以每辆 7000 美元购买杰克车行的车。

遗憾的是，两家车行都是新建的，都还没有建立起自己的声誉。因此，消费者并不知道每家车行的轿车质量。在这两家车行购车的消费者估计，不管他到哪一家车行去，他买到一辆高质量车的机会都是相等的，因而他们愿意以平均每辆 8500 美元买车。

亨利车行有了一个主意，它将为所有它出售的轿车提供相应的保证书。它知道，一项期限为 γ 年的保证书会使它平均花费 500γ 美元。并且它还知道，如果杰克车行也提供同样的保证书，那么会使杰克平均花费 2000γ 美元。

(1)假定亨利车行对所有它所出售的轿车提供一年的保证。这会产生一个可信的质量信号吗？杰克车行会不会也这样做？

(2)如果亨利车行对它的车提供两年的保证会怎样呢？这会产生可信的质量信号吗？三年的质量保证又会怎样呢？

(3)如果你为亨利车行做广告，你会鼓动它提供多长时间的保证？为什么？

答：注意：对于本题，不同的假设会得出不同的答案。下面分别讨论。

第一种假设：假设如果车行提供保证，那么买车的人就认为是好车，愿意出 10000 美元。设提供 r 年的保证可以区分两家车行（亨利车行会提供保证，而杰克车行不会提供保证），则 $10000-500r \geqslant 8500$ 且 $10000-2000r \leqslant 7000$ 解得 $1.5 \leqslant r \leqslant 3$。

(1) 如果保证书期限为一年，两家车行提供保证的净收益均大于其不提供保证的净收益，因此两家车行都会提供保证，不是可信的质量信号。

(2) 如果保证书期限为两年，亨利车行提供保证的净收益大于其不提供保证的净收益，而杰克车行提供保证的净收益小于其不提供保证的净收益，因此亨利车行会提供保证，而杰克车行不会提供。质量信号可信。

如果保证书期限为三年，质量信号仍是可信的。

(3) 提供两年保证即可。理由如下：

因为两年保证即可以使顾客区分优劣，每辆车的净收益还高于提供三年保证所得到的净收益。顾客面对好车愿意支付的价格都是 10000 美元，两年还是三年保证导致的购车数量不会发生变化，从而亨利车行提供两年保证的净收益大于三年保证的净收益。

第二种假设：如果消费者对车的质量的判断不随保证的变化而变化，只要消费者不能区分优质车和劣质车，消费者愿意支付的最高价格还是原来的期望价值（即 8500 美元），在这样的情况下，提供一年期的保证就可能实现区隔均衡。基于这一假设，两个车行考虑是否提供一年期的保证时，就有以下报酬矩阵：

表 14-1　博弈的支付矩阵

		杰克车行	
		提供	不提供
亨利车行	提供	(0，1500)	(1500，2000)
	不提供	(1000，3000)	(500，3500)

此时，对亨利车行来讲，提供是主导性策略；对杰克车行来讲，不提供是主导性策略，这个博弈只有一个纳什均衡，即（亨利提供一年保证，杰克不提供任何保证）。余下的类推即可。

2. 用市场信号这一概念来分析下列行为。在分析中，请解释每一个行为导致的是分离均衡还是聚合均衡，每一个行为是为了达到一个什么样的目的（即解决什么样的信息不对称的问题），相应的成本为多少，这样的行为是不是必要的？

(1) 在农村，订亲时男方都要为女方准备昂贵的订亲礼金。

(2) 银行等金融部门通常都有超过实际需要的高大和富丽堂皇的大楼。

答：(1) 在农村婚姻市场中，信息（尤其关于男方家庭条件的信息）不对称。订金作为信号，可以部分"显示"男方类型，解决"隐蔽信息"问题；同时订金作为抵押品，增加男方毁约的成本，部分解决"隐蔽行动"问题。结果导致分离均衡，没有明显的社会成本。从社会有效的角度看，这样的行为是不必要的。

(2) 在金融市场上，贷款人与银行等金融中介机构之间存在不对称信息，前者对后者的实力与经营能力等信息不完全掌握。银行为显示自己的实力，通过持有超过实际需求的不动产来向交易对象传递信息，吸引优质客户（如大企业）。结果导致分离均衡。超过实际需求的不动产说明从社会角度存在资源浪费。从社会有效的角度看，这样的行为是不必要的。

3. 二手车市场中，卖主的效用函数为 $U_1=y_1+(q-p)\cdot n$，买主的效用函数为 $U_2=y_2+(\frac{3}{2}q-p)\cdot n$，$y_1$ 和 y_2 分别是卖主和买主的全部收入；q 是二手车的质量；p 是二手车的价格；n 是二手车的数量。卖主对车的信息充分，买主对车的信息不充分(不知道每辆车的质量)。请证明：

(1)若二手车的质量 q 在[0，2]上满足分布：$f(q)=\frac{1}{2}q$，其中 $f(q)$ 是概率密度函数，则市场不会有丝毫的萎缩。

(2)若二手车的质量 q 在[0，2]上满足分布：①当 $q\in[0,t]$ 时，$f(q)\leqslant\frac{1}{2}q$；②当 $q\in[t,2]$ 时，$f(q)\geqslant\frac{1}{2}q$。其中 $f(q)$ 是概率密度函数，则市场不会有丝毫的萎缩。

证明：因为卖主的效用函数为 $U_1=y_1+(q-p)\cdot n$，而且卖主对车的质量信息是充分的，所以当 $p\geqslant q$ 的时候，卖主才会卖。

同样，买主的效用函数为 $U_2=y_2+(\frac{3}{2}q-p)\cdot n$，但是买主对车的信息不充分(不知道每辆车的质量)，所以买主的期望效用是：

$$EU_2=y_2+(\frac{3}{2}Eq-p)\cdot n=y_2+(\frac{3}{2}\mu-p)\cdot n\text{，其中 }\mu=Eq$$

可以看到，只有当 $p\leqslant\frac{3}{2}\mu$ 的时候，买主才会买。

又由于 q 在[0，2]上分布，因此，只要 $\frac{3}{2}\mu\geqslant2$，就可以找到一个 p，使得：

$$\frac{3}{2}\mu\geqslant p\geqslant2\geqslant q$$

从而使得没有买主或卖主会退出市场。

(1)由于 $f(q)=\frac{1}{2}q$，所以 $\mu=Eq=\int_0^2(q\cdot\frac{1}{2}q)\mathrm{d}q=\frac{1}{6}q^3\mid_0^2=\frac{4}{3}$

即：$3/2\mu=2$，满足上面的 $3/2\mu\geqslant2$ 的条件，得证。

(2)q 在[0，2]上满足分布：当 $q\in[0,t]$ 时，$f(q)\leqslant\frac{1}{2}q$；当 $q\in[t,2]$ 时，$f(q)\geqslant\frac{1}{2}q$。

现在令 $g(q)=f(q)-\frac{1}{2}q$，这样就会有：

当 $q\in[0,t]$ 时，$g(q)\leqslant0$ ①

当 $q\in[t,2]$ 时，$g(q)\geqslant0$ ②

而且又由于 $\int_0^2 f(q)\mathrm{d}q=\int_0^2\frac{1}{2}q\mathrm{d}q=1$，所以 $\int_0^2 g(q)\mathrm{d}q=0$，从而

$$\mu=\int_0^2 q\cdot f(q)\mathrm{d}q=\int_0^2 q\cdot[\frac{1}{2}q+g(q)]\mathrm{d}q=\int_0^2 q\cdot\frac{1}{2}q\mathrm{d}q+\int_0^2 q\cdot g(q)\mathrm{d}q$$

$$=\frac{4}{3}+\int_0^2 q\cdot g(q)\mathrm{d}q=\frac{4}{3}+\int_0^t q\cdot g(q)\mathrm{d}q+\int_t^2 q\cdot g(q)\mathrm{d}q$$

而当 $q\in[0, t]$ 时，由于 $g(q)\leqslant 0$，所以 $q\cdot g(q)\geqslant t\cdot g(q)$；当 $q\in[t, 2]$ 时，由于 $g(q)\geqslant 0$，所以 $q\cdot g(q)\geqslant t\cdot g(q)$。从而有：

$$\int_0^t q\cdot g(q)\,\mathrm{d}q \geqslant \int_0^t t\cdot g(q)\,\mathrm{d}q \text{ 和} \int_t^2 q\cdot g(q)\,\mathrm{d}q \geqslant \int_t^2 t\cdot g(q)\,\mathrm{d}q$$

即 $\int_0^t q\cdot g(q)\,\mathrm{d}q + \int_t^2 q\cdot g(q)\,\mathrm{d}q \geqslant \int_0^t t\cdot g(q)\,\mathrm{d}q + \int_t^2 t\cdot g(q)\,\mathrm{d}q = \int_0^2 t\cdot g(q)\,\mathrm{d}q = t\int_0^2 g(q)\,\mathrm{d}q$

再由 $\int_0^2 g(q)\,\mathrm{d}q = 0$，所以有：

$$\begin{aligned}\mu &= \int_0^2 q\cdot f(q)\,\mathrm{d}q = \int_0^2 q\cdot\left[\frac{1}{2}q + g(q)\right]\mathrm{d}q = \int_0^2 q\cdot\frac{1}{2}q\,\mathrm{d}q + \int_0^2 q\cdot g(q)\,\mathrm{d}q \\ &= \frac{4}{3} + \int_0^2 q\cdot g(q)\,\mathrm{d}q = \frac{4}{3} + \int_0^t q\cdot g(q)\,\mathrm{d}q + \int_t^2 q\cdot g(q)\,\mathrm{d}q \\ &\geqslant \frac{4}{3} + \int_0^t t\cdot g(q)\,\mathrm{d}q + \int_t^2 t\cdot g(q)\,\mathrm{d}q = \frac{4}{3} + t\cdot\int_0^2 g(q)\,\mathrm{d}q = \frac{4}{3}\end{aligned}$$

即 $\frac{3}{2}\mu\geqslant 2$，证毕。

4. 阿克莱夫(Akerlof，1970)旧车市场的均衡解。

假设某旧车市场有一辆能够正常使用的旧车，假设该旧车的真实价值为 v，其真实价值均匀地分布于 0 与 10000 之间。问买主如何给该旧车定价。

解：买主如何给该旧车定价涉及到买主对该车的质量的期望值，而在决定该车的质量的期望值时候需要考虑卖者的背景。假设卖者分为两种：一种为因为某些原因不得不卖掉旧车的卖主，不管买者出多少钱，他们都必须把车卖掉，他们所占的比例为 q；一种为希望通过卖车获利的卖主，只有在 $p>v$ 时候，他们才出售旧车，他们所占的比例为 $(1-q)$，p 为旧车的价格。在这种情况下，如果买者出价为 p，他购得此车的概率为：

$$q+(1-q)Prob\{v\leqslant p\} = q+(1-q)\frac{p}{10000} = Q(p)$$

这样就可以估计旧车真实价值的期望值了。首先，对于 q 比例的卖主来说，旧车真实价值 v 均匀地分布于 0 到 10000 之间，旧车价值的期望值为 $\frac{10000}{2}=5000$。

然后，对于希望通过卖车获利的卖主，其旧车的价值必然是小于等于 p 的。由于旧车的价值是服从均匀分布的，所以，对于这部分卖主来说，旧车价值的期望值为：

$$E(v\mid v\leqslant p) = \frac{p}{2}$$

这样，买者从不得不卖车的人手中买到旧车的概率为 $\frac{q}{Q(p)}$，从希望占便宜的人手中买到旧车的概率为 $\frac{(1-q)\left(\frac{p}{10000}\right)}{Q(p)}$。所以，当买者出价为 p，该旧车的真实价值的期望值 $Ev(p)$ 为：

$$\frac{q}{Q(p)}\times 5000 + \frac{(1-q)\left(\frac{p}{10000}\right)}{Q(p)}\times\frac{p}{2}$$

例如当买者出价为 0，则 $Q(0)=q$，则 $Ev(0)=5000$。在出价为 0 的情况下，只有不得不卖车给买者的人出售其旧车，旧车的真实价值的期望值就是旧车真实价值的平均值5000。这种情况下，买者有剩余：$Ev(0)-0=5000$。

如果买者出价10000，那么$Q(10000)=1$，则：

$$Ev(10000)=q\times5000+(1-q)\times\frac{10000}{10000}\times\frac{10000}{2}=5000$$

此时买者有负剩余，即亏了：$Ev(10000)-10000=5000-10000=-5000$

因此均衡的价格应当满足$p=Ev(p)$，因为出价低，买不到车；出价高，买者吃亏。

在本题中，这个条件可以写作：

$$\frac{q}{Q(p)}\times5000+\frac{(1-q)\left(\frac{p}{10000}\right)}{Q(p)}\times\frac{p}{2}=p\Rightarrow p^{*}=10000\left(\frac{-q+\sqrt{q}}{1-q}\right)$$

这样，买者的最优价格取决于买者对于市场上不得不卖掉旧车的卖家的比例的判断。如果$q=0$，所有的卖家都是骗人的，那么此时最优价格也为0，市场完全萎缩，与阿克莱夫的逆向选择的结果一致。如果买者判断$q=1$，即没有骗人的卖家，最优解变成$\frac{0}{0}$的形式，运用微积分的洛必达法则，最后可以得到$p^{*}=5000$，为旧车市场正常条件下的平均真实价值。

5. 一种产品有两类生产者在生产，优质产品生产者生产的每件产品值14美元，劣质产品生产者生产的每件产品值8美元。顾客在购买时不能分辨优质产品和劣质产品，只有在购买后才能分辨，如果消费者买到优质产品的概率是p，则买到劣质产品的概率为$1-p$。这样，产品对于消费者的价值就是$14p+8(1-p)$。两类生产者的单位产品生产成本都稳定在11.50美元，所有生产者都是竞争性的。

(1)假定市场中只有优质产品生产者，均衡价格应是多少？

(2)假定市场中只有劣质产品生产者，均衡价格将是多少？

(3)假定市场中存在同样多的两类生产者，均衡价格将是多少？

(4)如果每个生产者能选择生产优质产品或劣质产品，前者单位成本为11.50美元，后者单位成本为11美元，则市场价格应是多少？

解：(1)若市场中只有优质产品生产者，生产者之间的竞争会使均衡价格降到生产成本，即11.5美元。

(2)若市场中只有劣质产品生产者，消费者只愿为每件产品支付8美元，而每件成本为11.50美元，因此，一件也卖不出去，不存在均衡价格。

(3)在这种情况下，竞争会把价格定在11.50美元，而对消费者来说，可获得的平均质量的产品至少要值11.50美元，即必须满足：

$$14p+8(1-p)\geqslant11.50$$

解得$p\geqslant7/12$，而市场中存在同样多优质产品时的$p=0.5$，于是有：

$$14\times0.5+8\times(1-0.5)=7+4=11\text{ 美元}$$

因为$11\leqslant11.50$，所以消费者不会购买产品，不存在均衡价格。

(4)由于市场是完全竞争的，每个生产者都会认为自己不会左右市场价格，都只会按统一的市场价格出售产品，因此，为了增加赢利，都只想选择成本为11美元的劣质产品生产，市场上只有劣质品。而消费者对劣质品只愿支付8美元，因而不可能有任何交易量，优质品和劣质品的生产都等于零，信息不对称破坏了市场效率。

6. 什么是市场的逆向选择？举例说明解决逆向选择的基本方法。

答：(1)逆向选择的定义

逆向选择是指在买卖双方信息非对称的情况下，差的商品总是将好的商品驱逐出市场。或者说拥有信息优势的一方，在交易中总是趋向于做出这样的选择——尽可能地有利于自己而不利于别人的一种选择。

(2)解决逆向选择的基本方法

解决逆向选择的方法主要有以下两种方法：

①配给制

这种方法在金融市场上最为明显。新凯恩斯主义认为，利率有逆向选择效应，逆向选择效应导致银行实行信贷配给。利率的逆向选择效应是，随着利率的升高，信誉好、还贷概率高的厂商停止申请贷款，而信誉不高、喜爱高风险投机的投资者继续申请贷款，其结果是银行贷款风险加大，银行收益下降。

银行可以利用利率的逆向选择效应辨别低风险厂商和高风险厂商以及衡量将贷款贷给他们的风险程度。假定所有申请贷款的厂商被分为高风险组和低风险组，存在着一个临界利率。当实际利率低于临界利率时，高风险厂商和低风险厂商都会申请贷款；当实际利率达到或超过临界利率时，低风险厂商停止申请贷款，高风险厂商仍然申请贷款。因此，银行通过改变临界利率的值就可以推测出厂商投资的风险性，而根据厂商投资的风险性就能获悉还款概率。一般情况下，厂商越偏好风险投资，投资项目失败的可能性就越大，厂商还贷概率就越低，银行贷款的风险就越大；反之，厂商越偏向安全投资，投资项目成功的可能性就越大，厂商还贷概率就越高，银行贷款的风险就越小。

在不同的利率水平上，当利率的正向选择效应(利率上升引起银行收益随之增加)超过逆向选择效应时，银行的收益随着利率的上升而增加；当利率的逆向选择效应超过正向选择效应时，银行收益就会随着利率的上升而下降。为了避免出现后一种情况，银行即使在面临较高的市场利率时，也会理性地以低于市场利率的最优利率贷款给低风险厂商，而不是按照较高的市场利率贷款给高风险厂商。这就具有了配给的性质。信贷市场通常是在利率和配给的双重作用下达到均衡的。

②分离均衡法

众所周知，在保险市场上，想为某一特定损失投保的人，是那些损失发生概率最大的人，因此，保险公司赔偿的概率将会超过总体损失发生的概率，这就是保险市场的逆向选择。例如保险公司经过调查了解到，某城市家庭财产损失失窃率为1%，公司收取的公平保险费率为1%。但是一个城市不同地段失窃率是不同的，越是繁华地段失窃率越低，越是边远地段失窃率越高，处于繁华地段的人通常不去买保险，因为保险费率远远高于当地的失窃率，由于大部分客户来自不安全地带，保险费率比客户的平均失窃率高，保险公司必将亏损，因此，采取统一费率使保险公司面临逆向选择。

斯蒂格利茨认为，不能用提高保费的方法去消除保险市场的逆向选择。为解决这一问题，保险公司可以通过提供不同类型的合同，将不同风险投保人分开，让保险购买者在高自赔率加低保费和低自赔率加高保费之间选择。即不是使保险处于混同均衡，而是出现分离均衡。

7. 俗话说"买的不如卖的精"，在现实生活中存在许多消费者和提供者对商品质量的信息不对称性现象，请回答：

(1)假定买卖双方对商品质量都有充分的了解，试作图说明高质量商品和低质量商品的市场供求状况；

(2)在信息不对称条件下，试作图分析高质量和低质量商品的市场供求状况。

答：(1)假定买卖双方对商品的质量有充分的了解，消费者会把不同质量的商品看成是不同的商品。对于高质量和低质量的商品，消费者愿意支付不同的价格。比如，高质量的商品，消费者愿意支付较高的价格；低质量的商品，消费者愿意支付较低的价格。对于同一种质量的商品，价格越高，需求量越少。所以，消费者的需求曲线仍然是向右下方倾斜。同理，生产者也掌握足够的信息，针对不同质量的商品会以不同的价格供应，其供给曲线仍是向右上方倾斜的。市场需求曲线和市场供给曲线确定市场均衡价格和均衡产量。

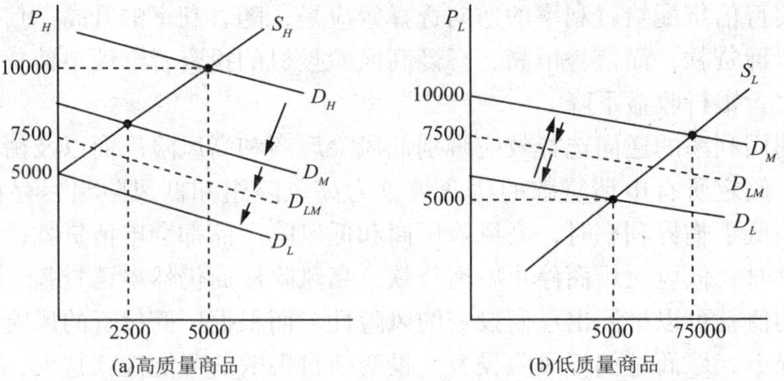

图 14－5　柠檬市场

(2)在信息不对称的条件下，买的不如卖的精，会出现逆向选择，即低质量商品会将高质量商品逐出市场。

如图 14－5 所示，当产品的卖方对产品质量比买方有更多信息时，柠檬市场可能出现，使低质量商品驱逐高质量商品。在 14－5(a)图中，当买方对市场上商品的平均质量预期降低时，对高质量商品的需求曲线从 D_H移到 D_M。同样，在 14－5(b)图中，对低质量商品的需求曲线从 D_L移到 D_M。结果，高质量商品的销售下降，而低质量商品的销售增加。最终，售出的只有低质量商品了。

第15讲　工资、寻找工作与劳动市场中的匹配

15.1　课后习题详解

1. 偏远小镇上，独一公司是惟一的雇主。该公司对劳动力的需求为 $w=12-2L$，其中 w 是工资率。劳动供应函数为 $w=2L$。

(1) 独一公司作为垄断买方，它的边际劳动成本是什么？

(2) 独一公司将雇佣多少工人？工资率是多少？

(3) 如果当地的最低工资率是7元，独一公司将雇佣多少工人？

(4) 假设劳动市场不是买方垄断的而是完全竞争的，(2)、(3) 两问题的答案又是什么？

解：(1) 给定劳动供应函数，公司的劳动总成本为 $C=w(L)L=2L^2$，边际劳动成本为 $MC(L)=4L$。

(2) 此时的独一公司的最优选择标准为：雇佣最后一单位的劳动力所能产生的价值正好等于雇佣此单位劳动力所花的成本。因此，应满足：

$$12-2L=4L$$

解得：$L=2$

将 $L=2$ 代入劳动供应函数，可得工资率 $w=4$。

(3) 对于给定的工资率，厂商的最优劳动力雇佣数量必须满足下式：

$$12-2L=7$$

解得：$L=2.5$

(4) 如果劳动市场不是买方垄断的而是完全竞争的，对于第(2)问，根据劳动力市场上的供给等于需求可知：

$$12-2L=2L$$

解得：$L=3$

将 $L=3$ 代入劳动需求函数或劳动供应函数，可得工资率 $w=6$。

当规定当地的最低工资率是7元时，劳动需求 $L_d=\frac{12-7}{2}=2.5$，劳动供给 $L_s=\frac{7}{2}=3.5$，此时劳动市场存在过度的劳动力供给，失业的人数为 $L_s-L_d=1$。

2. 一个人由每天的收入 (Y) 得到的效用为

$$U(Y)=100Y-(1/2)Y^2$$

收入的惟一来源是劳动所得，因此，$Y=wL$，这里 w 是每小时的工资，L 是每天工作的小时数。这个人知道有一个职位，一天固定工作8小时，每小时工资5美元。对于另一个职位，每天工作时间是随机的，平均值为8小时，标准差为6小时，必须提供多高的工资才能使这个人接受这项更“冒险”的工作？

提示：这个问题可以运用统计恒等式。

$$E(X^2)=\text{Var}\,X+E(X)^2$$

这里 E 表示“期望值”。

解：第一个职位的效用为：

$$U(Y_1)=100\times 8\times 5-\frac{1}{2}\times(8\times 5)^2=3200$$

对于第二个职位，由于 $E(L_2)=8$，$\mathrm{Var}(L_2)=36$，所以 $E(L_2^2)=\mathrm{Var}(L_2)+E^2(L_2)=100$，于是：

$$\begin{aligned}EU(Y_2)&=E(100Y_2-\frac{1}{2}Y_2^2)\\&=E(100\times L_2\times w_2-\frac{1}{2}L_2^2w_2^2)\\&=100E(L_2)w_2-\frac{1}{2}E(L_2^2)w_2^2\\&=100\times 8\times w_2-\frac{1}{2}\times 100\times w_2^2\end{aligned}$$

要想使此人接受更“冒险”的工作，必须有：

$$100\times 8\times w_2-\frac{1}{2}\times 100\times w_2^2>3200$$

解得 $w_2^*=8$，即最低提供每小时 8 美元的工资，才能使这个人接受这项更冒险的工作。

3. 一个有两个成年人的家庭试图将如下形式的效用函数最大化

$$U(C,\ H_1,\ H_2)$$

这里 C 是家庭消费，H_1 与 H_2 是每个家庭成员享受的闲暇时间。选择的约束条件为

$$C=w_1(24-H_1)+w_2(24-H_2)+N$$

这里 w_1 与 w_2 是每一家庭成员的工资，而 N 是非劳动所得。

(1)不作数学推导，只运用替代与收入效应的概念讨论交叉替代效应 $\partial H_1/\partial w_2$ 与 $\partial H_2/\partial w_1$ 可能的符号。

(2)假定有一个家庭成员(比如说，个人 1)可以在家里劳动，从而可按如下函数将闲暇时间转换为消费

$$C_1=f(H_1)$$

此处 $f'>0$，$f''<0$。这一额外选择方式会如何影响工作在家庭成员之间的最优分配。

解：(1)此家庭的效用最大化问题为：

$$\max_{C,H_1,H_2} U(C,\ H_1,\ H_2)$$
$$s.t.\ C+w_1H_1+w_2H_2=24w_1+24w_2+N$$

当 w_2 上升时，一方面，由于 H_1 相对于 H_2 变得更便宜，所以 H_1 的需求会上升；另一方面，w_2 的上升使得消费者的实际收入减少，所以这又会引起 H_1 的需求下降；最后，从预算约束等式的右边可知，w_2 的上升又会使得禀赋价值增加，也会引起 H_1 的需求上升。综合上述分析，可知 $\partial H_1/\partial w_2$ 的符号取决于替代效应、普通的收入效应以及禀赋收入效应这三者的总和，如果替代效应和禀赋收入效应之和大于普通的收入效应，那么 $\partial H_1/\partial w_2$ 的符号为正；反之，$\partial H_1/\partial w_2$ 的符号为负。类似的结果对 $\partial H_2/\partial w_1$ 也成立。

(2)如果家庭成员 1 可以选择在家里劳动，那么此家庭也可以选择在预算约束 $C_1=f(H_1)$ 和 $C=w_2(24-H_2)+N$ 下最大化自己的效用 $U(C+C_1,\ H_1,\ H_2)$。此家庭将比较成员 1 在家里劳动的最大效用值与在外劳动的最大效用值，并由此来决定工作方式。

如果 1 可以选择在家里劳动一段时间，又在外劳动一段时间(更实际的情况)，那么可以预见的是，1 将在 $f'(H_1) \geqslant w_2$ 的时间内选择在家劳动，然后剩下的时间出去工作，因为这样 1 和 2 的休息量仍可以保持在原有水平上，而消费额却大于只在家劳动的最优消费额。

4. 卡尔在一个孤岛上拥有一个大服装厂，对大多数岛上居民来说，卡尔的工厂是惟一的就业途径，因此卡尔的行为如同买方独家垄断者。制衣工人的供给方程是

$$L = 80w$$

L 是劳动数量，w 是每小时的工资率，假定卡尔的劳动需求(边际收益)曲线方程是

$$L = 400 - 40\mathrm{MRP}_L$$

(1)为使利润最大化，卡尔会雇佣多少工人，付多少工资?

(2)假如政府实行最低工资制。当最低工资定在每小时 4 美元时，卡尔会雇多少工人，又有多少人会失业?

(3)图示你的结果。

(4)在买方独家垄断的情况下实行最低工资制与在完全竞争的情况下实行最低工资制(假设最低工资高于市场决定的工资额)，结果有什么不同?

解：(1)从供给曲线得到劳动的边际成本为 $MC = \dfrac{L}{40}$，令 $\mathrm{MRP}_L = MC$，得到 $L = 200$，从而 $w = \dfrac{L}{80} = 2.5$，即卡尔会雇佣 200 名工人，工资率为 2.5。

(2)假如政府实行最低工资制。使得最低工资为每小时 4 美元，那么对于给定的工资，厂商会使得雇佣的劳动力数量为 $\mathrm{MRP}_L = w = 4$，从而卡尔雇佣工人为 $L_R = 400 - 40\mathrm{MRP}_L = 240$，但是在这个工资率下，劳动力的供给为 $L_S = 80w = 320$，因此失业人数为 $320 - 240 = 80$。

(3)如图 15-1 所示，其中 W_M、W_G、W_C 分别是垄断、政府管制和竞争条件下的劳动力工资。

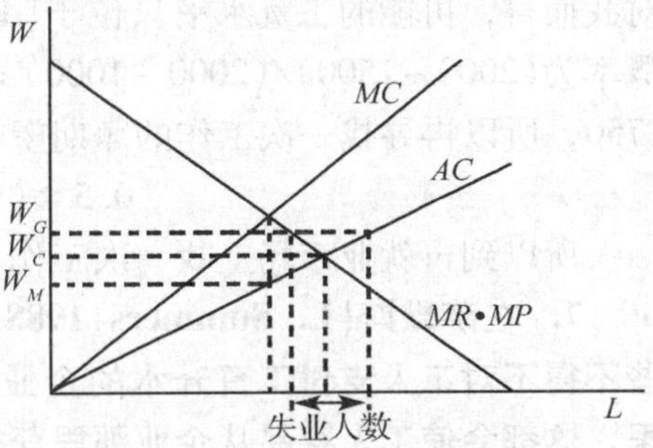

图 15-1　最低工资引起的失业

(4)对于完全竞争的劳动力市场，供需平衡时就有 $80w = 400 - 40w$，解得 $w = \dfrac{10}{3}$，$L_E = \dfrac{800}{3}$。就本题而言，在买方独家垄断的情况下实行最低工资制与在完全竞争的情况下实行最低工资制的区别在于：在买方独家垄断的情况下实行最低工资制提高了就业量，但引起了失业；在完全竞争的情况下实行最低工资制降低就业量，并且也会引起失业。

5. 假定一个人知道某一种彩色电视机的价格服从在 300 美元与 400 美元之间的均匀分布。此人打算通过电话来获得价格的多少。

(1)如果此人打了 n 次电话询问价格数量的话，请计算出所要支付的预期最小价格。

(2)请证明所要支付的预期价格以一种递减的比率随 n 下降。

(3)假定根据时间与努力，打一次电话要花 2 美元。为了通过搜索得到最大化，这个人应该打多少次电话?

解：(1)假设每次询问到的价格为 P_i，因为 $P_i \sim U[300, 400]$，$i = 1, 2, \ldots, n$，则询问到的最低价格为 $P_{\min}(n) = \min\{P_1, P_2 \ldots P_n\}$，由于 $P_{\min}$ 的密度函数为：

$$f(x)=\frac{n}{100}\left(\frac{400-x}{100}\right)^{n-1}$$

所以$E(P_{\min})=\int_{300}^{400}xf(x)\mathrm{d}x=300+\frac{100}{n+1}$。

(2)由于$E(P_{\min})=\int_{300}^{400}xf(x)\mathrm{d}x=300+\frac{100}{n+1}$，所以最低价格的预期会随着询问的次数增加而递减。

(3)此人的成本最小化问题为：

$$\min_{n} C=P_{\min}(n)+2n=300+\frac{100}{n+1}+2n$$

成本最小化的一阶条件为$\frac{\mathrm{d}C}{\mathrm{d}n}=2-\frac{100}{(n+1)^2}=0$，解得$n\approx6$。

故打6次电话时总成本达到最小。

6. 设某就业市场上工资率是均匀地分布于1000元与2000元之间的。你目前的工资率是1500元。若你要找新工作，每一次面试会使你花费50元。你认为在就业市场再找一次新工作合算吗？为什么？

答：我认为在就业市场再找一次新的工作合算。理由如下：

由于我现在的工资为1500元，所以对于工资低于1500元的工作，我将不会接受，因此对我而言，可能的工资水平只位于[1500，2000]这个区间上，这就意味着我找到新工作的概率为(2000－1500)/(2000－1000)＝0.5，而新工作的预期工资水平为(1500＋2000)/2＝1750，所以再寻找一次工作的净期望收入为：

$$0.5\times(1750-1500)-50=75>0$$

所以到再就业市场上找一次工作是合算的。

7. 在萨默斯(L. Summers)1988年的论文中，他指出："在一种效率工资的环境里，那些不得不对工人支付工资升水的企业只遭受二阶损失。几乎在所有的看似合理的谈判框架里，这都会使工人容易从企业那里获得让步。"这个题目是让你去研究萨默斯的上述论断。

考虑一个企业，其利润由下式决定

$$\pi=\frac{(eL)^{\alpha}}{\alpha}-wL\qquad 0<\alpha<1$$

工会有一个目标函数

$$u=w-x$$

这里，x是工人们的外在工作机会。假定企业与工会之间就工资进行谈判，在w给定时由企业选择L(就业量)。

(1)假定$e\equiv1$，从而不存在效率工资的考虑。

①当w给定时，企业会选择多大的L？什么是相应的利润水平？

②假定企业与工会共同选择w去使$u^{\gamma}\pi^{1-\gamma}$极大化，这里$0<\gamma<\alpha$，γ表示工会在谈判中的力量。他们会选择多高的w？

③当$\gamma=0$时，$\frac{\mathrm{d}(\ln w)}{\mathrm{d}\gamma}$是多少？其经济含义是什么？

(2)假定$e=\left(\frac{w-x}{x}\right)^{\beta}$，这里$0<\beta<1$。

①当 w 给定时，企业会选择多大的 L？什么是相应的利润水平？

②假定企业与工会共同选择 w 去使 $u^{\gamma}\pi^{1-\gamma}$ 极大化，这里 $0<\gamma<\alpha$，γ 表示工会在谈判中的力量。他们会选择多高的 w？

③当 $\gamma=0$ 时，$\frac{\mathrm{d}(\ln w)}{\mathrm{d}\gamma}$ 是多少？效率工资提高了这个弹性值（如萨默斯所说）了吗？是否如萨默斯所隐喻的那样，由于效率工资的存在，工会关于工资的谈判对于工资决定产生了数学上不同的效果？

解：(1)①当 $e=1$，w 给定时，此时企业的利润函数为：$\pi=\frac{L^{\alpha}}{\alpha}-wL$，利润最大化的一阶条件为 $\frac{\mathrm{d}\pi}{\mathrm{d}L}=L^{\alpha-1}-w=0$，解得 $L=w^{\frac{1}{\alpha-1}}$，相应的利润水平为 $\left(\frac{1}{\alpha}-1\right)w^{\frac{\alpha}{\alpha-1}}$。

②由已知可得，$u^{\gamma}\pi^{1-\gamma}=(w-x)^{\gamma}\left(\frac{1}{\alpha}L^{\alpha}-wL\right)^{1-\gamma}$，对其取对数有：

$$\varphi(w,\ L)=\gamma\ln u+(1-\gamma)\ln\pi=\gamma\ln(w-x)+(1-\gamma)\ln\left(\frac{1}{\alpha}L^{\alpha}-wL\right)$$

$\varphi(w,\ L)$ 最大化（即 $u^{\gamma}\pi^{1-\gamma}$ 最大化）的一阶条件为：

$$\frac{\mathrm{d}\varphi}{\mathrm{d}w}=\frac{\gamma}{w-x}+(1-\gamma)\times\frac{-L}{\frac{1}{\alpha}L^{\alpha}-wL}=0$$

$$\frac{\mathrm{d}\varphi}{\mathrm{d}L}=(1-\gamma)\times\frac{L^{\alpha-1}}{\frac{1}{\alpha}L^{\alpha}-wL}=0$$

由上述两式解得：$w=x\left(1-\gamma+\frac{\gamma}{\alpha}\right)$。

③$\frac{\mathrm{d}(\ln w)}{\mathrm{d}\gamma}=\frac{1-\alpha}{\alpha}$，其经济含义是，赋予工会谈判力量后，当工会在谈判中的力量增加 1% 时，工人的工资就会上升 $\frac{1-\alpha}{\alpha}\times1\%$，而且工人的边际生产率越大，这个百分比率越小。

(2)下面计算第(2)问：

①当 w 给定时，$e=\left(\frac{w-x}{x}\right)^{\beta}$ 也是确定的，所以企业的利润最大化问题为：

$$\max_{L}\frac{(eL)^{\alpha}}{\alpha}-wL$$

解得 $L=\left(\frac{w}{e^{\alpha}}\right)^{\frac{1}{\alpha-1}}$，相应的利润为 $\pi=\left(\frac{1}{\alpha}-1\right)\cdot w\cdot\left(\frac{w}{e^{\alpha}}\right)^{\frac{1}{\alpha-1}}$。

②企业与工会共同的选择是：

$$\max_{w,L}u^{\gamma}\pi^{1-\gamma}$$

这个最大化问题相当于：

$$\max_{w,L}\gamma\ln u+(1-\gamma)\ln\pi$$

令目标函数关于 w 的一阶导数等于零，得：

$$-\frac{\gamma}{u}\cdot\frac{\pi}{1-\gamma}(w-x)+(w-x)=\beta L^{\alpha-1}e^{\alpha}\qquad①$$

令目标函数关于 L 的一阶导数等于零，并整理得：

$$-\frac{\gamma}{u}\cdot\frac{\pi}{1-\gamma}(w-x)+w=L^{\alpha-1}e^{\alpha} \quad ②$$

①、②式左右两边相减得：

$$x=(1-\beta)e^{\alpha}L^{\alpha-1} \quad ③$$

把③式代入②式中，整理得：

$$w=\frac{\alpha(1-\gamma)+\gamma}{(1-\beta)\alpha}\cdot x$$

(3) 当 $\gamma=0$ 时，$\frac{\mathrm{d}(\ln w)}{\mathrm{d}\gamma}=\frac{1-\alpha}{\alpha}$。由于 $\frac{1-\alpha}{\alpha}$ 和 β 无关，所以效率工资没有提高这个弹性值，因此效率工资的存在并没有使工会谈判对于工资的决定产生了数学上不同的效果。

8. 假定存在着大量企业(共有 N 家)，每家企业的利润由下式决定

$$n=F(eL)-wL \qquad F'(\cdot)>0,\ F''(\cdot)<0$$

L 是企业雇佣的工人数，w 是工资，e 为工人的努力。努力由下式给出

$$e=\min\left\{\frac{w}{w^*},\ 1\right\}$$

这里，w^* 是“公平工资”(即，如果企业所付的工资低于公平工资，则工人的努力付出就按工资低于 w^* 的比例而下降)。假定存在 $\bar{L}$ 的职工，他们愿意为任何大于零的工资而工作。

(1) 如果企业可以以任何工资率雇佣工人，什么样的工资值(或区间)会使企业获得最高利润？若 w 的解是一个区间，假定企业会付该区间中的最高工资。

(2) 假定公平工资 w^* 由下式决定

$$w^*=\bar{w}+a-bu \qquad b>0$$

这里，u 为失业率，$\bar{w}$ 是该经济中的平均工资。

①如果企业可以自由选择工资 w(当 $\bar{w}$ 与 u 给定时)，有代表性的企业会如何决定 w？

②在什么条件下，劳动市场均衡会包含一个正值的失业率 u，并且该均衡不会对企业选择 w 造成制约？(提示：在这种状态下，均衡时有代表性的企业把 $\bar{w}$ 看作给定的，并希望对工人支付 $\bar{w}$) 这时失业率为多大？

解：(1) 对于给定的“公平工资”，单个厂商的利润函数为：

$$\pi=\begin{cases}F(L)-wL & w\geqslant w^*\\ F(\frac{w}{w^*}L)-wL & w<w^*\end{cases}$$

下面讨论厂商的利润最大化问题：

①当 $w\geqslant w^*$ 时，厂商的利润最大化问题为：

$$\max_{w,L} F(L)-wL$$
$$s.t.\ w\geqslant w^*$$

解得 $w=w^*$，$L=G(w^*)$，这里 $G(x)=(F')^{-1}(x)$(因为 $F''(x)<0$，这就保证了 $F'(x)$ 一定是可逆的)。

②$w<w^*$ 时，厂商的利润最大化问题为：

$$\max_{w,L} F\left(\frac{w}{w^*}L\right) - wL$$

$$s.t.\ w < w^*$$

解得：

$$L = \frac{G(w^*)w^*}{w} \quad ①$$

这里需要注意的是，任何满足①式的 w 和 L 的组合都可以使得厂商获得最大利润。此外每个厂商雇佣的劳动力数量的上限为$\frac{\overline{L}}{N}$，即：

$$\frac{G(w^*)w^*}{w} \leqslant \frac{\overline{L}}{N}$$

这就意味着最优工资存在一个下限，即：

$$w \geqslant \frac{N}{\overline{L}}G(w^*)w^*$$

综上可知，当 $w < w^*$，$\frac{N}{\overline{L}}G(w^*) \leqslant 1$ 时，任意介于区间$\left[\frac{N}{\overline{L}}G(w^*)w^*, w^*\right]$的工资水平都是最优的，相应的最优劳动力雇佣数量为 $L = \frac{G(w^*)w^*}{w}$。由于题目假设当最优工资的解是一个区间时，企业会支付该区间中的最高工资，所以企业的最终选择是令工资水平等于 w^*，并雇佣数量等于 $G(w^*)$的劳动力。

当 $w = w^*$，$\frac{N}{\overline{L}}G(w^*) > 1$ 时，企业将雇佣不到需要的劳动力数量，此时每个企业只能雇佣到$\frac{\overline{L}}{N}$数量的劳动力。此时的工资水平达到企业愿意支付的最高水平 w^*。

(2)①可以断言，市场均衡时，每个公司的工资是相同的，否则低工资的公司就雇佣不到劳动力。所以对于给定的 $\overline{w}$(平均工资)，代表性公司的工资 $w = \overline{w}$。

②根据第(1)问可知，每个企业的最高工资水平为 w^*，所以，如果均衡时的劳动市场存在一个正的失业率 u，那么每个企业都支付最高工资水平时(此时每个企业对劳动力的雇佣量达到最小)的总的劳动力需求 $NG(w^*)$必然小于 $\overline{L}$，即：

$$NG(w^*) < \overline{L}$$

由于均衡时每个公司的工资都是 $\overline{w}$，所以根据第(1)问可知每个公司对劳动力的需求就是 $L = \frac{G(w^*)w^*}{\overline{w}}$，从而整个市场的劳动力需求就是 $N\frac{G(w^*)w^*}{\overline{w}}$。此外，均衡时存在正的失业率 u，所以就有：

$$N\frac{G(w^*)w^*}{\overline{w}} = \overline{L}(1-u) \quad ①$$

又因为公平工资和平均工资存在下述关系：

$$w^* = \overline{w} + a - bu \quad ②$$

联立①、②两个式子就可以解得均衡时的失业率和工资水平。

9. 改革开放以来大批农民进城打工，增加了城市劳动力的供给。假定在一个实行开放政策的城市，职工有较大的可流动性，劳动的边际产品价值曲线是一条斜率为负的直线。

(1)作图分析农民进城打工对该城市职工工资水平和职工工资总额的影响。

(2)根据所作的图分析农民进城打工对该城市雇佣劳动力的厂商的收入的影响。

(3)根据您对本题前两问的回答，分析农民进城打工对该城市的综合影响。

答：(1)如图 15－2 所示。农民进城后，劳动的总供给增加，新的劳动供给线为 S(总)，因此均衡工资水平由 B 点下降到 D 点，从而引起城市职工就业人数从 H 点下降到 F 点，工资总额从 S_{BCHO} 下降到 S_{DMFO}。

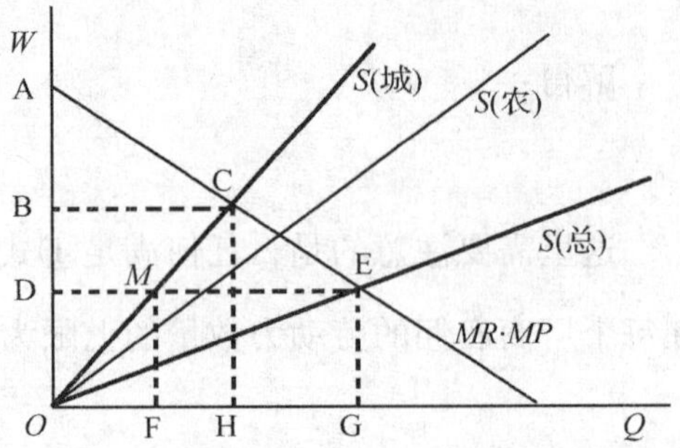

图 15－2　农民工进城对劳动力市场的影响

(2)如图 15－2 所示，由于厂商的收入 $R=\int_0^L MR\cdot MP(t)\mathrm{d}t$，即劳动的边际收入产出曲线($MR\cdot MP$ 曲线)以下的面积，所以农民进城前，厂商的收入为(S_{ACHO})，利润为 S_{ABC}；当农民进城后，厂商的收入上升到 S_{AEGO}，利润上升到 S_{AED}。

(3)如图 15－2 所示，大量的农民工进城首先引起劳动力的供给增加，从而使得市场均衡工资水平下降，本市居民的收入和劳动者剩余减少(劳动者剩余从 S_{BCO} 减少到 S_{DMO})；其次，降低的工资水平使得厂商可以雇佣更多的劳动力，从而产品的供给增加，同时厂商的利润也得到了提高。最后，劳动力市场上的社会总福利从 S_{ACO} 增加到 S_{AEO}。

此外，在产品市场上，产品供给增加引起价格下降，从而使得消费者剩余和产品市场上的社会总福利增加。

总之，农民工进城打工对提高整个社会的福利产生了积极作用。

15.2　强化习题详解

1．试分析最低工资法对市场均衡工资和就业有什么影响？分竞争和买方垄断的情况画图讨论。假定在两种情形下市场均衡工资都低于法定最低工资。

答：首先来看完全竞争时的情况。此时，由于最低工资高于市场均衡工资水平，所以就业量下降，同时由于劳动力的供给大于需求，从而引发失业，如图 15－3 所示。

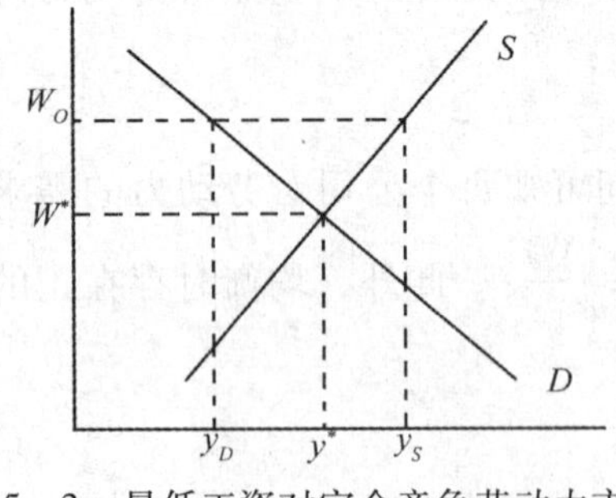

图 15－3　最低工资对完全竞争劳动力市场的影响

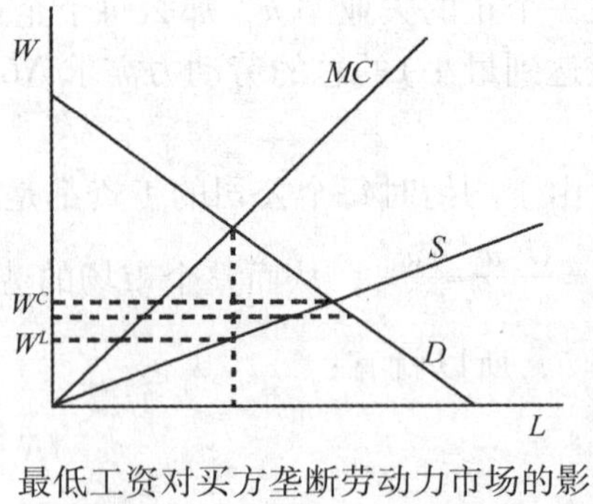

图 15－4　最低工资对买方垄断劳动力市场的影响

当劳动力市场是买方垄断时，由于最低工资高于买方垄断的工资水平，就业量会增加。但仍然会有就业缺口。除非最低工资等于完全竞争时市场均衡工资水平。但是如果最低工资水平太高了(高于完全竞争条件下的均衡工资水平)，则会出现失业，如图 15－4 所示。

2．一个产品市场完全竞争的经济中有两个行业：工业制成品 M 与粮食 F，价格分别为 P_M 与 P_F，生产函数分别为 $f_M(K,L)=K^{2/3}\cdot L^{1/3}$，$f_F(K,L)=K^{1/3}\cdot L^{2/3}$，生产技术不变。社会总劳动量为 L^*，总资本量为 K^*。请证明：

(1)一种要素的增加必使密集使用该要素的产品的产量增加，而使另一种产品产量下降。即要证 L^* 的增加引起 F 产量增加，M 产量下降；K^* 的增加引起 M 产量增加，F 产量下降。

(2)一种产品价格的增加必使该产品中密集使用的要素价格增加，而使另一种要素价格下降。即要证 P_M 的增加引起资本价格(r)增加，劳动力价格(w)下降；P_F 的增加引起劳动力的价格增加，资本价格下降。(提示：w 与 r 可以由本题内生地决定，而不像价格那样事先外生给定)

解：先求单位产量的要素投入 a_{KM}，a_{KF}，a_{LM}，a_{LF}。对 M 部门有：

$$a_{KM}=2^{1/3}(w/r)^{1/3},\ a_{LM}=2^{-2/3}(r/w)^{2/3}$$

对 F 部门有：

$$a_{KF}=2^{-2/3}(w/r)^{2/3},\ a_{LF}=2^{1/3}(r/w)^{1/3}$$

由规模报酬不变得单位产量的要素投入不变，从而可以求出经济中的要素总需求，由要素总需求等于总供给可列出方程①与②；再由完全竞争市场得出利润为零有方程③与④。用 M 表示 M 部门的总产量，用 F 表示 F 部门的总产量，方程如下：

$$L^* = M\,a_{LM}+F\,a_{LF} \quad ①$$

$$K^* = M\,a_{KM}+F\,a_{KF} \quad ②$$

$$P_M = w\,a_{LM}+r\,a_{KM} \quad ③$$

$$P_F = w\,a_{LF}+r\,a_{KF} \quad ④$$

此方程组是关于 r，w，M，F 的方程组，解得：

$$r=\frac{2^{2/3}}{3}P_M^2/P_F$$

$$w=\frac{2^{2/3}}{3}P_F^2/P_M$$

$$M=\frac{1}{3}[2^{5/3}(P_M/P_F)K^*-2^{2/3}(P_F/P_M)^2L^*]$$

$$F=\frac{1}{3}[2^{5/3}(P_F/P_M)L^*-2^{2/3}(P_M/P_F)^2K^*]$$

将 M 与 F 分别对 K^* 与 L^* 求偏导得第(1)问，即证明了著名的罗布津斯基定理；将 w 与 r 分别对 P_M 与 P_F 求偏导得第(2)问，即著名的斯托尔泼—萨缪尔森定理。

3. 如果生产函数 f：$L_+\to Y_+$ 是连续、严格递增与拟凹的，$f(0)=0$，那么 $\pi=\frac{p^{4/3}}{w^{1/3}}(p\geqslant 0,\ w\geqslant 0)$ 可以成为某一生产函数的利润函数。这个说法对吗？

答：这个说法正确。理由如下：

假设 $\pi=\frac{p^{4/3}}{w^{1/3}}$ 为利润函数，由霍太林引理得到厂商的供给函数为：

$$y(p,\ w)=\partial\pi/\partial p=\frac{4}{3}p^{1/3}/w^{1/3}$$

又因为厂商对劳动力的需求函数为：

$$L(p,\ w)=-\partial\pi/\partial w=\frac{1}{3}p^{\frac{4}{3}}/w^{4/3}$$

由以上两个式子可以得到 $y=\frac{4}{3}(3L)^{1/4}$，这个函数满足连续、严格递增与拟凹的条件且

$f(0)=0$，并且以该函数作为生产函数的利润函数恰为 $\pi=\frac{p^{4/3}}{w^{1/3}}$，故原命题成立。

4. 假定企业的生产函数为 $Q=2K^{\frac{1}{2}}L^{\frac{1}{2}}$，如果资本存量固定在 9 个单位上($K=9$)，产品价格($P$)为每单位 6 元，工资率($w$)为每单位 2 元，请确定：

(1) 证明该企业的规模收益状态。

(2) 求企业应雇佣的最优的(能使利润最大的)劳动数量。

解：(1)证明：当 K、L 同比例增加 λ 倍时，有

$$F(\lambda K,\ \lambda L)=2(\lambda K)^{\frac{1}{2}}(\lambda L)^{\frac{1}{2}}=2\lambda K^{\frac{1}{2}}L^{\frac{1}{2}}=\lambda F(K,\ L)$$

所以，该企业规模收益不变。

(2)企业利润最大时，企业处于均衡状态，满足均衡条件 $\text{MRTS}_{LK}=\frac{MR_L}{MR_K}=\frac{w}{r}$，所以：

$$MP_L=K^{\frac{1}{2}}L^{-\frac{1}{2}}$$

$$MP_K=K^{-\frac{1}{2}}L^{\frac{1}{2}}$$

$$\frac{MP_L}{MP_K}=\frac{K}{L}=\frac{w}{r}$$

当 $w=2$，$K=9$ 时，$r=\frac{2}{9}L$。

成本 $TC=wL+rK=2L+9r$

利润 $\pi=PQ-2L-9r=6\times 6L^{\frac{1}{2}}-2L-9\times\frac{2}{9}L=36L^{\frac{1}{2}}-4L$

$$\pi'=18L^{-\frac{1}{2}}-4$$

当实现利润最大化时，应当有 $\pi'=0$，从而解得 $L=81/4$。

5. 判断下述说法的正误，并说明理由。

(1) 即使劳动的边际产品保持不变，一个垄断厂商对劳动的需求曲线仍然是向右下方倾斜的。

(2) 如果一个垄断厂商在完全竞争的劳动市场上同时雇佣了熟练劳动力和非熟练劳动力，那么，厂商支付给他们的工资将与他们的边际生产力成比例。

(3) 在一个竞争性的劳动市场上，如果最低工资高于均衡工资，必然引起失业。

(4) 如果劳动市场是完全竞争的，同时男女工人具有相同的生产力，那么在完全竞争产品市场上销售其产品的厂商决不会因为对男女工人支付差别工资而获利，但是在垄断产品市场上销售其产品的厂商会发现实行差别工资是有利图的。

(5) 如果男女工人具有相同的生产力，那么不会有厂商以不同的工资率雇佣他们，因为以低工资工人取代高工资工人总是有利可图的。

答：(1)正确。因为一个垄断厂商在完全竞争的劳动市场下对劳动的需求曲线即为被雇佣劳动的边际收益产品 MRP 曲线，而边际收益产品等于边际产品与边际收益之积，即 MRP = $MP\cdot MR$，因此 MRP 受 MP 与 MR 两个因素的影响。由于垄断厂商的 MR 曲线向右下方倾斜，他对劳动的需求曲线即劳动的边际收益产品曲线也仍然向右下倾斜，只是其斜率(此时与 MR 曲线的斜率等值)比边际产品递减时小了。

(2)正确。熟练劳动力和非熟练劳动力的边际收益产品 MRP 是不同的。若垄断厂商同

时雇佣了熟练劳动力和非熟练劳动力，则基于利润最大化目标的考虑，垄断厂商对这两种劳动力的雇佣必定分别为他们各自的边际收益产品等于其市场均衡工资率的雇佣量。而劳动的边际收益产品即代表了劳动的边际生产力，同时劳动供求均衡时与劳动的边际收益产品等值的工资率等于劳动的边际生产力，因此，若垄断厂商在完全竞争的劳动市场上同时雇佣了熟练劳动和非熟练劳动力，则达到利润最大化时厂商支付给他们的工资必定分别等于其边际生产力，熟练劳动力和非熟练劳动力的工资也就与他们的边际生产力成比例。

(3)正确。如图 15 - 5 所示，S_L、D_L分别为竞争性劳动市场上的劳动供给曲线和劳动需求曲线，它们相交于 E 点，与 E 点相应的 W^* 和 L^* 即为均衡工资和均衡的就业量。若最低工资 W_M 高于均衡工资 W^*，则与最低工资相应的劳动供给量为 L_S，劳动需求量为 L_D。显然，劳动供给量大于劳动需求量，该竞争性市场将因此出现 $L_SL_D(=OL_S-OL_D)$量的失业者。

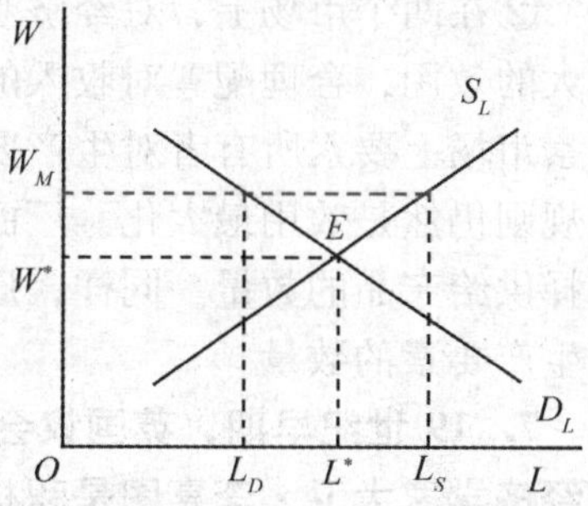

图 15 - 5　最低工资法对劳动供求的影响

(4)错误。在完全竞争劳动市场条件下，厂商面临的劳动供给曲线的弹性是无穷大的，无论是产品市场上的竞争性厂商还是垄断厂商都不需支付比市场工资高的工资，它们也都不会雇佣更少量的劳动。另外，如果男女工人的工资率不相同，由于他们具有相同的生产力，那么只有廉价的那种劳动才会被雇佣。也就是说，在劳动市场完全竞争的条件下，无论厂商是产品市场上的竞争者，还是垄断者，它都不可能因对男女工人实行差别工资而获利。

(5)错误。如果厂商在男工人和女工人劳动市场上都具有垄断力，且男女工人的生产力不相同，利润最大化要求两种类型劳动的边际要素成本相等，因而如果男女工人的供给弹性有差别，则他们的工资率也有差别。换句话说，厂商在劳动市场上存在垄断力的情况下，它对具有相同生产力的男工人和女工人支付不同的工资，会获得额外利益，反过来说，厂商会以不同的工资雇佣男工人和女工人。

6. 论述在微观经济学中产品市场理论和要素市场理论的异同点。

答：(1)产品市场理论与要素市场理论的不同点：

①产品市场上需求曲线来源于消费者的效用函数，从而决定需求规律的因素是有关消费者行为的假设。例如，在基数效用论中是边际效用递减规律，而在序数效用论中是商品的边际替代率递减规律，由于这些假设都来源于对消费者心理的描述，因而难以得到有力的证明。与此不同，产品的供给曲线来源于厂商的边际成本，从而来源于厂商的生产规律，即边际收益递减规律。作为技术规律，有关生产函数的假设较容易得到证明，因而使得生产理论的分析建立在科学的基础之上。

②在要素市场上，要素的需求来源于厂商，而厂商使用生产要素的目的是为了获得最大利润，但厂商获得最大利润的前提是消费者的需求。与此不同，产品市场上的需求是消费者的直接需求，消费者对产品需求的大小，部分地决定了生产该产品的厂商对生产要素的需求。同时，不同于产品的供给，要素的供给取决于要素所有者的效用，而产品的供给则主要是由生产者的技术因素等决定的。

(2)产品市场理论与要素市场理论的相同点：

①在两个市场上，中心问题是价格决定，而价格决定是通过供求均衡来实现的。在产品市场上，消费者的需求和厂商的供给相互作用，决定产品的价格；在要素市场上，厂商的需

求和要素所有者的供给决定生产要素的价格。在两个市场上，供给和(或)需求发生变动，都将使得均衡价格发生改变，供求定理发挥同样的作用。

②在两个市场上，对经济当事人的行为分析是一致的。在产品市场上，消费者为了获得最大的效用，合理配置对收入的支出，用于购买既定价格的产品；而消费者的收入则来源于要素市场上要素所有者对生产要素的供给。同样，在供给生产要素数量时，要素所有者遵循的规则仍然是效用最大化。厂商是产品市场上的供给者，为了利润最大化，在既定的价格下选择供给产品的数量。同样，厂商也是要素市场上的利润最大化者，以此原则，厂商选择使用生产要素的数量。

7. 19世纪早期，英国议会曾针对过高的谷物价格的成因与解决方式展开争论，英国著名经济学家大卫·李嘉图是积极参与者之一。在当时的英国，人口迅速扩张，市场上谷物价格急剧上升。同时，国家采取高关税抑制谷物进口，种植谷物的地主所获经济租金大幅上升。当时，一派观点认为解决此问题的办法是显而易见的，就是通过政府干预来降低租金，而李嘉图则认为这是本末倒置的办法，地主所获得租金是结果而不是起因，合理的解决方式应从提高谷物供给这一根本原因入手。

(1)试用所学知识结合图形对当时谷物价格上涨的原因进行分析。

(2)地主的经济租金是如何提高的?

(3)解释李嘉图观点的含义及其实施途径。

答：(1)人口的急剧上升导致对谷物的需求迅速扩张，而政府制定的高关税政策抑制了进口，使谷物供给只能依赖于国内有限的土地，相对于迅速扩张的需求，供给近乎是不变的。因此需求的扩张导致了谷物价格的上涨。如图15－6的(a)图所示，当谷物供给曲线为S时，谷物市场的均衡从a移动到b再到c，谷物的价格从1800年的P_0上升到1810年的P_1，又上升到1820年的P_2。

(2)由于谷物价格的不断上涨导致对土地要素的引致需求相应增加，而种植谷物的土地面积是固定的，因此对土地需求的上涨只会引起土地租金的上涨(如图15－6的(b)图所示)。由于谷物价格的上涨，使土地要素市场的均衡从f移动到g，又移动到h，地主的租金收入也由此而增加。

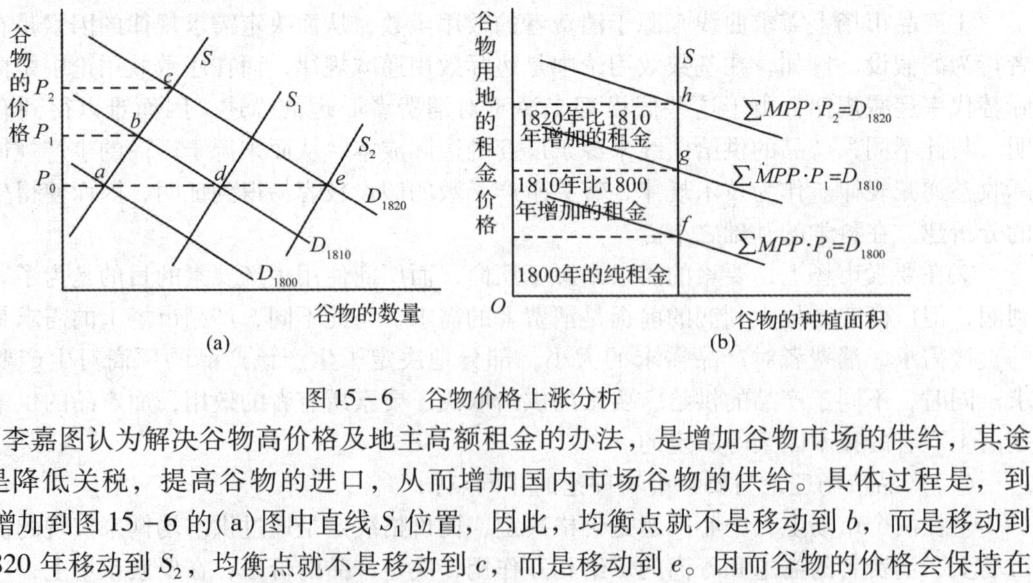

图15－6　谷物价格上涨分析

(3)李嘉图认为解决谷物高价格及地主高额租金的办法，是增加谷物市场的供给，其途径之一是降低关税，提高谷物的进口，从而增加国内市场谷物的供给。具体过程是，到1810年增加到图15－6的(a)图中直线S_1位置，因此，均衡点就不是移动到b，而是移动到d；到1820年移动到S_2，均衡点就不是移动到c，而是移动到e。因而谷物的价格会保持在

P_0，相应的，对英国谷物种植用地的需求也会保持在 1800 年的较低水平，这样地主的租金就会稳定在一个较低的水平。

8. 假设经济可以分为一个工会化部门和一个非工会化部门。在工会化部门中的劳动需求曲线是 D_u，在非工会化部门中的劳动需求曲线是 D_n，且两个部门加总后的劳动需求曲线为 D_c。整体经济中的劳动供给曲线如图 15－7 所示。

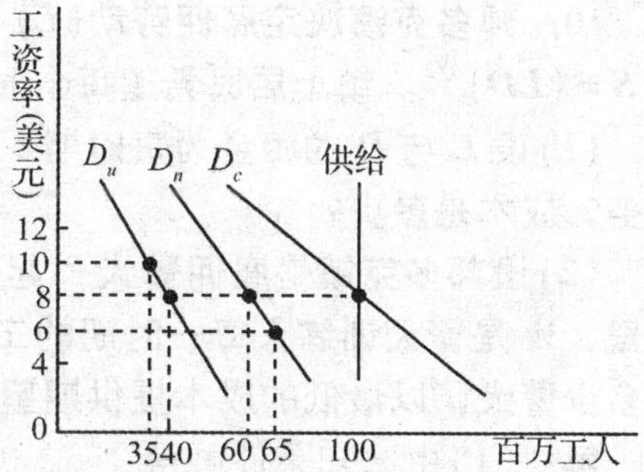

图 15－7　整体经济中的劳动供给曲线

(1) 在工会进入之前，工资率为多少？

(2) 当工会把工会化部门的工资提高到每小时 10 美元，工会化部门要临时解雇多少工人？

(3) 如果这些工人全都在非工会化部门找到了工作，这会对非工会化部门的工资率造成什么影响？

(4) 工会有时也争取额外的雇工，它要求厂商雇用多于它们想要的工人。如铁路就常常被要求在每列火车上雇用多于它们认为必需的人员。在短期中，这样的行为常常提高了工会会员的就业机会。这种影响在长期中也能够存在吗？

答：(1) 每小时 8 美元，因为复合的需求曲线与供给曲线在此处相交。

(2) 就业将从 4 000 万下降到 3 500 万，所以会有 500 万人被临时解雇。

(3) 如果新增的 500 万工人要在非工会化部门就业。它的工资率就得下降到每小时 6 美元。

(4) 在长期中，这种影响是无法预测的，因为劳动成本的增加会加速各种替代，而工会无法阻止这些替代。例如，需要更少的或者其他类型的劳动的新技术很快会发展起来，或者产品在与其他产品竞争时会失去一部分市场。

9. 给定 $p=h(q)$，$q=f(K, L)$，$w=g(L)$，$r=\Psi(K)$。

求证：$MP_L/MP_K=\mathrm{MCI}_L/\mathrm{MCI}_K$，其中 MCI 表示要素投入的边际成本。

证明：根据题意，构造利润函数：

$$\pi=pq-r\cdot K-w\cdot L=h(q)\cdot f(K, L)-K\cdot\Psi(K)-L\cdot g(L)$$

就利润函数分别对资本 K 和劳动 L 求偏导数，并令其为零，得：

$$\frac{\partial\pi}{\partial K}=h(q)\cdot\frac{\partial f(K, L)}{\partial K}+h'(q)\cdot\frac{\partial f(K, L)}{\partial K}\cdot f(K, L)-K\frac{\partial\Psi(K)}{\partial K}-\Psi(K)=0$$

$$\frac{\partial\pi}{\partial L}=h(q)\cdot\frac{\partial f(K, L)}{\partial L}+h'(q)\cdot\frac{\partial f(K, L)}{\partial L}\cdot f(K, L)-L\frac{\partial g(L)}{\partial L}-g(L)=0$$

整理得：

$$[h(q)+h'(q)f(K, L)]\frac{\partial f(K, L)}{\partial K}=K\frac{\partial\psi(K)}{\partial K}+\psi(K) \quad (1)$$

$$[h(q)+h'(q)f(K, L)]\frac{\partial f(K, L)}{\partial L}=L\frac{\partial g(L)}{\partial L}+g(L) \quad (2)$$

$\frac{(2)}{(1)}$得：

$$\frac{MP_L}{MP_K}=\frac{L\cdot\frac{\partial g(L)}{\partial L}+g(L)}{K\cdot\frac{\partial\Psi(K)}{\partial K}+\Psi(K)}$$

从而得到 $$\frac{MP_L}{MP_K}=\frac{\mathrm{MCI}_L}{\mathrm{MCI}_K}$$

10. 邦多克镇决定雇佣劳动(L)与警犬(D)来提供安全服务。安全服务(S)的提供函数是 $S=(LD)^{1/2}$。镇上居民希望每个时期消费10个单位的这种服务。

(1)设 L 与 D 的租金为每时期1美元。每一投入要雇佣多少才能在最低成本下提供期望服务?成本是多少?

(2)设邦多克镇是雇佣警犬一起工作的惟一地区,而这种劳动的供给曲线是 $L=10W$。这里,W 是警犬训练人每一时期的工资,假如警犬的租金仍然是每一时期1美元,镇上将雇多少警犬,以最低的成本提供期望的服务?警犬训练者的工资是多少?

解:(1)由已知条件可得:

$$10=(LD)^{1/2} \quad ①$$

该小镇居民的目标是在①式的限制下,计算总成本$(L+D)$的最小值。由①式得到 $D=100/L$,从而有 $L+D=100/L+L$,令该式导数为零可得:$1-100/L^2=0$,求得 L、D 的值都为10,从而总成本为20。

(2)根据题意,约束条件依然是:$10=(LD)^{1/2}$,现求总成本 $L\times W+D\times 1=L^2/10+100/L$ 之最小值,可得:$L/5-100/L^2=0$,求得 $L=500^{1/3}$,$D=100/L=100\div 500^{1/3}$。

警犬训练者的工资是:$W=500^{1/3}\div 10=2^{-1/3}$。

11. 假设一厂商在完全竞争的产品和要素市场上从事生产经营。其生产函数为 $Q=48L^{0.5}K^{0.5}$,其中 Q 为产品的年产出吨数,L 为雇佣的工人人数,K 为使用的资本单位数。产品的售价为每吨50元,工人的年工资为14400元,单位资本的价格为80元。在短期,资本为固定要素,该厂商共拥有3600单位的资本。在短期,试计算:

(1)该厂商劳动需求曲线的表达方式。

(2)工人的均衡雇佣量。

(3)短期均衡时该厂商对劳动的点需求弹性。

(4)该厂商的年纯利润。

在长期,设产品价格和劳动的工资率仍保持不变,该厂商所在行业具有成本递增性质,因为该行业扩张时资本价格会随之上涨。试计算:

(5)资本的长期均衡价格。

(6)在长期该厂商雇佣的均衡工人数量。

解:在短期,由生产函数及给定 $K=3600$,得

$$MP_L=\frac{\partial Q}{\partial L}=24L^{-0.5}\times 3600^{0.5}=1440L^{-0.5}$$

因产品市场和要素市场均为完全竞争,故均衡时有 $W=\mathrm{VMP}_L=P\times MP_L$,又由题设 $P=50$,于是,$W=\mathrm{VMP}_L=50\times 1440L^{-0.5}=72000L^{-0.5}$

(1)$L=72000^2W^{-2}=5184\times 10^6\times W^{-2}$。

(2)将 $W=14400$ 代入已得到的劳动需求函数,得 $L=5184\times 10^6\times 14400^{-2}=25$。

(3)由(1)得 $\frac{\mathrm{d}L}{\mathrm{d}W}=5184\times 10^6\times(-2)\times W^{-3}$

于是,短期均衡时的劳动点需求弹性为:

$$\varepsilon=\frac{\mathrm{d}L}{\mathrm{d}W}\cdot\frac{W}{L}=-2\times 5184\times 10^6\times W^{-3}\times\frac{W}{5184\times 10^6W^{-2}}=-2$$

(4) $L=25$，$K=3600$ 代入生产函数，得 $Q=48\times 25^{0.5}\times 3600^{0.5}=48\times 5\times 60=14400$

于是，总收益 $TR=PQ=50\times 14400=720000$(元)

总成本 $TC=\text{TFC}+\text{TVC}=3600\times 80+25\times 14400=648000$(元)

故该厂商年纯利润为 $\pi=TR-TC=720000-648000=72000$(元)

(5) 令资本的价格为 R，因为在长期资本与劳动一样也成了可变要素，对于追求利润最大化的厂商而言，其劳动雇佣数量和资本使用数量要满足：

$$MP_L\cdot MR=W \text{ 和 } MP_K\cdot MR=R$$

从而得到：

$$\frac{MP_L}{MP_K}=\frac{W}{R}$$

代入 MP_L 和 MP_K 的表达式就有：

$$\frac{24L^{-0.5}K^{0.5}}{24L^{0.5}K^{-0.5}}=\frac{K}{L}=\frac{W}{R}$$

故 $K=\text{LWR}^{-1}$，对劳动的需求曲线即 VMP_L 曲线为：

$$\text{VMP}_L=MP_L\cdot MR=24L^{-0.5}K^{0.5}P=W$$

将 $K=\text{LWR}^{-1}$ 代入上式，得

$$W=\text{VMP}_L=24L^{-0.5}L^{0.5}W^{0.5}R^{-0.5}P$$

再将 $P=50$，$W=14400$ 代入得：

$$14400=24\times 14400^{0.5}\times 50R^{-0.5}$$

从而得到 $R=\left(\frac{1200}{14400^{0.5}}\right)^2=100$(元)

(6) 给定生产函数是规模报酬不变，同时要素市场又是完全竞争的，故在长期厂商的 LAC 是固定不变的，厂商的生产规模和雇佣的工人人数是不定的。

12. 给定生产函数 $Q=Q(x_1, x_2, \cdots, x_n)$ 为 λ 次齐次生产函数，x_1，x_2，…，x_n 分别为各种要素的投入量，请回答下列问题：

(1) 在其他条件不变的情况下，如果将企业一分为二，分立后的两个企业的产出之和小于原来的企业的产出，则应该满足什么条件(给出数学推导)？如果按照边际产量分配各要素报酬，会出现什么结果？

(2) 规模弹性(Elasticity of Scale) ε 的数学含义是什么？

(3) 规模弹性 ε 和 λ 的关系是什么？请给出数学证明。

(4) 证明欧拉定律(Eula's Law)：

$$\sum_{i=1}^{n} x_i\cdot MP_i=\lambda Q$$

其中，x_i 为第 i 种要素的边际产量，解释欧拉定律的经济学含义。

解：(1) 本问即要求证明如下结论：

$$Q(x_1/2, \cdots, x_n/2)+Q(x_1/2, \cdots, x_n/2)<Q(x_1, \cdots, x_n)$$

因为生产函数为 λ 次齐次生产函数，从而有：

$$(1/2)^{\lambda}Q(x_1, \cdots, x_n)+(1/2)^{\lambda}Q(x_1, \cdots, x_n)<Q(x_1, \cdots, x_n)$$

$$2\left(\frac{1}{2}\right)^{\lambda}<1$$

解得 $\lambda>1$。

由于生产函数是 λ 次齐次的，即：

$$Q(tx_1, \cdots, tx_n) = t^{\lambda}Q(x_1, \cdots, x_n)$$

上式两边关于 t 求导，然后令 $t=1$，并利用条件 $\lambda>1$ 得到：

$$\sum_{i=1}^{n} MP_i x_i = \lambda Q(x_1,\cdots,x_n) > Q(x_1,\cdots,x_n)$$

这就意味着如果按照要素的边际产出分配报酬，那么工厂的产量尚不足以支付要素的报酬。工厂的所有者会亏损。

(2)由 λ 次齐次生产函数，有：

$$t^{\lambda}Q(x_1, \cdots, x_n) = Q(tx_1, \cdots, tx_n)$$

规模弹性 $\varepsilon = \dfrac{\Delta Q/Q}{\Delta t/t}$，其中 t 为要素投入增加比例。其经济学含义为用于衡量当要素投入增加一个百分点，产出能增加多少个百分点。

(3)令 $t^{\lambda}Q(x_1, \cdots, x_n) = Q(tx_1, \cdots, tx_n)$，

$$\varepsilon = \frac{\mathrm{d}(t^{\lambda}Q)}{\mathrm{d}t} \cdot \frac{t}{t^{\lambda}Q} = \lambda t^{\lambda-1}Q\frac{t}{t^{\lambda}Q} = \lambda$$

(4)对 $t^{\lambda}Q(x_1, \cdots, x_n) = Q(tx_1, \cdots, tx_n)$，两边对 t 求导，得：

$$\sum_{i=1}^{n} \frac{\partial Q}{\partial(tx_i)}x_i = \lambda t^{\lambda-1}Q(x_i)$$

$\dfrac{\partial Q}{\partial x_i}$为第 i 种要素的边际产量(MP_i)。

由此可得欧拉定律：$\sum_{i=1}^{n} x_i MP_i = \lambda Q$(取 $t=1$)

$\lambda>1$ 时，实际产量为 Q，按边际产量分配法则进行分配是不够的，此时处于规模收益递增阶段。

$\lambda<1$ 时，实际产量为 Q，按边际产量分配法则进行分配有剩余，此时处于规模收益递减阶段。

$\lambda=1$ 时，实际产量为 Q，按边际产量分配法则进行分配恰好分配完毕，此时处于规模收益不变阶段。

13. 设劳动者每天的总的时间(24 小时)用 T 表示，24 小时中提供劳动的时间用 W 表示，自留自用的时间即闲暇用 L 表示，劳动的单位价格即工资率用 R 表示，劳动的收入用 y 表示，劳动者从劳动收入的闲暇中获得的总效用函数为：$U=48L+Ly-L^2$，试求劳动供给曲线，并证明：

(1)当 $R=0$ 时，劳动者完全不劳动。

(2)劳动供给 W 随 R 上升而增加。

(3)不管工资率 R 有多高，劳动时间 W 不超过 12 小时。

解：根据要素(劳动)供给原则：闲暇边际效用与劳动收入边际效用之比等于工资率，即：

$$\frac{\mathrm{d}U}{\mathrm{d}L}\Big/\frac{\mathrm{d}U}{\mathrm{d}y} = R$$

根据题意，$\dfrac{\mathrm{d}U}{\mathrm{d}L} = 48 + y - 2L$，$\dfrac{\mathrm{d}U}{\mathrm{d}y} = L$

因此，

$$\frac{48+y-2L}{L} = R \qquad ①$$

而劳动收入　　　　　　　　　　$y=WR$　　　　　　　　　　②

闲暇　　　　　　　　　　　　$L=T-W$　　　　　　　　　　③

将上述收入与闲暇的关系式②和③代入①式得：

$$48+WR-2(T-W)=R(T-W)$$

化简得：

$$W=\frac{T(R+2)-48}{2(R+1)}\text{（劳动供给函数）}$$

（1）当 $R=0$ 时，由于人一天的时间资源 T 为 24 小时，因此，$W=\frac{T(0+2)-48}{2(0+1)}=0$

（2）$\mathrm{d}W/\mathrm{d}R=\frac{T\times 2(R+1)-2T(R+2)+2\times 48}{4(R+1)^2}=\frac{96-2T}{4(R+1)^2}=\frac{48}{4(R+1)^2}>0$

所以，劳动供给随着工资率提高而增加。

（3）$W=\frac{TR+2T-48}{2(R+1)}=\frac{TR+48-48}{2R+2}=\frac{TR}{2R+2}=\frac{24}{2+\frac{2}{R}}$

当 $R\to+\infty$ 时，$\lim\limits_{R\to+\infty}W=12$

所以不管工资率有多高，他每天工作时间不超过 12 小时。

14. 某人的效用函数为 $U(c,R)=cR$，$c=\sqrt{L}$。其中：R 为闲暇；c 为生产函数；L 为劳动时间，总的时间约束为 $\bar{R}=10$。求：

（1）最佳 c 和 L。

（2）竞争市场的劳动均衡价格、L 和 c。

解：（1）

$$\max cR$$

$$s.t.\ c=\sqrt{10-R}$$

$$\frac{\mathrm{d}}{\mathrm{d}R}(\sqrt{10-R}\times R)=0\Rightarrow\sqrt{10-R}-\frac{R}{2\sqrt{10-R}}=0\Rightarrow R=20/3$$

所以，$L=10/3$，$c=\sqrt{10/3}$。

（2）在竞争市场条件下，设工资为 w，c 的价格为 1。

对厂商 $\max\pi=c-wL$

$$\max\pi=(\sqrt{L}-wL)\Rightarrow\mathrm{d}(\sqrt{L}-wL)/\mathrm{d}L=0\Rightarrow w=\frac{1}{2\sqrt{L}}$$

所以，$L=\frac{1}{4w^2}$，$c=\frac{1}{2w}$，$\pi=\frac{1}{4w}$

对消费者

$\max U=c'(10-L')$，$s.t.\ c'=\pi+w'L'$

$\max U=(\pi+w'L')(10-L')\Rightarrow\frac{\mathrm{d}U}{\mathrm{d}L'}=10w'-\pi-2w'L'=0$

所以，$L'=5-\frac{\pi}{2w'}$，$c'=\frac{\pi}{2}+5w'$

均衡时有 $w=w'$，$L=L'$，$c=c'$

所以，$w=w'=\sqrt{3/40}$，$L=L'=10/3$，$c=c'=\sqrt{10/3}$。

第16讲　一般均衡与福利经济学的两个基本定理

16.1　课后习题详解

1. 考虑一种两个消费者、两种物品的交易经济，消费者的效用函数与禀赋如下

$$u^1(x_1, x_2) = (x_1x_2)^2 \qquad e^1 = (18, 4)$$

$$u^2(x_1, x_2) = \ln(x_1) + 2\ln(x_2) \qquad e^2 = (3, 6)$$

(1)描绘出帕累托有效集的特征(写出该集的特征函数式)；

(2)发现瓦尔拉斯均衡。

解：(1)消费者1的边际替代率为 $MRS_{12}^1 = \frac{x_2^1}{x_1^1}$，消费者2的边际替代率为 $MRS_{12}^2 = \frac{x_2^2}{2x_1^2}$。在帕累托有效集上的任一点，每个消费者消费两种物品的边际替代率都相同，即：

$$MRS_{12}^1 = MRS_{12}^2$$

从而有：

$$\frac{x_2^1}{x_1^1} = \frac{x_2^2}{2x_1^2} \qquad ①$$

又因为 $x_2^2 = 10 - x_2^1$，$x_1^2 = 21 - x_1^1$，把这两个式子代入①式中，就得到了帕累托有效集的特征函数：

$$\frac{x_2^1}{x_1^1} = \frac{10 - x_2^1}{42 - 2x_1^1} \qquad ②$$

(2)方法a：

由于瓦尔拉斯均衡点必然位于契约曲线上，所以在均衡点②式一定成立。此外在均衡点处，预算线和无差异曲线相切(如图16-1所示)，这就意味着边际替代率等于预算线的斜率，即：

$$\frac{x_2^1}{x_1^1} = MRS_{12}^1 = \frac{p_1}{p_2} = \frac{4 - x_2^1}{x_1^1 - 18} \qquad ③$$

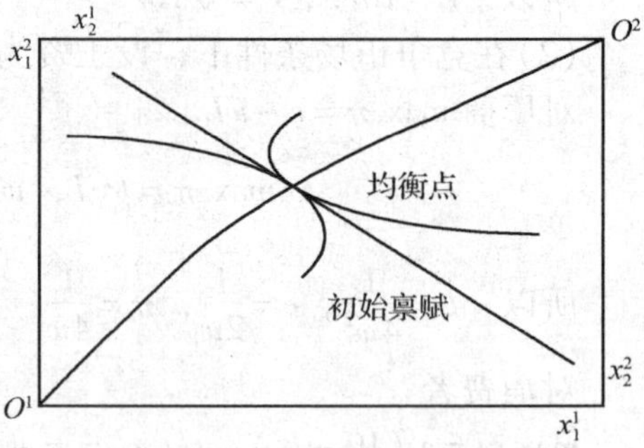

图16-1　均衡时边际替代率等于预算线的斜率

联立②、③两式，解得：

$$x_1^1 = 58/4, \quad x_2^1 = 58/11$$

进而有 $x_1^2 = 21 - x_1^1 = 26/4$，$x_2^2 = 10 - x_2^1 = 52/11$。

方法b：

由题设所给的效用函数可以得出各个消费者的马歇尔需求函数为：

$$x_1^1(p_1, p_2) = 9 + 2 \cdot \frac{p_2}{p_1}; \quad x_2^1(p_1, p_2) = 9 \cdot \frac{p_1}{p_2} + 2$$

$$x_1^2(p_1, p_2) = 1 + 2 \cdot \frac{p_2}{p_1}; \quad x_2^2(p_1, p_2) = 2 \cdot \frac{p_1}{p_2} + 4$$

达到瓦尔拉斯均衡时，每种商品市场都出清，即：

$$9 \cdot \frac{p_1}{p_2} + 2 + 2 \cdot \frac{p_1}{p_2} + 4 - 4 - 6 = 0$$

解得：

$$\frac{p_1}{p_2} = \frac{4}{11}$$

进而有：

$$x_1^1 = \frac{58}{4};\ x_2^1 = \frac{58}{11};\ x_1^2 = \frac{26}{4};\ x_2^2 = \frac{52}{11}$$

2. 证明：一个有 n 种商品的经济，如果 $(n-1)$ 个商品市场上已经实现了均衡，则第 n 个市场必定出清。

证明：假设第 k 种商品的价格为 p_k，$k \in \{1, 2\cdots, n\}$。系统内存在 I(I 为正整数)个消费者，第 i 个消费者拥有第 k 种物品的初始禀赋为 e_k^i，而第 i 个消费者对第 k 种商品的消费量为 x_i^k，根据瓦尔拉斯定律可知系统中的超额的市场价值为零，即：

$$\sum_{k=1}^{n} p_k \Big(\sum_{i \in I} x_k^i - \sum_{i \in I} e_k^i \Big) = 0$$

当前 $n-1$ 个商品市场已经实现均衡，即前 $n-1$ 个商品市场的超额需求为零，这时有：

$$\sum_{k=1}^{n-1} p_k \Big(\sum_{i \in I} x_k^i - \sum_{i \in I} e_k^i \Big) + p_n \Big(\sum_{i \in I} x_k^i - \sum_{i \in I} e_k^i \Big) = 0$$

$$p_n \Big(\sum_{i \in I} x_k^i - \sum_{i \in I} e_k^i \Big) = 0$$

$$\sum_{i \in I} x_k^i = \sum_{i \in I} e_k^i$$

由此就可以得出第 n 个市场的超额需求也为零，即第 n 个商品市场也实现了均衡。

3. 有一种两个消费者、两种物品的交易经济，消费者的效用函数与禀赋如下

$$u^1(x_1, x_2) = \min\{x_1, x_2\} \qquad e^1 = (30, 0)$$

$$v^2(p, y) = \frac{y}{2\sqrt{p_1 p_2}} \qquad e^2 = (0, 20)$$

注意：第 2 个消费者的效用函数在这里是间接效用函数。

(1) 发现瓦尔拉斯一般均衡。

(2) 如果禀赋状态为 $e^1 = (5, 0)$，$e^2 = (0, 2)$，重新计算一般均衡。

解：(1) 由消费者 1 的效用函数的形式可以得到相应的马歇尔需求函数为：

$$x_1^1 = x_2^1 = \frac{m}{p_1 + p_2} = \frac{30 p_1}{p_1 + p_2}$$

对消费者 2，根据罗伊恒等式 $x_i(p, m) = -\frac{\partial v / \partial p_i}{\partial v / \partial m}$，可以得到他的马歇尔需求函数为：

$$x_i^2 = \frac{m}{2p_i} = \frac{10 p_2}{p_i} \qquad i = 1, 2$$

均衡时，每种商品市场都会出清，这就意味着：

$$\frac{30 p_1}{p_1 + p_2} + \frac{20 p_2}{2 p_2} - 20 = 0$$

解得$\dfrac{p_1}{p_2}=\dfrac{1}{2}$，从而有：

$$x_1^1=x_2^1=10;\ x_1^2=20;\ x_2^2=10$$

(2)若禀赋状态为$e^1=(5,0)$，$e^2=(0,2)$。此时消费者1的马歇尔需求函数为：

$$x_1^1=x_2^1=\frac{m}{p_1+p_2}=\frac{5p_1}{p_1+p_2}$$

消费者2的马歇尔需求函数为：$x_i^2=\dfrac{m}{2p_i}=\dfrac{p_2}{p_i}$，$i=1,2$。由均衡时，每种商品市场出清，即：$\dfrac{5p_1}{p_1+p_2}+\dfrac{p_2}{p_2}-2=0$，解得$\dfrac{p_1}{p_2}=\dfrac{1}{4}$，进而可得$x_1^1=x_2^1=1$；$x_1^2=4$，$x_2^2=1$。

4. 假定在一个经济中只有三种商品(x_1，x_2，x_3)，对于x_2与x_3的超额需求函数为

$$ED_2=-3p_2/p_1+2p_3/p_1-1$$

$$ED_3=4p_2/p_1-2p_3/p_1-2$$

(1)请证明这些函数关于p_1、p_2与p_3是零次齐次的。

(2)运用瓦尔拉斯法则表示，如果$ED_2=ED_3=0$，ED_1也一定为零。能否同样用瓦尔拉斯法则去计算ED_1？

(3)请解有关均衡相对价格p_2/p_1与p_3/p_1的方程组，p_3/p_2的均衡值是多少？

解：(1)对任意的$t>0$，有：

$$ED_2(tp)=-3\frac{tp_2}{tp_1}+2\frac{tp_3}{tp_1}-1=-3\frac{p_2}{p_1}+2\frac{p_3}{p_1}-1=ED_2(p)$$

$$ED_3(tp)=4\frac{tp_2}{tp_1}-2\frac{tp_3}{tp_1}-2=4\frac{p_2}{p_1}-2\frac{p_3}{p_1}-2=ED_3(p)$$

所以ED_2和ED_3关于p_1、p_2与p_3是零次齐次的。

(2)根据瓦尔拉斯法则可知，均衡时每种商品的超额需求的价值(本题中，超额需求的价值用商品1的数量表示)之和为零，即：

$$ED_1+ED_2+ED_3=0 \qquad ①$$

如果$ED_2=ED_3=0$，由①可知$ED_1=0$。把ED_2和ED_3的表达式代入①式中，可以解得：

$$ED_1=3\frac{p_2}{p_1}-2\frac{p_3}{p_1}+1-4\frac{p_2}{p_1}+2\frac{p_3}{p_1}+2=-\frac{p_2}{p_1}+3$$

(3)当市场达到均衡时，必有$ED_2=ED_3=0$，即：

$$\begin{cases}3\dfrac{p_2}{p_1}-2\dfrac{p_3}{p_1}=-1\\[2ex]4\dfrac{p_2}{p_1}-2\dfrac{p_3}{p_1}=2\end{cases}$$

解得：

$$\begin{cases}\dfrac{p_2}{p_1}=3\\[2ex]\dfrac{p_3}{p_1}=5\end{cases}$$

于是 $$\frac{p_3}{p_2}=\frac{p_3/p_1}{p_2/p_1}=\frac{5}{3}。$$

5. 考虑一种两人、两物品的纯粹交易经济。消费者的效用函数与禀赋如下

$$u^1(x_1, x_2)=x_1x_2+12x_1+3x_2 \qquad e^1=(8, 30)$$

$$u^2(x_1, x_2)=x_1x_2+8x_1+9x_2 \qquad e^2=(10, 10)$$

求：

(1) 对两种物品的超额需求函数。

(2) 为该经济决定均衡价格比率。

解：(1) 由题设所给的效用函数可以得出每个消费者的马歇尔需求函数为：

$$x_1^1(p_1, p_2)=\frac{5}{2}+21\cdot\frac{p_2}{p_1};\ x_2^1(p_1, p_2)=\frac{11}{2}\cdot\frac{p_1}{p_2}+9$$

$$x_1^2(p_1, p_2)=\frac{1}{2}+9\cdot\frac{p_2}{p_1};\ x_2^2(p_1, p_2)=\frac{19}{2}\cdot\frac{p_1}{p_2}+1$$

所以两种商品的超额需求函数为：

$$ED_1=x_1^1+x_1^2-8-10=\frac{5}{2}+21\cdot\frac{p_2}{p_1}+\frac{1}{2}+9\cdot\frac{p_2}{p_1}-18=30\cdot\frac{p_2}{p_1}-15$$

$$ED_2=x_2^1+x_2^2-10-30=\frac{11}{2}\cdot\frac{p_1}{p_2}+9+\frac{19}{2}\cdot\frac{p_1}{p_2}+1-40=15\cdot\frac{p_1}{p_2}-30$$

(2) 当经济达到均衡时，每个市场的超额需求为零，即：

$$30\cdot\frac{p_2}{p_1}-15=15\cdot\frac{p_1}{p_2}-30=0$$

解得： $$\frac{p_1}{p_2}=2$$

6. 判断下列命题，并给出理由：

(1) 如果知道了契约线，则我们就知道了任何交易的结果。

(2) 如果已达到了帕累托有效，则就无法使任何人的状况再得以改善。

答：(1) 错误。理由如下：

契约线是埃奇沃斯方框图中所有帕累托有效的分配点的集合，但是对于一个具体的交易而言，其最终结果还依赖于每个消费者的初始禀赋，如图16－2所示，其中A和B是初始禀赋点，可见不同的初始禀赋导致不同的均衡结果。

(2) 错误。理由如下：

帕累托有效是指在不损害其他任何人的利益的条件下，不能使经济系统中某些人的境况变得更好。但是如果允许损害某些人的利益，那么对帕累托有效的配置而言，就有可能使某些人的境况变得更好。比如在一个包括两个消费者和一种商品的经济中，其中一个人拥有全部的商品，而另一个人一无所有，这是一个帕累托有效的配置；但是现在让情况反过来，使得原来一无所有的人拥有全部商品，那么这个人的境况就得到了改善。

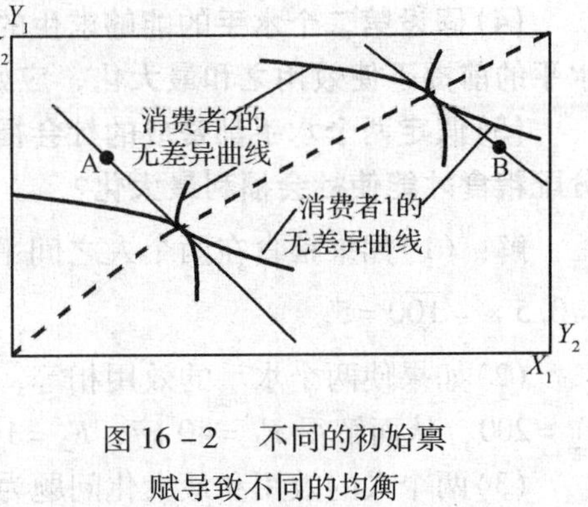

图16－2　不同的初始禀赋导致不同的均衡

7. 请证明：

在两物品、两个消费者的纯粹交易经济里，帕累托有效的一个必要条件是

$$\frac{\partial u^1/\partial x_1^1}{\partial u^1/\partial x_2^1}=\frac{\partial u^2/\partial x_1^2}{\partial u^2/\partial x_2^2}$$

这里，上标表示人，下标表示物。

证明：根据定义，帕累托有效的资源配置可以通过以下最大化问题得到：

$$\max_{x_1^1,x_1^2,x_2^1,x_2^2} u^1(x_1^1,\ x_2^1)$$

$$s.t.\ u^2(x_1^2,\ x_2^2)=\bar{u}$$

$$x_i^1+x_i^2=e_i$$

$$i=1,\ 2$$

构造这个问题的拉格朗日函数：

$$L=u^1(x_1^1,\ x_2^1)-\lambda[\bar{u}-u^2(x_1^2,\ x_2^2)]-\mu_1(x_1^1+x_1^2-e_1)-\mu_2(x_2^1+x_2^2-e_2)$$

效用最大化的一阶条件为：

$$\frac{\partial L}{\partial x_i^1}=\frac{\partial u^1}{\partial x_i^1}-\mu_i=0,\ \frac{\partial L}{\partial x_i^2}=\lambda\frac{\partial u^2}{\partial x_i^2}-\mu_i=0$$

从而得到：

$$\frac{\partial u^1/\partial x_1^1}{\partial u^1/\partial x_2^1}=\frac{\partial u^2/\partial x_1^2}{\partial u^2/\partial x_2^2}=\frac{\mu_1}{\mu_2}$$

8. 在一个岛上，有200磅粮食要在两个孤立无援的水手之间分配。第一个水手的效用函数为 $u_1=\sqrt{F_1}$，其中 F_1 是由第一个水手消费的数量。对于第二个水手，其粮食消费的效用函数为 $u_2=\frac{1}{2}\sqrt{F_2}$。

(1)如果粮食在两个人之间平均分配，他们各自的效用是多少？

(2)如果他们的效用相等，粮食应如何分配？

(3)要使两个人的效用之和最大，应如何分配粮食？

(4)假设第二个水手的能够求生的效用水平是5，如果想要在第二个水手得到最低效用水平的前提下使效用之和最大化，应如何分配粮食？

(5)假定两个水手都赞成的社会福利函数为 $W=u_1^{1/2}u_2^{1/2}$。那么，在两个水手之间应怎样分配粮食才能使社会福利最大化？

解：(1)如果粮食在两个人之间平均分配，他们各自的效用分别是 $u_1=\sqrt{100}=10$，$u_2=0.5\times\sqrt{100}=5$。

(2)如果使两个水手的效用相等，即 $\sqrt{F_1}=0.5\sqrt{F_2}$ 时，解得 $F_1=0.25F_2$，又因为 $F_1+F_2=200$，从而解得 $F_1=40$ 磅，$F_2=160$ 磅。

(3)两个人的效用和最大化问题为：

$$\max_{F_1,F_2}\sqrt{F_1}+0.5\sqrt{F_2}$$

$$s.t.\ F_1+F_2=200$$

从约束条件中解出 F_2，并把它代入目标函数式中，就有：

$$\max_{0\le F_1\le 200} F_1^{0.5}+0.5(200-F_1)^{0.5}$$

从一阶条件解得：

$$F_1 = 160 \text{ 磅}, F_2 = 40 \text{ 磅}$$

(4)这相当于求解如下最优化问题：

$$\max_{F_1, F_2} \sqrt{F_1} + 0.5\sqrt{F_2}$$

$$s.t. \ F_1 + F_2 = 200 \qquad ①$$

$$F_2 \geqslant 100 \qquad ②$$

从①式中解出 F_2，并把它代入目标函数式中，就有：

$$\max_{0 \leqslant F_1 \leqslant 100} \sqrt{F_1} + 0.5\sqrt{200 - F_1}$$

由于目标函数式在 $F_1 = 160$ 时，取得惟一的最大值。所以，当 $F_1 \leqslant 160$ 时，目标函数式的值随着 F_1 的增加而增加，所以满足题目条件的解为 $F_1 = 100$ 磅，从而 $F_2 = 100$ 磅。

(5)社会福利最大化问题为：

$$\max_{F_1, F_2} \frac{\sqrt{2}}{2} F_1^{1/4} F_2^{1/4}$$

$$s.t. \ F_1 + F_2 = 200$$

从约束条件中解出 F_2，并把它代入目标函数式中，再由一阶条件就解得：

$$F_1 = F_2 = 100 \text{ 磅}$$

9. 甲有 6 瓶汽水，1 块面包；乙有 1 瓶汽水，4 块面包。两人对汽水与面包的效用函数一样，都为 $u = xy$，x 为汽水瓶数，y 为面包块数。现在相互交换汽水与面包，但只能整瓶与整块地换。甲先提议："我要用 A 瓶汽水换你 B 块面包"。问：

(1) A 与 B 各为多少时，交换才可能成功，且对甲最有利？

(2)如果 $u = (1/a)(\ln x + \ln y)$，A 与 B 又将是多少？

解：(1)甲的起始效用是 6，乙的起始效用是 4。如果甲用 A 瓶汽水换 B 个面包，则交换后，甲的净增效用为：

$$(6 - \mathrm{A})(1 + \mathrm{B}) - 6 = 6\mathrm{B} - \mathrm{A} - \mathrm{AB}$$

乙的净增效用为：

$$(1 + \mathrm{A})(4 - \mathrm{B}) - 4 = 4\mathrm{A} - \mathrm{B} - \mathrm{AB}$$

下面对 A 和 B 所有可能的值进行枚举，得到表 16 - 1，特别地，表中只列出了两个人的净增效用都大于零的组合（每一方格中的第一个数字是甲的净增效用，第二个数字是乙的净增效用）。

表 16 - 1　交换带给每个人的净增效用

B \ A	1	2	3	4	5
1	4,2	2,5	0,8	—	—
2	9,0	6,2	3,4	0,6	—
3	—	—	6,0	2,1	—

观察上表可知，对甲最有利的交换是：甲用 1 瓶汽水交换乙的 2 块面包。

(2)由于每个人的新的效用函数只是原来效用函数的单调变换（$u' = \frac{1}{a}\ln u$），所以新的效用函数表示的每个人的偏好并没有变化，因此第(2)问的结果和第(1)问相同。

10. 设有两种产品，鱼6吨和肉9吨，分给甲、乙两人。甲分到A吨鱼，B吨肉；乙分到C吨鱼，D吨肉。甲、乙的效用函数分别为

$$u_{甲}=A^{\frac{1}{2}}B^{\frac{1}{3}}$$

$$u_{乙}=C^{\frac{1}{2}}D^{\frac{1}{4}}$$

(1)请推导：当分配方案达到帕累托最优时，A、B所满足的关系式。(注：表示成$A=f(B)$的形式。)

(2)如果有三种产品，鱼6吨、肉9吨和蛋12吨，分给甲、乙两人。甲分到A吨鱼，B吨肉，C吨蛋；乙分到D吨鱼，E吨肉，F吨蛋。甲、乙的效用函数分别为

$$u_{甲}=A^{\frac{1}{2}}B^{\frac{1}{3}}C^{\frac{1}{4}}$$

$$u_{乙}=D^{\frac{1}{2}}E^{\frac{1}{4}}F^{\frac{1}{6}}$$

请推导：当分配方案达到帕累托最优时，A、B、C所满足的关系式。(注：表示成$A=f(B)$，$A=g(C)$的形式。)

解：(1)甲关于鱼和肉的边际替代率为$\mathrm{MRS}_{AB}^{1}=\frac{3}{2}\cdot\frac{B}{A}$，乙关于鱼和肉的边际替代率为$\mathrm{MRS}_{CD}^{2}=2\cdot\frac{D}{C}$，当分配方案达到帕累托最优时，两个人的边际替代率相等，即：

$$\frac{3}{2}\cdot\frac{B}{A}=2\cdot\frac{D}{C} \qquad ①$$

把$D=9-B$和$C=6-A$分别代入①式中，整理得：

$$A=\frac{18B}{36-B}$$

(2)甲关于鱼和肉以及鱼和蛋之间的边际替代率分别为$\mathrm{MRS}_{AB}^{1}=\frac{3}{2}\cdot\frac{B}{A}$和$\mathrm{MRS}_{AC}^{1}=2\frac{C}{A}$；乙关于鱼和肉以及鱼和蛋之间的边际替代率分别为$\mathrm{MRS}_{DE}^{2}=2\cdot\frac{E}{D}$和$MRS_{DF}^{2}=3\cdot\frac{F}{D}$，当分配方案达到帕累托最优时，两个人的边际替代率相等，即：

$$\frac{3}{2}\cdot\frac{B}{A}=2\cdot\frac{E}{D} \qquad ②$$

$$2\cdot\frac{C}{A}=3\cdot\frac{F}{D} \qquad ③$$

把$D=6-A$，$E=9-B$和$F=12-C$分别代入②、③式中整理得到：

$$A=\frac{18B}{36-B} \qquad A=\frac{12C}{36-C}$$

16.2 强化习题详解

1. In a pure exchange economy, Ollie's utility function is $U(x, y)=3x+y$ and Fawn's utility function is $U(x, y)=xy$. Ollie's initial allocation is 1 x and no y's. Fawn's initial allocation is no x's and 2 y's. Draw an Edgeworth box for Fawn and Ollie. Put x's on the horizontal axis and y's on the vertical axis. Measure goods for Ollie from the lower left and goods for Fawn from the upper right. Mark the initial allocation with the letter W. The locus

of Pareto optimal points consists of two line segments. Describe these line segments in words or formulas and show them on your graph.

答：给定 Ollie 的效用为 $5-v$，那么 Fawn 的效用最大化问题为：

$$\max_{x,y} xy$$

$$s.t.\begin{cases}3(1-x)+(2-y)=5-v\\ v\leqslant 5\\ 0\leqslant x\leqslant 1\\ 0\leqslant y\leqslant 2\end{cases}$$

上述问题等价于：

$$\max_{y} \frac{v}{3}y-\frac{1}{3}y^2$$

$$s.t.\begin{cases}v\leqslant 5\\ 0\leqslant y\leqslant 2\end{cases}$$

从而解得 $y=\begin{cases}v/2 & v\in[0,4]\\ 2 & v\in[4,5]\end{cases}$，相应的有 $x=\begin{cases}v/6 & v\in[0,4]\\ \dfrac{v-2}{3} & v\in[4,5]\end{cases}$，所以契约曲线的参数表达为（如图 16－3 所示）：

$$\begin{cases}x=v/6\\ y=v/2\end{cases}\text{当 } v\in[0,4]\text{时；}\begin{cases}x=(v-2)/3\\ y=2\end{cases}\text{当 } v\in[4,5]\text{时。}$$

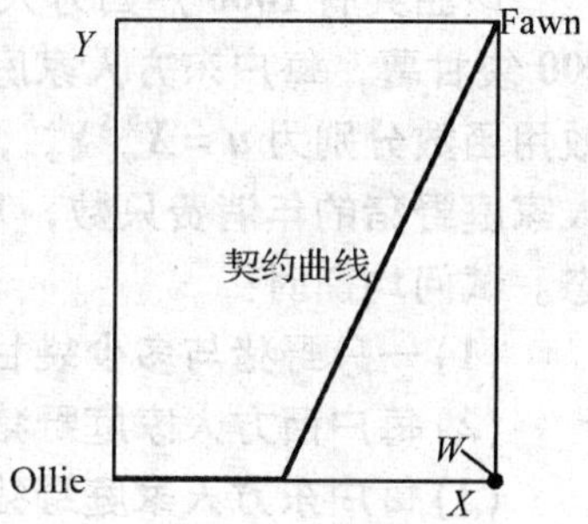

图 16－3　契约曲线

2. 一个经济中有两个消费者 A 和 B，两种商品 x_1 和 x_2，消费者 A 的效用函数是 $U^A=(10+x_1^A)(20+x_2^A)$，消费者 B 的效用函数是 $U^B=\ln x_1^B+\ln x_2^B$。这个经济的资源禀赋是 $(\omega_1,\omega_2)=(30,20)$。

（1）求出所有帕累托有效的配置满足的条件。

（2）如果市场价格为 $(p_1,p_2)=(1,1)$，消费者 A 和 B 的资源禀赋各为多少？

（3）如果消费者 A 的资源禀赋是 $(\omega_1^A,\omega_2^A)=(8,0)$，市场均衡的价格比率应该是多少？

解：（1）在任何帕累托有效的配置点上，两个消费者的无差异曲线必然相切，即：

$$\frac{U_1^A}{U_2^A}=\frac{U_1^B}{U_2^B}$$

把边际效用的表达式代入，得到：

$$\frac{20+x_2^A}{10+x_1^A}=\frac{x_2^B}{x_1^B} \quad ①$$

又由禀赋约束 $\begin{cases}x_1^A+x_1^B=30\\ x_2^A+x_2^B=20\end{cases}$ 可以得到 $\dfrac{20+x_2^A}{10+x_1^A}=\dfrac{20-x_2^A}{30-x_1^A}$，即 $x_2^A=x_1^A-10$。

（2）由以上计算知，帕累托最优配置满足条件：

$$x_2^A=x_1^A-10 \quad ②$$

把②式代入①式中，得到：$\dfrac{20+x_2^A}{10+x_1^A}=\dfrac{20-x_2^A}{30-x_1^A}=\dfrac{10+x_1^A}{10+x_1^A}=1$，即任意最优配置时，A、B 的边际替代率（等于市场相对价格）都等于 1。所以题中给出的市场价格条件（1，1）无法决定

资源禀赋。可验证只要 $\omega_1^A+\omega_2^A \geqslant 10$，1 都是均衡相对价格。

(3) 看资源禀赋点的边际替代率，A 为 20/18，B 为 20/22。20/18 > 20/22，A、B 间有交换的意愿，A 希望换得更多第一种产品，但因为 $\omega_2^A=0$，不具备交换的条件。所以出现角点解，无交换，无均衡市场价格。

3. 假设在一个岛屿上居住着两个部落：西方人部落和东方人部落，他们分别住在该岛的一端，每年只在年市上互相见面，两部落与外界都没有任何联系。他们靠种植甘薯、捕捉野猪为主，甘薯和野猪都被储存起来以供整年消费。在年市上甘薯和野猪都在完全竞争下进行物物交易。

该岛共有 1000 户西方人家庭和 2000 户东方人家庭，每户西方人家庭生产 30 只野猪、200 袋甘薯，每户东方人家庭生产 25 只野猪、300 袋甘薯。每户西方人家庭和东方人家庭的效用函数分别为 $u=X_w^{0.5}Y_w^{0.5}$，$u_e=X_e^{0.75}Y_e^{0.25}$，其中，X_w 和 X_e 分别为每户西方人家庭和东方人家庭野猪的年消费只数，Y_w 和 Y_e 分别为其甘薯的年消费袋数。在年市上达到了均衡状态。试问均衡时：

(1) 一只野猪与多少袋甘薯相交换？

(2) 每户西方人家庭野猪和甘薯的年消费量各为多少？

(3) 每户东方人家庭野猪和甘薯的年消费量各为多少？

解：令每袋甘薯的价格为 1，每只野猪的价格为 P。于是，每户西方人家庭的收入约束为：

$$PX_w+Y_w=30P+200 \qquad ①$$

每户东方人家庭的收入约束为：

$$PX_e+Y_e=25P+300 \qquad ②$$

野猪、甘薯的总量约束分别为：

$$1000X_w+2000X_e=1000\times30+2000\times25=80000 \qquad ③$$

$$1000Y_w+2000Y_e=1000\times200+2000\times300=800000 \qquad ④$$

对每个消费者，由效用最大化的必要条件 $\mathrm{MRS}_{XY}=P$ 就有

$$\frac{0.5X_w^{-0.5}Y_w^{0.5}}{0.5X_w^{0.5}Y_w^{-0.5}}=\frac{Y_w}{X_w}=P$$

$$\frac{0.75X_e^{-0.25}Y_e^{0.25}}{0.25X_e^{0.75}Y_e^{-0.75}}=\frac{3Y_e}{X_e}=P$$

从而得到：

$$Y_w=PX_w \qquad ⑤$$

$$Y_e=\frac{PX_e}{3} \qquad ⑥$$

将⑤式代入①式，得 $2PX_w=30P+200$，解得：

$$P(2X_w-30)=200 \qquad ⑦$$

将⑥式代入②式，得 $(4/3)PX_e=25P+300$，解得：

$$P(4X_e-75)=900 \qquad ⑧$$

再由③式得 $X_w=80-2X_e$

将③式代入⑦式得 $P(130-4X_e)=200$ ⑨

由⑧式和⑨式，得 $X_e=30$，$P=\frac{900}{45}=20$

将 $P=20$ 代入⑦式，得 $X_w=\frac{10+30}{2}=20$

将 $P=20$，$X_w=20$ 代入⑤式，得 $Y_w=20\times 20=400$

将 $P=20$，$X_e=30$ 代入⑥式，得 $Y_e=\frac{20\times 30}{3}=200$

于是就有

(1) $P=20$，即均衡时 1 只野猪与 20 袋甘薯相交换。

(2) $X_w=20$，$Y_w=400$，即每户西方人家庭每年消费野猪 20 只、甘薯 400 袋。

(3) $X_e=30$，$Y_e=200$，即每户东方人家庭每年消费野猪 30 只、甘薯 200 袋。

4. 假设一个经济中只有一个生产者。该生产者既是其产出市场的完全垄断者，又是用于生产该产出品的惟一投入要素市场的完全垄断购买者。他的生产函数为 $q=0.5x$，产出的需求函数为 $P=100-2q$，投入要素的供给函数为 $r=2+x$。试求：

(1) 该生产者利润最大化时的 q、x、p 及 r 之值。

(2) 该生产者满足帕累托最优条件时的 q、x、p 及 r 之值。

解：(1) 由题设，该生产者的利润函数为

$$\begin{aligned}\pi &= TR-TC\\ &= Pq-rx\\ &= (100-2q)q-(2+x)x\\ &= 96q-6q^2\end{aligned}$$

为使其利润最大化，取利润函数的一阶导数并令其为零，即 $\frac{\mathrm{d}\pi}{\mathrm{d}q}=96-12q=0$。

于是 $q=8$，$x=2q=16$，$r=2+x=18$，$p=100-2q=84$。

(2) 若厂商的产量满足帕累托最优条件，则意味着 $MP=\frac{r}{P}$ 和 $MC=P$，即：

$$P=\frac{r}{MP}=MC$$

又因为 $TC=rx=2rq=4q+4q^2$，则 $MC=\frac{\mathrm{d}TC}{\mathrm{d}q}=4+8q$，同时由需求函数可知 $P=100-2q$，这样 $MC=P$ 就意味着 $4+8q=100-2q$，解得 $q=9.6$，从而 $x=2q=19.2$，$P=100-2q=80.8$，$r=2+x=21.2$。

5. 假设一个经济社会由谷物、钢铁、运输三个产业组成，每一产业都使用别的产业的产品作为投入要素，其技术系数(表示生产每一种产品的 1 个单位所需各种投入要素的数量)由表 16－2 给出(以价值量元表示)。

表 16－2　三个产业的技术系数

生产要素的类型	产品的类型		
	谷物	钢铁	运输
谷物	0.25	0.26	0.07
钢铁	0.25	0.13	0.20
运输	0.08	0.10	0.07
劳动力	0.42	0.51	0.66
总计	1.00	1.00	1.00

(1)假设消费者的消费目标为400万元的谷物、600万元的钢铁和500万元的运输，那么，各行业应该生产多少才能既保证各行业生产过程的需求，又满足消费者的最终消费需求？

(2)该经济社会里需要多少劳动力供给才能保证消费者最终消费目标的实现？

答：(1)假设 C、S、T 分别表示谷物部门、钢铁部门和运输部门所必须生产的价值量。为了保证谷物部门的产品既能满足各部门生产过程的需要，又能满足消费者的消费需求，须有下列等式成立：

$$C = 0.25C + 0.26S + 0.07T + 400 \quad ①$$

为了保证钢铁部门的产品既能满足生产过程的需要，又能满足消费者的消费需求，须有下列等式成立：

$$S = 0.25C + 0.13S + 0.20T + 600 \quad ②$$

为了保证运输部门的产品既能满足生产过程的需要，又能满足消费者的消费需求，须有下列等式成立：

$$T = 0.08C + 0.10S + 0.07T + 500 \quad ③$$

联立①、②、③式求 C、S、T

由①式得

$$0.75C - 0.26S - 0.07T = 400 \quad ④$$

由②式得

$$-0.25C + 0.87S - 0.2T = 600 \quad ⑤$$

由③式得

$$-0.08C - 0.1S + 0.93T = 500 \quad ⑥$$

用克莱姆法则求解由④、⑤、⑥式组成的方程组：

$$D = \begin{vmatrix} 0.75 & -0.26 & -0.07 \\ -0.25 & 0.87 & -0.20 \\ -0.08 & -0.1 & 0.93 \end{vmatrix} = 0.521$$

$$D_C = \begin{vmatrix} 400 & -0.26 & -0.07 \\ 600 & 0.87 & -0.20 \\ 500 & -0.1 & 0.93 \end{vmatrix} = 521.37$$

$$D_S = \begin{vmatrix} 0.75 & 400 & -0.07 \\ -0.25 & 600 & -0.20 \\ -0.08 & 500 & 0.93 \end{vmatrix} = 598.29$$

$$D_T = \begin{vmatrix} 0.75 & -0.26 & 400 \\ -0.25 & 0.87 & 600 \\ -0.08 & -0.1 & 500 \end{vmatrix} = 389.07$$

于是

$$C = D_C/D = 1000.7(\text{万元})$$
$$S = D_S/D = 1148.3(\text{万元})$$
$$T = D_T/D = 746.8(\text{万元})$$

所以，要想既能满足谷物、钢铁和运输部门的生产过程的需要，又能达到消费者对400万元谷物、600万元钢铁和500万元运输的消费目标，那么，谷物部门必须生产1000.7万元的谷物，钢铁部门必须生产1148.3万元的钢铁，运输部门必须实现746.8万元的运输。

(2)由表16－2及(1)的结果，为实现这些产值目标必须投入的劳动力为

$$L=0.42C+0.51S+0.66T$$
$$=0.42\times1000.7+0.51\times1148.3+0.66\times746.8$$
$$=1498.815(万元)$$

因而，该经济社会需要提供1498.815万元的劳动力才能满足上述要求。

6. 一封闭经济用两种生产要素——土地和劳动，生产两种商品——X 和 Y。所有土地都是同质的，劳动也一样。两种要素的供给曲线完全无弹性，所有要素为私有，市场均属完全竞争，并处于长期均衡中。生产函数为：$X=48^{0.25}K_X^{0.75}L_X^{0.25}$，$Y=3^{0.25}K_Y^{0.25}L_Y^{0.75}$。其中，$X$ 和 Y 分别为两种商品的年产出单位数，K_X 和 K_Y 分别为两种商品生产中雇佣的劳动人数，所有人都具有相同的效用函数，并由下式给出：$U=X^{0.5}Y^{0.5}$。现有324平方公里的土地，2500名工人，商品 X 的价格为100。试计算下列均衡值：

(1)商品 Y 的价格。

(2)每平方公里土地的年租金 R。

(3)每个工人的年工资 W。

解：要素市场均衡要求 $W=\text{VMP}_L=P\times MP_L$，从而有：

$$P_X\times MP_L^X=0.25P_X\times48^{0.25}K_X^{0.75}L_X^{-0.75}=0.25P_X(\frac{48^{0.25}K_X^{0.75}L_X^{0.25}}{L_X})=W$$

再利用 X 的生产函数 $X=48^{0.25}K_X^{0.75}L_X^{0.25}$ 得到：

$$0.25\times\frac{P_XX}{L_X}=W \quad ①$$

同理由产品 Y 的均衡条件可得 $0.75\times\frac{P_YY}{L_Y}=W$ ②

联立①、②两式得到 $0.25\times\frac{P_XX}{L_X}=0.75\times\frac{P_YY}{L_Y}$，即：

$$L_YP_XX=3L_XP_YY \quad ③$$

同样，由 $\text{VMP}_K=P\times MP_K=R$，有 $P_X\times MP_K^X=0.75P_X\times(\frac{48^{0.25}K_X^{0.75}L_X^{0.25}}{K_X})=R$，再由 X 的生产函数 $X=48^{0.25}K_X^{0.75}L_X^{0.25}$，就得到 $0.75\times\frac{P_XX}{K_X}=R$ ④

同理可得 $0.25\times\frac{P_YY}{K_Y}=R$ ⑤

联立④、⑤两式得到 $0.75\times\frac{P_XX}{K_X}=0.25\times\frac{P_YY}{K_Y}$，即：

$$3K_YP_XX=K_XP_YY \quad ⑥$$

再根据效用最大化的必要条件 $\text{MRS}_{XY}=\frac{P_X}{P_Y}$ 有

$$\frac{0.5X^{-0.5}Y^{0.5}}{0.5X^{0.5}Y^{-0.5}}=\frac{Y}{X}=\frac{P_X}{P_Y} \quad ⑦$$

故将⑦式代入③、⑥两式得，

$$L_Y=3L_X,\ K_X=3K_Y$$

再由题设 $L_X + L_Y = 2500$ 解得 $L_X = \frac{2500}{4} = 625$，$L_Y = 1875$；

同样由 $K_X + K_Y = 324$ 可知 $K_X = \frac{3}{4} \times 324 = 243$，$K_Y = 81$；

将这些数值代入生产函数，得：

$$X = 48^{0.25} \times 243^{0.75} \times 625^{0.25} = 810$$
$$Y = 3^{0.25} \times 81^{0.25} \times 1875^{0.75} = 1125$$

(1)由式⑦及给定 $P_X = 100$，得：$P_Y = \frac{P_X X}{Y} = 72$。

(2)由式④得：$R = 0.75 \times \frac{P_X X}{K_X} = 0.75 \times \frac{100 \times 810}{243} = 250$。

(3)由式①得：$W = 0.25 \times \frac{P_X X}{L_X} = 0.25 \times \frac{100 \times 810}{625} = 32.4$。

7. 设只有两人的经济，设消费者 1 与消费者 2 的效用函数为

$$u^i(x_1, x_2) = x_1^\rho + x_2^\rho \qquad (i = 1, 2)$$

这里 $0 < \rho < 1$。又假定初始的禀赋是 $e^1 = (1, 0)$，$e^2 = (0, 1)$。

问：(1)瓦尔拉斯一般均衡存在吗?

(2)如果它存在，请找出该一般均衡(即找出 $P^* = (P_1^*, P_2^*)$，使得 $Z_1(P^*) = 0$，$Z_2(P^*) = 0$。)

解：(1)由于初始禀赋之和是(1，1)，当 $0 < \rho < 1$ 时，效用函数在定义域 R_+^2 是严格拟凹的，并且 u^i 是连续且严格递增的，所以：①超额需求必然在 R_+^2 上连续；②瓦尔拉斯定律必然满足；③由于初始禀赋有限，而 u^i 是对(x_1, x_2)严格递增，则当 $\rho \to 0$ 时，会有无限高的超额需求，因此，瓦尔拉斯均衡存在的全部条件都具备。

结论是，必然存在 $P^*(P_1^*, P_2^*)$，使得 $Z_1(P^*) = 0$，$Z_2(P^*) = 0$。

(2)由消费者的效用函数，可推得需求函数：

$$x_1^i(P, Y^i) = \frac{P_1^{r-1} Y^i}{P_1^r + P_2^r},\ x_2^i(P, Y^i) = \frac{P_2^{r-1} Y^i}{P_1^r + P_2^r},\ r = \frac{\rho}{\rho - 1}$$

Y^i 为消费者收入，$Y^1 = Pe^1 = P_1$，$Y^2 = P_2 e^2 = P_2$

利用相对价格，令 $P_2 = 1$，$\frac{P_1}{P_2} = \overline{P}_1$。由于需求函数的零次齐次性，需求在 P 与 $\overline{P}$ 是相同的。

现考虑 x_1，假定$\overline{P}^*$使 $Z(\overline{P}^*) = 0$，即使 x_1 市场上供求相等，则 $x_1^1(\overline{P}^*, \overline{P}^* \cdot e^1) + x_1^2(\overline{P}^*, \overline{P}^* \cdot e^2) = e_1^1 + e_2^2$，代入需求函数得

$$\frac{\overline{P}_1^{*r-1} \cdot \overline{P}_1^*}{\overline{P}_1^{*r} + 1} + \frac{\overline{P}_1^{*r-1}}{\overline{P}_1^{*r} + 1} = 1$$

$$\Rightarrow \overline{P}_1^* = 1 \text{ 且已知 } P_2 = 1$$

所以，该题的一般均衡解是 $P_1^* = P_2^*$，不论 P_1^* 与 P_2^* 的绝对价格等于多少，只要它们相等，便会有一般均衡。

8. 白领 r 每天工作 8 小时，每小时抓 1 条鱼 F 或摘 2 只椰子 C，$U_r = C_r \cdot F_r$；白领 f 每天工作 10 小时，每小时抓 0.5 条鱼或摘 0.25 只椰子，$U_f = C_f \cdot F_f$，求

(1)如果不交易，每个人依靠自己的生产来满足他的需求，那么，r 和 f 分别生产多少 F 和 C？

(2)如在竞争市场上交易，成交价为多少？分别生产和消费多少？

(3)一个追求两个效用之和最大的社会计划者如何分配生产和消费？

解：(1)

$$\max_{C_r,F_r} C_rF_r$$

$$s.t.\ F_r+\frac{1}{2}C_r=8$$

即：

$$\max_{C_r} C_r\left(8-\frac{1}{2}C_r\right)\Rightarrow C_r=8,\ F_r=4$$

同理，由

$$\max C_fF_f$$

$$s.t.\ 2F_f+4C_f=10$$

得：

$$C_f=5/4,\ F_f=5/2$$

(2)均衡时，厂商利润最大化。假设椰子的价格为 1，鱼的价格为 p，则：

白领 r：$\max\limits_{C'_r,F'_r} C'_r+pF'_r$，$s.t.\ \frac{1}{2}C'_r+F'_r=8$

显然，当 $p<2$ 时，只生产 $C'_r=16$；

当 $p>2$ 时，只生产 $F'_r=8$

当 $p=2$ 时，按任意比例生产 C'_r 和 F'_r。

白领 f：$\max\limits_{C'_f,F'_f} C'_f+pF'_f$，$s.t.\ 4C'_f+2F'_f=10$

显然，当 $p<1/2$ 时，只生产 $C'_f=2.5$；

当 $p>1/2$ 时，只生产 $F'_f=5$；

当 $p=1/2$ 时，按任意比例生产 C'_f 和 F'_f。

显然，从上述解可以看出，无论最后均衡价格为多少，必为角点解。由于白领 r 生产 C 的效率更高，白领 f 生产 F 的效率更高，因而，$p<1/2$ 和 $p>2$ 均不可能，这样的结果不符合比较优势，从经济意义上可以排除，所以只考虑 $1/2\leqslant p\leqslant 2$ 的情况，下面分别讨论：

①当 $1/2<p<2$ 时

则：

$$C'_r=16,\ F'_f=5$$

现在考虑消费的情形：

白领 r：$\max C_r\times F_r$，$s.t.\ pF_r+C_r=16$

$\Rightarrow C_r=8$，$F_r=8/p$

白领 f：$\max C_f\times F_f$，$s.t.\ pF_f+C_f=5p$

$\Rightarrow C_f=5p/2$，$F_f=5/2$

则根据市场出清条件即 $C_r+C_f-C'_r=8+5p/2-16=0$

可得，$p=16/5$，与假设矛盾，所以，不可能。

②当 $p=2$ 时

白领 r：$\max\limits_{C_r,F_r} C_rF_r$，$s.t.\ 2F_r+C_r=16\Rightarrow C_r=8$，$F_r=4$

白领 f：$\max\limits_{C_f,F_f} C_fF_f$，$s.t.\ 2F_f+C_f=10\Rightarrow C_f=5$，$F_f=5/2$

此时，$F'_r=3/2$，$C'_r=13$，$F'_f=5$，$C'_f=0$，厂商利润最大化，消费者效用最大化，市场

出清，均满足条件。

③当 $p=1/2$ 时

白领 r：$\max\limits_{C_r,F_r} C_rF_r$，$s.t.\ 1/2F_r+C_r=16 \Rightarrow C_r=8$，$F_r=16$

白领 f：$\max\limits_{C_f,F_f} C_fF_f$，$s.t.\ 1/2F_f+C_f=5/2 \Rightarrow C_f=5/4$，$F_f=5/2$ 显然消费超过了生产。

(3)两个消费者的总效用最大化问题为：

$$\max U_r+U_f$$
$$s.t.\ 0.5C_r'+F_r'=8$$
$$4C_f'+2F_f'=10$$
$$C_r+C_f=C_f'+C_r'$$
$$F_r+F_f=F_f'+F_r'$$

因为 $(C_r+C_f)(F_r+F_f)>C_rC_f+F_rF_f$，所以，将所有的产品只给一个人才能使最终的总效用最大，这样原问题变为：

$$\max\ C_rF_r$$
$$s.t.\ \ 0.5C_r'+F_r'=8$$
$$4C_f'+2F_f'=10$$
$$C_r=C_f'+C_r'$$
$$F_r=F_f'+F_r'$$

这个问题可以进一步整理为：

$$\max_{C_r',C_f'}(C_f'+C_r')(13-0.5C_r'-4C_f')$$
$$s.t.\ 0\leqslant C_r'\leqslant 16,\ 0\leqslant C_f'\leqslant 2.5$$

上述问题的最优解只能出现在矩形 $\{(C_r',\ C_f')\mid 0\leqslant C_r'\leqslant 16,\ 0\leqslant C_f'\leqslant 2.5\}$ 的边界上，下面分四种情况讨论：

a)考虑边界 $\{(C_r',\ C_f')\mid C_r'=0,\ 0\leqslant C_f'\leqslant 2.5\}$，这样上述问题就化为：

$$\max C_f'(13-4C_f')$$
$$s.t.\ 0\leqslant C_f'\leqslant 2.5$$

解得 $C_f'=13/8$，相应的总效用为 169/16。

b)考虑边界 $\{(C_r',\ C_f')\mid 0\leqslant C_r'\leqslant 16,\ C_f'=0\}$，这样上述问题就化为：

$$\max C_r'(13-0.5C_r')$$
$$s.t.\ 0\leqslant C_r'\leqslant 16$$

解得 $C_r'=13$，相应的总效用为 169/2。

c)考虑边界 $\{(C_r',\ C_f')\mid C_r'=16,\ 0\leqslant C_f'\leqslant 2.5\}$，这样上述问题就化为：

$$\max(C_f'+16)(5-4C_f')$$
$$s.t.\ 0\leqslant C_f'\leqslant 2.5$$

解得 $C_f'=0$，相应的总效用为 80。

d)考虑边界 $\{(C_r',\ C_f')\mid 0\leqslant C_r'\leqslant 16,\ C_f'=2.5\}$，这样上述问题就化为：

$$\max(2.5+C_r')(3-0.5C_r')$$
$$s.t.\ 0\leqslant C_r'\leqslant 16,$$

解得 $C_r'=7/4$，相应的总效用为 9.03125。

综上可知，总效用最大化的决策为：白领 r 消费所有的商品，并且 $C_r'=13$，$F_r'=3/2$；

$C_f'=0$，$F_f'=5$。

9. 假设一个社会共有五种产品、四种生产要素，试列出表达一般均衡的方程组。如何理解这些方程式中必有一个方程式并非独立，即可从其他方程中推导出来？

答：设 X_1，X_2，…，X_5 为五种商品的数量，P_1，P_2，…，P_5 为这五种商品的价格；Q_1，…，Q_4 为四种生产要素的数量，W_1，…，W_4 为这四种要素的价格。a_{ij}($i=1$，…，4；$j=1$，…，5)为生产一个单位的商品 j 所需耗用的要素 i 的数量。则由这五种商品四种生产要素组成的一般均衡方程组为：

(1)对商品的需求方程

$$X_1=f_1(P_1,P_2,\cdots,P_5;W_1,W_2,\cdots,W_4)$$
$$X_2=f_2(P_1,P_2,\cdots,P_5;W_1,W_2,\cdots,W_4)$$
$$\cdots$$
$$X_5=f_5(P_1,P_2,\cdots,P_5;W_1,W_2,\cdots,W_4)$$

(2)对生产要素的需求方程

$$Q_1=a_{11}X_1+a_{12}X_2+\cdots+a_{15}X_5$$
$$Q_2=a_{21}X_1+a_{22}X_2+\cdots+a_{25}X_5$$
$$\cdots$$
$$Q_4=a_{41}X_1+a_{42}X_2+\cdots+a_{45}X_5$$

(3)商品的供给方程

$$P_1=a_{11}W_1+a_{21}W_2+\cdots a_{41}W_4$$
$$P_2=a_{12}W_1+a_{22}W_2+\cdots a_{42}W_4$$
$$\cdots$$
$$P_5=a_{15}W_1+a_{25}W_2+\cdots a_{45}W_4$$

(4)生产要素的供给方程

$$Q_1=g_1(P_1,P_2\cdots,P_5,W_1,W_2\cdots,W_4)$$
$$Q_2=g_2(P_1,P_2\cdots,P_5,W_1,W_2\cdots,W_4)$$
$$\cdots$$
$$Q_4=g_4(P_1,P_2\cdots,P_5,W_1,W_2\cdots,W_4)$$

以上四组方程共计有18($=2\times4+2\times5$)个方程，方程的未知数为18($=2\times4+2\times5$)个，但这18个方程中只有17个方程是相互独立的，即其中必有一个方程可以从其余方程中推导出来。这是因为假定生产要素所有者的收入全部用来购买商品。因此，要素收入等于产品销售价值。商品 X_1，X_2，…，X_5 分别乘以它们各自的价格 P_1，P_2，…，P_5，再加总求和，即 $X_1P_1+X_2P_2+\cdots+X_5P_5$ 为全部产品的销售价值。要素 Q_1，Q_2，…，Q_4，分别乘以它们各自的价格 W_1，W_2，…，W_4，再加总求和，即 $Q_1W_1+Q_2W_2+\cdots+Q_4W_4$ 为所有要素的收入。故 $X_1P_1+X_2P_2+\cdots+X_5P_5=Q_1W_1+Q_2W_2+\cdots+Q_4W_4$。

该等式意味着当左边的5个方程之和(即所有产品的销售价值之和)为已知时，右边的4个方程之和(即要素的收入之和)也为已知，因此其中必然有一个方程可以从其余的3个方程中得出来。同样地，如果等式右边的4个方程之和为已知，上式左边的5个方程之和也为已知，因此其中必然有一个方程可以从其余的4个方程中得出来。总之，由于假定生产要素所有者的收入等于产品的销售价值，因此由上述18个方程组成的四组方程中必然有一个方程可以从其余17个方程中推导出来。

第 17 讲 外在性、科斯定理与公共品理论

17.1 课后习题详解

1. 假定一垄断者产生了损害性的外部效应。请使用消费者剩余的概念去分析对污染者的一个最优税收是否对于改善福利是必需的。

答：征税对于改善福利不是必需的，理由如下：

征税意味着提高垄断者的边际成本，根据成本加成定价原则，产品的价格也会上升，同时销售量减少，所以消费者的福利和社会福利总额都减少。如图 17－1 所示，征税后，边际成本曲线由 MC 上升到 MC_T，从而使厂商在征税后的边际成本等于其实际的社会边际成本，根据边际成本加成定价原则，垄断价格从 C 上升到 B，市场需求从 F 下降到 G，社会总剩余从 S_{AEMK} 减少到 S_{ADHK}，征税后的社会福利状况恶化。

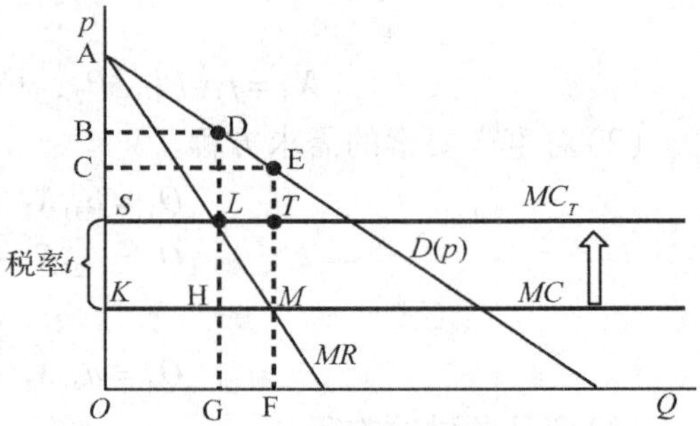

图 17－1 征税引起社会福利恶化

2. 在一个完全竞争行业中的一家厂商首创了一种制作小机械品的新过程。新过程使厂商的平均成本曲线下移，这意味着这家厂商自己（尽管仍是一个价格接受者）能在长期获得真正的经济利润。

(1) 如果每件小机械品的市场价格是 20 美元，厂商的边际成本曲线为 $MC=0.4q$，其中 q 是厂商每日的小机械品产量，厂商将生产多少小机械品？

(2) 假定政府的研究发现厂商的新过程污染空气，并且估计厂商生产小机械品的社会边际成本是 $SMC=0.5q$。如果市场价格仍为 20 美元，什么是厂商在社会上的最优生产水平？为了实现这种最优生产水平，政府应征收多大比率的税收？

(3) 用图形表示你的结果。

解：(1) 对该竞争性厂商而言，其最优产量决策应当满足 $P=MC$，即 $20=0.4q$，解得 $q=50$。

(2) 从政府的角度讲，厂商的最优产量决策应当满足 $P=\text{SMC}$，即 $20=0.5q$，解得 $q=40$。为了使厂商生产全社会有效水平的产量 $q=40$，政府应当对厂商征税，假设征收从量税税率为 t，则征税后厂商的边际成本为 $MC(t)=0.4q+t$，那么厂商的最优产量决策满足：

$$P=0.4q+t \quad ①$$

把 $P=20$ 和 $q=40$ 代入①式中，解得 $t=4$。

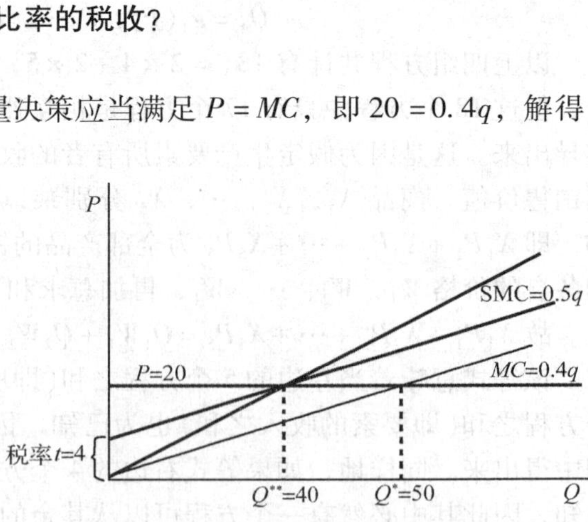

图 17－2 通过征税限制污染量

若以从价税来表示，则有：

$$P = MC = (0.4 + t)q$$

将价格20和产量40代入得到：

$$t = 0.1$$

(3)如图17－2所示。

3. 判断下述命题是否正确，并说明你的理由：

(1)当存在外部效应时福利经济学第一定理不一定成立。

(2)"公共物品的提供，如果没有政府出钱或者出面组织，是不可能实现帕累托最优的。"

答：(1)正确。福利经济学第一定理是说任何的竞争性均衡都是帕累托有效的，但此定理至少有以下三个暗含的假设条件：

①消费者只关心本人的商品消费，而不顾他人，即不存在外部效应。

②每个交易者确实在进行竞争。

③只有竞争均衡确实存在时，第一定理才有其意义。

由此可知，当存在外在性时，福利经济学第一定理可能就不再成立。

(2)正确。因为公共物品如果由私人提供，由于搭便车现象的存在，公共品的实际供给量可能会大大低于社会最优水平，从而不可能实现帕累托最优，这时就需要政府出钱或出面组织，直接提供有效数量的公共品。

从交易成本的角度讲，由于单个人之间的谈判存在很高的交易成本，彼此之间很难达成一致，因此，由政府出面来组织公共品的提供，必然会比私人提供的数量更多，从而有可能达到帕累托最优。

4. 假定社会上只有两个人。对某甲，蚊虫控制的需求曲线为

$$q_a = 100 - p$$

对某乙为

$$q_b = 200 - p$$

(1)假定蚊虫控制是纯公共品：即一旦生产出来，每个人都会从中受益。如果它能以每单位120美元的不变边际成本得以生产，其最优水平如何？

(2)如果蚊虫控制由私人市场来办，又会提供多少？你的答案是否取决于每个人都假定其他人会进行蚊虫控制？

(3)如果政府会提供最适当的蚊虫控制规模，这将花费多少？如果个人会按其从蚊虫控制中所得的好处的比例去分担费用的话，为此的税收将怎样在两个人之间分配？

解：(1)假定蚊虫控制是纯公共品，如果个人对公共物品需求的垂直相加与生产它的边际成本相等，确定的公共物品的数量就是最优水平。

通过垂直相加可得市场需求曲线，对应的市场需求曲线方程为：

$$p = \begin{cases} 300 - 2q, & 0 \leqslant q < 100 \\ 200 - q, & 100 \leqslant q < 200 \end{cases}$$

由 $p = MC$ 得：

$$q^* = 90,\ p^* = 120$$

即最优水平为90。

(2)给定乙对蚊虫控制的提供量为 q_b，因为甲为蚊虫控制愿意支付的最高价格(100)低于进行蚊虫控制的边际成本（120），所以甲的最优选择就是不提供蚊虫控制，即 $q_a=0$。给定甲不会选择提供，乙选择使自己福利最大化的蚊虫控制的供应量：

$$\max_{q_b}\int_0^{q_b}(200-t)\mathrm{d}t-120q_b$$

解得 $q_b=80$，因此蚊虫控制的总供应量为 $q_a+q_b=80$，低于有效供应水平。

（3）如果由政府提供最优的蚊虫控制规模，这将花费 $120\times 90=10800$。把 $q^*=90$ 代入甲乙两人的需求曲线，可得：$p_a=10$，$p_b=110$。如果个人会按其从蚊虫控制中所得的好处的比例去分担费用的话，甲支付的税收为 $T_a=q^*\times p_a=90\times 10=900$，乙支付的税收为 $T_b=q^*\times p_b=90\times 110=9900$。两消费者在总税收中负担比例为：$\dfrac{T_a}{T_b}=\dfrac{900}{9900}=\dfrac{1}{11}$。

5. 假定经济生活中有三种商品，N 个人。两种商品是纯公共物品（非排他的），第三种商品是普通的私人商品。

（1）为了资源在任意一种公共品与私人商品之间有效率的配置，什么条件成立？

（2）为了在两种公共品之间有效配置资源，什么条件一定要成立？

答：这个问题可以采用如下模型进行解释：假设两种公共品的供应数量为 G_1 和 G_2，每个人消费的私人品的数量为 x_i，那么有效的资源配置应当使得全社会的福利最大化，即：

$$\max_{x_1,\cdots,x_n,G_1,G_2}\sum_{i=1}^{n}u^i(x_i,G_1,G_2)$$
$$s.t.\quad T(X,\ G_1,\ G_2)=0$$

其中 $X=\sum\limits_{i=1}^{n}x_i$，$T(X,\ G_1,\ G_2)=0$ 是转换函数，这个问题的拉格朗日函数为：

$$L=\sum_{i=1}^{n}u^i(x_i,G_1,G_2)-\lambda T\left(\sum_{i=1}^{n}x_i,G_1,G_2\right)$$

相应的一阶条件为：

$$\frac{\partial u^i}{\partial x_i}=\lambda\frac{\partial T}{\partial X}\qquad i=1,2,\cdots,n \qquad ①$$

$$\sum_{i=1}^{n}\frac{\partial u^i}{\partial G_1}=\lambda\frac{\partial T}{\partial G_1} \qquad ②$$

$$\sum_{i=1}^{n}\frac{\partial u^i}{\partial G_2}=\lambda\frac{\partial T}{\partial G_2} \qquad ③$$

（1）由 $\dfrac{\partial u^i}{\partial x_i}=\lambda\dfrac{\partial T}{\partial X},i=1,2,\cdots,n$，解得 $\lambda=\dfrac{\partial u^i/\partial x_i}{\partial T/\partial X},i=1,2,\cdots,n$；

② 式可进一步改写为 $\sum\limits_{i=1}^{n}\dfrac{1}{\lambda}\dfrac{\partial u^i}{\partial G_1}=\dfrac{\partial T}{\partial G_1}$，然后把 $\lambda=\dfrac{\partial u^i/\partial x_i}{\partial T/\partial X},i=1,2,\cdots,n$ 代入后整理就有：

$$\sum_{i=1}^{n}\frac{\partial u^i/\partial G_1}{\partial u^i/\partial x_i}=\frac{\partial T/\partial G_1}{\partial T/\partial X}$$

对于公共品 2，也有类似的等式成立：

$$\sum_{i=1}^{n}\frac{\partial u^i/\partial G_2}{\partial u^i/\partial x_i}=\frac{\partial T/\partial G_2}{\partial T/\partial X}$$

（2）②式和③式两边分别相除就得到：

$$\frac{\sum_{i=1}^{n}\frac{\partial u^i}{\partial G_1}}{\sum_{i=1}^{n}\frac{\partial u^i}{\partial G_2}}=\frac{\frac{\partial T}{\partial G_1}}{\frac{\partial T}{\partial G_2}}$$

6. 假定一个生产一种公共品(P)和一种私人商品(G)的经济的生产可能性边界由下式决定：

$$G^2+100P^2=5000$$

并且，该经济由100个完全相同的个人组成，每个人有如下形式的效用函数

$$效用=\sqrt{G_iP}$$

其中，G_i是个人在私人商品生产中的份额($=G/100$)。请注意，公共品是非排他的，并且每个人都从其生产水平中同样受益。

(1)如果G和P的市场是完全竞争的，将会生产出多少？在此情形下典型的个人效用会是什么样的？

(2)G和P的最优生产水平如何？典型的个人效用水平如何？应怎样对商品的消费进行征税以达到这一结果？

解：(1)市场达到竞争性均衡时，每个消费者的边际替代率相同，都等于产品的边际转换率，即$\mathrm{MRS}_{PG}^i=\mathrm{MRT}_{PG}$，$i=1$，2，……，100，从而得到：

$$\frac{G_i}{P}=\frac{100P}{G} \quad ①$$

因为每个人的效用函数都相同，所以利用对称性可知，达到竞争性均衡时，每个人消费的私人品的数量相同，即$G_1=G_2=\cdots=G_{100}=\frac{G}{100}$，从而①式变为：

$$\frac{G}{100P}=\frac{100P}{G} \quad ②$$

联立②式和生产可能性边界方程$G^2+100P^2=5000$，解得$P=0.704$，$G=70.4$，从而$G_i=0.704$，此时每个的效用为$u^i=0.704$。

(2)根据公共品供给的萨缪尔森加总规则，公共品和私人品达到最优分配时应当满足如下条件：

$$\sum_{i=1}^{100}\mathrm{MRS}_{PG}^i=\mathrm{MRT}_{PG}$$

即：

$$\sum_{i=1}^{100}\frac{G_i}{P}=\frac{100P}{G} \quad ③$$

因为每个人的效用函数都相同，所以利用对称性可知，达到最优时，每个人消费的私人品的数量相同，即$G_1=G_2=\cdots=G_{100}=\frac{G}{100}$，从而③式变为：

$$\frac{G}{P}=\frac{100P}{G} \quad ④$$

④式和生产可能性边界方程$G^2+100P^2=5000$，联立解得$P=5$，$G=50$，从而$G_i=0.5$，$i=1$，2，…，100。此时每个人的效用为$\sqrt{G_iP}=0.5\sqrt{10}$。政府可以通过向消费者消费公共品征收数量税，使得在竞争条件下商品的供给达到有效数量。假设私人品的价格为1(这相

当于把私人品作为计价物），公共品的税率为 t，那么达到竞争性均衡时，每个消费者的边际替代率相同，都等于私人品和公共品的价格之比（公共品的价格即税率），即 $MRS_{PG}^i = t$，从而得到：

$$\frac{G_i}{P} = t \quad ⑤$$

把 $P=5$ 和 $G_i=0.5$ 代入⑤式中，解得 $t=0.1$。

7. 若市场上只有A和B两个消费者，他们对公共品 Y 的需求函数，以及 Y 的供给函数分别为

$$Q_{dA} = 8 - 2p_Y$$
$$Q_{dB} = 12 - p_Y$$
$$Q_{sY} = p_Y$$

求：(1)A、B各消费多少 Y？

(2) Y 的市场价格是多少？

(3)若 Y 是个人品，其价格和消费量有何不同？

解：(1)由于公共品具有非排他性，即一个人提供时，所有的人都可以使用，所以给定消费者B提供的数量为 Q_B，消费者A选择使自己的消费者剩余最大化的提供量，即：

$$\max_{Q_A} \int_0^{Q_A+Q_B} (4-0.5t)\,dt - PQ_A \quad ①$$

把 $P=Q_A+Q_B$ 代入①式中，就有：

$$\max_{Q_A}\left[-\frac{5}{4}Q_A^2 + \left(4-\frac{3}{2}Q_B\right)Q_A + \left(4Q_B - \frac{1}{4}Q_B^2\right)\right]$$

解得：

$$Q_A = \begin{cases} 8/5 - 3/5Q_B & 0 \leqslant Q_B < 8/3 \\ 0 & Q_B \geqslant 8/3 \end{cases} \quad ②$$

同理，对于消费者B也有：

$$Q_B = \begin{cases} 4 - 2/3Q_A & 0 \leqslant Q_A < 6 \\ 0 & Q_A \geqslant 6 \end{cases} \quad ③$$

联立②、③两式，解得 $Q_A=0$，$Q_B=4$

(2)市场总需求为 $Q_d = Q_A + Q_B = 4$，所以 Y 的价格为 $P = Q_s = Q_d = 4$。

(3)若 Y 是个人品，则它的总需求函数为：

$$Q_d = \begin{cases} 12-p & p>4 \\ 20-3p & 0 \leqslant p \leqslant 4 \end{cases}$$

市场达到均衡时，总供给等于总需求，于是联立总供给和总需求方程，解得：$p=6$，$Q=6$。

8. 改革开放以来，各地区的工业发展对我国经济的持续高速发展做出了很大的贡献，然而也造成了日益加重的环境污染。试根据经济学原理讨论下列问题。

(1)环境污染为什么通常难以由污染者自行解决，而需要政府加以管理？

(2)解决环境污染的常用方法包括：关闭工厂，制定排污标准并对超标者罚款，按照污染物排放量收费。试从经济学角度分析比较这三种方法。

答：(1)因为厂商的目标是追求自身利润的最大化，而污染具有负的外在性，尽管如此，污染行为对厂商而言成本为零，但是从社会最优的角度看，厂商的环境污染行为具有正的成本，所以当环境污染的外在性不能内在化时，厂商是没有动力来治理污染的，这个时候就需要政府出面，从全社会最优的角度来进行环境污染的管理。同时，由于厂商之间达成一致的成本比较高，所以交易费用的存在也使得厂商没有动力去消除污染。

(2)首先，关闭工厂的方法只有在企业的收益不足以支付其社会成本时才是有效的，否则，关闭企业只会对总的社会福利产生负面影响。当企业的收益足以支付社会成本时，制定排污标准，并对超标者罚款和对污染征税两种方法在控制污染量方面的效果是相同的，但是前一种方法可以使企业获得较高的利润(因为当企业在制定的标准内生产时，无需支付额外的费用)；而后一种方法会降低企业的利润，因为此时企业无论生产多少，都必须支付生产成本以外的部分社会成本。从实施的角度看，第三种方法的可行性并不大，因为很难精确地衡量企业的排污量，相反，制定排污标准则是一个可行的方案。

9. 判断下列说法是否正确，并给出理由：

在完全竞争市场条件下，如果对商品的生产增加税收，则增税的负担主要落在生产者头上，如果对商品的销售增加税收，则增税的负担主要落在消费者头上。

答：这个说法不正确，理由如下：在完全竞争的市场条件下，对哪一方征税并不影响均衡的结果，税收的最终负担主要取决于需求和供给的弹性。如果需求的弹性大于供给的弹性，则税收将更多的由生产者来负担；如果需求的弹性小于供给的弹性，则税收将更多的由消费者来负担。

10. 你认为下列物品中哪些属于公共品？哪些属于私人品？为什么？

(1)自然环境保护区；

(2)道路；

(3)进入索马里以拯救饥荒中的难民；

(4)公共电视节目；

(5)闭路电视节目。

答：首先解释几个概念：

①非排他性商品：非排他性商品是指这样一种商品，该商品被生产出来以后，很难把个人从商品的受益人群中排除出去，或者说这一点虽然做得到，但成本高昂。

②非竞争性商品：非竞争性商品是指随着对该商品消费的增加，其社会边际成本并不增加的商品。

③纯公共品和准公共品：纯公共品是指同时具有非排他性和非竞争性的商品；准公共品是指只满足非排他性和非竞争性这两个特性之一的商品。

(1)是纯公共品。因为自然环境保护区是非排他的和非竞争的。

(2)是准公共品。因为一般情况下，道路具有非排他性，但是到了交通高峰期，道路的使用就具有排他性了。

(3)是私人品。因为一个人得到救济的机会就意味着另一个人失去得到救济的机会，同时多救济一个人会增加救济的成本，所以这种救济是私人品。这种救济具有竞争性和排他性。

(4)是纯公共品。因为任何观众都可以收看公共电视节目，同时多一个观众收看节目不会增加制作节目的成本，所以公共电视节目具有非竞争性和非排他性。

(5)是准公共品。因为多增加一个交费用户不会增加制作节目的成本，所以闭路电视节目具有非竞争性，但是由于它只对交费的观众开放，所以具有排他性。

17.2 强化习题详解

1. 某村庄有80户人家，他们正在决定是否在村里修一条马路，每个农户的效用函数可以表示为 $u(x, y)=x^{1/2}+y$，其中 x 代表马路长度，单位是米，y 代表花费在其他商品上的支出，单位是万元。修一米马路需要4万元，那么对这个村庄而言，帕累托最优的马路长度是多少？

解：方法一：

帕累托最优的马路长度使得村庄的总效用最大化。设第 i 户人家的收入为 w_i，则村庄的总效用最大化问题为：

$$\max_x 80x^{\frac{1}{2}}+\sum_{i=1}^{80} y_i$$

$$s.t.\ 4x+\sum_{i=1}^{80} y_i=\sum_{i=1}^{80} w_i$$

从约束条件中解出 $\sum_{i=1}^{80} y_i$，代入目标函数式中，得到：

$$\max_x 80x^{\frac{1}{2}}+\sum_{i=1}^{80} w_i-4x$$

由一阶条件得到 $x=100$，所以帕累托最优的马路长度为100米。

方法二：

根据公共品提供的萨缪尔森加总规则，可知帕累托最优的马路长度应当满足：

$$\sum_{i=1}^{80} |\mathrm{MRS}_i|=MC$$

即：

$$80\frac{1}{2\sqrt{x}}=4$$

由此解得 $x=100$ 米。

2. 一个房地产开发商买了一块临近机场的土地准备建住宅，机场的噪音对开发商的利润有负的影响。如果用 x 代表每天飞机起落的数量，y 代表住宅的数量。机场的利润为 $48x-x^2$，开发商的利润为 $60y-y^2-xy$。

(1) 如果机场和开发商独立运作，那么每天将有多少架飞机起落，开发商将建多少套住宅？

(2) 帕累托最优的飞机起落数量和住宅数量为多少？

解：(1) 如果飞机场和开发商独立运作，则飞机场将独立地选择最优的飞机起落数量，开发商面对给定的飞机起落数量，再决定住宅的最优数量，机场的利润最大化问题为：

$$\max_x 48x-x^2$$

得到飞机起落数量为 $x=24$，由此开发商的利润最大化问题为：

$$\max_y 60y-y^2-24y$$

解得 $y=18$，所以每天将有24架飞机起落，开发商将建18套住宅。

(2) 如果飞机场和开发商联合经营，同时选择最优的飞机起落数量和住宅数量，使得两者的总利润最大化，那么就有：

$$\max_{x,y} 48x - x^2 + 60y - y^2 - xy$$

相应的一阶条件为：

$$48 - 2x - y = 0$$
$$60 - 2y - x = 0$$

解得 $x = 12$，$y = 24$，所以要实现帕累托最优，每天应当起飞12架飞机，开发商建24套住宅。

3．一个养蜂场与一个苹果园相邻。养蜂场生产蜂蜜，苹果园生产苹果。蜂蜜的价格是每单位8元，苹果的价格是每单位7元。养蜂场和苹果园的成本函数分别是 $C^A(h, a) = \frac{h^2}{100} - a$ 和 $C^0(h, a) = \frac{a^2}{100}$，其是 h 是蜂蜜的产量，a 是苹果的产量。

(1)如果养蜂场和苹果园分开经营，苹果的产量是多少？

(2)如果养蜂场和苹果园的所有者是同一个人，苹果的产量又是多少？

解：(1)如果养蜂场和苹果园分开经营，苹果园园主的利润最大化问题为：

$$\max_a 7a - \frac{a^2}{100}$$

由一阶条件解得 $a = 350$。

(2)如果养蜂场和苹果园的所有者是同一个人，他的利润最大化问题为：

$$\max_{h,a} 8h + 7a - (h^2/100 - a) - a^2/100$$

这个最大化问题关于 a 的一阶条件为：

$$7 + 1 - a/50 = 0$$

解得 $a = 400$，这里养蜂场对苹果园有正的外在性。

4．一个岛上有500个居民，每个居民消费两种不同的产品：私人消费品 c 和公共品 G。公共品的生产技术为 $G = 5c$。岛上居民的效用函数相同，即 $U(c, G) = c - \frac{64}{G}$。求帕累托有效的公共品的产量。

解：公共品有效供给数量满足萨缪尔森加总规则 $\sum_{i=1}^{500} \mathrm{MRS}_{Gc}^i = MC_G$，由于 $\mathrm{MRS}_{Gc}^i = 64/G^2$，$\mathrm{MC} = 5$，所以由 $\sum_{i=1}^{500} 64/G^2 = 5$ 解得 $G = 80$。

5．1990年美国清洁空气法案修正案第五款确立了第一个大规模、长期的环境计划，这一计划旨在依赖可交易许可证制度来控制污染。该计划决定通过减少发电厂二氧化硫排放量来控制酸雨。计划要求每个电厂只有获得许可才能排污。给予每个污染源一定的排放许可权，所有企业的排污许可总量接近允许的排污水平。排污企业随时可以决定是按许可排污还是治理污染，从而减少排污量并将剩余的排污许可权拿到排污许可权市场上去交易，获取收入。硫排放许可权市场接近于完全竞争市场。

(1)最初估计排污许可权的均衡价格为每排放一吨二氧化硫250美元。这一估计后来被证明过高。为什么会出现这种情况？

(2)硫排放许可权市场最初建立时交易量很少，为什么？

(3)如果排污许可权的实际价格持续低于预期价格，估计企业的投资会如何调整？

(4)能否推断允许的排污总量会随着时间推移而下降？

答：(1)这一估计是基于模拟试验的基础上，这一试验的设计旨在检验电力部门对排污许可权制度的反应。但建立排污许可权市场是一项全新的尝试，因此难以精确估计该制度的运行情况。很显然，该模型忽视了一些会减少企业对许可权需求的重要因素，如在20世纪80年代早期，美国西部的低硫煤对东部发电厂来说从经济或技术角度看都是可行的选择。受这些因素影响，排污许可权的实际价格就低于估计价格。

(2)毕竟硫排放许可权市场是一种新事物，因此电力等部门习惯于这种操作还需要一段时间。尤其是最初几年，这些部门不愿销售许可权，因为它们认为以后它们可能还不得不重新购买排污许可权。因此市场最初建立时，交易量很小。

(3)可以降低硫排放的项目，其投资回报强烈依赖于“不排放”的机会成本。因为这些投资一方面可以通过销售不再需要的排污许可权而获得收入，另一方面通过减少可能要购买的排污许可权的数量而降低成本。如果排污许可权的价格较低，上述两种选择的吸引力都会减小(销售排污许可权的收入减少，不购买排污许可权的成本节约减少)，因此，如果实际价格持续较低，企业就会取消许多排放控制设备的研制项目，减少这方面投资。

(4)不能。不能预期排污许可权的价格随着总排污量目标(及排污许可权的总量)的下降而下降，但排污许可权的低价格会伴随着更好的技术与更低的排污需求，即使是在排污许可权供给很少的情况下。最近排污许可权价格的上升可能是由于对电力的经济需求的增加，推动对排污许可权的需求逼近所允许的总量目标。但可以因此得出结论，在其他所有条件不变的情况下，降低许可权数量目标会推动许可权价格上升。

6. 试述什么原因导致了市场在实现帕累托最优上的缺陷。

答：完全竞争市场的一般均衡能实现资源的帕累托有效率配置和净社会福利最大化。传统微观经济学认为政府只是充当守夜人的角色，在市场机制这只“看不见的手”引导下，经济人的自利行为可以有效增进社会利益。但是在许多情况下，某些原因使市场均衡的结果不能导致资源的配置达到帕累托最优，这就是市场失灵。

(1)不完全竞争的市场。帕累托最优的一个强假定前提是完全竞争市场的存在，这是满足帕累托最优的三个必要条件的前提所在。但其与现实不符，因为很难找到完全符合完全竞争假设的市场。如果厂商或生产要素供给者具有一定的市场垄断能力，就会产生帕累托无效率。具有垄断势力的厂商会在边际成本低于价格但等于边际收益的产量水平上生产，这意味着以较高的价格出售较少的产出，最终会使产品之间的边际转换率和消费者对这两种商品的边际替代率不相等，一种产品生产太多，另一种产品生产太少，导致资源非有效配置。同样的情况也适用于要素供给者。垄断还造成社会福利净损失。

(2)外部性。价格体系有效运作的原因是因为市场价格能准确传递生产者和消费者的信息，当具有外部性时，市场价格就不能准确地反映消费者和生产者活动的后果。外部性指不通过价格机制或不通过供求关系而直接影响他人的经济环境或经济利益，对他人有影响，而又没有承担这种影响的责任。私人边际成本与社会边际成本不同，经济人的自利行为的理性选择是依据私人边际成本，所以会产生消极的外部性。外部性的存在会导致资源配置的无效率。

(3)公共品。以国防、路灯等为代表的公共品的消费具有非竞争性和非排他性的特点，因而在消费上会产生“搭便车”现象：自己不负担公共品的生产成本，由别人生产出来，自己免费享受。市场不会有效率地提供公共品，资源配置无效率。

(4)不完全信息。不完全信息指买卖双方掌握的关于商品价格和质量的信息是不完全的。有时信息还是不对称的，一方掌握的信息，另一方不掌握。不完全信息也会使资源配置发生扭曲。

市场失灵需要政府介入。当然，市场失灵只是政府干预的充分条件，在市场能够做得到、做得好的场合，应该尽量发挥市场机制的作用。政府永远是第二替代，如果政府干预的成本大于市场方式的成本，就应该选择市场，政府干预的效果与市场方式相同，也应该选择市场。

7. 为了消除外在性，政府可以采取哪些措施？

答：为了消除外在性，政府主要可以从以下几个方面采取措施：

(1)使用税收和津贴。对造成外部不经济的企业，国家应该征税，其数额应该等于该企业给社会其他成员造成的损失，从而使该企业的私人成本恰好等于社会成本。

(2)使用企业合并的方法。把产生外部经济影响的经济单位与受到外部影响的经济单位合并在一起，则外部影响就变成为一个单位的内部问题了。合并后的单个企业按边际成本等于边际收益进行生产，将生产社会边际成本等于社会边际收益决定的量，即此时资源配置达到帕累托最优状态。

(3)使用规定财产权的办法。在许多情况下，外部影响之所以导致资源配置失当，是由于财产权不明确。如果财产权是完全确定的并得到充分保障，则有些外部影响就可能会通过产权的交易得到解决。这一思想体现在科斯定理之中：只要产权明晰，那么在交易成本为零的条件下，无论初始产权的规定如何，市场均衡的最终结果都是有效率的。这样，对外在性问题，只要规定产生外在性的经济单位有权制造它，或者规定受到外在性影响的单位有权拒绝它，则通过这项权利的自由交换，经济当事人会以最低的成本寻求解决方案。以上纠正外在性的方法在实践中针对不同的情况加以使用。

总之，对于外部性问题，政府应该积极干预，尽量削弱和消除负的影响，但是决不能认为，政府可以替代市场，政府应发挥宏观调控职能。

8. 基础研究的成果为什么具有公共品的特点？

答：(1)公共品是指供整个社会即全体社会成员共同享用的物品。萨缪尔森和诺德豪斯给公共品下了这样的定义："公共品是这样一些物品，它们的利益不可分割地被扩散给全体社会成员，无论个人是否想要购买这种公共品。要使公共品有效率地提供出来，经常需要政府的行动。"

公共品具有两个特点：①非排他性。非排他性指一产品为某人消费的同时，无法阻止别人也来消费这一物品。对于私人物品来说，购买者支付了价格就取得了该物品的所有权，就可轻易阻止别人来消费这一物品，而对于公共品来说，任何人对某种公共品的消费，都不排斥其他人对这种物品的消费，也不会减少其他人由此而获得的满足。②非竞争性。非竞争性指公共品可以同时为许多人所消费，增加一名消费者边际成本为零，即一个人对这种物品的消费不会减少可供别人消费的量。公共品是提供给一切消费者的，无法在消费者之间进行分割。

公共品使用之所以具有非排他性和非竞争性，是因为公共品生产上具有不可分性，而只能作为一个整体供全社会成员使用。由于公共品不能细分，因而人们对公共品的消费不能由市场价格来决定，价格机制无法将社会对公共品的供需情况如实反映出来。

(2)基础研究的成果也具有公共品的特性，即非排他性和非竞争性。从非排他性方面看，基础研究成果是对自然科学、社会科学理论性方面的研究，其本身不形成直接的商品，所以在基础研究成果被一部分人利用的同时，并不能阻止其他人的利用。从非排他性方面看，对于基础研究成果来说，其投入主要是研究前的研究投入，成果出来形成理论后，他人利用基础研究成果的边际成本等于零，因此基础研究成果具有非竞争性。正是因为基础研究成果具有非排他性和非竞争性的特点，所以基础研究是公共品，需要政府提供。

9. 某经济由两个人及一个企业构成。企业雇佣劳动 L 以生产 x，生产函数为 $x=2L^{\frac{1}{2}}$，企业利润均等地分配给两个人。企业的生产带来一定的公害，公害量 z 依存于 $z=\frac{x}{4}$，两个人的效用依存于 x 及 z，两人均为 $u=3x-2z^2$，初期两人均只有 8 单位的劳动。

(1)在没有关于公害的法规时，竞争均衡的产量 x 及公害量 z 为多少？

(2)说明帕累托最佳资源配置状态。

(3)政府为抑制公害，向企业按每单位 x 征收 t 额的税收(税收均等地分给个人用于补贴)，税率 t 应定为多少？

解：(1)设 x 的价格为 p，劳动力价格为 w，则企业利润为

$$\pi=px-wL=2pL^{\frac{1}{2}}-wL$$

利润极大化条件为 $\frac{\mathrm{d}\pi}{\mathrm{d}L}=pL^{-\frac{1}{2}}-w=0$，即 $L=\frac{p^2}{w^2}$

均衡时，企业的劳动需求量等于全部的劳动供给量 $16=(8+8)$，即 $L=\frac{p^2}{w^2}=16$

此时，$x=2L^{\frac{1}{2}}=8$，$z=\frac{x}{4}=2$

(2)设两个人分别为 A、B，个人效用分别为

$$u_A=3x_A-2z^2$$

$$u_B=3x_B-2z^2$$

资源配置的可能性条件为

$$\begin{cases}x=x_A+x_B\\ x=2L^{\frac{1}{2}}\\ z=\frac{x}{4}\\ 0\leqslant L\leqslant 16\end{cases}$$

把上述关系式代入 u_A 表达式中得

$$u_A=3(x-x_B)-2z^2=3x-\frac{x^2}{4}-u_B=6L^{\frac{1}{2}}-L-u_B$$

帕累托最优条件，即在 u_B 一定的情况下使 u_A 极大化，其条件为 $\frac{\mathrm{d}u_A}{\mathrm{d}L}=3L^{-\frac{1}{2}}-1=0$，即 $L=9$。

此时，$x=2L^{\frac{1}{2}}=6$，$z=\frac{x}{4}=3/2$。

(3)课税时企业利润为

$$\pi=px-tx-wL=2(p-t)L^{\frac{1}{2}}-wL$$

利润极大化条件为$\frac{d\pi}{dL}=(p-t)L^{-\frac{1}{2}}-w=0$。

为实现帕累托最优，L 应满足 $L=9$，即$(\frac{p-t}{w})^2=9$。

可解得税率 t 为：$t=p-3w$。

10. 在一个经济系统里，由消费者 A、B 和公共产品 Z、私人产品 X 构成。消费者 A、B 的效用函数为 $U_A=X_AZ^{\frac{1}{2}}$，$U_B=X_BZ^{\frac{1}{2}}$，最初经济系统中私人产品数量为 24，公共产品要用私人产品来生产，成本函数为 $X=2Z$。该经济系统的福利函数为 $W=U_A\cdot U_B$。求使福利最大化的公共产品的最佳产量是多少？

解：社会福利函数 $W=U_A\cdot U_B=X_A\cdot(24-2Z-X_A)\cdot Z$ 福利最大化的条件为：

$$\frac{\partial W}{\partial X_A}=(24-2Z-2X_A)\cdot Z=0$$

$$\frac{\partial W}{\partial Z}=X_A\cdot(24-4Z-X_A)=0$$

由于 $Z\neq0$，$X_A\neq0$（否则总福利就等于零），所以

$$24-2Z-2X_A=0$$
$$24-4Z-X_A=0$$

解得：

$$Z=4,\ X_A=8,\ X_B=8$$

公共产品的最佳产量是 4。

11. 近年来，对于是否应该在中国大力发展私人轿车的争论颇大，所涉及的范围也相当广。假定，某地的大多数居民认为，要对轿车进行适当限制，请分析以下几种限制办法的利弊，并说明，根据经济学的观点哪种方法相对有效。

(1) 限制私人购车，私人买车要经过有关部门批准。

(2) 提高轿车的价格。

(3) 对私人购买轿车征收一次性附加税或其他费用（如增容费等）。

(4) 提高燃油税。

(5) 限制轿车的使用（如分单，双号行驶，单日单号行驶，双日双号车行驶）。

答：(1) 限制私人购车，私人买车要经过有关部门批准，其实际上就是实行购车的配额制度。在这种情况下，对车辆的需求大于供给，为了调节需求，就实行配额制度，其实际上是限制了部分需求，这必然导致对获得购买私家车批准权利的寻租。经济理论认为，这种配额制度不仅造成由于市场非均衡的社会福利的损失，而且寻租过程造成的租金损失远远大于市场非均衡的社会福利损失。

(2) 提高轿车的价格，实际上就是对轿车出售能够实行最低定价。最低定价一方面造成社会福利的损失，并且这些损失的部分无法通过税收的形式转化为政府的收入。另一方面，最低定价造成供给大于需求，为了使供给等于需求，政府必须对于汽车生产厂家的生产规模进行限制，这必然导致寻租行为和黑市市场，寻租行为和黑市市场的社会福利损失可能更大。

(3) 对私人购买轿车征收一次性附加税或其他费用，实际上提高了轿车的购买价格，这种税收限制了需求，也使得供给和需求自动均衡，并且部分福利损失转化为政府的税收。因

此这种方式比第一、第二种方式都好。但是，一次性征税只限制了私家车的购买，并不能限制私家车的使用。私家车对社会经济的负面影响实际上并不是拥有多少私家车量，而是经常在公路上开的私家车有多少，也就是说私家车的使用量。

(4)提高燃油税即限制了私家车的购买和使用。首先，购买私家车不但要考虑私家车的当前价格，还要考虑未来维护和使用私家车的成本。因此提高燃油税提高了私家车的使用成本，相当于提高了私家车的实际价格，并且这种福利损失一部分转化为政府的税收。另一方面，征收燃油税还使私家车的成本和使用有关，因此，这在一定程度上限制了私家车的使用量。

(5)限制私家车的使用，实际上是通过行政管制的手段直接限制私家车的使用，这种方法在特殊时使用很有效，但作为一项政策则成本太高，这不仅仅涉及到经济成本，更大程度上是社会成本，因此这种方法是最次的方法。

12. 假定A、B两厂商之间存在外部性，A厂商给B厂商造成外部不经济。A厂商生产X产品，B厂商生产Y产品，其成本函数分别为$C_A=2X^2$和$C_B=Y^2+2XY$，B厂商的成本受A厂商的产量X的影响。X和Y的市场价格分别为80和60。求：

(1)假定厂商不对外部性问题进行交涉，两厂商的产量各为多少?

(2)假定两厂商对外部性问题进行交涉，并且交易成本为零，两厂商的产量又各为多少?

(3)在(2)的场合，对A厂商的外部不经济有法规和无法规时，两厂商如何分配利润?

(4)假定政府为抑制外部不经济，对A厂商生产的每单位X征收数额T的税收，两厂商若追求各自利润最大化，政府税额应定为多少?

(5)假定政府向A厂商生产的每单位X征收数额T的税收，而向B厂商生产的每单位Y发放T单位的补贴。假设两厂商可以无交易成本地交涉，那么政府的税收、补贴政策会带来什么样的影响?

解：(1)先求出A、B两企业的利润函数

$$\begin{aligned}\pi_A &= P_A X - C_A \\ &= 80X - 2X^2 \\ \pi_B &= P_B Y - C_B \\ &= 60Y - Y^2 - 2XY\end{aligned}$$

利润最大化条件分别为：

$$\frac{\partial \pi_A}{\partial X} = 80 - 4X = 0$$

$$\frac{\partial \pi_B}{\partial Y} = 60 - 2Y - 2X = 0$$

将上述两式联立求解得：

$$X = 20, \quad Y = 10$$

把$X=20$，$Y=10$代入π_A和π_B，解得：

$$\pi_A = 800, \quad \pi_B = 100$$

(2)假定厂商间就外部性问题进行交涉，则两厂商追求利润最大化，利润之和为：

$$\pi_A + \pi_B = (80X - 2X^2) + (60Y - Y^2 - 2XY)$$

利润最大化的条件为

$$\frac{\partial(\pi_A+\pi_B)}{\partial X}=80-4X-2Y=0$$

$$\frac{\partial(\pi_A+\pi_B)}{\partial Y}=60-2Y-2X=0$$

解得 $X=10$，$Y=20$，$\pi_A+\pi_B=1000$。

(3)在(2)的情况，A，B 两厂商的利润总额为 1000。

在没有法规限制厂商 A 的情况下，厂商 A 和厂商 B 都至少要求达到无交涉情况下的最大利润水平，即 $\pi_A \geqslant 800$ 和 $\pi_B \geqslant 100$。

因此，在无法规限制的情况下，π_A 和 π_B 的分配范围必须满足：

$$\pi_A+\pi_B=1000，\pi_A \geqslant 800 \text{ 和 } \pi_B \geqslant 100$$

如果有法规限制厂商 A，那么厂商 B 可以要求厂商 A 的产量 $X=0$，以使其成本最小化，此时厂商 B 的利润为 $\pi_B=60Y-Y^2$，利润最大化的条件为

$$\frac{\partial \pi_B}{\partial Y}=60-2Y=0$$

解得：$Y=30$，$\pi_B=900$

此时厂商 B 要求其利润至少不低于这一水平。所以在有法规的情况下 π_A 和 π_B 的分配应满足：

$$\pi_A+\pi_B=1000，\pi_A \geqslant 0 \text{ 和 } \pi_B \geqslant 900$$

(4)政府征税后对 B 厂商没有影响，对 A 厂商有影响，征税后 A 厂商的利润最大化条件为：

$$\frac{\partial \pi_A}{\partial X}=80-T-4X=0$$

为使厂商 A 达到利润最大化，税收 T 应根据 X 的大小定为：

$$T=80-4X=80-4\times 10=40$$

(5)政府实行征税及补贴政策时，两厂商利润分别变为：

$$\begin{aligned}\pi_A&=P_AX-TX-C_A\\&=80X-TX-2X^2\\\pi_B&=P_BY+TY-C_B\\&=60Y+TY-Y^2-2XY\end{aligned}$$

如果两厂商可自由交涉，那么利润之和为：

$$\pi_A+\pi_B=(80X-2X^2)+(60Y-Y^2-2XY)+T(Y-X)$$

可见，若 $Y>X$，则 A、B 的利润总和变大；若 $Y=X$，则利润总和不变；若 $Y<X$，则利润总和变小。

13. 在路易斯安纳阿特卡法拉雅流域生长着大量的龙虾，需求曲线为：$P=0.401-0.0064F$，边际社会成本为：$MC_s=-5.645+0.6509F$，边际私人成本为：$MC_p=-0.357+0.0573F$，式中 F 代表捕捉量，单位为百万磅，C 代表每磅的边际成本，P 代表价格。假定没有进入限制，试求：

(1)实际捕捉量。

(2)有效捕捉量。

(3)自由进入带来的社会福利损失。

解：(1)实际捕捉量由私人边际成本曲线与需求曲线的交点决定。该交点满足：

$$MC_p = -0.357 + 0.0573F = P = 0.401 - 0.0064F$$

解得 $F = 11.9$，即实际捕捉量为1190万磅。

(2)有效捕捉量由社会边际成本曲线与需求曲线的交点决定，$MC_s = P$。可解得有效捕捉量为920万磅。

(3)自由进入带来的社会福利损失为：

(实际捕捉量 - 有效捕捉量)×(有效捕捉量对应的价格 - 实际捕捉量对应的价格)×1/2 =(11.9 - 9.2)×(2.1 - 0.325)×1/2 = 2.396(百万美元)。

第18讲　企业的性质、边界与产权

18.1　课后习题详解

1. 有三种类型的契约被用来区分一块农地的租佃者向地主支付租金的方式：(1)以货币(或固定数量的农产品)；(2)以收成的固定比率；(3)以"劳动租"，即同意在地主的另一块土地上工作的形式来付租金。这些各自不同的契约规范会对佃农的生产决策产生什么影响？在实施每种契约时会发生何种交易费用？在不同的地方或在不同的历史阶段中，哪些经济因素会影响已确定的契约类型？

答：(1)对于货币租来说，这种形式的租金是将市场的风险在地主与佃农之间进行分担，这使得佃农在做生产决策时不仅要考虑生产上可能出现的风险，比如天气状况变化对生产的影响等等，还必须考虑到市场上农产品价格变化对佃农利益的影响。如果佃农是风险回避的，则这种加大佃农风险的承租方式会导致农民不愿意租土地进行经营。这样会使土地的出租率下降，从而导致土地的租金下降，最终影响到地主的利益。这里的交易费用主要是地主为鼓励农民使用这种形式的契约而不得不放弃部分地租。

对于这种形式的契约，一般是在市场经济有了很大的发展以后才会发生，因此，必然出现在资本主义萌芽以后的社会。在资本主义社会里，由于货币的普遍使用，因此使得土地的租金更多地采用了货币的形式，这对于农民来说意味着更大的风险，因此租金比以前的租金形式有所下调，并且出现了各种各样的金融工具来帮助农民来分散风险，例如金融衍生工具中的期货便具有这种功能。

(2)对于分成地租，更多是在劳动地租逐渐消亡以后才出现的，它是为了调动农民积极性而采取的一种租金形式。在征收分成地租的情况下，农民要承担一定的生产风险，即如果收成不好，则农民的收入就会减少。通常情况下，分成地租是通过将每年收成的一个固定的百分比给予地主，而将收入的剩余部分留给农民。这种形式的契约有利于调动农民的积极性，当然同时也给农民带来了一定的风险。在历史上，还出现过另外的一种固定地租的形式，即地主规定农民必须在每年上缴一定的收成，剩余的归农民，这种形式的租金是将全部的风险都留给了农民，其前提假设是农民是风险中性的。

对于这种形式的契约，大约出现在封建社会的中后期，是伴随着农民的大量反抗而出现的。这种形式的租金最主要的交易成本是地主要与农民分享剩余，同时共同承担风险。由于农民可以得到一部分剩余，因此农民的积极性被调动了起来，使得农民的生产积极性有了提高。但是，这种形式的租金也使得农民面临的风险也增大了，从而造成农民的破产的概率增加，直接威胁到社会的稳定，这也是在封建社会晚期农民起义不断爆发的主要原因。

(3)以劳动地租的形式是风险全部由地主承担的一种租金形式。在这种租金形式下，佃农只需要在地主的土地上工作够一定的时间，其余的时间就可以在自己的土地上工作了。在这种租金形式下，农民承担的风险比较小，但是由于农民必须在地主的土地上工作一定的时间，就产生了两个问题：①地主总是希望农民在自己的土地上工作的时间比较长，并且最好是在白天，这样农民的土地上的工作时间就无法保证，从而威胁到农民的利益；②农民由于不是在自己的土地上工作，因此劳动积极性不够，从而偷懒的情况总是在发生。

对于这种形式的契约，一般发生在封建社会的初期阶段，由于刚刚从奴隶社会进入封建社会，因此，农民与地主之间还有很强的人身依附关系，所以一定的劳动地租体现的正是这种人身上的不自由。在这种契约形式下，最主要的交易成本就是地主要不断地监督农民，使得农民在地主的土地上工作的时候能够努力工作，不至于偷懒。

2．在本讲第2节讨论的威廉姆森（Williamson）的等级控制和厂商规模的模型中，厂商是价格的接受者。

(1)证明：

$$\frac{\partial m}{\partial z}=-\frac{(\alpha\cdot s)^{m-1}\ln(\alpha\cdot s)}{\text{soc}}>0$$

$$\frac{\partial m}{\partial \alpha}=-\frac{z\alpha^{m-2}s^{m-1}[1+(m-1)\ln(\alpha\cdot s)]}{\text{soc}}>0$$

这里，soc <0 是公式

$$\frac{d^2\pi}{dm^2}=\theta(p-r)(\alpha\cdot s)^{m-1}(\ln\alpha\cdot s)^2-w_0\frac{s^m(\ln s)^2-\beta^m(\ln\beta)^2}{s-\beta}$$

右边的表达式。

(2)证明：如果 $\beta<e$ 且 $s>e$，则有 $\frac{\partial m}{\partial s}>0$ 与 $\frac{\partial m}{\partial \beta}<0$。

(3)请说明 $\frac{\partial m}{\partial z}>0$，$\frac{\partial m}{\partial \alpha}>0$，$\frac{\partial m}{\partial s}>0$ 与 $\frac{\partial m}{\partial \beta}<0$ 的经济含义。

证明：

首先阐述一下关于威廉姆森的等级控制与厂商规模模型：

(1)基本假定：

①企业在市场上是“价格接受者”；

②企业的目标是利润最大化；

③典型企业有 m 个管理者；每个管理者管理 s 个不同的部下；则最底层的第一线工人人数为 s^{m-1}。

④第一线工人的工资水平为 w_0，则每一层工资水平用最低层的工资表示就是 $\beta^{m-i}\cdot w_0$，其中 $\beta>1$；$1\leqslant i\leqslant m$。

⑤“失控”参数为 $\alpha(0\leqslant\alpha\leqslant1)$，每一项指令的传达，下一级的行使事实上只有其中的 α 部分。

⑥除劳动—工资成本之外，每单位产量的平均成本为 r。

(2)生产函数为 $Q=\theta\cdot(\alpha\cdot s)^{m-1}$。

(3)生产总成本为企业所有员工的工资（人数×每人工资）与总产量的生产成本：

$$C(Q)=\sum_{i=1}^{m}s^{i-1}\cdot(\beta^{m-i}w_0)+r\cdot Q$$

整理得到：
$$C(Q)=w_0\cdot\frac{s^m-\beta^m}{s-\beta}+r\cdot Q$$

(4)厂商的利润函数为：$\pi=p\cdot Q-w_0\cdot\frac{s^m-\beta^m}{s-\beta}-r\cdot Q$

整理得到：
$$\pi=(p-r)\cdot\theta\cdot(\alpha\cdot s)^{m-1}-w_0\cdot\frac{s^m-\beta^m}{s-\beta}$$

(5)最优等级 m^* 的确定：把利润函数对 m 求导得：

$$\frac{d\pi}{dm}=(p-r)\cdot\theta\cdot(\alpha\cdot s)^{m-1}\cdot\ln(\alpha\cdot s)-w_0\cdot\frac{s^m\cdot\ln s-\beta^m\cdot\ln\beta}{s-\beta}=0$$

$$\frac{d^2\pi}{dm^2}=(p-r)\cdot\theta\cdot(\alpha\cdot s)^{m-1}\cdot[\ln(\alpha\cdot s)]^2-w_0\cdot\frac{s^m\cdot[\ln s]^2-\beta^m\cdot[\ln\beta]^2}{s-\beta}<0$$

从一阶条件可知：$\frac{(p-r)\cdot\theta}{w_0}\cdot(\alpha\cdot s)^{m-1}\cdot\ln(\alpha\cdot s)-\frac{s^m\cdot\ln s-\beta^m\cdot\ln\beta}{s-\beta}=0$

令 $Z=\frac{(p-r)\cdot\theta}{w_0}$，那么 Z 就是衡量第一线工人的劳动贡献与工资成本的比率，从而一阶条件变为：$Z\cdot(\alpha\cdot s)^{m-1}\cdot\ln(\alpha\cdot s)-\frac{s^m\cdot\ln s-\beta^m\cdot\ln\beta}{s-\beta}=0$。

设 $F(Z, m, \alpha, \beta, s)=Z\cdot(\alpha\cdot s)^{m-1}\cdot\ln(\alpha\cdot s)-\frac{s^m\cdot\ln s-\beta^m\cdot\ln\beta}{s-\beta}$；$(\ln(\alpha\cdot s)>0)$

则 $\frac{\partial m}{\partial Z}=-\frac{F'_z}{F'_m}$；$\frac{\partial m}{\partial\alpha}=-\frac{F'_\alpha}{F'_m}$；$\frac{\partial m}{\partial\beta}=-\frac{F'_\beta}{F'_m}$；$\frac{\partial m}{\partial s}=-\frac{F'_s}{F'_m}$。

下面对本题进行证明：

(1)由于 $\frac{\partial m}{\partial Z}=-\frac{F'_Z}{F'_m}$，则：

$$\frac{\partial m}{\partial Z}=-\frac{F'_z}{F'_m}=-\frac{(\alpha\cdot s)^{m-1}\cdot\ln(\alpha\cdot s)}{Z\cdot(\alpha\cdot s)^{m-1}\cdot[\ln(\alpha\cdot s)]^2-\frac{s^m\cdot[\ln s]^2-\beta^m[\ln\beta]^2}{s-\beta}}$$

又因为上式的分母正好是利润函数的二阶条件，可表示为 soc(二阶条件)，即：

$$soc=\frac{d^2\pi}{dm^2}=Z(\alpha\cdot s)^{m-1}[\ln(\alpha\cdot s)]^2-\frac{s^m\cdot(\ln s)^2-\beta^m\cdot(\ln\beta)^2}{s-\beta}<0$$

$$\frac{\partial m}{\partial Z}=-\frac{F'_Z}{F'_m}=-\frac{(\alpha\cdot s)^{m-1}\cdot\ln(\alpha\cdot s)}{\mathrm{soc}}$$

因为 $(\alpha\cdot s)^{m-1}\ln(\alpha\cdot s)>0$，所以 $\frac{\partial m}{\partial Z}=-\frac{(\alpha\cdot s)^{m-1}\cdot\ln(\alpha\cdot s)}{\mathrm{soc}}>0$，同理：

$$\frac{\partial m}{\partial\alpha}=-\frac{F'_\alpha}{F'_m}=-\frac{Z\cdot(m-1)\cdot\alpha^{m-2}\cdot s^{m-1}\ln(\alpha\cdot s)+Z(\alpha\cdot s)^{m-1}\cdot\frac{s}{\alpha\cdot s}}{\mathrm{soc}}$$

$$\frac{\partial m}{\partial\alpha}=-\frac{Z\cdot\alpha^{m-2}\cdot s^{m-1}[(m-1)\ln(\alpha\cdot s)+1]}{\mathrm{soc}}$$

因为 $Z\cdot\alpha^{m-2}\cdot s^{m-1}[(m-1)\ln(\alpha\cdot s)+1]>0\quad(\ln(\alpha\cdot s)>-\frac{1}{m-1})$，所以：

$$\frac{\partial m}{\partial\alpha}=-\frac{Z\cdot\alpha^{m-2}\cdot s^{m-1}[(m-1)\ln(\alpha\cdot s)+1]}{\mathrm{soc}}>0$$

(2)对于(其中 $0<\ln\beta<1<\ln s$)：

$$F(Z, m, \alpha, \beta, s)=Z(\alpha\cdot s)^{m-1}\ln(\alpha\cdot s)-\frac{s^m\cdot\ln s-\beta^m\cdot\ln\beta}{s-\beta} \quad ①$$

令 $\psi(x)=x^m\ln x$，因为在 $[\beta, s]$ 上，此函数连续，而且在 (β, s) 内可导，通过利用拉格朗日中值定理，在 (β, s) 内至少存在一个 ξ，使得：

$$\frac{\psi(s)-\psi(\beta)}{s-\beta}=\psi'(\xi)$$

从而：$\dfrac{s^m \cdot \ln s - \beta^m \cdot \ln\beta}{s-\beta} = m \cdot \xi^{m-1} \cdot \ln \xi + \xi^{m-1}$

这样①式变为：$F = Z(\alpha \cdot s)^{m-1} \cdot \ln(\alpha \cdot s) - (m \cdot \ln \xi + 1)\xi^{m-1}$

上式可进一步改写为$\left(\dfrac{\beta}{s} < \varphi < 1\right)$：

$$F = Z(\alpha \cdot s)^{m-1} \cdot \ln(\alpha \cdot s) - [m \cdot \ln(\varphi \cdot s) + 1](\varphi \cdot s)^{m-1}$$

$F = Z\alpha^{m-1} \cdot s^{m-1} \cdot \ln\alpha + Z \cdot \alpha^{m-1} \cdot s^{m-1} \cdot \ln s - m \cdot \varphi^{m-1} \ln\varphi \cdot s^{m-1} - m \cdot \varphi^{m-1} \cdot s^{m-1} \ln s - \varphi^{m-1} \cdot s^{m-1}$

设$A = Z \cdot \alpha^{m-1} \cdot \ln\alpha$，$B = Z\alpha^{m-1}$，$C = m\varphi^{m-1} \cdot \ln\varphi$，$D = m\varphi^{m-1}$，$E = \varphi^{m-1}$，则原式变为：

$$F = As^{m-1} + Bs^{m-1}\ln s - Cs^{m-1} - Ds^{m-1}\ln s - Es^{m-1}$$

$$F = (A - C - E)s^{m-1} + (B - D)s^{m-1}\ln s$$

当企业处于均衡时$F = 0$，再设：$\psi = (A - C - E) + (B - D)\ln s$

则：$\dfrac{\mathrm{d}\psi}{\mathrm{d}s} = \dfrac{(B - D')}{s}$

在求导后，φ、C、D、E的值是有可能改变，所以用φ'、C'、D'、E'来表示；对于B，D的比较利用了书中384页中的表格，把不同的m、s、α取值以及$\beta = 1.3$代入$\dfrac{\mathrm{d}\psi}{\mathrm{d}s} = \dfrac{(B - D')}{s}$进行比较，并且对$\varphi$、$\varphi'$进行了估计，从而得出$B - D' > 0$，进而得到$\dfrac{\partial m}{\partial s} > 0$。

因为$F(Z, m, \alpha, \beta, s) = Z(\alpha \cdot s)^{m-1}\ln(\alpha \cdot s) - \dfrac{s^m \ln s - \beta^m \ln\beta}{s-\beta}$，

$F = Z(\alpha \cdot s)^{m-1}\ln(\alpha \cdot s) - (m\ln\xi + 1)\xi^{m-1}$

当后一项β的值增大会使得ξ增大，即β的变化可以通过ξ的变化来表示：

$$\frac{\partial F}{\partial \xi} = -[m + (m\ln\xi + 1)(m-1)]\xi^{m-2}$$

因为$\beta > 1$，所以$\xi > 1$，即$\dfrac{\partial F}{\partial \xi} < 0$，进而$\dfrac{\partial F}{\partial \beta} < 0$，由此可以断定$\dfrac{\partial m}{\partial \beta} < 0$。

(3) $\dfrac{\partial m}{\partial Z} > 0$是指当企业处于均衡时，当第一线工人的劳动贡献与工资成本的比率提高时，企业的管理层也要相应的增加。

$\dfrac{\partial m}{\partial \alpha} > 0$指当企业处于均衡时，随着失控参数的上升(即当能够更好的传达与行使指令时)，企业的管理层也要相应的增加。

$\dfrac{\partial m}{\partial s} > 0$是指当企业处于均衡时，随着下层人员的人数增加，则企业的管理层也要相应的增加。

$\dfrac{\partial m}{\partial \beta} < 0$是指当企业处于均衡时，当各个层次的工资差距加大时，企业的管理层也要相应的减少。

18.2 强化习题详解

1. 假定有两时期：t(时间)=1(这是事先)与 $t=2$(事后)。为分析的简单起见，这里先忽略掉专用性投资。设只有两个当事人：供给者与购买者。他们在时期1可以签合约，也可以不签合约。在时期2刚刚开始时，他们双方都可以知道贸易所带来的好处，可是在时期1时，贸易的好处对他们中的每一方来说，都只是一个随机变量。假定交易品是一种不能分割的(为分析的简单起见)，于是设时期2的成交额或为1，或为0。买方对于该贸易额的主观评价为 v，供方提供该贸易额的实际成本为 c。因此，贸易的净所得应为 $v-c$。问题是如何在供求双方之间分割 $v-c$。如果价格为 p，那么，如果进行交易，买方的剩余为 $v-p$，供方的剩余为 $p-c$。如何分割，取决于 p 的水平，设在时期1双方对于贸易没有签合约。到第二时期，谈判就会出现。假设 c(成本)是共同的信息，而 v 只为买方知道。供方只相信 v 在闭区域 $[\underline{v}, \bar{v}]$ 内的概率分布为 $F(v)$ ($F(\underline{v})=0$，$F(\bar{v})=1$)。其密度函数是 $f(v)>0$。假定从贸易中获利的概率为正(即 $\bar{v}>c$)，但这个概率小于1(即 $\underline{v}<c$)。又假定，供方在时期2拥有全部的谈判权，即价格完全由供方定，买方"爱买不买"。

请问：

(1)谈判的结果会以什么样的价格 p 进行贸易？这样的价格从社会的角度看是有效的吗？

(2)有办法达到有效结果吗？

答：(1)买方只有当自己对贸易量的主观评价大于或等于 p 时，交易才会发生。用数学来刻画，出现交易的概率是 $1-F(p)$，这样，对于供方来说，其预期的利润量为：

$$\pi(p)=(p-c)(1-F(p)) \quad ①$$

这是价格 p 的一个函数。上式求关于 p 的一阶条件，得：

$$[1-F(p)]-f(p)(p-c)=0 \quad ②$$

整理得到：

$$1-F(p)=f(p)(p-c) \quad ③$$

这是说，如果价格从 p 上升到 $p+\mathrm{d}p$，那么，供方的边际所得为 $\mathrm{d}p[1-F(p)]$，但价格上升对于供方的边际损失为 $\mathrm{d}p\cdot f(p)(p-c)$。因为一旦供方在 p 点再提高一点点价格，就会有 $f(p)$ 的可能使买方退出交易。在最优点，左右两边相互抵消。

但这个最优点从资源配置的角度来说并不是最优，而只是一个次优点。这是因为：资源配置最优要求 $p=c$，即按生产成本来决定是否进行生产的正确决策。(这里，不讨论 $p=MC$，因 c 在这里假定只是整个贸易量等于1的成本，也是它的 MC)。但从③式可以解出：

$$(p-c)=\frac{1-F(p)}{f(p)}>0$$

即实际的资源配置并没有满足 $p=c$ 的最优条件。

(2)因为买方的评价 v 是私人信息，而卖方的成本 c 是公共信息，因此，存在着通向有效解的途径。办法是，在事前把定价权完全给予买方，即信息就是力量。买方由于已经知道 c，所以他应确定价格为 $p=c$。这样，买方得到的剩余为 $v-p$，即买方在其后得到全部的交易好处。

同理，如果 v 是公共信息，c 是私人信息，那么，定价权应完全交给供方。$p=v$(如果 $v>c$)。而由买方来决定是否退出贸易。

如果 c 与 v 都是私人信息，一般说来，事前协商好的价格就不再会有效，因事后会有一方要求修改协议，进行重新谈判。而这就会产生交易费用。这时，双方都有可能对对方进行扼制。

